우리들의 정부

시민 속의 정부만이
사람을 위한
정책을 만든다

KB140036

우리들의 정부

시민 속의 정부만이
사람을 위한
정책을 만든다

이도형 지음

책을 내며

I.

세상만사는 양면성을 갖는다. 이것 뒤엔 전혀 다른 저것이 있고 도전엔 늘 응전이 따른다. 그래서인지 하나의 이론이나 개념, 특정상황에 대해선 그것에 대비되는 이론이나 개념, 다른 성격의 상황이 대두하며 극명한 대조를 이루는 경우가 적지 않다.

예컨대 공유의 비극이 있는가 하면 공유의 희극도 가능하다. 생태학자 개럿 하딘(G. Hardin)은 서식처의 생태용량 한계를 지적하며 목초지를 방임하기보다는 사적 울타리를 쳐서 목초를 보호하는 인클로저 운동이나 정부에 의한 공유지 사용규제를 주장한다. 그러나 미국 노스 웨스턴 대 법학과 교수 캐럴 로즈(C. Rose)는 공유의 희극을 주장한다. 미국 경제동향연구재단 이사장 제러미 리프킨(J. Rifkin)도 같은 맥락에서 우리가 카 쉐어링에 요구되는 정밀한 차량공유 통합정보 시스템만 갖춘다면 지금 지상에 있는 자동차의 80%를 없애도 사람들의 이동성에 큰 제약이 발생하지 않는다며 협력적 공유사회의 가능성을 역설한다.

악의 평범성에 대조되는 선의 평범성 논리도 있다. 정치철학자 한나 아렌트(H. Arendt)는 예루살렘에서 이루어진 독일 전범 아이히만(O. Eichmann)의 재판과정에서 지나친 규칙준수가 낳은 질서 지향적 인간의 영혼 없음과 악의 평범성 개념을 도출한다. 반면 프랑수아 로 샤(F. Rocha)는 프랑스 비시 정권 하에서 5천 명의 난민들에게 아무 조건 없이 먹을 것과 잘 곳을 제공한 프랑스 르샹봉쉬르리뇽 마을주 민들의 행동에서 선의 평범성 논리를 찾아낸다. 도울까말까 이것저 것 따지는 마음보다는 손이 먼저 작용해 남을 돕는다는 것이다. 재난 사회학자 레베카 솔닛(R. Solnit)도 숱한 재난현장에서 꽃핀 사람들의 자율적 연대가 재해 극복에 큰 힘으로 작용함을 발견한다.

빈곤의 악순환과 대조되는 취업의 선순환 구조도 있다. 앞 세대에 서 시작된 고용단절 혹은 불완전 취업이 뒤 세대의 학업과 영양상태 에 부정적 영향을 끼쳐 빈곤의 악순환과 빈곤의 세대화가 촉진된다. 그러나 일전의 취업경험이 우연치 않게 이후의 취업기회에서 유리한 징검다리 역할을 할 수도 있다. 한 번의 취업경험이 또 다른 취업기 회로 선순환하는 것이다. 따라서 정부의 일자리 창출노력과 그것의 공정한 맛봄이 기본 시민권 차원에서 중시될 필요가 있다.

우리는 위의 여러 가지 대조 속에서 절망보다는 희망의 큰 줄기를 발견할 수 있다. 조금만 자신의 욕심을 내려놓으면 공유의 비극을 경 계하며 공유의 희극 상황을 제도화해낼 수 있다. 또 악의 평범성에서 자기 행동의 비굴한 합리화 논리를 강변하기보다는 마음보다 손이 먼저 움직여 남을 돕는 선의 평범성을 체화해 낼 수 있다. 사회적으 론 빈곤의 악순환 고리가 되는 기회의 불공정 구조를 사회적 합의를 통해 치유해내, 많은 사람들의 어제의 작은 취업경험이 오늘의 또 다 른 취업으로 승화되는 촘촘한 고용 안전망을 갖출 수 있다. 그래서 취업의 선순환 구조라는 멋진 선물을 청년들에게 제공해 줄 수 있다. 그러면 우리 모두 협력적 공유사회, 신체화된 인지를 통한 자발적 선 행과 취업의 선순환 구조의 주인공이 될 수 있다.

II.

　우리가 사회 전체적으로 공유의 비극을 초극하고 공유의 희극상황을 더 많이 만들어 내기 위해선, 또 악의 평범성이 아닌 선의 평범성 실현을 제도화하기 위해선, 한 나라의 시민–정부 간 관계가 올바르게 정립될 필요가 있다. 정부의 정책과 행정행위가 시민의 생활에 지대한 영향을 미치기 때문이다. 이는 빈곤의 악순환 구조에서 취업의 선순환 구조로 나아가기 위한 도정에서도 마찬가지이다.

　예컨대 정부는 공공재의 충실한 제공을 통해 공유의 희극 가능성을 더 높일 수 있지만, 그릇된 행정행위를 통해 악의 평범성을 사회에 만연시킬 수도 있다. 예루살렘의 아이히만처럼 영혼 없는 관료들은 시민들에게 악의 얼굴로 다가온다. 정부가 환경 탓과 자원타령, 예산타령만 하면 빈곤의 악순환은 더욱 심해져 빈곤의 세대화, 빈곤의 세습화로 심화된다. 그러나 정부가 예산의 제약 하에서도 정책지혜를 슬기롭게 발휘하면, 선의 평범성과 취업의 선순환 구조를 어렵지 않게 만들어낼 수 있다.

　결국 공유의 비극, 악의 평범성, 빈곤의 악순환에서 벗어나 공유의 희극, 선의 평범성, 취업의 선순환 구조로 나아가기 위해선, 한 나라의 시민–정부 관계가 그들–관계(they-relationship)에서 우리–관계(we-relationship)로 바뀌어야 한다. 즉 정부가 시민에 대한 그들 관점(they perspective)에 입각해 시민들을 국가정책과정에서 타자화, 대상화시키는 데서 벗어나, 우리 시민(we people)을 정부 출범의 정당한 원천으로 존중하며 시민의 생활문제를 자기 문제처럼 여기고 적극적으로 해결하려고 노력하는 우리–관계로 돌아와야 한다.

어찌 보면 이는 너무나 당연한 얘기인지도 모른다. [시민정부론]의 저자 로크(J. Locke)에 의하면 정부는 사회계약의 산물이며, 미국의 행정철학자 프레데릭슨(G. Frederickson)에 의하면 공무원이라는 직업은 시민 모두가 나라살림에 관여하기 곤란해 동료 시민들에 의해 국정 대행자로 고용된 대표시민(representative citizen)이기 때문이다. 그래서 정부와 공무원이라는 직업의 태생적 뿌리는 시민이며, 시민-정부 관계는 근본적으로 우리-관계이다.

그러나 국가규모가 커지고 정부행정의 전문화가 요구되면서, 관료들이 직업공무원제 하에서 행정,경제 관련 전문지식과 각종 통계자료에 의거해 국가정책을 도맡아 디자인하는 기술관료통치(technocracy)가 보편화되면서 시민-정부 간 우리-관계는 많이 퇴색되고 말았다. 테크노크라트들은 기술 전문성과 행정 효율성을 앞세워 체제의 외형적 신장은 크게 도모했지만 자신에게 익숙한 경제적 계산논리와 거리가 먼 대중적 정서를 읽는 능력은 많이 떨어졌고, 정책입안 등 정치적 기능을 수행하면서도 이에 대한 정치적 책임은 면제받았기 때문이다. 그러니 시민들은 정책과정에서 타자화, 대상화되기 쉽고, 그 결과는 공유의 비극, 악의 평범성, 빈곤의 악순환으로 귀결될 우려가 크다.

차제에 공무원들이 대표시민이라는 자기 직업의 태생적 뿌리와 시민-정부 간 관계가 기본적으로 우리-관계라는 인식에 터해, 공적 자아(公的 自我)로서의 역할정체성을 되새길 필요가 있다. 공적 자아는 공적 영역에서 타자화된 시민들의 입장이 몸소 되어봄으로써 자신이 대표시민임을, 즉 우리-관계라는 시민과의 기본적 관계성을 되새기며 자기 직업의 공공성을 늘 상기하는 사람이다. 나아가 동료 시민들이 정책과정에서 대상화되는 것을 막고 시민의 아픔을 자신의 아픔처럼 느끼는 역지감지(易地感之)를 통해 시민의 생활문제를 자기 문제처럼 해결하기 위해 적극 나서는 사람이다.

정부가 시민과의 관계를 우리-관계라고 생각할 때, 즉 시민의 문제가 바로 공무원들 자신의 문제일 수 있다고 생각할 때, 정부의 업무는 굳이 소관과 관할을 따지는 핑퐁행정이 아니라 시민의 아픔을 치유해주고 필히 돌봐주어야 할 사랑의 행위가 된다. 시민들은 더 이상 소관이나 관할을 따지는 행정의 대상이나 통치의 객체가 아니라 정부가 반드시 지켜주고 돌봐주어야 할 사랑의 대상이 된다. 우리가 누군가를 사랑하면 사랑하는 사람에게 더 잘 해주기 위해 우리의 마음은 매우 분주해진다. 정부도 시민과의 관계를 우리-관계로 재정립할 때, 사랑의 대상인 시민의 생활문제 해결과정에서 더 나은 대안을 찾기 위해 시민의 목소리에 귀 기울이며 사람이 사람답게 살 수 있는 세상을 만드는 데 유용한 정책설계에 올인할 것이다.

정부가 사랑의 대상인 시민의 일반이익에 진정으로 합체하기 위해 시민들 마음속으로 깊숙이 파고들며 나라살림에 최선을 다할 때 '시민 속의 정부,' '우리들의 정부'가 될 수 있다. 그런 시민 속의 정부만이 시민과 머리를 맞대고 숙의(熟議)에 숙의를 거쳐 시민생활의 질에 직결되는 '사람을 위한 정책'들을 적극 입안할 수 있다. 그래서 사람이 사람답게 살 수 있는 선순환 구조들을 만들어 낼 수 있겠다.

III.

이 책에 수록된 글의 일부는 시민 속의 정부 개념을 이론화하고 사람을 위한 정책설계 방향에 대해 고민하며 지난 몇 년간 학술지 등에 실었던 글들을 책의 체제에 맞게 재구성한 뒤 새롭게 보완한 것이고, 그 외 상당수의 글은 필자가 개인적으로 운용하는 블로그에 포스팅했던 관련 글들을 모은 것이다. 따라서 시민 속 정부의 존재 당위를 진지하게 파헤쳐 들어가 체계적으로 밝히고자 하는 차원에서 약간 무겁지만 진지한 문체로 접근한 부분도 있고, 사람을 위한 정책과 그것을 활성화하기 위한 혁신의 방향타를 다채롭게 주문해 보는 차원에서 비교적 가벼운 문체로 접근해본 부분도 있다.

소설가 김탁환은 [열하일기]를 쓴 연암 박지원이 연행(燕行) 내내 마음껏 느끼고 깊이 깨닫기 위해 부지런히 메모하며 동분서주했고, 그래서 [열하일기] 안엔 시, 소설, 논설, 인터뷰, 일기, 수필 등 다양한 문체가 골고루 책 속에 녹아들어 있는 것으로 분석한다. 남다른 관찰력과 자유정신을 토대로 자유로운 삶에 어울리는 글을 찾아 문체를 총동원하며 연행에 올인했던 낭만적 여행객으로 연암 박지원을 기리고 있는 것이다.

물론 이 책을 [열하일기]에 감히 비교할 수는 없겠지만, 필자도 몇 년간 정부의 정당성을 논구하고 특히 정부가 사람이 사람답게 살 수 있는 세상을 만드는 데 어떻게 기여할 수 있는지 혹은 그것에 최소한 걸림돌이 되어선 안 된다는 심정에서 정부라는 개념을 화두로 삼아 많은 생각을 모으고 관련 글들을 이것저것 자유롭게 써보고자 했다.

여러 모로 부족하지만 그런 진정성에서 나온 다양한 글들을 책의 기본취지와 지향점에 맞게 일정한 틀 속에서 재구성하고 새로운 내용으로 보완해서 책으로 꾸려본 점에 작은 의미를 둔다. 앞으로도 정부가 시민과의 우리-관계를 늘 염두에 두고 사람이 사람답게 살 수 있는 세상을 만드는 데 기여할 수 있도록 그 방향성을 제안하는 실사구시의 공부를 지속할 것을 다짐해 본다. 끝으로 어려운 출판현실에서도 책 발간의 기회를 주신 한국학술정보의 채종준 사장님과 출판사 업부의 조가연 대리님, 편집부의 손영일 선생님께 깊이 감사드린다.

2016년 새해 아침에
저자 이도형 씀

들어가며:
시민-정부 관계는 우리-관계여야 한다

근대 사회계약의 산물인 정부는 성장 논리와 행정 효율성에 집착하는 현대 기술관료통치(technocracy) 하에서 무소불위의 리바이어던이 되고 말았다. 그 결과 행정 효율성과 경제 합리성에 대한 현대정부의 맹신이 시민 민주주의와 자주 충돌하고 있다.

기술관료통치로 번역되는 테크노크라시는 정부관료들이 국가운영에 대한 전문지식과 통치기술로 무장하고 각종 통계자료에 의거해 국가정책을 도맡아 디자인하는 관료통치를 의미한다. 그런데 문제는 관료들이 국가정책의 입안 등 실질적론 정치적 기능을 수행하지만, 아무래도 그들이 임명직 공무원이기 때문에 대중적 정서(popular sentiment)를 헤아려야 하는 정치적 책무로부터 자유로운 채 자신의 역할을 공공관리의 능률적 관점에서만 이해하기 쉽다는 점이다.

따라서 관료들에게 대중적 정서를 정확히 읽고 시민의 생활문제를 자기들 문제인 것처럼 역지감지(易地感之)하며 발벗고 나서서 해결해주기를 선뜻 기대하기는 그리 쉽지 않은 일이다. 특히 성장 논리와 행정 효율성을 절대적 가치로 내세우는 테크노크라시적 관점은 관료들로 하여금 주어진 목표의 기술적 성취에 보다 집중하게 하고 민주주의의 구현을 위한 정치적 과제들을 미해결의 상태로 남기게 한다. 따라서 체제의 외형적 신장 등 정책가치의 제한된 선택과 사회정의의 경시로 인해 시민 삶의 질은 저하되고 사회 양극화가 야기되기 쉽다.

테크노크라시의 비민주적 한계로 인해, 정부가 하나의 사회계약물로 탄생한 것이며 공무원이라는 직업 역시 모든 시민이 국정에 관여할 수 없기에 동료 시민들에 의해 나라살림의 대행자로 임명된 시민들 중의 한 사람이라는 점이 종종 망각되면서, 근대 정부를 만들어낸 사회계약의 당사자이자 나라의 주인인 시민들이 정치행정 과정에서 정부에 의해 타자화되는 경우가 많다.

일찍이 베버(M. Weber)가 우려한 관료제적 행정의 폐해가 커지면서 시민의 일반이익에 반하는 행정행위도 적지 않다. 즉 관료들이 폐쇄적 계층제 안에서 표준화된 획일적 규칙에 집착할 때 시민들은 정책과정에서 대상화된다. 관료들이 능률적 통제를 위해 규정 준수를 고집할 때 시민을 타자화하는 그들 관점(they perspective)이 고착화된다. 따라서 정부는 시민들 삶의 문제와 단절되기 쉽고, 사회계약의 주체인 시민과 그 계약의 산물인 정부 간 관계는 우리−관계(we-relationship)에서 그들−관계(they-relationship)로 전락한다. 그들−관계에서 시민들은 존중 받을만한 고유성을 지닌 존재가 아니라 관례적 절차에 갇힌 채 수혜자격 요건의 일개 대상이 되거나, 금지행위를 규정한 수많은 법규 아래서 획일적으로 관리되는 인격 없는 객체 혹은 익명의 사례로 취급된다.[1]

거대정부를 지양하고 자유롭고 효율적인 경제의 구현을 표방하며 등장한 신자유주의 시대의 정부행정은 도구적 합리성에 더욱 의존함으로써, 정치행정 세계의 이런 비정의적(非情誼的) 실제에 더 무비판적이고 기득권 세력의 이해관계를 도모해 주기 쉽다. 정부행정의 효율성이 이처럼 시민 민주주의를 압도하면서 누가 국가의 진정한 주인인지가 종종 망각되어 왔다.

미국에서 촉발되어 전 세계에 퍼진 점령하라(Occupy) 운동은 시민−

정부 간 관계가 그들-관계로 전락할 경우 야기되는 시민소외 현상을 극명하게 보여준다. 당시 시위현장을 참관한 뒤 [점거, 새로운 거버먼트]라는 월스트리트 점거운동 르포르타주를 쓴 고병권에 의하면, 당시의 시위 참가자들은 Wall Street Occupy 운동을 시작한 계기로서, 단지 금융위기를 낳은 특정은행과 투자회사의 문제가 아니라 규제받지 않은 채 수십 년 간 지속되어온 자본주의 체제의 정당성 문제를 들고 있다. 즉 미국 서민들을 지옥에 빠뜨린 3가지 기둥인 주택 모기지, 대학 등록금, 의료보험 등 주택, 교육, 의료시장이 과도하게 상품화된 채 효율성이라는 미명 하에 자본주의 시장에 전적으로 내맡겨지고 서민 삶에 대한 자본 통제력이 극대화되면서 시민 일반의 생활불안이 증폭된 점을 지적했다. 그럼에도 불구하고 뉴욕시 경찰의 시위대 강제해산이 1%의 가진 자를 위한 99% 시민에 대한 공격으로 해석되면서, 시민-정부 간 인식 균열이 발생했다. 즉 "내 나라, 내 정부, 우리 경찰이 그들의 나라, 그들의 정부, 그들의 경찰"로 보이기 시작했던 것이다.

신자유주의의 거센 파고 속에서 한국인들의 삶도 팍팍하긴 마찬가지이다. 우리는 지금 공교육 붕괴에 따른 사교육 시장의 강세, 물가관리 실패에 따른 생활물가 급증, 유류와 통신 등 기반산업의 과점화, 노령인구 증가에 대비한 의료 시스템 미흡 등 악화 일로의 생활문제들에 직면해 있다. 비록 명목소득이 늘어도 생활물가가 만만치 않아 결국 여윳돈이 없어 삶의 질적 증진은 이루어지지 못한다. 예컨대 교육비는 원래 선택적 소비인데 한국에선 강요된 소비로 분류된다. 식품비, 주유비도 결코 줄이기 쉽지 않은 필수품목이다.[2] 이처럼 강요된 4대소비의 함정에 빠지면서 이른바 '분노소비'에 시민들의 허리가 휜다.

고통스러운 것은 도시인들뿐만이 아니다. 한국인들의 마음의 고향인 농촌에 사는 사람들도 불편하긴 마찬가지이다. 이중기의 다음 시 '집회현장에서 듣는다'는 우리 농촌의 생존위기 수위가 이미 턱 밑까지 차 있음을 잘 보여준다.

저 가을나락 농민의 것 아니다/ 서울을 키운 이 들녘, 농민의 것 아니다/ 그러면 농사를 짓지 않아도 되나?/ 아니란다, 서울이 위험하단다 / 그것이 분한 것이다 / 저 빈손에서 무엇을 더 앗겠느냐 / 너희가 머리 띠 매고 서울로 간 까닭은 / 윗돌 빼서 아랫돌 괴는 빚더미가 아니라/ 아랫돌 빼서 윗돌 괴라는 농업정책 때문이다 ([밥상 위의 안부], 창비시선 206)

국가발전 과정에서 흔히 노정되는 성장론자들의 항시적 득세와 불균형 발전의 지속, 그것이 낳은 사회 양극화, 생활문화의 빈곤, 생태계 파괴, 안전 불감증 등 숱한 생활문제들과 선거 때마다 빠짐없이 등장하는 정책과정의 즉흥성은, 모두 시민-정부 관계가 그들-관계로 전락한 채 시민들이 정부에 의해 타자로 취급되어 발생한 왜곡된 정책들의 결과물이다.

첫째, 성장론자들의 항시적 득세에 따른 불균형 발전의 실상을 살펴보자. 난국에 빠진 경제를 살려낸다는 명목으로 성장론자들이 거듭 집권하면서 애써 균형감을 찾은 발전의 진면목에 대한 사회적 합의가 다시 희석될 우려가 크다. 연이어 집권한 보수정권 하에서 747 공약과 줄푸세 정책 등 경제성장지표라는 망령들이 다시 춤추고 있다. 국가발전의 척도로 자주 인용되는 한 나라의 GNP와 GDP는 시민생활의 질과 실제 비용을 담아내지 못하는 결정적 한계가 있다. 경제적 파이의 규모가 아무리 커져도 그것이 균형적 분배를 전제하지 않는 한 양적 성장은 무의미하다.

둘째, 빈부격차와 기회 불균형 등 압축 양극화가 야기한 사회 내 불공정과 불평등, 부정의(unjustice)의 수치가 더 이상 방치하기 어려운 수준에 이르고 있다. 지니 계수 등 우리 사회의 공정성 정도는 OECD의 중하위권에 불과하다. 압축 양극화와 빈곤층 증가속도가 가파르게 나타나며 피라미드형 소득계층 구조를 보여 중산층 소멸위기마저 나타나고 있다.

셋째, 생활문화도 빈곤하다. 삶의 질은 물리적, 환경적, 심리적, 문화적 측면까지 포괄하는 삶의 종합적 상태이다. [유러피언 드림]의 저자 리프킨(J. Rifkin)에 의하면, 선진국에선 완전고용에서 완전한 행복(full happiness) 쪽으로 삶의 패러다임이 변화하며 삶의 질 제고를 위한 생활문화의 활성화, 문화 향유의 민주화를 중시한다. 그러나 우리는 문화 개념을 문화산업쪽의 돈벌이의 문제로만 치우쳐 본다. 시민들의 매력적 라이프 스타일을 위해, 공공 도서관과 시립 미술관 등 각종 문화시설과 생활체육공간이 우리들 주거공간에 보다 가깝게 자리 잡도록 확충되어야 한다.

넷째, 생태계 파괴도 심각하다. 환경문제에 대한 사회적 관심이 크게 높아졌지만, 아직도 정부는 경제중심, 개발중심 정책을 선호한다. 정부 개발정책의 반 녹색성을 비판해온 조명래에 의하면, 현 환경정책은 종래의 무분별한 개발방식을 기술적으로 개량해 국토를 고도로 이용함으로써 환경의 경제적 가치를 극대화하는, 즉 외양적으로는 개발－보전의 상생가치를 강조하지만 내적으로는 개발을 더 부추기는 신개발주의이다. 이처럼 우리는 성장 위주의 개발관성에서 크게 벗어나지 못하고 있다. 단기적 고용창출과 경제성과만을 노린 정교하지 못한 작금의 개발들은 난(亂)개발로 연결되기 쉽다. 기업도시와 혁신도시 추진도 개발 이념을 토대로 한 신개발주의라는 점에서 난개발 우려와 함께 지방의 재 종속성을 염려하게 만든다.

다섯째, 외연적 성장을 이루었지만 상기한 생활문제들을 치유하는 데 유용하게 쓰일 발전의 물적 토대는 아직 충분하지 못하다. 현대경제연구원이 지적한 한국경제의 5대 구조적 문제점, 이른바 Down Five는 잠재 성장률의 지속적 하락, 내수−수출 간 불균형 심화, 소득분배 악화와 중산층 감소, 생산가능인구의 감소, 한반도의 지정학적 리스크 등이다. 이들 문제를 치유하기 위한 향후 경제정책 목표로서 신 성장동력의 적극적 육성, 삶의 질 개선을 위한 투자확대 등 행복 인프라의 확충, 남북경제협력의 내실화 등이 제안된다.

여섯째, 시민 삶을 옥죄는 생활문제들이 날로 누적되는데도 불구하고 국가정책과정의 비민주성과 비합리성은 심각한 수준이다. 총선과 대선을 앞두고 마구 쏟아지는 즉흥법안들과 설익은 정책들을 보면 국가정책의 존재이유에 대해 다시금 생각하지 않을 수 없다. 국가정책이 내용적으로나 재정적으로나 실현 가능성이 높아야 하는데, 정밀하게 설계되고 검토된 것이라기보다는 당장의 표심을 잡으려거나 정권의 인기관리 차원에서 서둘러 만들어진 정책이 적지 않아 보인다. 혈세가 들어가는 국가운영의 방향타를 신중하게 결정한다는 진정성을 찾기가 그리 쉽지 않다.

정부의 정당성 문제에 대해 천착해온 킹과 스타이버스(C. King & C. Stivers)에 의하면, 정부가 정당성을 상실한 채 시민들 불만의 표적이 되는 이유는, 시민들이 정부에 의해 존중받지 못한 채 소외되고 무시당한다고 느낄 때, 또 시민들이 국가의 정책과 공공서비스를 비효과적, 비민주적인 문제투성이로 보며 정부와의 단절감을 느낄 때이다.

시민들의 정당한 분노는 공공정책의 출발점이다. 이런 점에서 신자유주의 이후의 정부개혁은 더 이상 시장경쟁 원리를 좇아 도구적 이성과 성과효율의 관리기법을 도입하고 실행하는 것을 뛰어넘어, 신자유주의의 본질을 비판적으로 성찰해 그 이념적 모순을 폭로한 뒤, 그것이 야기한 각종 폐해를 근본적으로 치유하기 위한 차원에서 민주정부, 정의로운 정부, 생활문화형 정부의 구현을, 더 나아가선 신개발주의를 극복하기 위한 생태 친화적 정부, 안전 지킴이 정부의 구현을 지향해야 한다. 특히 신자유주의 정부개혁 속에서 공공성 부재 위기를 자초한 일부 고위관료들에게 국가운영을 맡길 것이 아니라, 해방적 관심에 의거한 시민 주도적 사회변화를 촉진하기 위해 직접 민주주의의 요소도 적극 도입할 필요가 있다.

정부가 시민을 타자화하는 그들—관계에서 벗어나 시민의 생활문제에 감정이입해 자기 문제처럼 절실히 여기는 우리—관계로 회귀할 때, 시민의 사회계약물로 탄생한 정부는 그 태생적 뿌리를 늘 반추하며 시민들 곁으로 더 다가올 수 있다. 나아가 시민의 일반이익과 국가정책의 방향을 하나로 일치시키기 위해 시민 속으로 깊숙이 파고들며 나라살림에 최선을 다하는 '시민 속의 정부'가 될 수 있다. 시민 속으로 파고들어 시민의 뜻과 혼연일체가 되려는 시민 속의 정부, 우리들의 정부만이 시민과의 제도화된 사회적 합의를 아래서 시민과 머리를 맞대고 숙의에 숙의를 거쳐 시민생활의 질과 관련된 상기한 생활문제들을 해결하는 데 유용한 '사람을 위한 정책'들을 열심히 입안할 수 있다.

정부는 왜 '시민' 속에 있어야 하고 정부의 정책은 왜 '사람'을 위해야 하는가? 앞에선 사회계약론에 의거해 정부의 태생적 뿌리이자 정부의 실 소유주가 시민임을 강조해 보기 위해 시민 속의 정부라는 표현을 써보았다면, 뒤에선 시민의 실생활 개선을 통해 사람이 사람답게 살 수 있는 멋진 상황을 만들어주는 데 유용한 정책을 찾아보자는 진정성에서 사람을 위한 정책이라는 표현을 써본다.

그렇다면 시민-정부 간 우리-관계의 이론적 기반은 무엇이며 우리-관계를 회복하기 위한 구체적 전략은 무엇인가? 정부는 우리-관계를 제도화하기 위해 어떤 방향으로 민주적 절차를 가져가야 하는가? 우리-관계 하에서 정부는 시민생활의 질적 증진과 관련해 구체적으로 어떤 정책들을 꽃피워야 하는가? 또 시민-정부 간 우리-관계를 지속하기 위해 양 당사자들은 어떻게 자기 혁신을 도모해 나가야 하는가?

차례

PART 02 ::::: 시민 속의 정부: 우리-관계 회복을 위한 민주적 절차의 제도화

PART 04 ::::: 우리-관계 지속을 위한 정부의 자기 개혁과 시민사회의 자강

PART 01

시민-정부 관계의 근본으로 돌아가기: 그들-관계에서 우리-관계로

01. 시민-정부 간 그들-관계의 대두

1. 의회실패와 행정의 정치화

의회 민주주의에 따르면 한 나라가 나아가야 할 큰 방향을 잡는 입법과 정책결정은 원래 입법부의 몫이다. 행정부는 의회가 결정한 국정의 큰 방향을 충실히 행동으로 옮기는 집행부에 불과하다. 그래서 흔히 시민과 의회는 1촌간, 시민과 행정부는 2촌간에 비유되기도 한다. 그러나 현대사를 들여다보면 이런 촌수 관계가 반드시 딱 들어맞는 것 같지는 않다. 다음과 같은 여러 가지 이유에서이다.

19세기 후반부터 각국에서 산업화와 도시화가 전개되면서 행정부들이 국정에 깊게 개입하지 않으면 안 되는 사건들이 폭증하였다. 즉 산업화가 야기한 산업재해, 노사분규, 빈부격차는 물론 산업화가 수반한 급격한 도시화로 인해 교통난, 주택난, 환경오염 등 동시다발적으로 터져 나온 숱한 도시생활문제들은 시민 생활현장에서 시급히 해결되어야 할 초미의 과제들이었다.

시민의 정치적 대표이기에 그들과 1촌간이어야 할 의회는 불행히도 이런 문제들을 신속하게 해결하기 위한 대응성을 점차 상실해 갔다. 민생현안의 해결방침을 조속히 결정하려면 국회의원들이 의사당에 신속하게 모여야 하는데 그것이 재빨리 이루어지지 못했다. 일례로 의원들은 의사당에 모여 공공문제 해결의 대강을 결정하는 법을 만드는 일보다는 자신의 정치적 생명을 좌우하는 지역구 사업에 더 열성적이었다.

금귀화래(金歸火來), 즉 대부분 서울에 거처를 둔 국회의원들이 금요일에 지역구에 내려가 화요일에 지역구에서 올라온다는 말이 나오는 것은 바로 이러한 현상을 잘 보여 준다. 물론 의원들이 유권자의 요구에 대응하기 위해 지역구 문제에 관심을 갖고 열심히 뛰는 것은 바람직한 일이다. 그러나 만일 의원들이 일 년에 얼마 안 되는 국회 회기 중에도 국회를 지키지 않고 지역구의 일과 행사에 더 매달린다면, 이는 국정방향의 결정과 국정감시라는 본연의 역할을 다하지 못한 처사로 볼 수밖에 없다.

의원들이 어렵게 한자리에 모인다 해도 법안상정과 법안심의 및 본회의에서의 최종결정에 이르기까지의 번잡스런 의회절차상 공공문제의 해결방침이 국회에서 결정되기까지는 한참 동안의 시일이 요구된다. 그러나 폭발적 산업화 당시 시민의 생활현장에서 발생한 급박한 사회문제들은 이를 기다려 줄 시간적 여유가 없었다. 여기서 의회보다는 생활현장에서 시민과 피부로 접하는 일선 행정관청에 사회문제들이 자연스럽게 먼저 접수되고, 행정부는 우선 이를 처리해 주기 위해 의회의 고유역할인 사회문제 해결의 방향을 결정하는 임시 역할을 떠맡게 되었다. 시민들 요구의 급격한 변화와 그 와중에서 노정된 각종 사회문제 해결의 시급성은, 행정부측에 우선적으로 관여의 부담과 더불어 권한을 부여했던 것이다.

의회의 기능약화는 이것뿐만이 아니다. 재선이라는 정치적 부담을 안은 정치인들은 국정체험의 단절을 감수해야 하는 경우가 많아, 자연히 국정의 기본방향 설정역할까지도 행정부가 맡지 않으면 안 되게 되었다. 국회의원들은 선거에서 다시 당선되지 않는 한 국정과 관련된 지식, 정보와 기술을 계속 축적시켜 나가기 어렵다. 따라서 의회가 정책과정에서 시민들의 요구를 수용하는 비중은 점차 감소했다.[3]

국회의원으로 다시 당선되기가 얼마나 어려운지를 살펴보기 위해 우리나라 국회를 예로 들어 근래의 초선의원 비율을 살펴보면 다음과 같다. 1988년의 13대 총선에선 초선 의원이 55. 5%, 14대 총선에선 39.1%, 15대에선 45.8%, 16대에선 40.7%, 17대에선 62.9%, 18대에선 44.8%, 가장 최근인 2012년의 19대 총선에선 49.3%나 차지한다. 1992년을 제외하고 모두 초선 비율이 40% 이상을 유지하고, 17대 땐 거의 63%나 되었다.

사회의 복잡화, 전문화로 인해 입법부의 정책결정능력이 약화된 데다가 정치에 신선한 피(new blood)를 수혈하자는 차원에서 반복된 정치 신인들 위주의 공천혁명 결과 초선의원 비율이 압도적으로 높아지면서 아무래도 국회의 전문성은 약해질 수밖에 없다. 반면 행정부 공무원들은 직업공무원제와 신분보장 하에서 문제해결 능력을 계속 키워나갈 수 있어서 이들이 국가정책과정에서 주도적 역할을 담당하게 되었다.[4]

1950년대 이후 국가주의가 통치규범으로 등장하면서, 각국의 시민들은 정부권능의 확대와 통치능력의 강화에 더욱 동의했다. 따라서 행정부가 시민 삶의 전 국면에 깊게 개입하게 되었다.[5] 바야흐로 20세기의 행정국가(administrative state) 시대에서 현대 정부들은 시민 다수의 이익을 위해 나라경제를 관리하고 시민복지를 향상시키는, 매우 힘 있는 존재로서의 위상을 부여받으며 국가발전의 견인차로서의 자리를 지켜 나갔다. 물론 공공행정도 이를 촉진시키는 정부의 효과적 도구로 간주되었다. 사람들은 공공(public)이라는 개념을 자비롭고 바람직한 그 어떤 것으로 보면서, 공익, 공공서비스, 공공지출, 공공투자, 공기업 등 공공 개념의 장점을 누누이 강조했다. 그러니 '한번 해병은 영원한 해병'이듯이 '한번 공공서비스는 영원한 공공서비스'로 지리 잡을듯한 기세였다.[6]

여기서 행정의 정치화 현상이 두드러지게 나타났다. 이는 정부규모가 커지고 새로운 행정기능이 추가되는 등 행정에 정치권력이 집중되고 나아가 행정부가 민간부문에 깊게 개입하는 현상을 말한다. 일례로 론게(V. Ronge)는 국가의 전환기제인 정치체제의 무능력과 정치적 지지를 위한 동원화의 한계 때문에, 국가의 할당기제에 불과한 행정부가 가치배분의 몫도 결정하고 그 결정에 대한 지지의 동원화에도 직접 나서는 것이 불가피해진다고 말했다.[7]

2. 테크노크라시의 등장과 민주주의의 후퇴

행정부가 정치행정의 주역으로 나서면서 경력직 공무원들이 국정에 깊이 관여하는 기술관료통치(technocracy)가 등장했다. 기술관료, 즉 테크노크라트는 기술직 공무원을 가리키는 것이 아니라 국가운영에 대한 전문지식과 통치기술로 무장하고 각종 통계자료에 의거해 국가정책을 도맡아 디자인하는 경제, 행정 분야의 직업공무원들을 뜻한다.

문제는 테크노크라트들이 정책입안 등 실제로는 정치적 기능을 수행해도 이들이 임명직 공무원이기 때문에, 대중적 정서를 헤아려야하는 정치적 책무로부터 자유로운 채 자신의 역할을 관료제 논리에 따라 공공관리의 능률적 관점에서만 이해하기 쉽다는 점이다. 이들은 정책을 이념이 아닌 실용적 관점에서 보고 사회문제를 계산 가능한 기술 용어로 정의한다. 각종 통계치 등 딱딱한 경성(硬性) 자료와 자원 활용의 능률성 원칙에 주로 입각해 문제 해결책을 도모한다. 따라서 국가정책이 이들 기술 엘리트들의 수중에 놓일 땐 목적의 사회적 의미보다는 수단의 능률성에 더 관심을 두는 목표-수단 전도현상에 빠지기 쉽고, 시민 삶의 실제목표는 관료적 의사소통 용어로 쉽게 정의되지 못한다.

여기서 임명직 공무원인 관료들이 시민과 2촌간이라는 양자 간 괴리의 본질적인 문제점이 발생한다. 2촌에 불과한 정부관료들에게 국가정책의 설계라는 일정한 정치적 역할이 요구되지만, 그들이 자신의 정책기능을 공공관리의 능률적 관점에서만 이해할 때, 행정의 정치적 역할이 희석되고 민주주의는 크게 손상될 우려가 있다. 에치오니-할레비(E. Etzioni-Halevy)는 테크노크라트들이 기술 전문성을 앞세워 전문가적 권력을 남용할 때 다음의 문제가 발생할 것을 우려했다.[8]

첫째, 테크노크라트들은 자신에게 익숙한 경제적, 기술적 계산논리에 따라 밀실에서 정책결정을 수행한다. 따라서 시민의 생활문제가 그들의 계산논리에 딱 들어맞지 않을 때는, 체제의 외형적 신장능력 제고 등 제한된 정책가치만이 정책결정과정에 반영된다.

둘째, 테크노크라시는 상사가 하위자를 임명하는 자기 임명적(self-appointed) 체제로서 유권자에 대한 정치적 책임을 면제받고 임명권자인 통치자에게만 책임을 져, 통치자가 비민주적일 경우 결과적으로 권위주의 정권의 수호자 역할에 한정되기 쉽다.

결국 테크노크라시는 행정 능률성과 전문성은 제고해 주지만, 비민주적, 비대응적인 정부관료제를 양산하기 쉽다. 비록 정책은 정치가들이 최종 결정하지만, 그 결정은 테크노크라트들의 기술적 옵션과 기술적 논증과정을 통해 통제된다.

공직이 이처럼 정치적 의지의 효율적 집행으로, 즉 더 많은 것을 덜 비용을 들이며 수행하는 것으로 국한되면, 테크노크라시적 관점의 채택은 협소한 경제목표의 기술적 성취에 집중하게 하고, 정치공동체의 운영에 중요한 많은 민주적 이슈를 미해결 상태로 남긴다.[9] 특히 체제의 외형적 신장 등 제한된 정책가치의 선택과 사회정의의 경시로 인해 시민 삶의 질은 저하되고 사회 양극화가 야기되기 쉽다.

3. 시민-정부 간 인식 균열에 따른
우리-관계 쇠퇴와 그들 관점의 형성

테크노크라시적 행정이 조직의 능률적 통제와 기술적 이슈에 초점을 맞추는 한, 민주적 이슈에 대한 정부관료들의 적실한 이해와 처방은 곤란해진다. 특히 정부관료들이 그가 봉사해야 할 사회의 일부로 자기 자신을 보기 보다는, 시민의 삶에 대한 정치적 책임을 면제받은 채 경제적 계산논리에 친화력을 보이는 제한된 정책가치만 선택할 때, 시민-정부 간 현실인식의 갭은 더욱 커진다.

테크노크라트들은 전문지식과 행정기술에 매료되어 그들이 소유한 지식이 행정에 필수적일 뿐 아니라, 생존을 위해 몸으로 체득한 평민들의 지식보다 더 큰 비중을 갖는 것으로 우월시 한다. 따라서 그들은 시민들로 하여금 국가에 대한 의존심과 복종심을 갖게 하는 방식으로 자신을 규정짓도록 조장한다. 즉 시민을 면허 신청자, 납세자, 학생, 죄수, 보조금 수령자, 시설 사용자, 공공주택 거주자 등 행정의 객체로 대상화시키고, 그 와중에 시민은 정부에 예속되고 만다.10) 이런 풍토에선 시민들은 그저 관료들에 의해 부양되는 피동적 존재로 취급된다.

정치학자 파이너(H. Finer)는 특수계층인 관료집단이 자기가 형성한 원리에 따라서만 행동하면서, 관료와 국가의 동일성을 전제로 민중을 지도하는 것으로만 알고 자기들에 대한 민중의 지도는 인정하지 않는다고 지적하며 그들의 비민주적 독선을 비판했다. 그런데 실제로 테크노크라트들이 여론보다는 통계자료에 의거해 밀실에서 정책을 결정하면서도 그 결과에 대해선 정치적 책임을 면제받는 등 파이너의 지적은 날로 강하게 확인된다.

시민의 삶에 대한 정부의 인식이 이처럼 현실과 괴리될 때 그 인식적 균열로 인해 양자 간의 쌍방향적 우리−관계는 쇠퇴한다. 그 대신 시민을 대상화하는 타자적 인식에서 출발하는 그들 관점(they perspective)이 정부 안에 만연한다. 현상학자 슈츠(A. Schutz)에 의하면, 상대방을 자신과는 무관한 이질적 부류로 감지하며 그들 관점에서 상대를 대상화, 타자화시키는 곳에선, 체계(system)에 의해 이미 할당된 의미와 역할의 관점에서만 사회세계가 인지된다. 즉 사전에 규정된 방법으로 사람들이 서로를 취급하도록 강요당하는데, 이처럼 정형화(stereo-typed)된, 즉 규칙과 규정 속에 코드화된 행동규범에 우리가 얽매일 때, 인간관계는 우리−관계는커녕 그들−관계에서 헤어나오기 어렵다.

현상학을 정부학 연구에 도입한 험멜(R. Hummel)은 시민-관료 간 관계를 그들-관계의 대표적 예로 보았다. 조직에 의해 이미 할당된 규정과 규칙 그리고 계층제 내의 일방향적 의사전달이 관료들 일상의 대부분을 지배한다고 보았기 때문이다. 관료제는 개인의 행동을 합리적으로 조직된 사회적 행동으로 전환시키는 수단이기 때문에, 행동통일을 위한 압력이 관료들로 하여금 규정에 따른 일방향적 행동을 하도록 강요한다. 특히 비인격적인 작업규칙은 관료들이 시민에 대한 감정이입을 통해 그들과의 간주관적(inter-subjective) 이해에 이를 때까지 차분히 기다려주지 않는다. 관료들은 정형화된 절차 속에서만 시민을 만나므로 시민의 개인사정을 자세히 아는 것이 허용되지 않는다.[11]

시민-관료 간 우리-관계의 특징은 그들-관계의 특징과는 큰 대조를 보인다. 상대방인 너를 나와 같은 동질 집단, 즉 우리(we)의 일부로 감지할 때, 나와 너 사이엔 우리-관계가 성립된다. 일상에서 우리는 대면접촉하며 서로를 사람으로 대한다. 그래서 나는 상대를 개인적인 너로 직접 체험할 수 있고 감정이입을 통해 그의 문제를 내 문제인 것처럼 이해할 수 있다. 즉 그와 일체감을 보이며 그와 사회적 삶을 같이 창출한다.[12] 이처럼 우리-관계에선 대면접촉을 통해 쌍방향적 의사소통과 일상 생활세계의 의미구조를 성찰적으로 이해하기 위한 간주관적 의미공유가 가능해진다.

위의 논지를 시민-정부 간에 대입해 보면, 시민-정부 간에 우리-관계가 활성화되는 곳에선 관료들이 시민생활현장을 자주 찾아와 대면적 만남이 한층 가능해질 수 있다. 대면적 만남의 일상화를 통해 시민과의 일체감과 상호 연계감을 제도화시킴으로써, 시민을 정부의 정당한 일부로 존중하는 우리 시민(we the people) 관념이 정부 안에

싹트기도 쉽다. 또 쌍방향적 의사소통을 통해 시민-관료 간에 대화의 가능성이 높아져, 시민참여를 행정과정에 제도화시키는 절차적 민주주의도 실현할 수 있다. 정부관료들이 역지감지의 입장에서 우리-관계에 입각한 간주관적 감정이입 태도를 시민생활문제에까지 확대할 때, 사회경제적 약자들을 정책과정에서 배제하지 않고 그들에게 최소한의 혜택이라도 최우선적으로 부여하려는 사회적 형평 가치도 실현될 수 있다.

반면 그들-관계에선 시민은 존중 받을만한 고유성을 지닌 존재가 아니라 체계에 의해 사전에 규정된 관례적 절차 속에 갇히는 존재가 된다. 또 테크노크라트들이 비정의(非情誼)적 관점에서 만든 수혜자격 요건의 보편적 대상이 되거나, 금지행위를 규정한 법규적 맥락에서 획일적으로 관리되는 인격 없는 객체 혹은 익명의 사례로 취급된다. 따라서 거리를 두고 시민을 대상화하고 그들을 정형화된 틀에 따라 능률적으로 관리하거나 합법적으로 통제하는 것이 정부관료제의 기본속성으로 여겨져 왔다.13)

4. 그들-관계 대두의 몇몇 실례와 그 결과물로서 시민의 타자화, 대상화, 시민소외

후기 자본주의국가의 정당성 위기를 천착해온 하버마스(J. Habermas)에 의하면, 국가는 행정능률을 위해 전문화, 관료제화되지만 도구적 합리성의 철창에 갇히면서 시민을 획일적 관리와 통제의 대상으로 취급하게 된다. 여기서 복지국가는 딜레마에 빠진다. 국가가 시민의 복리를 위해 일상적 복지에 관여할수록, 동시에 능률적이기 위해 관료제화되어야 하기 때문이다. 그 결과 복지국가의 고객은 국가에 예속된다. 일례로 복지 관료제의 보편적 법 설계는 복지 수령자를 수혜자격 요건에 의해 일반화되는 익명의 사례로 취급하고, 복지관료는 관례화된 비인격적 작업규칙으로 인해 기입내용을 채워야할 서류를 수령자들에게 제시하는 기계적 인간이 된다. 이런 폭력적 추상화(violent abstraction) 속에서 인간관계의 개인적, 정서적 요소는 제거되고 기계 같은 비인간적 장치들이 생활세계를 지배한다.

의사소통적 권력(communicatively generated power)을 선호하는 시민들에 비해 관료들은 행정적 권력(administratively employed power)을 선호해 서로 갈등을 빚기도 쉽다.[14) 관료들은 종종 가장 저렴하고 빠른 방법, 즉 예컨대 화재위험을 줄이기 위해 근린(近隣) 지역의 나무들을 잘라버리는 것에 찬성하는 반면, 시민들은 나무가 근린 지역의 성격 형성에 핵심적인 기본 요소로 보고 나무 절단에 반대해, 결과적으로 양쪽 모두 서로로 인해 좌절을 맛본다. 관료들이 이처럼 시민과 갈등할 때, 그들은 정책관련 공청회 시간과 장소를 시민에게 불리하게 설정하는 등 시민을 공적 토론에서 체계적으로 배제시킨다.

생활세계가 관료제에 의해 통제된 상황에서, 시민은 국가로부터 고립된다. 시민은 정부의 의사결정이 자신들의 실존적 관심사에 대응적인 것으로 보지 않는다. 따라서 생활세계의 식민화가 정당성(legitimacy)의 문제를 제기한다. 정부 관료제는 합법성과 관리적 능률성을 자기 존립의 정당화 원천으로 호소하지만, 그런 수단적 가치들만의 고집으로 인해 윤리적, 민주적 정당성의 제공은 더 곤란해지고 시민과의 적절한 소통형태도 결여한다. 따라서 국가는 정당성을 상실한다. 시민이 객체화될수록 그들은 국가에 더 큰 정당성을 요구

하지만, 국가가 이를 충족시키지 못하면서 시민소외는 더 커진다.15)

소외된 시민들은 정부에 냉소적, 적대적이다. 1994년의 한 여론조사에서 미국인의 2/3가 거대정부는 사회문제의 해결보다는 더 많은 문제를 노정하는 가장 위험한 요소라고 응답했다. 응답자의 80%가 정부를 비효율의 온상이자 세금낭비의 주범이라고 비판했다. 20세기 중반만 해도 많은 미국 시민이 정부가 정당한 일을 한다고 신뢰해 왔는데, 20세기 후반부턴 정부 자체를 혐오하는 사람들이 압도적으로 늘어난 것이다. 그 때문에 미국 메릴랜드 주의 몽고메리 카운티의 기관장 같은 사람은 정부라는 단어가 시민에게 거만함과 당혹감을 느끼게 한다는 이유에서 모든 공문서와 관용차량, 직원들 명함에서 정부라는 단어를 제거하기도 했다. 1970년대 후반의 재산세 인하운동, 1990년대의 선거직 공직자 임기제한 및 세출제한도 정부–시민 간의 깊은 단절감과 정부가 큰 수렁에 빠져있음을 잘 보여준다.16)

미국에서 촉발되어 전 세계로 퍼진 점령하라(Occupy) 운동은 시민–정부 관계가 그들–관계로 전락할 경우 야기되는 시민소외 현상을 잘 보여준다. 시위 참가자들은 효율성이란 미명 하에 서민 삶에 대한 자본 통제력이 극대화되면서, 시민 일반의 생활불안이 증폭된 점을 시위 이유로 제기했다. 특히 뉴욕시 경찰의 시위대 강제해산 과정에서 "내 나라, 내 정부, 우리 경찰이 그들의 나라, 그들의 정부, 그들의 경찰"로 보이기 시작하자, 시위 참가자들은 정치행정이 더 이상 대의(代議)하지 않고 미디어도 중계를 하지 않는 텅빈 곳에서 점거 운동을 펼치며 직접 민주주의라는 대안 정치를 실험했다.17) 스타이버스(C. Stivers)도 현 시대를 '암흑의 시대'로 규정하며, 그것을 낳은 원인으로서 9.11 테러와 사회경제적 문제를 제대로 해결하지 못한 미국정부의 정책실패를 지적한다. 그녀에 의하면 오늘의 시민들은 시대의 이슈에 대해 관여할 수 있는 활력적인 공적 공간을 갖지 못한 채, 자기 삶의 의미에 심대한 도전이 되는 사건들의 영향력에 대처할 마땅한 방도를 찾지 못하고 있다.[18]

02. 신자유주의 정부개혁의 본질과 한계

1. 탈 행정국가화와 신자유주의의 등장

적절히 통제받지 않는 권력은 많은 문제의 소지를 지니는데, 이는 20세기의 행정국가 하에서도 극명하게 드러났다. 행정이 정치화해 현대정부가 많은 국가기능을 떠맡게 되면서 필요 이상으로 권력이 커지고 덩치도 커졌지만, 정부의 문제해결 능력은 여러 가지 이유에서 점점 저하되는 문제가 자주 발생했다. 즉 관료제적 경직성, 비효율, 무사안일, 규제 일변도의 처방 등 근본적 한계가 노정되었다.

1980년대 말에 이르자 OECD 국가들을 중심으로 이 문제를 해결하기 위해 정부에 큰 변화가 나타났다. 즉 정부를 사회문제 해결자보다는 국가발전의 장애물로 보며, 새로운 관리기법을 도입해 작은 정부를 구현하려는 정부혁신이 대대적으로 단행된 것이다. 관료 후려치기(bashing bureaucracy)를 슬로건으로 내세우며 공공부문에 시장원리와 시장철학(market philosophy) 등 신자유주의 요소가 적극 도입되었다.[19] 선진국들은 자유롭고 효율적인 경제를 만들 것을 표방하고 등장한 신자유주의 철학과 그것의 정부개혁 버전인 신공공관리(new public management) 패러다임 아래 공룡 같이 커져버린 거대정부에 대대적인 수술을 가했다.

카울(M. Kaul)은 자유화, 민영화, 군살빼기의 전략적 의제 하에, 이제 정부의 역할은 사회경제적 발전의 주도자에서 벗어나 발전을 안내하고 촉진하는 쪽으로 변해야 한다고 강조했다. 그러면서 그는 신자유주의의 영향 하에서 보다 능률적, 대응적, 신축적인 공공서비스 전달을 목표로 정부조직과 체제상의 관리혁신을 가져오는 근본적 변화를 요구했다.[20] 보우캐어트(G. Bouckaert) 역시 새로운 변화맥락으로서 신공공관리적 사고를 현실에 적용시키는 현대화(modernize) 전략, 바우처, 경쟁입찰, 벤치마킹, 성과주의 등 시장기제의 공공부문 유입을 통한 시장화(marketize) 전략, 공공분야를 주요기능으로 약화시키고 여타 기능은 NGO나 민간에로 이전하는 최소화(minimize) 전략을 역설했다.[21] 이것들은 다분히 신자유주의의 핵심이념인 경제성, 능률성, 효과성에 초점을 맞춘 것으로서 시장철학과 직간접적으로 연관된다.

2. 신자유주의 정부개혁의 본질과 문제점

효율적 경제를 표방하고 등장한 신자유주의 프로그램은 세계 도처에서 빈부격차, 복지축소, 재정위기 등의 경제난국과 시민 삶의 곤경을 초래했다. 그 원인은 자본계급의 권력 공고화를 위한 세계 자본주의의 재구조화와 그것에 도구적으로 작용해온 정부활동의 한계에서 찾을 수 있다. 정부는 시민의 권리보다는 자본주의 체제의 경제 효율성을 앞세우며, 국가의 주요목표를 정치적 정당성 확보와 사회적 재분배에서 정치적 지배와 자본축적으로 바꾸었다. 이에 따라 규제완화, 민영화, 공공부문 축소, 복지축소, 엄격한 금융정책에 따른 재정 안정화가 추진됐다. 소영진의 지적처럼, 신자유주의는 자본 재구조화 운동의 상부구조를 이루는 사상으로서, 그 안에 도구적 이성의 전일화, 생활세계 침식 문제가 중첩되어 있었던 것이다.[22] 또 그 과정에서 정부가 일방적으로 시장 편에 서서 일한 결과 다음의 근본적 한계를 노정했다.

시장철학에 의거한 정부행정의 문제점들로는, 국가보다 시장을 앞세우는 신자유주의 이념의 한계, 민주주의와 삶의 질 향상 등 거시적 문제들을 경시한 채 고집스럽게 추진된 효율성 위주의 미시적 개혁, 과도한 시장경제의 강조가 민주적 책임성 등 전통행정의 장점을 약화시키고 정책집행 기능의 지나친 민간이양이 공동화(空洞化)된 국가를 초래할 수 있는 점, 국가의 시장화 전략이 시민의 정치적 성격을 훼손시키고 시민을 고객화, 소비자화한 점 등등이 지적된다.[23]

실제로 시장 모델에 의거한 신공공관리적 개혁의 대표적 사례인 미국의 고어(A. Gore) 리포트는 많은 비판을 받았다. 모(T. Moe)는 고어 리포트가 전통적 행정가치에서 벗어나 정부관리에 있어 새로운 패러다임을 지향했지만, 그것이 정부를 잘못 인도할 수도 있다고 우려했다. 왜냐하면 고어 리포트가 정부기관의 본성과 법적 사명, 공무원의 전문직업주의 문화에 대한 전혀 생소한 가정에 입각했기 때문이다. 즉 "연방정부와 민간기업은 본질상 동일해 관리상의 인센티브와 절차에 동일하게 대응할 수 있다." "연방정부는 경쟁적 시장환경 하에서 최상의 기능을 보이는 하나의 기업체이다." "정부의 규모는 공무원 수와 함수관계에 있어, 공무원 수를 줄이면 정부규모가 감소한다." "연방정부의 관리는 예산상 우선순위와 예산과정에 종속된다" 등등 신공공관리론의 검증되지 않은 전제들을 너무 쉽게 인정했던 것이다.

고어 리포트의 이런 전제들은 경험적으로 입증되지 못했다. 예컨대 실질적인 프로그램 제거가 없는 공무원 수의 감소는 혼란만 초래했다. 고어 리포트의 경우는 주로 지방정부 서비스전달체계의 성공 이야기를 담고 있고 또 그것을 체계적으로 분석한 것도 아닌데, 과연 이들의 주장대로 연방정부에도 이런 지방정부 차원의 개혁성공 스토리가 들어맞을 수 있을까도 의문이었다. 고어 리포트는 민주적 책임을 강조하는 기존의 행정관리 패러다임이나 관리철학과도 의도적으로 단절되어 있다. 그래서 고어 리포트는 행정성과에 있어 시민들에게 책임감을 덜 느끼는 정부를 양산할 우려가 있다. 정부는 이윤이 없고 불편하다고 해서 기업처럼 어떤 활동을 마음대로 중단할 권한도 없는데 말이다.[24]

신자유주의 시장철학과 신공공관리론은 공공조직과 절차상의 개혁과 관리기술 증진 등 능률성, 신속성 등의 관리적 행정가치 구현엔 비교적 성공했지만, 민주적 책임성과 대응성이라는 보다 큰 공공가치를 상실하게 할 우려를 낳았던 것이다.

3. 신자유주의 이념 공세에 따른 공공성 부재와 지속가능성 위기

신자유주의의 지배이념인 성과효율은 그것의 행동강령으로 각자도생(各自圖生)의 경쟁의식을 조장했다. 그러나 각자도생의 무한경쟁 논리 하에서 경쟁우위를 보이는 사회세력은 극히 한정되어 있었다. 단기적 성과와 경제효율을 위한 무한경쟁의 결과는 오로지 승자독식 사회였다. 그럼에도 불구하고 시장 따라 하기에 바빴던 기업가형 정부들은 시장원리적 개혁, 즉 공공복지의 소홀, 사회적 규제의 경시, 대기업 우선의 공적자금 조달, 철학 없는 민영화, 무분별한 경제규제 완화 및 금융 자유화, 국제경쟁을 위한 대기업 지원 등 자본편향 정책을 추진했는데, 그 결과는 공공성 부재에 따른 다음과 같은 다차원적 지속가능성 위기로 나타났다.

첫째, 자본가 계급의 절대우위 속에 중산층이 몰락하고 워킹 푸어 현상이 강해졌지만, 시장 편향적 개혁으로 인해 빈부격차와 양극화는 더 심해진 반면 사회안전망과 복지망은 더욱 부실해졌다. 복지의 사각지대 속에서 구조적 불평등의 장기화도 우려된다. 우리 사회의 경우 빈곤층에 대한 사회적 배제는 OECD 최고의 자살율과 3포 세대의 출현으로 가시화됐다. 이처럼 신자유주의는 '사람들, 특히 청년들 마음속의 지속 가능성'을 침해한다.

둘째, 성과효율이 지배이념인 신자유주의의 단기적 시간틀 하에선, 미래 세대를 위한 장기적 안목이나 정책비전도 불투명해진다. 초고령화 등 향후 인구구조 변화를 감안하고 세금의 용처를 둘러싼 세대 간 전쟁의 우려를 직시할 때, 장기적 시간틀에 따라 미래 세대에 대한 확고한 대책이 요구되지만, 성과효율과 눈앞의 경쟁논리에 함몰된 단기적 시간관에선 확고한 장기대책이 쉽게 강구되지 않는다. 미래 세대를 위한 희박한 정책철학 속에 국민연금제도의 표류 등 사회적 합의가 어려워지고 그만큼 '사회의 지속 가능성 침해'도 우려된다.

셋째, 인간의 먹고사는 문제로 인해 자연보전 의지도 약해진 채, 인간중심주의에 의한 '자연의 식민지화, 즉 생태계의 지속 가능성 저하'도 심히 우려된다. 토건업이 국가경제에서 큰 비중을 차지하는 우리나라의 경우, 단기적 성과효율을 중시하는 신자유주의와 신개발주의 득세 속에서 항상 개발 가치가 보전가치를 억누른다. 난개발과 막개발의 치유, 복원 비용은 보전비용의 수십, 수백 배에 이른다. 신자유주의적 개발이익의 파고 속에서 이젠 무엇이 장기적 생태효율이고 어떤 국가정책이 생태계의 지속가능성 제고에 유용한가를 진지하게 생각해 볼 시점이다.[25]

4. 친자본적 정책이해의 구조적 이유와 그 현대판인 재난 자본주의

신자유주의 시대의 정부행정에서 여실히 드러났듯이, 자본주의 국가는 원래 자본에 구조적으로 종속되는 한계가 있다. 만일 정부가 일련의 반(反)자본주의적 정책, 예컨대 토지 공개념이나 부자증세 등 조세 형평책을 시행하면, 자본가는 이를 투자환경의 악화로 인식하고 생산적 부문에의 투자를 줄이거나 자금을 회수해 주식거래나 부동산투기 등 자본가의 사적 이익을 도모해 주는 비생산적인 부문에 투기하려는 심리가 성행하게 된다. 그렇게 되면 생산적 부문에의 투자가 줄어들어 국가재정의 토대가 약화된다. 따라서 경제위기가 오기 쉽고, 이는 정권과 정부에 대한 시민의 불신으로 연결되어, 정부는 국가정책의 이해를 다시금 친자본적 정책이해로 환원하지 않을 수 없다.[26] 결국 자본주의국가의 정책이해는 근본적으로 친 자본적인 것이다.

미국의 진보적 역사학자 하워드 진(Howard Zinn)은 그렇기에 "정부의 정책이해에 숨겨진 지배계급의 속성을 직시해야 한다. 역사는 국가(정부)의 이익과 민중의 이익이 반드시 일치하는 것이 아님을 잘 보여준다"라고 주장한다. 실제로 미국 정부는 독립전쟁 이후부터 노예주, 상인, 제조업자 등 부유계급의 이익에 적지 않게 봉사했다. 국내 제조업자를 위해 관세를 올리고 화물업자에겐 보조금을 주었으며, 철도회사엔 1억 에이커의 땅을 무상 제공하는 등 철도회사나 기업가에게 국가자원을 선물처럼 듬뿍 나눠주기 위한 계급적 입법을 주도했고, 이에 반항하는 노동자들의 진압엔 군을 동원하기까지 했다. 제2차세계대전 이후 미국의 항공산업이 불황에 빠지자 관련 산업 협회장에게 세금감면 등 최고지원을 약속하기도 했다. 소련의 몰락 이후엔 어렵게 찾아온 평화의 배당금을 미국 시민들이 받을 것으로 기대했지만, 미국정부는 이를 일소한 채 아동, 노인, 노숙자, 실업자, 병자를 위해 써야 할 돈을 공급 위주의 경제학이나 공적 자금에 쓰는 등 시민들을 희생시키고 기업을 돕는 데 우선했다는 것이 하워드 진의 미국 현대사 분석결과이다.[27]

현대의 자본축적과 생산과정의 외부에서 발생하는 착취는 여전히 공유자원 등 공통적인(common) 것을 수탈하는 형태를 보이고 있다. 특히 재난을 계기로 공적 산업, 공공 복지구조, 공공 교통망의 대대적 사유화와 천연자원 수탈이 빈번하고, 해외기업들이 지역 노동자들을 고용해 채취한 부를 약탈하는 경우도 많다.[28] 나오미 클라인(Naomi Klein)은 이를 재난 자본주의(disaster capitalism)라고 부른다.

재난 자본주의는 전쟁, 테러, 금융시장 붕괴 등 인위적 재해는 물론 쓰나미, 지진 등 자연재해에 이르기까지 대규모 재난상황이 벌어지면, 이를 틈타 갑자기 충격적인 경제정책을 시도하고 이윤을 극대화하는 자본주의의 새로운 형태이다. 미군이 전쟁으로 점령한 이라크, 쓰나미가 몰아닥친 스리랑카, 카트리나가 휩쓸고 간 미국의 뉴올리언스, 금융위기를 맞았던 1997년 동아시아에서 취해진 전면적인 시장 자유화와 민영화가 그 본보기이다. 클라인은 미국의 군산 복합체가 재난 자본주의 복합체로 전환되고 있다고까지 주장한다.[29]

재난 자본주의 하에선 큰 사고가 발생하면 문제를 개선하기보다는 자본주의익 냉철한 기제가 신속하게 작동해, 재난 자본주의 복합체가 자신들의 실속 차리기는 물론 예전에 하고 싶었던 일들을 전격적으로 시행하는 기회로 삼는다. 우리나라의 경우도 세월호 참사 이후 국무총리 산하에 재난기구를 두어 청와대는 보고만 받고 문제해결을 위한 직접적 결정은 안하는 등 원래부터 책임지기 싫었던 것을 회피하는 기회로 재난을 신속하게 이용하려 한다는 비판이 있다. 그리고 5급 공채인 행정고시 선발인원의 50%만 뽑고 나머지는 박사, 변호사 등 특채로 바꿔, 외국어 능통자, 전문 지식인의 임용 등 조기유학을 간 고위급 자녀들의 공직 취업루트 확보를 꾀하려는 측면도 노정된다. 따라서 재난의 패닉상황을 이용해 오랜 시간에 걸쳐 사회적으로 합의해야 할 사항을 신속히 결정해버리고 책임은 지지 않는 시스템으로 전환하며 고위직 자녀의 공직진출을 서두르는 것이라는 비판도 일각에서 제기된다.[30]

03. 그들-관계의 극복을 위한 대안적 인식틀

1. 자본편향 정책의 폐해에 대한 성찰: 사회 양극화와 자연의 식민화

후기 자본주의 시대의 테크노크라트들이 도구적 이성과 경제적 합리성에 치우쳐 체제신장 능력의 외형적 제고 차원에서 친 자본적 정책이해를 보였다면, 신자유주의 시대의 정부는 작은 정부라는 탈 행정국가적 프로그램에 따라 그 위상이 크게 위축됨에도 불구하고, 축적위기의 극복 차원에서 이루어진 자본의 재구조화를 위해 자본편향 정책을 오히려 강화했다. 또 시장 따라하기 식 개혁을 몸소 추진하는 등 지배계급의 도구로서의 성격을 노정하며 시민-정부 관계를 그들-관계로 전락시키고 시민의 타자화와 시민소외를 초래한다.

정부가 시민의 문제를 그들 관점으로 고착화시키고 외면한 우리나라의 사례도 적지 않다. 예컨대 농업부문에 대한 뚜렷한 대책 없이 졸속 처리된 한미 FTA, 시민의 건강과 직결되는 미국산 쇠고기 수입을 둘러싼 촛불 시위, 이랜드, 한진중공업, KTX 여승무원 등 비정규직 노동자의 생존권 투쟁, 용산참사에서 보듯이 재개발지역 내 갈 곳

없는 빈민들의 생존문제 등이 그것이다. 1980년대 이후 대의제 시스템은 겉으론 강화되었지만, 다수의 대중은 자신의 힘과 의견을 대변할 조직에서 배제되기 시작했다. 대의제 프레임에 속하지 못한 채 삶의 기반에서 내몰리는 주변화를 경험한 것이다.[31] 현재 6백만 명의 비정규직, 2백만 명의 취업애로계층, 생계형 대출조차 쉽게 받지 못하는 4백만 명의 영세 자영업자 등 비정규직 노동자, 청년 실업자, 하우스 푸어, 재개발지역 내 빈민 등 대의제 밖에서 주변화와 디자화를 경험하며 사회 양극화에 노출된 시민 수가 적지 않다.

자본편향 정책에 갇힌 정부의 활동은 자연에까지 그들 관점을 고착시켜 자연의 식민화도 초래하고 만다. 현대 환경주의는 어원학적으로 인간이 중심이며 자연은 그 외적 주변이기에, 자연을 인간의 도구로 보는 인간중심주의 세계관을 전제로 한다. 따라서 도구적 합리성에 의거한 기술관료통치 하에선 환경문제 등 일상생활이 기술적 계산논리로 제어되면서, 도구적 자연관 아래 자연이 개발의 대상이 되기 쉽다. 실제로 인간중심적, 도구적 자연관에 따른 정부의 생태계 파괴는 극심하다.

특히 이명박 정부 하에선 녹색성장을 "환경을 새로운 동력으로 삼는 경제성장" 정도로만 보는 등 단기적 정책철학의 한계를 드러냈다. 실제로 4대강 사업은 건설 카르텔의 경기부양을 위해 정권 차원에서 결정된 공격적 공공 프로젝트였다. 건설부문에의 과잉투자로 인해 부실해진 국내 건설회사들을 구제하기 위한 일환으로 정부가 공공 건설투자를 촉진한 것이다.[32] 이런 인식적 한계에선 진정한 의미의 녹색성장을 위한 실천정신은 약해진다. 따라서 과거의 개발방식, 경제성장 우선주의를 포기하지 못한 채, 역대정권보다 더 강하게 규제완화와 감세정책을 추진했고, 그 결과 그린벨트와 군사시설 보호구역의 완화, 수도권 규제철폐, 국립공원에 케이블 카 설치 등 전국토를 난개발 광풍으로 몰아가는 포크레인 성장이 신개발주의라는 미명 하에 반복되었다.[33]

2. 대안적 인식틀로서 비판이론과 포스트 모더니즘

지금까지 시민에 대한 그들-관계 하에서 시민 일반의 이익을 제대로 대의(代議)하지 못한 채 시민소외를 심화시키는 테크노크라시와 관료제적 행정의 한계를 지적해 보았다. 때로 정부는 종종 규율권력을 내세우며 시민들로 하여금 규율과 복종의 질서를 지키도록 훈육해 권력이 다루기 좋은 균질적, 복종적 인간을 만드는 반 민주성을 드러내기도 한다.[34] 시민들은 고유성을 지닌 존재가 아니라 체제에 의해 사전 규정된 절차에 갇힌 채 수혜자격 요건의 일개 대상이 되거나, 금지행위를 규정한 수많은 법규 아래서 획일적으로 관리되는 익명의 사례로 취급된다.

게다가 경쟁과 효율을 앞세운 신자유주의는 사람들을 무한경쟁 시킨 뒤 그들을 비인간적 잣대로 함부로 재단해 단기적 성과의 순으로 줄 세운다. 사람들을 자본주의 체제에 길들여 자본의 이익에 꼼짝 못하도록 순종적 인간으로 만드는 것이다.

이처럼 규율과 질서, 경쟁과 효율이라는 미명 하에 시민들의 생각과 행동을 획일적으로 표준화하고 체제의 가치에 맞게 길들이고 훈육하는 권력의 횡포와 돈의 위력은 엄청나다. 그렇지만 신자유주의 이념의 강세 속에서 체제의 정당성 위기에 대한 체계적 언급은 부족한 현실이다. 따라서 시민들을 체제에 맞게 길들이고 훈육하는 대의제 시스템과 자본주의 체제의 정치적 정당성에 대한 비판적 성찰이 긴요하다.

특히 앞에서 살펴본 것처럼 공공성 부재에 따른 사회 양극화와 자연의 식민화 등 나라살림의 혼맥상을 보면, 이를 자초한 일부 고위관료들에게만 국가운영을 맡길 것이 아니라, 해방적 관심에 의거한 시민 주도적 사회변화를 촉진하기 위해 대안적 인식틀을 마련할 필요도 있다. 그렇다면 이런 비판적 성찰과 새로운 대안 찾기에 유용한 인식론적 정향은 무엇인가?

1) 비판이론: 신자유주의에 대한 이데올로기 비판, 해방적 관심 및 공공영역의 확대

비판이론의 방법론적 입장은 향후 신자유주의와 신개발주의의 폐해를 극복하는 데 적지 않은 시사점을 줄 수 있다. 신자유주의가 조장한 생활세계의 침식을 막고 시민이익을 옹호하는 민주정부, 정의로운 정부를 만들기 위해선, 또 신개발주의가 초래한 자연의 식민화를 막고 생태계 보전가치를 제도화하는 생태 친화적 정부, 안전지킴이 정부로 탈바꿈하기 위해선, 정부관료들의 비판적 자아성찰이 우선되어야 하고, 사회경제적 이익에 대한 시민의 해방적 관심과 자연보전 가치에 대한 계몽교육에서 출발하는 사회변화가 요구되기 때문이다.

물론 프랑크푸르트 학파 등 초기 비판이론이 제안한 수평적 의사소통구조, 비판의식교육, 권력의 평등화는 필히 실천에 옮겨야 할 프로젝트이지만, 의식개혁이나 인식의 전환 등 오랜 시일을 요하는 개혁과제였다. 그래서 비판이론 논의는 한때 주춤했다. 특히 20세기 말 거대 정부주의로 인해 신보수주의 정치논리와 경제효율을 강조한 신자유주의 정부개혁이 강세를 보이면서, 상대적으로 민주주의를 강조한 비판이론은 위축됐다. 그러나 지나치게 효율성을 강조한 신자유주의가 종래의 도구적 이성에서 쉽게 벗어나지 못하는 등 많은 폐해를 낳으면서, 그 폐해를 비판적으로 성찰하고 근본적으로 치유하기 위한 해방적 관심에서 비판이론의 재논의 필요성이 다시금 제기되고 있다.

현대 비판이론가인 페이(B. Fay)는 모순되고 억압적인 현대사회의 문제점을 비판한 뒤, 사회구성원들이 이를 전복시킬 수 있도록 힘을 부여하는 새로운 이론을 추구한다. 그는 계몽과 권한부여(empowerment), 해방의 3 과정이 완료될 때 비로소 비판이론의 실천적 의도가 성취된다고 보며, 비판사회과학의 기본구조로서 사회에 대한 구성원들의 체계적 무지를 뜻하는 허위의식의 폭로, 위기 해석, 계몽교육, 사회변화 행위를 든다.[35]

비판이론은 이처럼 특정 사회 안에서 생활하는 성원들에게 허위의식이 어떻게 억압적으로 기능하는지를 알려주고, 그들에게 근본적 만족감을 줄 수 있는 새로운 사회가치의 실천양식을 정립해 준다. 비판이론의 인식론적 정향은 개인의 비판적 자아성찰로부터 사회전반에 내재해 있는 허위 이념에 대한 이데올로기 비판으로까지 확대된다. 특히 이데올로기 비판은 사회행위자의 이념이 그 내적 모순으로 인해 단지 환상에 불과한 것임을 보여줌으로써 허위이념의 힘을 약화시키고 그들이 진정으로 원하는 바를 합리적으로 획득하게 하는 인식방법이다.

과거엔 기술관료통치의 모순, 기술주의, 도구적 합리성이 이데올로기 비판의 주요 대상이었지만, 현재는 신자유주의, 작은 정부, 시장철학의 허구성 등이 이데올로기 비판의 새로운 대상으로 부각된다. 비판이론은 통치기구의 강화로 인해 크게 협소해진 공공영역을 재확보하기 위해, 시민 간 또는 시민-정부 간에 평등한 의사소통구조를 확립해 이상적 대화상황과 참여자들 간의 합의과정을 구축할 것도 강조한다.36)

우리는 비판이론을 통해 비판적 자아성찰과 비판의식교육이 신자유주의 정부개혁 속에서 공공성 부재와 생태계 위기를 자초한 정부관료들의 의식개혁과 책임윤리의 내면화에 어떤 성찰의 계기를 마련해줄 수 있는지를 살펴볼 수 있다. 또 신자유주의의 허상을 걷어내고 올바른 행정실천양식을 새롭게 구축하는 차원에서 민-관 간 수평적 의사소통구조를 이상적 대화상황으로 확립하기 위한 방법론적 기초를 숙의(熟議) 민주주의를 중심으로 모색해 볼 수 있다. 마지막으로 시민의 해방적 관심에 의거한 시민 주도적 사회변화를 촉진하기 위해 직접 민주주의의 일부 도입 필요성도 학습할 수 있다.

2) 포스트 모더니즘: 정부주도 행정의 해체와 탈 영역화, 공동체적 의사결정

포스트 모더니즘의 반(反) 행정 논리도 신자유주의의 성찰과 대안 모색에서 중요한 인식론적 함의를 갖는다. 파머(D. Farmer)는 사회관계의 몰 개인화, 계산 기술의 정교화, 기술 합리성을 특징으로 하는 서구 합리주의에 입각한 근대 행정이론은, 바로 기술 합리성의 한계로 인해 현대 관료제의 절실한 문제들을 해소하는 데 있어 설명력을 크게 제한 받는다고 주장한다.

파머는 이런 점에서 정부행정의 제 부문에 변화가 일어나야 하며 그 방향은 반 행정(anti-administration)을 지향하는 쪽이어야 하는데, 반 행정은 기존 정부주도 행정의 해체와 탈 영역화, 또 시민과의 공동체적 결정을 지향한다. 특히 반 행정은 개방성과 다양성의 선호를 강조하는데, 이는 행정실무가 반(反) 강권적인 것이 되도록 구성, 집행되어야 하고 봉사 지향적 태도를 지닐 것을 장려하는 것이다. 또 포스트 모더니즘은 정부가 모든 의사결정을 정치 공동체에 개방하는 등 시민과의 권력공유 필요성을 인식하고 관료적 텍스트를 시민에게 부과하지 말 것을 강조하는데,[37] 이런 점이 인식론적 대안논의에서 핵심 포인트가 될 수 있다.

04. 새로운 좌표: 우리−관계 회복을 통한 시민 속 정부로의 회귀, 사람을 위한 정책의 설계

　그간엔 나라살림을 대신할 국정 대리인을 직접 뽑거나 임명해 책임정치와 책임행정을 해달라고 맡기는 대의제 시스템이 정치행정의 주류를 이루어 왔다. 또 '우리도 한번 잘 살아보세'를 마치 사회일반의 공익인 것처럼 떠받들며, 자본주의 경제체제를 수호하기 위한 일부 형평성 조치와 사회질서 유지를 위한 공권력 사용의 합법성 등을 정부가 구현해야 할 기본 정책가치로 삼아 왔다. 그러나 행정국가의 폐해와 신자유주의 정부개혁의 한계 속에서 기존 정책가치들의 시대적 적실성에 의문이 제기되기 시작했다.

　정부의 힘과 덩치는 날로 커지고 통치비용은 늘어만 갔지만, 정부의 일 속도는 느려 터지고 문제해결력은 저하되었다. 이에 따라 시장으로부터 배워야 한다며 시장철학과 시장원리가 전격 도입되었고 정부는 시장 따라하기에 바빴다. 가장 서민적으로 보인 대통령조차 "권력은 시장으로 넘어갔다"고 한탄했고, 미국 민주당 대통령 후보도 "바보야! 문제는 경제야"를 슬로건으로 내세워 집권했다. 정부의 시장 따라하기가 당대를 가장 상징하는 말이었다.

공공부문의 개혁에 시장가치가 이식되며 무한경쟁 등 각자도생과 성과효율이 지배적 가치가 되었지만, 신자유주의식 대량 정리해고가 낳은 아메리카 카우보이 자본주의가 끝을 모르는 고용불안을 조장한 결과, 조직 민주주의의 후퇴 속에 순응적 조직인들만 양산되었고, 사회경제적 주체인 시민과 노동자들이 노동과정에서 타자화, 대상화되면서 그나마 대의제 민주주의는 쇠퇴하고 공공성 부재위기가 초래되었다.

고용불안에 떠는 젊은이들이 직업 안정성이 높은 공무원 시험에 합격하기 위해 각자도생을 도모하면서, 청년문제의 해결을 위한 사회적 연대(solidarity) 전략은 그만큼 더 후퇴했다. 그 결과 승자독식주의에 따라 배분적 정의는 물 건너가고 형평성 가치는 약화되었다. 특히 로펌 등 자본의 법 구매력에 따라 유전무죄가 일상화되면서, 부와 권력의 치졸함을 법적으로 정당화해주는 수단으로 합법성은 전락했다.

그러다보니 지금 우리 사회에선 가장 사(私)적인 사람들이 돈과 권력에 힘입어 공(公)의 높은 자리를 차지하면서 부패가 만연하고 있고, 따라서 이런 잘못된 공의 질서에 대해 종종 정당성 의문이 크게 제기된다. 그 결과 공공성 부재의 위기는 심화되고, 대의제 하에서 선거일 하루만 시민이 사람 대접받게 하고 나머지 긴 기간 동안은 줄곧 선거제도의 노예로 전락시키는 형식적 선거 민주주의, 돈과 권력에 약한 법치주의, 효율 지상주의 등 그간 정부가 추구해온 정책가치들은 시민들의 아픈 현실을 외면한 채 그저 위로부터 주어지는 껍데기 가치에 불과한 것으로 판명될 우려가 크다.

그렇다면 시민 삶의 현실을 반영하고 그것을 극복하는 데 적실성을 갖는 대안가치는 어디에서 찾을 수 있는가? 먼저, 힘없고 가난한 사람들이 오직 살 길은 공생, 협력, 연대의 가치임이 대안가치의 모색에서 강조되어야 한다. 즉 아래로부터의 공(公) 만들기, 즉 함께 더불어 하는 공(共)에서 공(公)의 정당한 질서를 찾아내야 한다.

둘째, 대의제 하에서 선거 당일만 사람 대접받게 하고 나머지 긴 기간 동안 줄곧 노예적 삶을 강요하는 형식적 선거 민주주의보다는 시민들이 자기 삶의 주체가 되기 위한 힘을 스스로 기르고 그것을 제도적으로 인정받는 자율과 자립의 가치가 요구된다.

셋째, 헬 조선, 지옥 불반도, 흙수저 등 환경 탓을 하지 않고 환경에 슬기롭게 적응하거나 새로운 환경을 개척해 가는 움직임이 강조되어야 한다. 즉 실제 피부로 체감할 수 있는 생활가치를 생활현장에서 찾아내 그것을 정부가 추구해야 할 기본 가치로 전환시켜야 한다. 정부는 시민의 역할기대인 생활가치의 정책 가치화를 도모해, 정부가 마땅히 지향해야 할 바 그 속에서 정부의 존재이유를 다해야 하는 것이다.

결국 대의제를 극복한 시민 주도적 민주주의 하에서 시민과 정부가 머리를 맞대고 나라살림에 공생과 연대의 방향을 제도화해 나가는 것이 필요하다. 시민이 참여해 정책방향을 공동으로 주도하고 그런 아래로부터의 공적 질서 찾기가 정부 정당성의 진정한 원천이 되어야 한다.

신자유주의 이후의 향후 정부개혁은 이런 점에서 더 이상 도구적 합리성에 따른 성과효율 위주의 관리기법을 도입, 적용하는 것을 뛰어 넘어, 신자유주의 이념적 모순을 성찰하고 그것이 야기한 각종 폐해를 치유하기 위한 차원에서 민주정부, 정의로운 정부, 생활문화형 정부를, 더 나아가선 신개발주의의 한계를 극복하기 위한 생태 친화적 정부, 안전 지킴이 정부를 지향해야 한다. 특히 신자유주의식 정부개혁으로 공공성 부재 위기를 자초한 일부 고위관료들에게만 국가

운영을 맡길 것이 아니라 시민의 자치 영역 발견과 직접 민주주의의 적극적 도입 등 올바른 실천양식을 새롭게 구축할 필요가 있다.

정부가 시민과의 그들-관계에서 벗어나 우리-관계로 회귀할 때 시민의 일반이익을 구현하기 위해 나라살림에 최선을 다하는 시민 속의 정부, 우리들의 정부가 될 수 있다. 또 시민 속으로 파고들어 시민의 뜻과 혼연일체가 되려는 시민 속의 정부만이 시민 삶의 질과 직결된 공공문제를 해결하기 위해 사람을 위한 정책들을 입안할 수 있다.

그렇다면 시민-정부 간 우리-관계의 철학적 근거는 무엇이며, 우리-관계로의 회귀를 위해 어떤 민주적 절차를 만들어 나가야 하는가? 또 정부는 사람이 살 수 있는 세상을 만들기 위해 어떤 정책들을 꽃피워야 하는가? 위의 질문들에 대한 답을 구하기 위해, 아래에선 다음과 같은 논의들을 체계적으로 진행해 본다.

1. 시민 속의 정부: 우리-관계의 근본 찾기

그들-관계로 전락한 시민-정부 관계를 우리-관계로 되돌리기 위한 민주정부의 이론적 기반을 마련해 시민 속의 정부를 재탄생시키는 논리체계를 마련해 본다. 이를 위해 사회계약론, 현상학, 관료제 관련 문헌을 재해석하고 그 내용들을 주제에 맞게 철학적으로 재구성하는 방식을 택해, 시민-정부 간 우리-관계에 대한 이론적 기초를 마련한다. 특히 정치철학적 관점에서 근대 정부의 태생과정에 작용한 사회계약론의 함의를 이론적으로 반추해 본다. 공무원이라는 직업의 생성적 함의에 담긴 대표시민(representative citizen) 개념 속에서 시민-정부 간 우리-관계의 철학적 기반도 도출한다. 사회계약론에 내재된 민주주의의 현대적 재해석을 토대로 하되 그것에 내재된 대의제적 한계를 성찰하고, 특히 자본주의 사회의 불공정성을 치유하기 위한 새로운 사회적 합의틀의 구성을 위해 배분적 정의 원칙의 확대 재구성 논리를 마련해 보는 데서 시민 속 정부의 새로운 출범 근거를 마련해 본다.

2. 시민 속 정부가 추구해야 할 민주적 절차의 제도화 방향: 우리-관계 회복을 위한 정부조직의 경계 허물기와 숙의 민주주의의 활성화

사회계약론 혹은 사회적 합의의 기본정신으로 회귀한 우리-관계 속에서 정부가 시민들 곁으로 더 다가오기 위해, 나아가 시민 속으로 깊숙이 파고들기 위해 정부가 필히 밟아 나가야 할 민주적 절차를 정부조직의 경계 허물기와 그 일환인 숙의 민주주의(deliberative democracy)의 활성화 차원에서 찾아본다. 즉 경제적 계산논리에서 벗어나 정책과정의 민주성과 정치적 합리성을 확보하는 차원에서 시민중심적 거버넌스 절차의 확립 필요성을 논해 본다. 특히 시민 속 정부의 역할을 기존의 획일적 정책결정자보다는 역지감지의 심정에서 시민의 문제를 자기들 문제처럼 여기는 정책설계자로서의 자세 전환을 중심으로 모색해 본다. 한때의 대중인기에 영합하는 비합리적 포퓰리즘과, 다중(多衆)의 오랜 숙원이 반영된 진정한 정책수요에 적극 부응하려는 피플리즘은 근본적으로 차이가 있다. 전자를 후자인 것처럼 착각

60

하거나 교묘히 채색해 표심 잡기에 사로잡히는 선거용 입법보다는, 정책문제의 심도 깊은 분석과 정밀한 정책설계를 도모하기 위한 민주적 절차의 제도화 방향을 숙의 민주주의를 중심으로 살펴본다.

3. 사람을 위한 정책 설계: 우리-관계 촉진을 위한 정책 디자인과 정책 길라잡이

우리-관계를 촉진시키기 위해 정부는 시민을 위해 어떤 정책을 설계해야 하는가? 어떤 정책들이 시민 속의 정부다운 모습을 보장해 주는가? 시민 속의 정부가 추진해야 할 사람을 위한 정책의 방향을 시민생활의 질 제고를 중심으로 논해본다. 그런데 맹자의 말처럼 항산(恒産)이 있어야 항심(恒心)이 생긴다. 그런 점에서 시민 삶의 질 제고에 긴요한 발전의 물적 토대를 마련하는 차원에서 경제의 질과 격 갖춤 논의도 병행할 필요가 있다.

먼저 시민생활의 질적 증진에 요구되는 국가발전의 물적 토대를 마련하는 차원에서 종래의 방앗간 경제에서 벗어나 환경 친화적 지식집약형 산업구조로의 고도화와 이를 현실화하기 위한 전제조건인 기술-교육-고용구조의 정책 연계성 확보, SOC 확충과 에너지 확보, 규제청산 등의 문제를 중점적으로 살펴본다. 그리고 나서 사회 양극화를 해소하고 공정사회를 구현하기 위한 배분적 정의원칙과 보편적 복지의 제도화, 생활문화의 활성화와 문화 향유의 민주화뿐 아니라, 신개발주의가 낳은 생태계 파괴를 치유하기 위한 환경보전과 생태계의 복원, 안전사회로 가는 길 등을 집중적으로 논의한다. 향후

삶의 질적 제고를 위해 우리가 어디에서 어떤 태도로 살아야 하는가
를 복지사회 속의 생태도시-문화도시-안전도시 개념으로 재구성해
논의해 보기 위해서이다.

4. 정부의 자기 개혁과 시민사회의 자강(自强): 우리-관계 당사자들의 자기 혁신

시민 속 정부가 사람을 위한 정책을 확충하기 위해선, 시민-정부
간 우리-관계 형성의 직접적 당사자들인 정부와 시민영역 모두의
분발과 자기 혁신이 필요하다. 먼저 그들-관계를 조장해온 정부 종
사자들이 결자해지의 마음을 갖고 자기 혁신하는 것이 중요하다. 시
민의 생활문제를 자기 문제처럼 역지감지할 수 있는 공적 자아 개념
을 중심으로, 그런 공적 자아가 공직에 들어와 끝내 변질하지 않고
공적 자아로서의 직업 정체성을 지속할 수 있도록 정부 인사행정의
재정립 방향을 심층적으로 논의해 본다.

세월호 참사와 관피아의 적폐에서 보듯이, 시민이 공무원들에게
아무리 소명과 공복 의식을 강조해도, 공무원이 동료시민을 위해 일
하는 시민 행정가라는 시민과의 기본적 관계성을 경시한 채, 자기 직
업을 경제적 의미의 직업으로만 이해한다면 정부에 대한 시민의 역
할기대는 충족되기 어렵다. 따라서 정부 인사행정에서 가장 염두에
둘 점은, 공직에 대한 역할인지가 가장 잘 되어 있는 사람이 공직에
들어오도록 적극 유도한 뒤 그를 적재적소에 배치해 능력을 발휘하
게 하는 지인(知人)선임이다. 향후 정부의 인사행정은 공무원들이 시
민의 역할기대 충족에서 자기 직업의 존재가치를 확인하게 하는, 즉

공무원 직업의 공공성을 강화하고 제도화시키는 데 도움이 되는 인력관리가 되어야 한다. 또 공적 자아답게 시민의 동의를 구하는 행정절차를 강화해 나갈 필요성도 크다.

우리-관계 형성을 위한 또 하나의 당사자인 시민사회에서도 자기혁신의 노력이 필요하다. 그들 관점에 빠져 잘못된 방향으로 나가기 쉬운 정부를 견제해 우리-관계라는 제자리로 되돌려 우리들의 정부로 만들기 위해선, 또 때로는 무능한 정부를 대신해 정부부문에 덜 의존하며 사회를 자주적으로 관리해 나가기 위해선 시민의 함께 서기 역량이 필요하다. 열정적 공중(passionate public)만이 사회발전에 주의 깊은 자세로 임해 국정의 일거수일투족을 견제하며 정부가 올바른 방향을 지향해 사람을 위한 정책을 많이 입안하도록 유도할 수 있다. 따라서 열정적 공중으로서의 시민역할 및 시민 간 함께 서기의 방편으로서 협동조합운동과, 사회의 자주적 관리로 재해석되는 아나키즘의 현대적 응용방향을 심도 있게 살펴본다.

시민의 함께 서기 역량을 강화하기 위해선 시민영역의 보다 적극적인 자강(自強)도 필요하다. 공정사회와 배분적 정의 원칙을 실현하기 위한 새로운 사회적 합의틀을 마련하고 그 틀 속에서 사람다운 정책을 보다 많이 입안해 내기 위해선, 체제에 의한 길들이기와 훈육의 대상이 아니라 사람다운 세상을 만들기 위해 끊임없이 고민하고 건설적 발언을 하는 민주시민의 육성 차원에서 자율과 공생, 연대 가치를 익히고 그 실천방책을 고민하는 곳인 대학이 제자리를 잡아야 한다. 즉 시민의식을 기르고 자율적 사회인력을 키우는 대학개혁이 긴요하다. 또 일터에 대한 주인의식 아래 건설적 제안의 목소리를 집합적으로 내는 조직시민의 육성을 위해선, 직장의 민주화, 인간화 문제도 미시(微示) 생활정치 차원에서 빠뜨려선 안 되는 논의주제들이다.

PART 02

시민 속의 정부:
우리−관계 회복을 위한
민주적 절차의 제도화

05. 대의제와 관료제적 행정이 낳은 민주정부의 실종

1. 근대정부 설립의 근거로서 사회계약론

근대정부의 생성 이면엔 사회계약론적 함의가 깔려 있다. 사회계약적 사유는 그리스 시대까지 소급되지만 그 학문적 성과를 최초로 낸 때는 계몽주의 시대였다. 계몽주의 시대는 근대 시민들이 자신을 하나의 계급으로 형성하며 중세의 신분적, 봉건적 질서와 절대 군주제에 대한 투쟁을 전개하던 시기였다. 홉스(Tomas Hobbes)에 의하면, 공권력이 결여된 자연상태에선 만인에 대한 만인의 투쟁이 일어나기 쉽다. 그래서 시민들은 만인이 서로를 물어뜯는 비참한 상태를 벗어나 자신의 자유와 재산을 보호받기 위해 서로 계약을 맺어 사회질서를 유지해줄 수 있는 강한 공권력을 만들어 낼 필요성을 느꼈다.

여기서 자연상태의 공포를 극복하고 평화와 안전을 위해 근대인들이 맺은 사회계약에 의해 탄생한 인위적 구성물이 근대정부이다. 로크(John Locke)는 근대인들이 노동을 통해 획득한 소유권을 보장받기 위해 그들 간의 분쟁을 심판해줄 공통의 우월자를 두려고 체결한 사회계약의 결과물로 시민정부가 성립되었다고 보았다. 루소(Jean-Jacques

Rousseau)도 정치 총공동체의 의지인 일반의지(general will) 개념을 도입해, 정치 총공동체의 명령으로 정부가 수립된다고 보았는데,[38] 시민정부는 정치 총공동체의 주권이 임명한 통치대행기구라는 것이다.

근대 시민들은 만인에 대한 만인의 투쟁 상태에 대한 두려움 속에서 질서 유지자, 심판자로서의 근대정부 설립에 동의했고, 정부의 통치권력에 자발적으로 복종하는 길을 택했다. 서구 근대정부는 당시의 시대적 필요에 의해 만들어진 하나의 사회계약물이었던 것이다.

사회계약론의 정부설립에의 영향력은 미국의 정부 수립에서 실제로 확인된다. 미국 건국의 아버지들은 홉스가 우려했던 평민들의 이기심을 발견했다. 만일 그들이 정치에 직접 참여할 경우 만인의 만인에 대한 투쟁을 가져올 것을 우려해 사회질서 유지자로서 정부를 출범시켰다. 로크의 사회계약론과 시민정부론도 미국정부의 수립에 큰 영향을 미쳤다. 그리피스(F. Griffith)는 자연상태 하에서의 자기 보존을 위한 사회질서 유지와, 자유와 번영을 위한 시민권리의 보호를 미국 정부가 출범한 진짜 이유로 보았다.[39]

2. 대의제 정치와 그 한계: 대표의 실패

근대 사회계약론에선 사회계약과 통치계약(정부계약)이라는 2가지 관념이 논의되었다. 전자인 사회계약은 평등하고 독립적인 개인들이 자신의 자유로운 의사결정으로 정치공동체인 국가를 수립하기로 동의함으로써 맺어진다. 즉 이 계약의 당사자는 사회구성원들 각자가 된다. 반면 후자인 통치계약 혹은 정부계약은 통치행위를 발생시키는 계약 혹은 정부를 구성하는 계약으로서, 이때의 계약 당사자는 통치자와 신민(臣民)이다. 이 계약이 성립하기 위해선 공통된 사회적 의지로 결집된 잠재적 신민집단과 그 의지에 부응해 통치부담을 떠맡을 태세가 된 잠재적 통치자가 존재해야 한다. 사회계약 자체는 만장일치의 합의로 이루어지지만, 사회계약 이후 수립된 정치공동체가 활동하고 존속하려면 다수의 동의가 모든 개인을 구속해야 하기 때문이다.

여기서 정치공동체가 다수의 의지와 결정에 따라 그 공동체를 움직일 정부를 수탁자로 임명하고 공동체의 권위를 위해 통치를 대행하게 하는 대의제(代議制) 구상이 나왔다. 대의제 구상에 따라 정치공동체는 신탁자로서 수탁자인 정부와 통치계약을 맺는다.[40] 실제로 정치공동체인 국가의 규모가 한층 커지고 시민들이 생업에 바빠지면서, 또 정치나 행정에 탁월한 능력을 지닌 자들이 계속 나타나면서 직접 민주주의보다는 대의제 정치가 더 효율적인 통치형태로 주목을 받았다.

대의제 정치에서의 대의(代議) 개념은 위임과 신탁의 두 차원으로 압축 정리된다. 로크에 의하면, 첫째 차원인 위임이 자신에게 권한을 준 피대표자들의 의사를 대표가 착실히 대변해야 하는 것이라면, 둘째인 신탁은 피대표자들이 대표에게 권한을 이양한 이상 그들은 대표의 결정에 따라야 한다는 것이다.[41] 여기서 대의제 하에서의 대표는 시민의 의사를 대변할 대리(代理) 임무와, 소기의 목적을 달성하기 위해 주인의 요구에 얽매이지 않고 독자적 판단을 내려야 할 심의(審議) 임무를 갖게 된다.

그렇다면 대의제 하에서의 대표는 시민의 대리인과 수탁자로서의 제 기능을 다해 왔는가? 시민의 뜻을 그대로 옮기는 대리인이었는가?

아니면 시민의 이익을 위해 그들의 뜻을 거스르는 것도 불사한 수탁자였는가?

직접 민주주의자인 루소는 일반의지와 주권은 양도가 불가능해 대표에게 위임될 수 없고, 또 대의제가 정치의 사사화(私事化), 즉 정치적 무관심 조장과 사익 추구로 인한 국익훼손을 초래한다며 대의제를 반대했다. 그래서 대의원의 역할은 기껏해야 대리인에 불과하며 따라서 대의원이 최종결정을 내릴 수는 없다고 보았다. 그러나 규모의 제약 때문에 근대 국가에서 직접 민주주의의 실현은 불가능했고, 대표가 인민의 의사를 대신 표출하고 인민의 이익을 위해 최종 결정하는 대의제 정치가 점점 불가피해졌다. 그래서 밀(J. S. Mill)은 인민이 정부의 일을 직접 담당하기보다는 대표가 그것을 대행하는 역할 구조가 필요하며, 그런 점에서 대표들이 모인 의회는 모든 이해관계와 생각이 검토되고 논의되는 곳이므로 단순한 대리 기능보다는 통제와 심의를 주된 기능으로 삼아야 한다고 강조했다. 즉 대의제를 인민을 대표해 정치의사를 결정하는 심의체제로 본 것이다.

대의제 민주주의자들은 대표들이 자신의 탁월한 정치능력에 의거해 공공선에 대한 심의를 잘할 수 있다는 점에서 대의제의 존재이유를 찾았고, 이를 정부의 이상적 형태로 보았다. 그래서 상당수의 대의제 민주주의자들은 대표가 자유권을 가진 수탁자로서 종합적 상황 판단권과 심의권을 가져야 하며, 시민의 뜻을 앵무새처럼 반복하는 대리인에 그쳐선 곤란하다고 보았다.[42] 그러나 대의제는 대의제 민주주의자들의 주장과 달리 다음과 같은 몇 가지 측면에서 대표의 대리기능과 심의기능 모두에서 역부족이었다.

첫째, 대표들에 대한 통제수단 미비로 인한 대표의 실패를 들 수 있다. 국회의원, 자치단체장 등 대의제 하에서 선출된 대표가 시민의 완벽한 대리인으로 행동하지 않고 자신의 사익을 추구할 가능성은 상존하지만, 선거가 주인인 시민과의 약속을 위반한 대표들을 처벌하기엔 미흡한 장치라는 점이 자주 드러났다. 많은 경우 선거는 정책의 선택이 아니고 인물 또는 정당의 선택이며, 기껏해야 시민들은 선거를 통해 정부가 수행한 전체 정책 패키지에 대해 심판을 내릴 수 있을 뿐이다. 실적과 과실에 대한 책임의 소재지가 불분명할 땐, 시민들이 선거를 통해 대표의 회고적 책임성을 확보하기가 더 어렵다.

둘째, 슘페터(Joseph Schumpeter)는 현대 민주주의가 안고 있는 공간적 제약 문제에 더하여 시민능력의 결함에서 오는 대의제 민주주의의 정치적 분업을 정당화했지만, 정치적 분업은 시민들의 정치적 소외감과 냉소주의를 강화하기 쉽다. 시민들은 정치가 그들의 대표인 정치인과 선거운동 전문가 등 정치전문가의 영역이라고 생각하면서 정치를 자신과 무관한 원거리의 영역으로 간주한다. 그 결과 시민과 대표 간의 거리는 더욱 멀어지고, 정치 전문가들이 주권자인 시민을 대체하는 기술관료적 민주주의가 강화된다.[43]

셋째, 킹과 스타이버스(King & Stivers)에 의하면, 대의제는 대표의 생각이 시민의 생각과 같다는 전제에서 지속되어 왔지만, 시민의 삶을 실제로 공유하지 않는 대표들이 시민의 생각을 제대로 알기는 어렵다. 실제로 대의제 하에서 입법가들은 시민의 실생활에 대한 직접적 체험에서 이탈한 채, 그들의 생활문제를 하나의 사례(case)로 축소시킨다. 대의제적 통치는 현실적 체험이 아니라 정치 엘리트들의 이성적, 논리적 작용에 의해 주도되어, 우리를 개별 인간으로 표현하는 것이 아니라 추상적 시민들로 만드는 보편적 법을 설계하는 것이다. 이런 보편적 평등 범주에 의해 시민 개개인의 정체성은 사라지고 그만큼 시민소외가 양산된다.

넷째, 대의제 정치의 구조상 대표들이 차기 선거에서 재선되지 않는 한 그들이 국정관련 전문성을 지속적으로 축적할 기회는 상실된다. 따라서 대의 기구가 정책과정에서 시민요구를 정확히 수용해 올바른 결정을 내릴 가능성은 점차 감소했다.

3. 규칙의 철창에 갇힌 영혼 없는 공무원: 관료제의 한계

시민과 1촌간인 선출직 공직자들이 대표로서의 대리기능과 심의기능을 제대로 못한다면, 비록 시민과 2촌간이지만 직업공무원제 하에서 국정에 대한 전문성을 계속 축적해간 정부관료제가 이런 의회의 한계를 보완해 주면 되지 않는가? 실제로 정부관료제는 의회를 대신해 그 기능을 잘 수행해 왔는가?

베버(Max Weber)에 의하면, 관료제는 규칙에 의해 정확하게 업무가 수행되고 전문화의 원리, 계층제적 조정 원리, 비정의적 불편부당성 원리가 작용해야만 합리성과 효율성을 달성할 수 있다.[44] 관료제의 장점은 인간의 감정적 행동을 최소화하고 전문지식을 토대로 행정의 예측 가능성과 안전성을 확보하는 것이다. 그래서 베버는 관료제를 근대 합리화의 역사를 이끌어갈 추동력으로 보았고, 실제로 관료제는 많은 업무량을 신속하고 능률적으로 달성해야 하는 산업화 시대의 조직명제에 부응하는 효율적인 조직형태로 각광을 받으며 그 기술적 우위성을 구가했다.

그러나 관료제는 민주주의와 대립하기 쉽다. 베버도 우려했듯이 조직능률을 위해 업무가 규칙에 의거해 수행되는 관료제 내에서, 관료들은 획일적으로 관리되고 엄격한 규율에 복종해야 하며 임무에 비정의(非情誼)적으로 헌신하도록 훈련받는다. 따라서 그들은 자신에게 부여된 역할에 따라 기계적으로 움직이는 비정의적 존재가 되기 쉽다. 그의 판단이 필요한 곳은 도구적 합리성을 요구하는 사안으로 한정되고, 그의 행동도 능률성, 계산 가능성 등 객관적 기준에 따른다. 그 결과 규칙과 규율에 적응하는 관료적 자아나 질서 지향적 인간이 만들어진다.[45]

규칙의 철창에 갇힌 관료제화의 한계는 실제로 많은 비민주적 문제를 낳았다. 머튼(Robert Merton)에 의하면, 조직 상층부의 통제 필요성에 의한 규칙강화와 관료 개개인의 규율 내면화가 행태의 책임성과 예측 가능성은 제고시키지만 그것이 지나쳐 동조과잉되면 목표-수단 전도현상이 나타나고 관료의 행동이 경직되어져, 대외적으로 고객과 마찰을 빚게 된다. 그 결과 관료제 행정이 정책과정의 민주적 대응성을 저해한다.

관료제에 대한 비판은 태이어(F. Thayer)와 험멜(R. Hummel)에 의해 지속되었는데, 무엇보다 관료제의 심리적 원죄는 계층제이다.[46] 계층제는 정부관료들 개개인의 내면 이탈을 초래해 의사결정상의 통제능력 상실과 진실한 동료관계의 단절을 낳는다. 따라서 관료들은 자유와 평등 등 인간성을 부인당한 채, 주어진 역할에 부합되게만 움직이는 비정의적, 몰개성적 존재가 된다. 이로 인해 관료제 내에선 사람들의 생기 넘치는 기질과 용기의 발휘가 곤란해진다. 인간관계는 관리적 통제관계로 전환되며, 의사소통을 위한 언어는 사라지고 명령시달 도구만 작용할 뿐이다.[47] 질서 지향적 인간들로 구성된 관료제가 가치판단을 배제하고 규칙준수만을 강조하면서, 규칙과 규율의 준수는 관료의 업무규칙과 평가의 주요기준이 되어버렸다. 특히 규칙준수는 유능한 관료 여부의 척도가 되고, 그들의 가치중립은 곧 공익이라는 등식이 성립되면서,[48] 영혼 없는 공무원이 양산되기 쉽다.

06. 시민-정부 간 우리-관계 회복의 불가피성

1. 정부는 우리이다: 민주주의 결손의 치유를 위한 시민-정부의 연계 필요성

정치적 대표자인 의회의 대리 및 심의기능의 실패, 정부관료제의 관리적 능률성 집착과 영혼 없는 기계적 규칙준수가 정부의 국정 대행의식을 침해하면서 정부의 민주적 기반은 크게 약화되었다. 따라서 국정 대행자에 불과한 정부가 오히려 주인 행세를 하고 원래 나라의 주인인 시민이 통치의 대상으로 전락하는 주객전도 현상이 빈번히 일어난다.

그 결과 공중들 사이에선 시민권 결손(citizenship deficit)을, 정부기관 내에선 민주주의 결손을 실감하게 된다. 여기서 시민권 결손은 일반 공중들 사이에서의 시민의식과 사회자본의 약화뿐 아니라 투표 포기, 자발적 결사체 성원수의 축소 등을 의미한다. 또 민주주의 결손은 정부의 조직과 제도가 실제에서 민주주의 원칙의 이행에 실패하는 것을 의미한다.[49]

[월든](*Walden*)의 저자이자 시민 불복종 선언의 주창자인 헨리 데

이빗 소로우(Henry David Thoreau)는 일찍이 정부의 민주성 결손을 우려하며 정부의 권한과 활동은 엄격히 제약되어야 하고, 주인인 시민은 대리인의 권력남용과 책임 방기를 이유로 정부를 폐지할 수 있다고 주창했다. 그의 다음과 같은 언설은 시민에 대한 정부의 책임, 나아가 시민-정부 간 바람직한 관계설정의 진면목을 생생하게 보여준다. 그의 정치 소책자 [시민 불복종]의 원문을 잠시 들여다보자.

국민에게 가장 좋은 정부는 가장 적게 다스리는 정부이며, 더 나아가서는 전혀 다스리지 않는 정부이다. 그러나 소수의 권력자들이 정부를 자신의 도구로 이용해서 문제가 발생한다. 그러나 단 한 사람의 국민의 힘만으로도 정부를 움직일 수 있다. ----- 나는 지금 당장 정부의 폐기를 요구하는 것은 아니다. 지금 당장 더 나은 정부가 되기를 요구하는 것이다. 모든 사람은 각자 자기가 존경할만한 정부가 어떤 것인지를 밝혀야 하며, 이는 그런 정부를 얻을 수 있는 길로 나아가는 첫걸음이다. ----- 우리는 먼저 인간이어야 하고 그 다음에 국민이어야 한다. 법에 대한 존경심보다는 먼저 정의에 대한 존경심을 길러야 한다. 법에 대한 존경심 때문에 선량한 사람들조차도 매일 불의(不義)의 하수인이 되고 있다. ----- 정부는 치료약을 더 나쁘게 만든다. 왜 정부는 항상 눈을 크게 뜨고 잘못을 지적해 달라고 시민들을 독려해 스스로 잘못을 교정하려고 하지 않는가? ----- 정부라는 기계가 불의를 행하는 하수인이 되라고 요구하면 법을 어겨라. 시작이 얼마나 작아 보이는가는 중요하지 않다. 어떤 일이든 한번 제대로 행해지면 영원히 행해지기 때문이다. 소수가 온힘을 다해 불의를 가로막으면 그 힘은 불가항력이 된다. ---- 정부는 피치자의 허락과 동의를 얻어야 한다. 내가 양도한 것 말고는 정부는 내 신체나 재산에 대해 어떠한 순수한 권리도 갖고 있지 않다. 국가가 자신의 권력과 권위의 원천으로 개인을 더욱 고귀하고 독립된 힘으로 인정하고 대접하지 않는 한, 진정으로 자유롭고 계몽된 국가는 없다. 나는 모든 사람을 공정히 대하고 개인을 한 이웃으로 존중하는 그런 국가를 기쁜 마음으로 상상할 뿐이다.50)

소로우가 제기한 시민 불복종의 함의는, 인간은 생명, 자유, 행복을 추구할 기본권을 갖고 있고 이를 확보하기 위해 정부를 조직했다는 점이다. 따라서 정부의 권력은 인민의 동의(同意)에서 나오며, 정치체제는 인민의 행복추구에 봉사할 때에만 정당한 것이기에, 그렇지 못할 경우엔 기존 정부는 아예 없애 버리고 새로운 정부를 도입해야 한다는 것이다.

원래 정부는 시민의 일반이익에 봉사하기 위해 만들어진 인위적 창조물이다. 그런 차원에서 진보성향의 미국 역사학자 하워드 진(H. Zinn)은 그의 책 [권력을 이긴 사람들]에서 "불복종은 어떤 사회적 목적을 달성하기 위해 신중하게 법을 위반하는 행위"라는 소로우의 시민 불복종 이론의 정당성을 제기함과 동시에, "의원, 정치인, 장관, 공무원은 국가를 섬긴다고 하지만 그들은 어떤 도덕적 차별성 없이 처신하므로 악마도 섬길 수 있다"는 소로우의 정부 관료관을 다시금 직시한다. 실제로 판사들은 법의 옳고 그름보다 합법성 여부만 따진다. 그래서 하워드는 "가장 고귀한 정신능력과 순수한 마음이 대표되지 않는 정부는 괴물"이라고까지 보았다. 그래서 그는 "정부조직이 인권에 종속됨을 상기할 일이다. 인간이 먼저이고 미국인은 그 이후의 관심사"라고 인민-정부 간의 기본관계를 정리한다. 정부는 통치권을 본래적으로 소유하지 않으며, 인민의 권리보호라는 책임을 다 이행했을 때만 정부의 통치권이 인정된다는 것이다.

하워드 진은 "큰 정부, 작은 정부가 문제가 아니라 누구를 위한 정부이냐가 문제"라며 역사서술의 핵심을 찌른다. 오만한 국가주의에 대해 시민이 속았다고 의심하기 시작해 정부에 대한 지지를 철회할 때 정부는 적법성과 권력을 상실한다. 그런 경우를 예방하기 위해, 이제라도 정부는 시민권과 민주주의의 결손에 대한 강한 정치적 책임의식을 가져야 한다. 시민과 권력을 공유하며 그들과 함께 일하는 책임 있는 참여자로서의 정부 역할을 재 개념화해야 한다.

킹과 스타이버스(King & Stivers)의 책 [정부는 우리이다](*Government is Us*)는 민주 정부가 요구되는 현 시점에서 정부가 원래 시민에게 속한 것임을 재차 주지시킨다. 정부 관료들은 이름도 얼굴도 없는 로봇이 아니라, 공중에 봉사하기 위해 공직에 들어온 실제의 사람들이라는 것이다. 따라서 정부는 시민-관료 간 연계구조 하에서 작용하는 시민들의 대리인임을 망각해선 안 되며, 시민과의 연계감을 다시 확보해 내야 할 미션을 부여받는다.

2. 대표시민으로서의 공무원, 그리고 시민-정부 관계가 우리-관계여야 할 이유

공무원은 왜 시민의 공공 대리인으로서의 의식을 가져야 하는가? 우리는 대표시민(representative citizen) 관념에서 이에 대한 답을 찾을 수 있다. 프레데릭슨(G. Frederickson)에 의하면, 공무원은 나라의 주인인 시민 모두가 국정에 직접 관여하지 못하기에 시민권의 과업 수행을 위해 동료시민들에 의해 고용된 시민의 한 사람(administrator as citizen in lieu of the rest of us), 즉 대표시민이다. 여기서 행정을 할 수 있는 자격으로서 시민권이 강조되며,[51] 공무원들은 시민과 공공조직의 일차적 중개자이자 나머지 시민들의 대리인(surrogate)으로서 사회계약의 지속적 갱신에 기여하는 등 자기 직업의 태생적 뿌리인 시민 일반의 이익을 필히 견지해야 한다.

대표시민의 관점에서 보면, 시민-관료 관계는 기본적으로 우리-관계이다. 정부관료들은 동료시민에 의해 공직에 고용된 대표시민으로서, 공직자 이전에 시민이기도 한 이중신분을 갖기 때문이다. 따라서 시민과 관료는 자연히 우리(we)라는 동일 부류로 감지될 뿐 아니라, 시민권과 행정은 같은 것이기에, 공무원은 자기 직업의 태생적 뿌리인 시민의 문제를 자기 문제인 것처럼 간(間)주관적으로 이해해야 하고,[52] 그들의 참된 대리인으로 행동해야 한다. 그래서 캐트론과 하몬드(Catron & Hammond)는 시민공중의 이익을 대표하고 보장하기 위한 특수의무를 지닌다는 점에서 관료를 단순한 전문가 이상의 것, 즉 공익 안내자 혹은 청지기로 본다.[53] 쿠퍼(T. Cooper)도 공무원을 전문가적 시민으로 보아야만 올바른 행정 책임성이 싹튼다고 주장한다.[54]

우리는 시민과의 기본적 관계성을 강조하는 공적 자아라는 개념에 준거해 공무원이라는 직업의 직업적 정체성을 재규정할 필요가 있다. 공적 자아는 정책과정에서 대상화된 시민의 입장이 몸소 되어봄으로써 자신이 대표시민임을 다시 자각하고 우리-관계라는 시민과의 기본적 관계성을 되새기는 공무원이다. 나아가 동료시민들이 타자화, 대상화되는 것을 막고 간주관적 이해를 통해 시민의 문제를 자기 문제처럼 해결하기 위해 적극 나서는 공무원이다. 따라서 법규준수라는 소극적 부정의 회피에 그치지 않고 열정(aspiration)을 갖고 공무에 전념해 역지사지와 역지감지의 입장에서 시민의 생활문제를 적극 해결하려고 노력하는 등 책임윤리의 구현에 힘쓰는 공무원이다.

그렇기에 공무원은 시민에게 가깝게 다가가기 위해, 시민을 멀리서 둘러싸는 원심(distal) 환경에서 벗어나 그들과의 대면접촉과 쌍방향 의사소통이 가능한 근접(proximate) 환경으로 이동해야 한다. 시민

문제에의 감정이입(empathy)적 태도가 가능해지도록 행정전문가나 의사결정자보다는 시민권 촉진자와 공동 참여자적 자세도 가져야 한다.[55] 관료들 자신이 존경과 위엄으로 동료시민을 대하지 못하면, 시민이 존경과 위엄으로 그를 대해줄 것을 기대할 수 없다. 따라서 봉급과 신분보장 이상의 자발적 동기부여가 이들에게 요구된다. 그래서 탁월한 관료였던 스타츠(Staats)는 공직은 경제적 의미의 직업범주 (occupation) 이상의 것으로서, 하나의 경건한 태도, 공적 도덕의식으로 더 잘 정의된다고 말한다.[56]

물론 세상의 모든 공무원들이 대표시민 의식에 입각해 행동하는 것은 아니다. 발자크(Honoré de Balzac)의 [관료생리학](1841)과 도스토예프스키(P. Dostoevsky)의 작품들을 보면, 직업관료 세계의 부정적 실상들이 적나라하게 묘사되어 있다. 발자크는 "공무원은 먹고 살기 위해 봉급을 필요로 하지만, 직장을 떠나는 자유를 스스로 포기한 자이다. 그들에겐 품의(稟議)하고 결재자료를 작성하는 능력만 있다. 고급 공무원은 정부에 도움이 되기보다는 정부를 자기에게 도움이 되도록 이용하는 데 능숙한 기술자이다. 관료들은 의무적으로 8시간 일하게 되어 있지만, 이 중 4시간 반은 잡담, 식사, 험담, 인사정보 교환, 눈치 보기로 근무시간을 보낸다. 보고서 꾸미기는 일종의 연기이자 책임회피 수단이다. 게으르고 무책임하고 거드름만 피우고 줄 대기에 바쁜 게 공무원의 전형이다"라고 말한다.[57] 러시아의 문호 도스토예프스키 역시 "지난날 규정을 자꾸 들추며 민원인에게 안 된다고 떠들며 권한을 즐겼다"고 자신의 과거 공무원 생활을 고백하고 있다.

직업에 대한 이런 부정적 이미지와 적은 월급, 작업상의 여러 역경에도 불구하고, 고대 그리스 시대의 공직자 취임선서[58]의 정신 아래 동료 시민들을 위한 봉사의 길을 택한 공무원들도 적지 않다. 그들의 업적은 뉴스가 될 만한 가치도 없어 시민들이 거의 인식하지 못하지만, 그들의 공직에의 헌신은 매우 심층적이다. 그러나 사기업보다는 돈을 덜 쓰며 일해야 하는 어려움도 있다. 한 사회복지 종사자의 다음과 같은 말이 이런 심정을 잘 대변한다.[59]

> "우리는 기업처럼 호화로운 사무실을 갖고 있지 못하다. 또 민간 전문가들처럼 좋은 대접도 받지 못한다. 그러나 우리 사무실은 매우 전문적이다. 우리는 여기에 오는 모두를 잘 돌보아야 한다. 기업과 달리 우리는 고객을 고르고 선택할 수 없다. 그러나 나는 벌써 25년이나 이곳에서 밤낮으로 근무하고 있다."

관료들이 대표시민으로서의 직업적 생성의미와 존재이유를 십분 이해할 때, 우리는 자기 임무에 전념하는 맑고 향기로운 공직자들을 행정일선에서 많이 발견할 수 있다.

3. 사회계약의 현대화: 정의 구현을 위한 새로운 사회적 합의틀의 제도화

그렇다면 시민-정부 간 재연계의 고리는 어디에서 찾을 수 있는가? 여기선 근대 정부의 설립근거였던 사회계약론의 민주적 함의를 현대에 맞게 재구성하는 데서 양자의 연계 고리를 다시금 확보해 보고자 한다. 물론 근대 사회계약론에 대해선 학문적 저항이 만만치 않다. 일례로 근세에 그런 사회계약은 명시적으로 존재하지 않았고, 사회계약 체결의 유일한 사례는 미국 정치질서 수립의 단초인 메이플라워 호 서약뿐이란 의견이 있다. 통치자-피치자 간의 가상적 계약은 언급할 수 있지만, 그런 가상적 계약이 결코 시민이 통치체제의 정당성에 동의해야 하는 명백한 약속이 될 수는 없다는 비판도 있다.[60]

상기한 이견에도 불구하고 근대 사회계약론의 함의는 현대적으로 재해석되어 사회적 합의구조의 설계에 활발히 응용되고 있는 것도 사실이다. 롤즈(John Rawls)에 의한 현대 사회계약론의 괄목할만한 부활이 이를 입증한다. 그는 사회적 선택의 문제인 배분적 정의 원칙의 결정 문제를 사회계약론에서 유래되어온 자연상태 개념, 즉 가상적 상황에서 합리적 개인들에 의한 정의 원칙의 선택 문제로 치환시킨다.[61] 그의 논의는 근대 사회계약론이 여러 비판에도 불구하고 현대 정치사회의 문제해결에서 원용할만한 매혹적인 지적(知的) 자원을 여전히 보유하고 있음을 말해준다.

사회계약론의 현대적 재구성을 위해 근대 사회계약론으로부터 원용할 수 있는 지적 자원들로는 무엇이 있는가?[62] 첫째, 근대에 계약 개념이 실제로 없었다 할지라도 묵시적 동의, 즉 묵약(黙約; convention)은 실제로 있었고 그 정치적 함의를 사회계약론으로부터 도출해 낼 수 있다는 점이다. 홉스에 의하면 만일 군주가 백성의 이익과 자연의 목적에 준해 통치할 때 백성들은 군주의 통치권을 인정할 의도 하에 군주에게 복종할 의무를 수용하는데, 이는 그들이 군주를 인준한다는 묵약을 추후에 맺었음을 의미한다. 그런 점에서 명시적 동의 (express consent)와 계약은 없었지만 묵시적 동의나 묵약에서 사회계약의 근거를 찾으려는 논의들은 근대부터 지속되어 왔다. 로크 역시 정당한 정부가 자연법에 준해서 통치할 때 그 정부의 법을 준수해 좋은 사회를 유지하는 것은 자연상태 하에서 묵시적 동의자가 수행해야 할 도덕적 의무로 보았다. 결국 로크의 묵시적 동의 개념은 홉스의 추론에 의거한 묵약 개념과 매우 유사하다.

둘째, 역사적 관점에 의하면, 어느 사회에서나 구성원들이 삶의 질서로서 사회질서를 형성해 나가는 연속과정으로서의 사회계약은 필히 있었을 것으로 추정된다는 점이다. 일례로 루소에 의하면, 사회계약 이전의 원초적 공동체 사회를 포함해 어느 사회에서나 유의미한 질서행위를 유발하는 공통된 규칙이 있었을 것으로 추정된다. 이미 존재해 있던 이런 모종의 사회질서가 사회계약을 통해 복구되는데, 계약은 이미 존재한 질서를 재확립하는 계기일 뿐이다. 롤즈도 우리가 사회규칙과 제도를 활용할 경우 이는 계약에서와 같이 이미 이에 스스로 복종할 것을 약속하고 그 책임을 지게 되는 일종의 계약체결 행위와 같다고 보는데, 이는 사회질서 내에 이미 공동규칙의 종합인 정부 요소가 내재해 있다고 보는 것이다. 결국 정치질서 이전에 사회질서가 있었는데, 사회계약으로써 그 사회질서가 복구된 것이다. 이처럼 동의의 역사가 지속되어 왔다는 연속계약의 관점에서 볼 때 계약의 가상성 확인문제는 어렵지 않게 해결된다.

근대 사회계약의 사실성에 대해 종종 이의가 제기되었지만 위에서 살펴본 것처럼, 우리는 당시의 묵약 개념에서 사회계약의 재해석 방향을 찾아낼 수 있고, 동의의 역사가 연연히 흘러왔다는 연속계약의 관점에서 계약의 가상성 확인문제를 해결할 수 있다. 따라서 근대정부의 설립근거로서 사회계약론의 민주정치적 함의는 부인될 수 없다.

단 사회계약론에 의거한 대의제 구상의 한계에 대해선 반드시 짚고 넘어가야 할 점이 있다. 즉 통치계약에 따라 우리가 정부라는 수탁자를 두고 나라살림에 필요한 권한을 정부에게 양도하지만, 앞에서 살펴본 것처럼 선거 제도의 한계와 테크노크라시의 문제점으로 인해 우리의 대리인들이 주인인 시민을 배반할 때, 우리는 선거 당일만 주인일 뿐 나머지 긴 세월 동안엔 통치의 대상이나 권력의 노예로 전락한다는 사실이다. 내가 나라의 주인이긴 하지만 생업에 쫓겨 국정을 직접 챙길 수 없기에 정치인이나 공무원을 국정 대행자로 두었지만, 그들이 자신을 희생하면서까지 내 문제를 자기 문제인 것처럼 열성을 갖고 실제로 해결해 줄지는 종종 의문이다. 그럼에도 불구하고 내가 직간접적으로 고용한 정치행정 대리인들이 나를 위해 최선을 다할 것이라는 무리한 가설 아래, 권력을 그들에게 완전히 위임하고 그들이 짜준 정책 답안을 그대로 받아들이기만 하면 그 결과는 '나의 타자화'일 뿐이다. 세월호 참사와 관피아의 적폐에서 보듯이, 대리인들은 정보의 불균형 속에서 자기들의 이익을 위해 주인의 손해를 묵과할 수도 있다.

따라서 대행자가 주인 행세하는 대의제 시스템과 주인을 돈의 노예로 전락시키는 신자유주의의 허위의식과 이념적 모순을 비판적으로 성찰하고, 시민들이 주인의식 아래 국가의 공공사 결정에 적극 참여해 새로운 사회적 합의틀을 마련하려는 적극적 참여의지와 정치적 참여비용의 지불이 급선무이다.

따라서 우리는 사회계약론에 내재된 최소한의 민주정치적 취지는 인정하되 대의제 시스템의 근본적 한계를 극복하기 위해, 다음과 같이 시민-정부 간 우리-관계를 재구축하는 쪽으로 새로운 사회적 합의틀을 만들어야 할 필요성에 주목하고자 한다.

민주적 정통성의 조건은 정치적 의사결정에 의해 영향을 받는 모든 사람들이 사회적 합의 과정에서 조직적으로 배제되지 않을 것을 요구한다. 그럴 때 합의내용에 이견을 가진 소수들도 의사결정 내용을 정통적인 것으로 수용하게 된다.[63] 그런 점에서 현대의 사회계약론 논의는 신자유주의 하 자본주의 체제의 모순을 해결하기 위한 정의(justice) 원칙의 재구성과 관련될 필요가 있으며,[64] 또 배분적 정의

원칙에 의거한 새로운 사회적 합의틀의 마련, 즉 실질적 민주주의의 틀 짜기를 주 내용으로 해야 한다.

1980년대부터 정의가 공정사회의 핵심가치로 대두하고 있다. 정의는 사회구성원 모두가 합의한 정당한 기준에 따라 재화의 배분이 이루어질 것을 요구한다.[65] 롤즈는 원초적 상황에 있는 사람들을 최소극대화(maximin)에 관심을 갖는 위험 회피자로 가정한다. 그들은 자기도 최하의 극빈층이 될 수 있다는 가능성을 걱정한다는 것이다. 그래서 사람들은 서약의 부담을 갖는다. 그가 제안한 최소극대화 원리는 사회구성원 모두가 최하층이 될 수 있다는 최악의 결과에 대비해 사회안전 장치를 두기 위해서 극빈자의 효용을 극대화하는 방향으로 사회운영의 합의에 도달한다는 것이다. 사회계층의 밑부분에 있는 사람들조차 이 규칙이 작동하면 자신들도 최대한 잘살게 된다는 사실을 인지하고 최소극대화의 차등원칙을 지키기로 서약한다는 것이다.[66] 결국 롤즈의 정의론은 공정한 선택상황에서의 공평무사한 합의를 가정하는 공정성으로서의 정의라는 사회계약론적 방법을 원용한 것이다.[67]

전통적으로 정의는 사회 내 희소자원을 분배하는 공정한 원리가 무엇인가를 논의해 왔다. 따라서 공정사회의 합의틀로서 정의 원칙의 내용과 범주를 재구성해 차제에 공정사회 구현을 위한 정의 원칙의 정책 제도화를 꾀할 필요가 있다. 그렇다면 정의 원칙의 확대 재구성을 통해 공정사회의 사회적 합의틀을 만드는 데 유용한 이론적 시각으론 무엇이 있는가?

코닝(Peter Corning)의 생물적 사회계약(bio-social contract) 개념은 이런 점에서 시사하는 바가 있다. 그는 자유 시장 자본주의가 제몫을 다하지 못하면서 권력과 부의 현격한 차이가 사회의 공정성을 파괴한다고 보며, 자본주의를 공정사회로 대체하자고 주장한다. 나아가 기본욕구의 보편적 충족에서 공정사회 구현의 일반적 토대를 만들어 내고, 이를 위한 기초서비스의 공평한 배분을 강조한다. 그가 말하는 공정사회는 인간의 기본욕구를 평등하게 보장하는 생물사회주의와 이를 위해 사회구성원의 공동책임을 강조하는 상호주의적 의무의 결합물로서, 모든 사람들의 기본욕구가 공평하게 충족되고 이를 위한 상호책임 공유가 확고한 원칙으로 자리잡은 사회이다.

코닝은 인간의 진화된 공정성 감각에 의거해, 공정사회의 새로운 게임법칙으로서 생물적 사회계약을 제안한다. 인간사회의 본질은 기본적으로 사회구성원의 생존과 번식욕구의 충족과 연관된 집단적 생존조직이므로, 기본욕구의 충족은 인간 생존과 번식의 성공률 제고에 필수적이고, 그래서 인간의 선택은 생물적 사회계약과 책임의 틀에 종속된다는 것이다. 따라서 요람에서 무덤까지 사람이 살아가는 데 소요되는 모든 재화와 서비스의 일괄 관리, 즉 충분한 식수, 청정에너지, 저렴한 교통비, 능률적 오물처리, 적정선의 의료 서비스, 완벽한 치안, 적절한 아동보호, 평생 무상교육, 건강식품, 적절한 주거, 위생적 생활환경 등 14개 기본 생활영역에서의 생존과 번식 욕구를 포괄적으로 충족시켜 주는 총체적 정책접근이 필요하다. 정의는 이들 생존지표 프로그램의 객관적 측정방식을 사용한 공평한 기본욕구 충족 위에서 이루어지며, 결국 상대적으로 혜택과 비용이 모두에게 똑같이 돌아가는 공정사회가 생물적 사회계약의 지속에 긴요하다. 코닝은 이에 의거해 생물적 사회계약의 공정성 확보를 위해 3가지 규범적 계율을 강조한다. 첫째, 재화와 서비스는 인간의 기본욕구에 따라 골고루 배분되어야 한다. 둘째, 기본욕구를 공급하고 남은 잉여물은 공로에 따라 배분되어야 한다. 셋째, 이에 대한 대가로 인간은

각자 능력에 따라 집단적 생존조직의 공정배분에 비례적으로 기여해야 할 의무가 있다.[68]

코닝의 논지는 인간의 생존, 번식과 직결되는 생물적 사회계약에 주로 치중하는 점에서 인간사회의 배분적 정의 원칙을 전부 다 대변한다고 보긴 어렵다. 반면 사회민주주의(이하 사민주의) 시각에서 공정사회 원리를 탐색해온 페트링 외(Alexander Petring et al.)는 사민주의의 대표 가치인 정의와 연대 가치를 중심으로 필요기반 정의, 조세정의를 주창해 이를 기존의 성과기반 정의와 기회균등 원칙에 추가시킴으로써 가장 폭넓게 정의 원칙을 제시한다.[69]

첫째, 성과기반 정의는 공로에 따른 보상원칙으로서 자본주의사회의 구성원 다수가 가장 쉽게 동의할 수 있는 배분의 불평등 정당화 원칙이다. 이는 성과가 다르면 차별대우를 받게 하는 점에서 기여원칙으로도 불린다. 단 성과에 대한 판단을 시장에만 맡기는 것은 부정적 결과를 초래하기 쉽다. 시장의 보상은 결과에만 주목하지 개인의 과정상 노력과 헌신까지 보상하진 않는다. 따라서 성과기반 정의는 다른 정의원칙에 의해 필히 보완되어야 한다.

둘째, 기회평등은 자신의 의지와 무관한 영속적 사회차별을 극복하는 데 필요한 수단을 시민에게 골고루 제공하는 것이다. 기회 불평등은 재능과 부모의 가능성 차이, 성별 역할차이, 교육과 직업훈련경로상의 차이에서 기인한다. 개인의지와 무관한 천부적 능력이 불평등의 원인이라면 이를 시정하기 위한 국가의 개입은 불가피하다. 기회평등은 게으름 등 개인책임으로 곤경에 빠진 자를 보상하는 것이 아니라, 만인이 자신의 잠재능력을 육성, 발휘하게 해 광의의 행복에 기여하게 만드는 것이기 때문이다. 이는 포괄적 원칙으로서 특히 성과기반 정의의 실현에 절대 필요한 전제조건이다. 출발조건이 동등해지면 이후의 소득, 지위, 타 영역에서의 불평등은 정당화되어 성과기반 정의의 적용이 보다 가능해진다는 것이다.

셋째, 필요기반 정의는 인간의 보편적 기본욕구 충족을 보장하는 것이다. 이는 삶의 존엄성 이념에 상통하는 것으로서, 개인의 단기적 이해엔 반하지만 사회전체에 이익이 되는 일련의 공통된 이해관계를 강조한다. 절대빈곤은 인간다운 생활에 필수적인 최소한의 물질적 조건인 기본재(예: 음식물, 옷, 주거, 의료, 교육, 교통 등)가 충분하지 못한 상태이다. 따라서 국가는 결핍된 자에게 기본재를 제공할 의무가 있다. 이는 욕구중심 원칙으로도 불리는데, 더 많은 필요(need)를 느끼는 자에게 더 많은 배분 몫을 줘야 공정하다는 것이다.

넷째, 조세정의도 필요하다. 조세구조와 납부금 수준은 소득 재분배에 영향을 미치기 때문이다. 조세정의 원칙으로는 지급능력 원칙과 수지상응 원칙이 있다. 지급능력 원칙엔 동일소득－동일세금인 수평적 조세와, 고소득자에게 세금을 더 부과하는 수직적 조세가 있다. 지급능력 원칙은 필요기반 정의와 기회평등 실현을 위한 재원도출 방법으로 고민해볼 원칙이다. 수지상응 원칙은 세금이 국가가 제공하는 공공서비스 수준에 부합해야 한다는 것이다. 공공재의 공급 가격이 세금이라는 일종의 교환정의를 요구하는 것이다.

우리는 정의 원칙의 확대 재구성에 의거해 새로운 사회계약, 즉 공정사회 구현을 위한 새로운 사회적 합의틀 마련에 한 걸음 더 다가설 수 있다. 새로이 마련된 사회적 합의틀은 그들－관계로 전락한 시민－정부 관계가 우리－관계를 회복해가는 제도적 계기로 작용할 것이다.

07. 우리-관계 회복과 사회적 합의틀 마련을 위한 정부의 민주화와 시민 속으로 들어가기

근대 사회계약론의 현대적 원용으로서 정의 원칙의 확대를 통한 사회적 합의틀을 마련하기 위해선, 사회계약의 주체로서 시민의 정치일선 복귀와 더불어 관료제 개혁 등 정부의 민주적 제도화가 전제되어야 한다. 아래에선 규칙의 철창에 갇혀 법규준수에 매몰되어온 관료들이 관료적 텍스트에서 벗어나 반(反)권위적, 봉사 지향적 마인드를 갖도록 그들의 마음습속 변화를 도모하기 위한 차원에서 관료의 책임윤리 확장 필요성을 다루고자 한다. 또 조직경계의 허물기를 통해 정부가 시민 속으로 깊숙이 파고들어 관-민 공동체적 의사결정을 제도화하기 위한 관료제 외적 개혁방향으로서, 민주적 절차의 제도화를 숙의 민주주의(deliberative democracy)와 직접민주주의 요소의 보완을 중심으로 논해 본다.

1. 시민 속으로 들어가기 위한 관료들의 책임윤리 내면화와 정부의 조직경계 허물기

1) 관료제적 텍스트에서 벗어나 공적 돌봄을 위한 책임윤리의 내면화와 능동적 행정가로서의 마음습속 갖기

정치철학자 아렌트(H. Arendt)는 타인들로부터의 응답 가능성을 상실한 삶을 '버려짐'이라 불렀다.[70] 특히 공공조직의 배척에 의해 공적 공간에서 추방된 사람들은 존재감을 상실한 타자나 세상에 속하지 못한 잉여자로 취급되기 쉽다. 따라서 아렌트는 세상의 배려와 타자에 대한 '공적 돌봄'을 강조했다.[71]

그럼에도 불구하고 공공조직의 종사자인 관료들은 자신이 휘두른 권력이 시민의 삶에 얼마나 영향을 미치는지 또 자신이 다르게 행동할 여지는 전혀 없었는지를 인식하지 못한다. 즉 시민의 버려짐엔 기술적 전문성에 치우쳐 시민에 대한 정치적 책임을 성찰하지 못한 채 자기 직업에 부여된 권력과 인간으로서의 자아의식 간에 일정거리를 유지하지 못한 관료들에게도 책임이 크다.

스타이버스(C. Stivers)는 그의 책 [암흑시대의 정부](*Governance in Dark Times*)에서 관료들이 규칙과 규정 등 관료제적 텍스트에 파묻혀 시민의 생활문제에 제대로 응답하지 못한 그간의 오류에서 벗어나기 위해선, 계층제가 명령한 것과 자신이 기꺼이 하고자 하는 것 간의 차이를 파악하기 위한 자기 내면과의 대화가 필요하다고 강조한다. 즉 관례적으로 수용되어온 기존의 판단기준에 의문을 품으며 자기에게 부여된 타율적 정체성의 옷을 거부하고, 현실로부터 대두되는 새로운 역할 정체성을 기꺼이 발견하려는 자기 발전(self-development)의 의지를 가꾸어 나가야 한다. 여기서 자기 발전은 관료제의 부당한 명령에 반하는 행동 혹은 직업이 부여한 타율적 역할로부터 자아의식을 구별해내는 능력이다.

상기한 논의는 관료들이 규칙과 규정 등 관료제적 텍스트의 무비판적 수용에서 벗어나, 대표시민으로서의 직업적 존재이유에 대한 성찰 위에서, 그간 행정대상으로 객체화된 채 버려진 시민들도 자신과 똑같이 존중돼야 할 고유한 존재임을 인식하고, 그들에 대한 공적 돌봄을 강화해 나가야 한다는 새로운 책임윤리의 필요성을 잘 보여준다.

책임윤리를 내면화한 관료들은 정형화된 행정절차에서 벗어나 시민과의 대면접촉을 꾀하기 위해 생활현장으로 다가오려고 노력하고, 쌍방향 의사소통을 통해 시민들과 정보를 나누고 시민의 체험에서 기꺼이 배우려 한다. 시민의 삶에 대한 감정이입을 전제로 시민과 공중의제를 머리를 맞대고 숙의하는 등 시민-정부 간 연계감을 형성하는 민주적 정책과정도 만들어낼 수 있다. 그 과정에서 관료들은 시민의 문제를 자기 문제처럼 고민하며 공적 돌봄에 진력하는 책임윤리의 주체로 성장하고 거기서 우리-관계도 회복된다.

공무원들이 대표시민으로서의 직업소명을 가진 책임윤리 주체로 거듭나기 위해선, 자신의 마음습속(habits of mind)부터 철저히 바꿔야 한다. 이런 점에서 킹과 스타이버스(King & Stivers)는 기술적 전문성에 치우쳐 능률적 관리통제에 몰두해온 전통적 관료들의 마음습속을 대체할 새로운 마음습속으로서 능동적 행정가(proactive administrator)를 제시한다.

능동적 행정가의 마음습속은 시민을 납세자, 법규의 대상으로 보는 전통적 관료들과 달리 시민을 권리의 주체로 보는 것이다. 덴하트와 덴하트(R. Denhardt & J. Denhardt)에 의하면, 시민은 납세의무와 법규 준수를 요구받으면 행정의 대상이지만, 정치공동체적 맥락에선 기본적으로 권리의 주체이다. 그래서 쿠퍼(T. Cooper)는 민주정부를 위해선 시민을 권리의 주체로 보고 그들과 함께 하는 수평권력을 이끌어내야 히다고 강조한다.[72] 수평권력에 의거해 시민과 함께 하려는 관료들의 마음습속 변화는 그들로 하여금 위계적, 엘리트적 관점을 버리고, 문제정의에서부터 의사결정까지 행정전반에 걸쳐 조직적 통제를 기꺼이 줄이고 시민의 의견제시와 정책결정 참여기회를 제도적으로 보장하게 한다.

2) 시민 속으로 파고들기 위한 정부조직의 경계 허물기

정부의 민주화는 시민과 관료가 머리를 맞대고 공공기관의 일에 대해 같이 숙의(熟議)하거나 공동으로 결정하고 집행하는 과정에서 함께 결합할 수 있는 상황을 창출해 내는 것이다. 특히 테크노크라시적 정책결정이 노정해온 공적 삶의 소외를 극복하고 우리-관계를 회복하기 위해선, 시민들에게 정책과정을 개방함으로써 그들 관점으로 고착화된 시민-정부 간 인식 균열을 좁힐 기회를 가져야 한다.

화이트(O. White)는 이런 맥락에서 관료제의 대안으로 변증법적 조직을 제시한다. 이는 조직경계의 경직된 설정에 의하여 조직 내의 우리와 조직 밖의 그들을 굳이 구별해온 것을 막기 위해 전통적 조직 경계를 허물 것을 강조한다. 구조적 배열을 고착화시키지 않고 조직 내 역할을 유동적 상태로 놓아두는 구조의 유동(流動)화 원리도 강조한다.[73] 태이어(F. Thayer)도 관료제의 계층제 원리가 타파되지 않는

한 진정한 조직혁명은 어렵다고 보고, 시민참여를 위한 조직경계의 개방과 작업과정 개편을 통해 계층제적 결정구조를 약화시키고 그 자리에 집단적 의사형성 장치를 들여놓을 것을 강조한다.

테크노크라시의 경제적 계산논리를 벗어나 정책과정의 민주성을 확보하려는 차원에선, 특히 시민과 함께 하는 수평권력의 확보를 통해 관료들의 마음습속 변화를 앞당기기 위해선, 기존의 정부 주도적 의사결정구조를 개혁해 시민에게 더 가깝게 의사결정구조를 가져가는 시민중심적(citizen-centric) 거버넌스가 긴요하다.

조직경계를 허물어버리기 위해 정책과정에서 시민중심 거버넌스를 촉진시키는 방법으로는 근린의회, TV 타운미팅, 전 정책과정에 걸친 시민-관료 공동 프로젝트팀 구성 등 여러가지 방법이 있다.[74] 학교, 시민단체, 사회운동조직에서 시민표본을 골고루 추출해 전국 차원의 시민포럼을 설립할 수도 있다. 물론 관-민 협력은 대표시민 의식에서 비롯된 관료들의 감정이입 태도와 간주관적 이해에서 보다 많이 생성될 수 있다. 그럴 때 조직경계 허물기를 위한 시민중심 거버넌스가 보편화되고 관-민 간 수평권력에 입각한 정교한 정책설계도 가능해진다.

2. 새로운 사회적 합의틀로서의
   숙의 민주주의의 활성화

조직경계의 허물기를 통한 시민-정부 간 연계지점이나 집단적 의사형성 공간이 제도화될 수 있는 곳이 바로 숙의 민주주의

(deliberative democracy)의 장이다. 숙의 민주주의는 오랫동안 잊혀져 왔던 시민들 및 시민-관료 간의 숙의(熟議), 심의(審議), 토의(討議)를 통해 시민들이 자신의 정치적 선호를 계속 변화시켜 가며 집단적 의사를 합의, 형성해 나가는 것이다.

숙의 민주주의는 시민이 직접 공공사의 심의에 참여하는 직접적이고 참여직인 민주주의이다. 숙의 민주주의 하에선 시민과 정부 종사자 모두가 심의에 참가함으로써 정부와 시민 간의 거리가 좁혀지고 조직경계는 흐려진다. 숙의 민주주의는 심의과정이 민주적 이슈에 관심이 있거나 그 영향을 받는 사람 모두에게 개방되므로 정부 종사자들뿐 아니라 시민일반과 공동체집단의 의견도 포괄할 수 있다. 이런 확대된 관심에 기반을 둔 접근이 심의과정에 다양한 가치를 투입시키고 상이한 관점의 충분한 고려를 통해 정치적 판단을 증진시킨다. 숙의 민주주의는 관-민 간의 대면접촉과 쌍방향적 소통향상에 초점을 둬 정부가 알고 있는 것과 시민이 알고 있는 것의 근본적 격차를 메우도록 노력한다.

숙의 민주주의는 공적 공간에서의 다양한 의견표출과 체계적 토의과정에 의해 생산된 아이디어와 의견을 정부가 수용해 자기 행동을 수정하고 시민의 정당한 요구에 보다 잘 대응할 수 있도록 합리적 의견조정절차를 만들어준다. 따라서 숙의 민주주의가 제도화될 때, 추상적 시민을 전제한 보편적 법 설계의 단순한 대상으로 전락하거나 관료제 절차 속에서 익명의 사례로 취급된 채 객체화되어온 시민들의 소외를 극복할 실마리가 마련된다. 이런 포괄적 토의과정을 통해 시민의 의사소통적 권력이 정부의 행정권력을 제어할 수 있는 민주적 절차를 창조하는 식으로 시민-정부 간의 바람직한 연계틀을 만들어낼 수 있다.[75]

숙의 민주주의는 이런 점에서 대의제 하의 선호 집합적(aggregative) 민주주의와 다르다. 선호 집합적 민주주의는 공공정책 결정에 도달하기 위해서 개인의 선호가 어떻게 축적되느냐의 결정을 위해 투표제도를 사용한다. 여기서 정책과 여타의 정부결정은 다수가 지배하는 제로섬 게임이 된다. 반면 숙의 민주주의는 정치적 승패 이상의 협력심이나 상호 이해력을 키우는 것으로서, 개인적 선호보다는 공중의 집단이성에 의거한 토론을 통해 정책결정이 가능하도록 시민을 고취시킨다. 즉 공공사에 있어 공공성의 재발견과 성찰을 허락하는 제도설계를 통해, 시민의 민주주의 교육효과와 정치적 효능감을 개발하는 것이 주목적이다. 그래서 [강한 민주주의](*Strong Democracy*)의 저자 바버(B. Barber)는 "대중은 숙의할 때 비로소 시민이 된다"라고 말한다.

숙의 민주주의엔 어두운 면도 있다. 숙의 민주주의를 연구해온 임혁백에 의하면, 실제로 공공사를 자유롭게 논해야 할 자리이지만, 숙의 과정이 참가한 발언자들의 개인적 선호는 잘 표출시키는데 비해 청취자들의 선호는 표출시키지 못하는 경향이 있다. 그 결과 숙의 민주주의가 목표로 하는 공공이익의 형성과 실천보다는 숙의 참가자들의 지대추구 행위가 일어날 수 있다. 의사소통이 가능한 지리적으로 좁은 지역 내 소규모 시민들 사이에서 심의가 이루어질 경우엔, 자칫 수백 개의 편협한 이익을 추구하는 파벌을 양산할 위험성도 있다. 게다가 숙의 민주주의는 시간과 돈 등 거래비용을 증대시키고, 익숙하지 못한 정치적 참여가 시민들을 좌절시키며 개인적 비효능이나 무력감을 느끼게 하는 등 시민에게 상처를 줄 수도 있다.

그럼에도 불구하고 숙의 민주주의에 대한 연구와 제도적 적용은 빠르게 증가하고 있다. 미국의 경우 2011년 현재 30여 개의 숙의 민주주의 교육과정이 대학에 개설되고 있고, 관련 저서가 4400 권, 관련 논문도 48,000 건을 기록한다. 최근엔 비영리부문과 학계뿐 아니라 정부에서도 숙의 민주주의의 제도적 적용에 관심을 보인다. 숙의 민주주의가 시민과의 네크워크화된 협력구조 속에서 관료제 – 민주주의 간 갈등을 완화시키기 위한 공중의 역할을 재발견하는 데 유용한 제도를 설계해 주기 때문이다.

숙의 민주주의의 제도적 설계는 공중의 일반의사를 재발견하고 그것을 중심으로 집단의사를 형성해 냄으로써 사회계약의 현대적 재구성과 민주주의 결손을 완화하는 데 크게 기여할 수 있다.[76] 이런 점에서 볼 때, 근대 사회계약이 대의제라는 정치제도로 표출되었다면, 현대의 사회적 합의틀은 숙의 민주주의에 의거해 제도화될 수 있다. 숙의 민주주의에 의하면 사람들의 평등하고 자유로운 공적 심의를 통해 도달된 사회적 합의과정은 민주적으로 정당화된다. 특히 빈자나 소수자의 의견도 반영되어 그들의 권익보호에 유리한 공정한 거버넌스도 확대될 수 있어,[77] 배분적 정의원칙의 확대 재구성이라는 현대 사회계약의 취지에도 부합된다.

3. 정부가 시민 속으로 들어가기 위한 숙의 민주주의의 실천구조와 기법들

숙의 민주주의 절차를 사회계약의 현대적 재구성에 응용하기 위해 구체화해야 할 적용대상은 무엇인가? 하버마스(J. Habermas)는 행정 시스템과 화폐경제 시스템에 의해 생활세계가 식민화되는 사태에 대항해 민(民)의 공공성을 현대에 재생하기 위해선, 이성적 시민들이 서로의 요구를 제시하며 함께 숙의하고 합의에 도달하는 의사소통적 담론이 이루어질 필요성을 강조했다.[78] 그는 테크노크라시에 의해 지배되는 편협한 합리성 하에서 사회가 운영되기보다는 의사소통을 위한 이상적 대화(ideal dialogue) 상황에 관여해야 한다고 보면서, 의사소통행위 이론을 숙의 민주주의 형태의 기반으로 사용하며, 그 숙의과정의 필요조건으로서 참여자 모두가 표현권, 질문권, 토의 개최권을 똑같이 가질 것을 요구한다.

관－민 간의 이상적 대화상황을 조성해 숙의 민주주의에서 요구되는 담론과 숙의절차를 활성화시킬 수 있는 구체적 장소는 어디인가? 그 답은 지방화에서 찾을 수 있다. 일찍이 루소(J. Rousseau)는 좋은 정부는 만인이 원시사회의 자연상태로 복귀하는 체제이지만 현실적으로 원시 자연체제로의 복귀는 불가능하므로, 현 상태에서의 실질적인 자연상태의 구현을 제안했다. 즉 새로운 사회계약을 제안했는데, 이는 만인이 동등한 권리를 갖고 동등한 대우를 받을 수 있는, 즉 규모가 작은 지역사회 단위에서의 정부 구성을 제안한 것이다.

실제로 정부의 많은 일이 지방 차원에서 수행되고 있고, 시민은 자기가 살고 있는 지역에서 보다 쉽게 자기 정체성을 찾을 수 있는 구체적 이슈들과 연결된다. 또 대면접촉이 가능한 지역 레벨에서 시민과 관료들은 보다 활발하게 상호작용할 수 있다. 일례로 빈곤퇴치 및 사회개발과 관련된 프로젝트에서 지역 중심의 참여적 접근은 중앙으로부터의 계층제적 접근보다 훨씬 성공적이다. 이는 시민참여가 사회개발 프로그램의 우선순위 파악 등 유용한 정보흐름을 생성하고 프로그램의 지속성 확보에 본질적인 공동체적 역량을 촉진시켜 주기 때문이다.[79]

최근 이런 점에서 로컬 파트너십이 지역복지의 장에서 대두하고 있다. 여기서 로컬(local)의 의미는 국민국가는 너무 커서 지역의 미시적 생활문제 해결에 대응력이 떨어지기 때문에 사회정책의 지방화를 도모하자는 것이다. 사회정책의 지방화는 국가 사회정책의 분권화를 위한 지역단위 중심의 조직화와 지방 공동체의 결사체화를 의미하는데,80) 이는 중앙이 아닌 각 지역이 복지공급의 중심이 되도록 지방이 주도가 되어서 복지공급체계를 자율적으로 설계하자는 것이다. 여기서 관－민 협력체제를 강조하는 참여형 지역사회복지 모델을 토대로 로컬 복지 거버넌스(local welfare governance) 개념을 도출할 수 있다.81) 로컬 복지 거버넌스 모델은 복지문제에 관련된 모든 사람에게 정책과정에 참여할 기회를 준다. 따라서 참여자들은 복지정책의 집행자나 공동생산자로서뿐 아니라 복지정책의 의제설정자, 정책설계자로서의 역할도 수행하게 된다.

숙의 민주주의의 정착을 위해선 종래의 정부 주도적 행정과는 쉽게 결합되어 오지 못한 기술과 기법들을 활용할 필요가 있다. 숙의 민주주의적 의사결정에 유용한 기술로는, 적극적 경청, 창조적 갈등, 갈등중재, 협상, 정치적 상상력, 공적 문제에 대한 공적 토론, 공적 판단, 행동을 통해 배우는 교훈의 평가와 성찰, 멘토링 등이 있다. 이것들은 관에 의한 하향적 명령연쇄보다는 관－민 간 수평적 협력을 지향하게 하는 소통기법들이다.

관료들은 이런 소통기법을 학습해, 시민의 체험적 지식과 관료들의 기술적 지식 간의 갭을 줄여 나가야 한다. 즉 시민들이 관료의 기술적 지식을 이해하도록 돕고, 시민들도 그들의 실제 체험에 담겨진 문제의식을 관료들에게 이해시키도록 도울 수 있어야 한다.

적극 시민권이 숙의 민주주의 정책과정에서 지속되게 하기 위해선 조직구조나 제도의 변화도 시도해야 한다. 킹과 스타이버스(King & Stivers)는 관례화된 시민투입절차, 시민의 조언이 무시되는 자문위원회 소집, 대부분의 사람이 들어가기 어려운 장소에서의 회합 유지, 회합에서의 대화촉진 실패 등을 치유하기 위한 민주적 대안으로서, 문제의 인지에서 정책집행까지 시민-행정가 공동의 프로젝트팀 구성, 편리한 시간과 장소에서 회합을 개최하는 방법, 라운드 테이블 토의와 편견적 접근의 회피, 시민과 일하는 공무원에 대한 시상을 제시한다.

4. 한국 숙의 민주주의의 가능성: 밀실에서 광장으로, 정책결정에서 정책설계로

1) 한국에서 숙의 민주주의의 필요성과 전제조건

정치발전의 일천한 역사로 인해, 선출된 대표들의 책임성과 응답성이 매우 낮은 수준에 머물러 있는 것이 한국 민주주의의 현실이다. 그러나 지방자치가 실시되고 분권화되면서 숙의 민주주의가 가능한 영역이 점차 확대되고 있다. 즉 의사소통이 가능한 지역공동체 내에서 시민들이 숙의과정에의 참여를 통해 개인적으로 해결할 수 없는 공적 문제들, 예컨대 환경, 복지, 보건의료, 치안, 지역경제발전, 직업훈련 등을 사회적 합의를 통해 효과적으로 처리해 나가는 숙의 민주주의적 대안의 유용성은 매우 크다. 단 임혁백의 지적처럼, 대의제의 문제는 대표의 실패뿐 아니라 '시민의 실패'이기도 하다는 점을 상기해야 한다.[82] 아직 우리는 자치에 익숙하지 못해, 문제해결에 실패할 때마다 국가를 원망하고 대표들에게 책임을 전가하는 경향이 있으며 자신의 문제를 스스로 해결하려는 모습을 보여주지 못한다. 시민들은 공적 심의에 필요한 충분한 정보를 갖고 있지 못하며, 기본적으로 남이 나와 다를 수 있다는 차이를 인정하고 수용하려는 다원주의 가치도 형성되어 있지 않다. 따라서 대화, 토론, 심의를 통해 공적 문제에 관한 사회적 합의를 이루어내려는 숙의 민주주의의 토양은 아직은 척박할 수밖에 없다.

단기적 성과효율을 획책하는 세계에서 오랜 세월 살다보니 시간이 많이 걸리는 숙의 민주주의를 통해 우리가 사회적 합의에 이르는 긴 터널을 빠져 나가기는 위에서 살펴본 것처럼 그리 쉽지 않다. 따라서 절차에 대한 물리적 접근 가능성과, 또 절차를 통해 도출하고자 하는 사회적 합의의 내용 공유가 그만큼 더 중요하다. 그런 점에서 생활정치는 큰 의미를 갖는다. 우리는 내가 살고 있는 지역에서의 의사결정 과정에는 약간의 참여비용으로도 얼마든지 접근할 수 있다. 내 지역의 생활이익과 생활가치를 지키기 위한 토의과정에선 어느 정도 할 말도 있다. 그것에 대해선 나름대로 정리된 자기 생각도 조금씩 갖고 있다. 따라서 자기 지역의 생활이익에 대해 고민하는 열정적 공중(passionate public)의 역할은 가능하다고 본다. 따라서 그런 열정을 도출해 내기 위한 다음과 같은 제도적 노력이 필요하다.

2) 정부정책에 대한 제도적 신뢰 확보를 위해 밀실에서 벗어나 광장으로 나가기

현 대의제 시스템은 밀실에서의 의사결정 구조에 가까워 걱정이다. 대의제는 사람들 모두가 의사결정과정에 참여하기 어렵다는 전제 하에 소수의 엘리트로 하여금 의사결정을 대행하게 하는 시스템이다. 그래서 대의제 결정구조는 소수에 의해 다수가 나아가야 할 방향이 정해지는 밀실구조와 연관성이 아주 높다.

밀실 안에서의 의사결정에 대해 사람들은 비판적이다. 이는 밀실 밖의 사람들에게 지대한 영향을 미칠 어떤 결정이 밀실 안의 소수에 의해 이루어지기 때문이다. 밀실의 분위기와 구조에 익숙한 몇몇 사람이 자기들 생각과 판단만이 전부라는 착각 하에 자기들 의견을 전적으로 신뢰하며 밀실 안에서 어떤 결정을 내릴 때 그것이 밀실 밖에 가져올 부정적 파장은 매우 크다.

반세기 전에 발표된 최인훈의 소설 [광장]에서 주인공 이명준이 "밀실만 있고 광장이 없는 현실"을 비판했듯이,[83] 타인과 사회에 미치는 영향력이 큰 결정일수록 밀실에서 벗어나 여러 사람이 지켜보고 의견을 제시할 수 있는 광장에서 이루어져야 한다.

숙의 민주주의가 펼쳐지는 광장은 밀실만큼 사안에 집중할 수 있는 공간여건은 못 되지만 다수의 눈이 지켜볼 수 있어, 소수의 잘못된 의사결정을 견제할 수 있다. 또 여러 사람의 중지를 모아 소수에 의한 계획오류를 시정할 수 있고 집단지성을 통해 공익 지향적 의사결정이 지속 가능하게 이루어질 수 있는 장소이다.

영국의 생물학자 골턴(F. Galton)은 여행 중 한 시골의 가축품평회 행사를 관람하게 되었다. 그런데 이 품평회에선 참가자들이 표를 사서 소의 무게를 적어내게 하고 그중 가장 근접한 무게를 써서 낸 사람에게 소를 상품으로 증정하도록 되어 있었다. 그래서 800여 명의 참가자들이 소의 무게를 적어냈는데, 숫자 판독이 곤란한 13 표만 빼고 나머지 787표에 적혀진 소의 무게를 평균 내보니 1197 파운드였다. 그런데 실제 소의 무게는 1198 파운드였던 것이다. 우리는 여기

서 집단의 지적 능력과 민주주의의 연관성을 읽어낼 수 있다.[84]

2015년 여름을 강타한 메르스 사태 이후 정부에 대한 시민의 불신은 날로 높아간다. 정부의 늑장대응은 물론 대응과정에서 정부의 무능과 전문성 결여, 사태를 조기에 수습하려는 의지의 결여 등 많은 불신요소가 정부에 의해 노정되고 말았다. 불신의 장벽은 이것 말고도 곳곳에 깔려 있다. 연금제도나 복지사회로 가기 위한 증세문제와 청년 실업문제 해소 등 청년뉴딜에 대한 사회적 합의가 조속히 이루어져야 하지만, 정부의 디테일한 정책설계 미흡과 단기이윤만 노리는 재계의 허약한 사업체질로 인해, 시민은 생활관련 국가정책이나 국가가 운영하는 기초 사회제도에 대한 제도적 신뢰를 갖기 어렵다. 믿는 도끼에 적잖이 발등 찍힌 결과이다.

민무신불립(民無信不立)은 "백성의 믿음이 없으면 나라가 바로 설 수 없다"는 공자 말씀이다. 그런 점에서 우리 모두의 삶에 질서를 부여하고 우리의 모든 행동에 보편적 기초가 되는 국가제도와 사회제도에 대한 제도적 신뢰를 지속적으로 확립하기 위한 정부의 의지와 적확한 행동이 필요하다. 시민사회도 이 점에서 자유롭지 못하다. 나의 자유와 이익추구를 위해선 남의 자유와 이익도 같이 옹호해 줘야 한다는 자유의 사회성 아래 나의 작은 질서파괴가 남의 재산과 마음에 큰 멍을 들게 할 수 있다는 우려 아래 타인의 손가락질을 두려워하는 자율적 속박장치의 체화가 필요하다. 만인에 대한 불신의 흔적을 지우고 서로 간에 신뢰의 다리를 놓기 위해 나부터 무엇을 마음먹고 철저히 행동으로 옮겨야 하는지에 대해 진지하게 따져보아야 한다.

그럴수록 우리는 밀실에서 조그마한 사익을 챙기는 데서 벗어나 광장으로 나올 필요가 있다. 광장은 부패의 균을 소독할 수 있는 강한 햇빛도 넓게 내려쬐고, 사람들의 진정성 어린 발언을 뭇 사람들

귀에 전해 주는 시원한 바람도 곧잘 부는 곳이다. 사람들은 서로의 얼굴을 쳐다보며 서로의 신뢰를 다짐하고 신뢰받는 사람이 되기 위해 자기 옷매무새를 다독이게 된다.

사회의 중대한 결정이 밀실에서 벗어나 숙의 민주주의 식으로 광장에서 논의되고 중지를 모으는 쪽으로 결말이 나는 정치적 행동이 제도화되어 할 긴요한 시점이다. 그래야 밀실에서 몇몇 사람에 의해 방향이 잘못 잡힐지도 모를 그간의 일방적 정책결정에서 벗어나, 정치사회적 현안이 여러 사람의 생각에 의해 크로스 체크되고 집단 지성에 의해 많은 변수들이 철저히 점검되어 올바른 문제해결 방향이 디테일하게 마련될 수 있다.

3) 정책결정에서 정책설계로의 방향 전환 필요성

그런 점에서 기존의 정책결정자 개념을 넘어선 정책설계자 개념에도 관심을 가질 필요가 있다. 사회문제 중엔 정책이나 제도로서 충분히 여과되지 못한 것들이 많다. 이처럼 현 정책과 제도에 빈틈이나 구멍이 많다 보니, 자연히 민원의 소지가 많고 이런 것들이 쌓였다가 선거철 즉흥법안으로 등장하는 것이다. 선거 때나 정부의 위기 시마다 포퓰리즘에 휩쓸려 시장경제의 기본을 뒤흔들 우려가 큰 '묻지마 정책안'들이 난무해선 곤란하다. 인기 영합적 발상에 따라 급조된 법안들이 통과되어 재정지출만 늘리면 국가예산이 더 중요한 공공문제들에 쓰이지 못한 채 매몰비용화 되기 쉽고, 결국은 젊은 세대의 세금부담만 늘어나게 만든다. 선거 때마다 되풀이되는 묻지마 식의 즉흥적 정책결정과 국회의 입법권 남용 폐단을 막기 위해선, 차제에 정책설계(policy design) 개념이 정부의 정책과정에 확실히 뿌리내릴 필요가 있다.

선거철 등 정치시즌에만 집중 조명되는 민원들을 즉흥적인 대안분석을 거쳐 정치적 이해관계에 따라 졸속 처리하는 종래의 정책결정 방식은 지양되어야 하고, 건축설계에서 집에 들어올 빛의 양이나 바람의 통풍 여부를 놓고 창문 하나하나의 위치에 대해 진지하게 고민하듯이 정책 만들기에도 철저한 설계의 개념이 들어와야 한다. 즉 많은 변수를 심도 있게 고려하고 정책대상집단들의 포괄적 정책수요를 공익의 견지에서 정확히 인지하는 것은 물론 재정 조달방법까지 면밀히 마련한 뒤, 정책실험(policy pilot) 단계를 거쳐 집행의 실현 가능성까지 점검한 다음 정책안을 발표하고 공식화하는 민주적 정책설계 개념이 조속히 제도화되어야 한다.

부부 건축가인 임형남, 노은주가 같이 쓴 책 [작은 집 큰 생각: 작고 소박한 집에 우주가 담긴다]는 생태건축 설계의 지혜를 전해주는데, 우리는 여기서 관의 일방적 정책결정보다는 건축 의뢰인과 건축가 간의 머리를 맞댄 숙의 민주주의식 정책설계 개념의 진수를 배울수 있다. 이 책은 대안학교를 하는 한 분의 집 설계를 의뢰받은 저자들이 충남 금산이란 곳에 도산서당을 본뜬 집을 설계하는 과정을 스케치한 것인데, 이들의 건축설계 철학은 "작은 집이 적절한 집"이란 것이다. 여기서 작은 집은 크기가 작다는 의미보다는 본래의 집 의미로 돌아간 소박한 집, 적당한 집, 본연의 집이며, 거품을 빼고 환경을 생각한 집, 정신적 가치를 추구하는 집이다. 특히 공간이 사람을 지배하지 않고 감당할 수 있는 편안한 재료로 몸에 맞는 규모로 지어진 집이다.

이들의 건축설계 철학은 민주주의를 지향한다. 즉 설계과정부터 지어질 집에 대한 사항을 최대한 건축 의뢰인에게 이해시키며 진행하는 것을 중시한다. 가장 좋은 방법은 만들고자 하는 집의 적절한 모형을 보여주며, 건축가와 의뢰인이 서로의 생각을 나누고 서로를 이해시키는 것이다. 그러나 의뢰한 사람의 생각과 욕심에 설계자가 일방적으로 끌려가서도 안 된다. 건축가의 전문가적 견해와 균형된 생각이 요구된다. 그래서 저자들은 막상 설계에 들어가면 제일 먼저 땅을 보고 스케치북에 땅을 스케치한다. 그 다음엔 간단하게 집 윤곽을 그리는데, 그 때 본 땅의 모습, 땅을 둘러싼 조건, 그 장단점과 보완점들이 건축가의 머릿속에 열거된다. 각각에 대한 건축적 대응이 바닥에 깔리고, 그가 땅에서 느낀 건축적 바람이 그 위에 반영된다. 그리고 이를 중심으로 모형을 만들어 의뢰자에게 설득하고 이해시킨다.

오늘의 정책설계에 이들의 건축설계 철학을 응용해 볼 필요성은 크다. 특히 선거철만 되면 쏟아져 나오는 '묻지마 즉흥법안'들을 없애기 위해선 더욱더 그렇다. 평소엔 정치인들이 사회문제에 귀를 닫고 마이동풍식으로 흘리다가도 선거철만 되면 재정적 뒷받침 따윈 충분히 고려하지 않고 지역민원들을 정치적 이해관계에 따라 즉흥적으로 처리하는 것이 우리의 현실이다.

건축설계에서 주변 환경과 건축물 입지의 조화로움을 진지하게 고민하고, 창문 하나하나의 용도와 위치에도 고심하며 집에 들어올 빛의 양이나 바람의 통풍 여부를 재차 점검하듯이, 평소의 정책 만들기에서도 많은 정책변수를 심도있게 고려해 반영하는 철저한 정책설계 과정과 민원인들과의 민주적 소통통로가 필요하다. 특히 정책대상집단들의 포괄적 정책수요를 공익의 견지에서 정확히 인지하는 것은 물론 정책실험 단계를 거쳐 문제의 소지를 철저히 점검, 예방해 나가는 체계적인 정책설계 개념이 조속히 제도화되어야 한다. 그래야만 다중(多衆)의 공익에 부합하고 실현 가능한 정책안이 만들어진다. 인문 건축을 평소에 강조하는 저자들의 건축설계 철학에서, 선거철만 되면 마구 쏟아져 나오는 묻지마 정책안들의 홍수를 막기 위한 정책설계 개념의 제도화 필요성을 다시금 느껴본다.

5. 숙의민주주의식 정책설계의 조그만 실험: 서울시 복지기준 마련을 위한 시민원탁회의의 의의와 과제

정의 원칙의 확대 재구성과 관련된 사회적 합의틀을 마련하기 위한 숙의 민주주의적 정책설계 실례를 하나 들어보며, 우리 사회에서 사회계약의 현대적 재구성의 가능성과 남겨진 과제를 살펴보자.

1) 서울시 복지기준 마련을 위해 개최된 1000인 시민원탁회의

서울시는 시(市)의 경제적 수준에 걸맞은 시민 삶의 질적 향상을 위해 2012년 초에 서울시민복지기준 추진위원회를 결성하고, 이를 주축으로 해 6개월간 전문가, 시민단체, 공무원들의 140여 차례에 걸친 회의와 온라인 시민 게시판, 청책(聽策) 워크숍, 시민 패널단 등 다양한 채널을 통한 시민의견 수렴과정을 거쳐 서울시민 복지기준안을 마련했다. 서울시는 주민참여와 소통을 통해 제시된 의견을 존중하고 시민의 일상생활 경험에서 나온 지혜를 구하고자 이런 자리를 마련했으며, 5개 분야별 복지기준에 대한 공감도 결과를 바탕으로 서울

시민이라면 우선적으로 누려야 할 복지정책 항목을 도출해 내고자 했다. 그리고 최종결정을 위해 2012년 8월 9일 1000인의 서울시민으로 구성된 대규모 원탁회의를 개최했다.

시민원탁회의는 참여민주주의의 선진적 모델인 21세기 타운홀 미팅 방식을 활용했다. 이 방식은 최근 미국의 정책결정 과정에서 유행하고 있는 모델로서, 국내에서 1,000명 규모의 타운홀 미팅이 개최되는 것은 이번이 처음이었다. 1000인의 원탁회의에는 11세부터 87세까지 다양한 연령층과, 교수, 의사, 기자, 야구심판, 시내버스 기사 등 각종의 직업을 가진 시민과 학생들이 골고루 참여했다. 이들은 공개모집을 통해 선정됐으며, 남성과 여성이 각각 50%로 구성되었다. 특히 65세 이상 노인, 장애인, 기초생활수급자, 한부모가정, 다문화가정, 난치성 질환자 등 복지정책의 직접적 수혜대상이 될 시민도 170명 이상 참여했다.

2) 시민원탁회의의 설계:
관–민간 정책내용 공유와 숙의를 통한 복지기준의 결정

1000인의 원탁회의는 1와 2부로 나누어 진행되었는데, 1부 행사는 참가한 시민들의 주의를 환기시키기 위해 흥겨운 시민축제와 정책내용 공유시간 형식으로 진행되었다. 즉 식전 공연과 6개월간의 경과보고, 서울시민복지기준 추진위원회를 통해 제안된 28개 복지정책에 대한 내용 공유 시간을 가졌다. 이어 진행된 2부 행사에서는 현장에 모인 1,000명의 시민들이 다양한 토론을 통해 내놓은 25개의 현장 제안정책을 합쳐, 총 53개 정책을 가지고 개인에게 주어진 현장응답기(ARS)를 사용해 최종 10개 핵심사업을 선정하게 했다. 우선 10명씩으로 구성된 100개의 원탁 테이블별로 참가자 전원이 토론에 직접 참여하고, 회의진행을 돕는 진행 도우미(facilitator)가 각 테이블에 1명씩 배치돼 이를 정리하고 도출된 정책 1개씩을 중앙시스템으로 보냈다.

1차로 모인 100개의 정책을 놓고 참석자 전원이 분야별로 5개 정책을 선정해 총 25개 현장 제안정책을 마련하게 했다. 이후 시와 시민복지기준추진위원회가 미리 마련한 소득, 주거, 돌봄, 건강, 교육 등 5개 분야의 28개 정책과 원탁회의 현장에서 제안한 25개 정책을 다시 분야별로 3개씩, 총 15개 사업으로 추려 내고 종합평가에서 분야에 상관없이 최종 10개 사업을 선정하게 했다.

서울시는 회의에 참여하는 대규모 인원의 원활한 소통을 위해, 원탁회의 참가자들에게 정책과제를 사전에 공개해 회의에서 어떤 내용이 논의될지를 미리 충분히 알 수 있도록 했고, 현장에서는 시민들의 참여와 의사결정을 돕는 전문적 방식과 도구를 사용해 상호소통과 즉시소통이 가능하도록 했다.

아이디어를 종이에 기록하는 브레인 라이팅 방식으로 시민들의 생각을 자유롭게 이끌어내 시민들이 제안한 사업을 선정하고, 현장응답기를 사용해 투표하면 투표 결과가 대형 스크린을 통해 참가한 시민들에게 즉시 공개하게 했다. 회의 시작 전에 시민 참석자들은 각자 진행 도우미의 안내에 따라 쪽지에 원하는 정책을 적어 테이블 가운데로 모아 1시간 가량 토론을 벌인 후 현장응답기로 투표를 시작했다.[85]

3) 시민원탁회에서의 숙의의 결과와 남겨진 과제

시민원탁회의에서의 숙의의 결과, 서울시가 제안한 사업 중에서 노인과 청년을 위한 일자리 사업, 최저생계비 보장제도, 공공임대주택 확충, 국공립 어린이집 확대 및 어린이집 수익자 부담 절감, 돌봄 서비스의 질적 향상을 위한 서비스종사자 처우 개선, 공공보건의료 체계 확립, 생애주기별 건강관리, 서민 건강관리 능력 향상 등 7가지 정책이 채택됐다. 청년과 신혼부부의 자립을 위한 임대주택 우선 공급, 인성교육 강화, 공교육 강화를 통한 사교육 약화 등 시민들이 현장에서 제안한 3가지 사업도 선정됐다.

서울시는 이번 회의가 1천만 시민의 행복지수를 높일 수 있는 밑거름이자 서울시 정책결정 방식의 새로운 모델이 되도록 고려했지만, 시민이 직접 복지정책을 결정하는 최초의 자리여서인지 어설픈 준비와 진행으로 적지 않은 아쉬움을 남겼다.

서울시는 사전에 시민들의 의견을 듣고 내용을 충분히 공지했다고 설명했지만, 회의장 분위기는 테이블마다 제각각이었다. 진행 도우미의 역량과 참가자들의 정책인지 정도에 따라 활발히 토론이 이뤄지는 테이블이 있는가 하면, 대화는 거의 없이 포스트 잇에다가 자기 의견을 짧게 적어내고 중간에 일어서는 사람들도 적지 않았다. 재정이 반드시 수반되는 복지정책을 논하면서 예산에 대한 이야기는 전혀 없었다는 지적도 나왔다. 시간이 부족하자 사회자는 토론을 일찍 끝내고 빨리 투표를 해달라고 독촉했으며 진행 도우미들은 원하는 정책을 길게 쓰지 말라고 요구하기도 했다. 10개 사업은 회의를 시작한 지 4시간이 넘어서야 최종 결정됐다.

처음 시도하다 보니 진행에 많은 차질이 있었던 것이 사실이다. 그러나 신자유주의 하 자본주의체제의 모순해결에 유용한 정의 원칙의 일환으로서 숙의 민주주의식 정책설계를 통해 시민복지기준를 마련하고자 한 점은 높게 평가할 만하다. 향후 충분한 공적 심의와 토의를 통해, 배분적 정의와 복지기준 마련을 위한 사회적 합의가 지속가능하게 이루어질 수 있는 숙의 민주주의의 장으로 제도화되어야 할 것이다.[86]

08. 사회협약의 성공사례:
복지국가 이전에 민주국가인 스웨덴

1. 근현대사를 통해 본 스웨덴 정치 투입구조의 활성화

스웨덴은 흔히 복지국가의 전범(典範)으로 소개되는 나라이지만, 이 나라는 복지국가 이전에 민주국가이다. 여기선 사회적 합의 전통이 강한 스웨덴의 민주국가성(by the people; with the people)이 복지국가성(for the people)을 가져오는 점을 강조해 보고자 한다.

스웨덴은 1523년에 덴마크로부터 독립하며 국민국가의 기틀을 마련했다. Gustaf E. Vasa 왕은 강력한 중앙권력 하에 정부행정을 조직했고, 후손들은 팽창정책을 지속시키며 발틱 지역의 강자로 부상했다. 1634년엔 최초의 헌법을 제정하며 입헌 군주국으로의 자리를 잡아나갔다. 그러나 왕조체제에 대한 반발로 1719년 의회에 강한 영향력을 부여하는 헌법 개정이 이루어지면서 이 나라 민주주의로의 도정이 시작된다.

스웨덴은 1890년대부터 산업사회로 진입하며 정당체제의 안정을 이뤘는데, 특히 1932년부터 사민당의 장기집권이 이루어지면서, 민주-복지국가로의 발전을 도모하는 정치적 배경을 공고히하게 된다.[87] 1901-1935년 동안엔 정치생활의 질적 변화와 정부역량 증대를 위한 개혁이 요구되면서, 대중동원의 틀과 민주제도의 하부구조가 집대성되었다. 이는 19세기말부터의 산업화가 새로운 욕구폭발과 사회 불균형을 초래하면서, 대중참여의 극대화를 위해 정치제도에 근본적 변화가 일어났기 때문이다. 이런 맥락에서 1921년 참정권 개혁을 통해 보통 선거권이 확립되면서, 귀족계급에 기반을 둔 구체제가 무너지고 의회 민주주의가 제도화되었다. 특히 19세기말에 단초를 보여 20세기에 만개한 노동운동, 금주운동 등 다발적 대중운동은 현대 스웨덴 정치에서 가장 결정적인 개념으로서 정치적으로 열세인 사회집단들의 조직화와 사회 동원화를 급속히 진전시켰다.[88] 이런 대중운동의 정치는 국가로부터 사회의 자율성을 확립하며 국가정책에 대중적 개념을 제도화시키는 계기가 되었다.

스웨덴은 입헌 군주국이지만, 대중운동의 발전과 시민 기본권의 체계적 구축을 통해, 정치적, 시민적 자유의 향유에서 가장 자유로운 국가로 평가된다. 특히 개방적이고 조직화된 사회 분위기는 정치투입구조의 활성화를 낳았다. 시민의 정당 가입율, 노조 가입율, 사회단체 가입율은 세계 최고수준이다. 유권자의 25%가 정당 소속원이며, 성인의 90%가 15만 개에 달하는 사회단체에 가입되어 있다. 정치 참여도와 정치적 관심도도 세계 최고 수준이다. 즉 공공회합에서의 발언, 정책에 대한 개인적 이해표출과 영향력의 행사에 높은 관심을 보인다.[89] 이런 정치적 활력과 사회의 조직화엔 4천 개 이상의 지역발전 그룹, 15만 개 이상의 NPO, 30만 개 이상의 학습동아리가 그 밑바탕을 이루고 있다.[90] 이에 힘입어 스웨덴은 다양한 사회경제이익의 요구를 공정하게 수렴하기 위해, 절차적 민주성에 바탕을 둔 조직화된 정치 투입구조를 활성화시켜 왔다.

2. 스웨덴의 정치이념과 정치문화

1) 사회 민주주의: 자유, 정의, 연대성 가치

스웨덴의 근현대사 속에 반영된 정치,경제,사회적 특징은 다음과 같은 사회민주주의 가치 속에 규정되고 있다. 3극(노-자-농) 계급구조의 전통과 해외경제의 영향을 크게 받는 이 나라의 경제현실은 전략적으로 강한 협상(bargaining) 문화가 자리잡게 했다.[91] 이는 국내에서의 갈등과 계급대립을 사치로 여기게 하고 사회세력의 조직적 참여를 통해 사회갈등의 여지를 협상 테이블 위에서 조절케 함으로써 장기간의 산업평화를 가능하게 했다. 스웨덴은 이런 역사적 배경 위에서 정치뿐 아니라 사회, 경제영역에서도 민주주의 원리가 작동되는 사민주의 체제를 공고히 할 수 있었다.

사민주의의 기본가치는 자유, 정의, 연대성이다. 자유는 만인이 모욕적 종속으로부터 벗어나 자신의 권리를 정치, 경제, 사회현실 속에서 실질적으로 사용할 수 있는 가능성이다. 정의는 모든 인간의 평등한 자유를 가능하게 하는 것이다. 그럼으로써 정의는 모든 개인에게 사회에서의 평등한 권리와 생활기회를 열어준다. 연대성은 상호책임과 협력을 통해, 절제 없는 자본주의사회에서 노정되기 쉬운, 특히 타인을 힘으로 밀어붙이는 식의 문제해결방법의 극복을 겨냥하는 기본가치이다.[92]

스웨덴 국민의 기질을 잘 보여주는 두 가지 개념이 있다. 첫째 라곰(Lagom)은 중도 지향, 공정성, 동등함을 가리키는 개념이다. 라곰 기질 때문에 스웨덴인들은 돈을 벌면 국민 모두가 잘 살기 위해 나라에 세금 내는 것을 당연시한다. 사람 간의 동등성에도 관심이 많아 수평적 조직문화를 쉽게 수용한다. 학교에서도 경쟁보다는 협력을 강조하는 협동식 교육법을 가르친다. 두번째 개념인 트뤼겟(Trygghet)은 안정, 계획성, 예측 가능성, 합의정신과 연결된다.[93] 이런 기질이 사회민주주의와 복지국가의 토대를 이루게 했다.

물론 20세기 후반부턴 새로운 정치이념으로 신자유주의, 신보수주의, 신개인주의가 대두한다. 특히 전망 있는 직업을 가진 청년층은 노조 가입을 꺼린다. 그들은 경영자나 관리자와의 관계를 스스로 조정할 수 있다고 생각하고, 노조를 불필요한 관료주의 조직으로 느낀다. 그러나 평범한 많은 젊은이들은 여전히 복지제도의 유지를 희구한다. 자신의 사회적 권리를 잃는 것을 상상하기 싫은 것이다. 특히 열악한 근로조건과 낮은 조직률을 보이는 하층민들이 새로운 잠재적 위협요소로 대두하면서,[94] 신자유주의에 대한 이들의 불만 증대가 사민주의 이념의 종언을 쉽게 허용하지 않고 있다.

2) 참여 민주주의: 참여, 합의의 가치

자유, 정의, 연대성 가치는 사민주의에 있어 사회주의와 민주주의가 서로 분리될 수 없는 관계에 있음을, 즉 체제의 형평적 산출이라는 실질적 민주화를 위해선 체제내 절차상의 민주주의가 전제되어야 함을 말해준다. 따라서 스칸디나비아 국가들은 조직화된 자국민에게 공공부문에의 참여를 구조화할 수 있는 개방적 정부 모형을 제공한다. 스웨덴도 이런 측면에서 '강한 국가—강한 사회' 관계에 대한 굳은 신념을 갖고 있다.[95]

스웨덴 국민은 80%에 이르는 투표율을 보이며, 전국의회와 지방의회에서 자신을 대표할 정당에 영향력을 행사한다. 선거 이외에도 스웨덴 시민이 정치에 참여하는 방법은 많다. 예컨대 국민투표(referendums), 정당 혹은 정책 옹호조직에의 가입, 정부 보고서에의 논평, 시위, 청원 등이 그것이다.

이외에도 해결이 쉽지 않거나 정책안이 의회에 제출되기 전까지 보다 정교한 분석을 요하는 사회이슈들을 자세히 파악하기 위해, 정부는 특정 전문가나 이해관계집단을 정부위원회의 위원으로 임명한다. 따라서 이익조직들은 위원회에의 참여를 통해 정책의 제안에서 채택에 이르는 제 단계에서 의견을 개진하고 청원할 수 있다. 이처럼 스웨덴은 높은 수준의 참여와 합의를 강조하고, 또 과정의 민주화를 통한 합의결과를 극대화하기 위해 시간 지체와 비능률마저 수용하는 정치문화를 갖고 있다.[96]

3. 사회협약의 제도화를 위한 민주적 정치행정제도들

1) 사민주의 정책결정절차로서의 민주적 코포라티즘

사민주의 체제의 정책결정방식은 국가정책의 영향을 받는 어떤 사회집단도 정책과정에서 배제시키지 않는데, 이는 스웨덴의 정책결정절차에서 잘 드러난다. 즉 정부관료와 다양한 이익조직들의 대표자들 간의 집단적 협의가 이 나라의 보편적 정책결정절차로 오랫동안 자리잡아 왔다.[97]

민주적 코포라티즘이라 불려온 스웨덴 정책결정절차는, I) 강하게 조직화, 집권화된 이익조직들과 이들의 의견을 고려할 의무가 있는 정부 간에 합의적 협상구조가 갖추어져 있고, ii) 노사정 3자주의에 의거한 정상협상(peak bargaining)이 공사부문 간의 경계를 묽게 해 민간협상과 정부의 결정을 분리하기 어렵게 하며, iii) 협상범위도 광범위해 국가적 이슈를 총망라하고 이로 인해 효과적 사회계약을 가능하게 한다.

실제로 스웨덴 정부는 사회내 이익들이 골고루 대표되는 광범위한 협상구조를 구축해, 사회집단들이 자신의 정책선호를 정책과정에서 옹호할 기회를 제도적으로 부여함으로써, 어느 나라에서보다도 국가-사회 간에 권력균형이 잘 이루어지게 했다. 예컨대 1889년 의회에서 노동자를 대표하기 위해 사민당이 창설되고, 1899년에 노조총연맹인 LO가 결성되어 노동자의 이익보호를 위한 정치적 단합이 시작되었으며, 1902년엔 자본측 연합인 SAF가 결성되어 스웨덴 모델을 형성했다. 특히 1938년의 살트쉐바덴 협정(Saltsjöbaden Agreement)을 계기로 중앙교섭체제가 확립되는 등 강한 코포라티즘이 형성되었다. 코포라티즘식 정책결정절차는 해외에의 의존도가 높은 소국(small state)의 개방경제 현실을 고려해, 편협해지기 쉬운 집단이익을 사회적 파트너십으로 승화시킴으로써, 계급타협을 통해 일반이익을 구현하려는 이 나라 사회집단들의 전략적 선택물이었다.

2) 복수정당제와 결사체 이익조직들의 이중 대표체계

스웨덴 의회의 단원제적 구성과 비례대표 선거제도는 다당제(multi-party system)가 발달할 수 있는 토양을 제공했다. 스웨덴은 보수당, 농민-중도당(agrarian-center), 자유당, 사민당, 공산당 등 5당 모형

(five-party model)을 오랫동안 유지해 왔다. 스웨덴에선 비례대표선거 및 다당제로 말미암아 단일 정당이 의회의 과반수를 차지하기 어려워, 제1당이 여타 정당과의 정책연합을 꾀하는 등 대화와 타협의 정치가 일찍부터 발달해 왔다.[98] 따라서 다양한 이념적 스펙트럼 아래 정당들이 서로 의견을 조율하며, 국민 이익통합 및 투입주체로서 제도화되어 왔다.

이익조직들도 중앙의 정상조직들을 중심으로 집권화, 조직화하며 정부와의 효율적 협상구조를 구축해 왔다. 이는 결사체 모형에 입각한 사적 이익조직들의 공적 통치(private interest government) 가능성을 현실화시키며,[99] 탈관료제화와 사회전반에 걸친 의사소통의 활성화를 도모했다.

4. 스웨덴 사회협약의 변화와 전망

1) 정책협의제의 쇠퇴와 이익집단 다원주의로의 일부 전환?

스칸디나비아의 고유한 정치적 전통인 민주 코포라티즘적 정책협의제(policy concertation)는 시장과 경제에 영향을 미치는 주요 공공정책을 정부, 노조, 사용자단체가 공동으로 결정하는 정책결정양식으로서, 이를 지탱하는 가치는 '사회적 파트너십'이다.[100] 이는 거의 1세기 간 유지되어 왔는데, 1970년대 후반부터 계급대립이 점차 심화되면서 스웨덴 정책협의제의 종언 논의가 부각되기 시작한다.

1970년대 중반 스웨덴 노조총연맹(LO)은 기업과 자본에 부담을 주는 공동결정법과 임금노동자투자기금법을 추진했다. 전자는 사용자가 작업장의 환경변화 조치를 취할 때 노조의 동의를 구하게 하는 것으로서, 기업의 의사결정과정에 노조의 영향력을 행사하기 위한 것이며, 후자는 기업소유권을 노조가 통제할 수 있는 투자기금으로 이전시키는 급진적 기도였다. 자본측 연합(SAF)은 이런 입법과정을 지켜보며 이익 중재자로서의 정부의 중립성을 의심했고, LO를 사회적 파트너로 볼 수 없다고 확신하게 되면서,[101] 자본계급의 적극적 저항과 역공세가 시작되었다. 예컨대 1992년 SAF는 모든 정부 위원회에서 자신의 대표를 철수시킴으로써 코포라티즘적 계급타협을 위축시켰고, 새로 집권한 우파정당도 민간이 참여하는 정부위원회 자체를 해체시켰다.[102]

사민당도 이런 상황에선 정치적 파트너인 LO를 마냥 적극 지지하기가 곤란했다. 따라서 1982년 이후 사민당은 기업경쟁력 강화, 공공지출 감축 등 신자유주의적 정책처방에 관심을 보이며 LO와 갈등을 빚기 시작한다. 이로 인해 사민당－LO 간 관계는 크게 악화되었고, '장미전쟁'이라 불리는 양자의 갈등은 임노동자기금, 조세개혁, 공공개혁, 에너지정책 등 주요쟁점을 놓고 지속되었다. 세계화에 따른 스웨덴 산업구조의 급격한 재편과 금융자본의 위기에 따라 생산성이 하락하고 실업률 증대가 장기화되자, 사민당 정부는 신자유주의 요소를 반영한 복지모델의 근본적 개혁인 복지축소, 세제개혁, 기업환경 개선도 추진하였다.

스웨덴의 대기업들은 이런 상황에서 신자유주의 물결을 유인하기 위한 여론형성에 적극 나서며 시장력의 복원을 요구하는 정책 패러다임을 내세우는 등 사회적 합의구조 전통의 붕괴를 재촉했다. 결국 세계화의 여파로 인해, 임금동결, 실업급여 삭감, 민영화 등 신자유주의 정책이 추진되면서, 스웨덴의 정책협의제는 서서히 퇴조하는 방향으로 변화한다.[103] 스웨덴은 이에 따라 종래 국가 차원의 코포라티즘 해체와 사회적 파트너십의 쇠락을 체험했다.[104] 이에 따라 코포라티즘의 제도화된 참여보다는 직접접촉을 통한 로비활동 같은 비제도화된 다원주의적 비중이 높아지고 있다는 분석도 나왔다.

2) 새로운 3자 협의제도의 모색과 유연화된 코포라티즘의 실험

그렇다면 다원주의로의 전환 속에 정치로비 등 이익집단들의 로비와 여론정치만 무성하고, 정책협의제는 이제 흔적조차 없이 사라진 것인가? 1990년대 이후 스웨덴의 노사협상과정을 자세히 살펴보면, 흔히 알려진 바와는 다르게 기존 코포라티즘의 틀이 완전 폐기된 것은 아니고, 자본측 연합조차도 특정맥락에선 산업별 및 지역 수준에서 3자 교섭을 여전히 중시하고 있음을 발견할 수 있다. 즉 자본가계급의 정책협의제 탈퇴 이후에도, 노사정은 비록 완벽한 의미의 중앙교섭체제(central collective bargaining)는 아니지만, 새로운 3자 협의제도를 계속 모색해 왔다. 예컨대 1991년 SAF, LO뿐 아니라 사무직 근로자노조(TCO), 독립전문직 결사체 동맹(SACO)의 대표로 구성된 렌베르크(Rehnberg) 위원회는 임금협상의 재중앙화는 이루지 못했지만, 임금 안정화를 위한 새로운 원칙을 제시했다. 즉 중앙임금협상엔 노사정이 참여하되, 임금체결에선 기업의 자율권을 강화시켰다. 중앙임금협상에 대한 LO의 선호와 분권화된 임금협상에 대한 SAF의 요구를 국가개입으로 조화시킨 것이다.

노사정은 임금결정과정을 더 명확히 할 필요성에서 1997년에 산별 8개 노조와 12개 사용자단체를 중심으로 노사협력과 임금협상과정에 관한 새로운 협약(Agreement on Industrial Development and Wage Formation)을 만들었다.[105] 1998년엔 정권안정을 위한 사민당과 노조의 노력으로 '성장을 위한 협약(Pact for Growth)이란 타이틀 아래 정책협의제의 복원 움직임이 있었다. 2000년대에도 노사협력은 지속되어, 2001년 제조업 노−사는 스웨덴산업의 미래(Future for Swedish Industry)라는 프로젝트로 노사간 연대를 도모했다. 대기업대표, 노동계에선 노조단체(금속노조, 사무기술직 노조, 대졸엔지니어 노조), 정부에선 사민당 의원, 연구기관으론 왕립공학원이 참여해, 스웨덴산업의 장기투자 촉진과 선구적 연구개발, 경쟁력 제고, 노사협력 증진을 목표로 한 미시적 생산성 연합을 추구했다. 이처럼 국가차원의 코포라티즘적 조정기구는 없어도 새로운 3자 협의제도는 부활에 성공했다.

1980년대에 강하게 정치세력화하며 각종 로비를 통해 사민당과 노조를 압박해온 사용자 단체들이 신자유주의로의 전환에 큰 걸림돌이 되는 3자협의제 체제를 철저히 거부하지 못하고 계속 협상에 임해온 이유는 무엇인가? 가장 큰 이유는 코포라티즘 해체에 따른 정치적 부담과 함께 새로운 사회경제체제의 형성에서 코포라티즘이 갖는 유용성을 들 수 있다. 범지구적 경쟁이 전면화된 상황에서 자본과 국가의 입장에선 임금협상 분화를 통한 임금 유연성 확보와 동시에 중범위적 임금수준 통제가 필요해, 여전히 부문별 미시적 노−자교섭은 긴요했다. 특히 현장에서 노조가 신기술 결정에서 강한 발언권을 가질 경우, 기술 중심의 유연한 생산체제로의 전환은 노조와의 협의를 수반하는 것이 더 효율적일 수 있다. 한편 코포라티즘적 협의구조는 선거를 우회해 복지개혁의 절차적 정당성을 확보하는 유용한 수단이 될 수도 있다. 따라서 중앙 차원의 교섭체제는 아니지만 일정수준의 노사협상 체제가 존속하면서, 1990년대 이후 코포라티즘적 요소와 탈 코포라티즘적 요소가 공존하는 정치적 형식의 혼재가 스웨덴 복지정치의 지형을 구성했다.106) 이런 점에서 종래 사용자단체의 거부는 수사(修辭)적 측면이 강했다고 볼 수 있다. '사민당과의 정치적 거래'로 이익을 극대화하려는 노조의 의도를 '사용자와의 경제적 거래'로 되돌려 노동시장의 균형을 재구축하려는 자본의 의도가 강했던 것이다.107)

물론 정부―이익조직 간 관계를 구성하는 오랜 중앙교섭방식은 점차 사라졌다. 그러나 산업별, 지역별 조정과 분권적 협상 등 새롭고 보다 비공식적인 방식들이 등장하고 있다. 코포라티즘이 고전적 이익중재방식에서 보다 유연한 방식으로 변화하는 것이다. 결국 '유연화된 새 코포라티즘'의 특징으로는, i) 산별,부문별,기업별로 협의수준이 유연화된 점, ii) 교섭이 덜 일상화, 덜 제도화된 점, iii) 국가는 협상과정에서 인센티브를 제공하거나 교섭당사자에게 제재를 가하는 역할을 하되 시장에의 개입은 줄이고 있는 점 등을 들 수 있다.108)

3) 향후의 전망

1980년대의 자본 세계화 추세에 따라, 스웨덴 대기업들의 입김이 강하게 미쳐온 SAF는 종래의 중앙교섭체제에서 탈퇴해 정부를 상대로 직접 로비하고 여론을 형성하는 등 이익집단적 변모를 꾀하기도 했다. 장기 집권당인 사민당도 선거전략상 포괄정당으로의 변신을 꾀하며 신자유주의적 정책처방을 일부 도입하다가 총선에서 패배하기도 했다. 스웨덴의 지식인들은 이런 구조적 변화와 자본의 움직임을 고려할 때, 향후의 정책방향은 황금시대의 주류를 이룬 완전고용,

소득평등을 위한 지나친 누진세 등 공격적 연대성보다는, 복지제도를 유지하되 연대성의 획일적 강조보다는 개인의 이익동기도 허용하는 방어적 연대성(defensive solidarity)을 실현하는 쪽으로 나가야 한다고 주장한다.[109]

물론 스웨덴은 세계에서 가장 높은 조세부담과 가장 비싼 복지제도로 인해, 현재 글로벌 경제의 많은 난관에 직면해 있다. 그러나 스웨덴은 이런 정치적 도전과 글로벌 경제를 다루기 위해 비교적 준비가 잘 되어 있는 사회라는 평가가 많다. 실제로 이 나라는 기업경쟁력 제고를 위해 많은 수출주도 회사들로 하여금 생산기지의 해외이전만큼 국내 지식집약산업 쪽으로도 적극 투자하게 했다. 이에 힘입어 21세기 초에도 3.5-6%의 성장을 달성했는데, 이에는 1990년대 중후반의 강력한 긴축정책 효과와 금융위기의 충격이 개혁속도를 높이고 개혁에 대한 사회적 합의수준을 제고시켰기 때문이다. 여전히 관대한 복지국가의 완충역할도 컸다.

스웨덴은 척박한 자연환경 하에서 생존을 위해 국민의 몸에 밴 협동과 타협 정신을 중심으로, 합리적으로 의견을 수용하고 공동의 이익을 추구하는 연대 의식이 그 밑바탕에 깔려 있기 때문에, 사용자대표들이 코포라티즘적 정책협의제를 탈퇴한 후에도 비록 종래와 같은 중앙교섭체제는 아니지만 노사정 간 합의지향적 의사결정구조의 새 형식을 계속 찾아 왔다. 스웨덴에서 중앙교섭체제의 와해는 분명 가시적이고도 중요한 변화이다. 그러나 전국 수준의 중앙교섭이 해체되었다고 해도, 이 나라는 많은 유럽국가에 비해 여전히 강한 코포라티즘적 성격을 갖고 있다. 또 공공서비스의 시장화가 진행되었어도 스웨덴의 공공부문은 여전히 커서 비율 면에서 볼 때 전통적 자본주의권의 최고 수준을 보인다.

결국 신자유주의의 영향으로 단체교섭이나 고용 등 일부 측면에서 다소 심하게 손상을 입었어도, 여전히 스웨덴 모델의 주요 특징은 유의미하게 지켜져 왔다고 볼 수 있다. 즉 "희석되긴 했지만 살아 있다"는 Vartiainen의 노르딕 모델에 대한 평가가 스웨덴에 대해서도 강한 설득력을 갖는다. 스웨덴 교섭체제는 분권화 과정을 통해 그 형태에선 급격한 변화를 겪었지만 실질적 내용은 상당한 연속성을 유지해, 국제기준에서 볼 때 여전히 집중화된 교섭구조를 보이고 있는 것이다. 전문가의 전망을 종합하면, 이 나라는 노−자 간 계급타협과 경제위기 시마다 사회구성원 간 합의의 제도적 장치를 부단히 모색해온 점에서, 향후에도 합의주의적 정치문화 전통을 살려 보다 유연화된 코포라티즘 틀을 적절히 복원해내, 공동 의사결정과 사회갈등 관리를 위한 3자 협의적 거버넌스를 계속 운용할 것으로 보인다.

09. 직접 민주주의 요소의 일부 도입

1. 시민은 묵약의 복종자가 아닌 정부 소유주, 사회적 합의의 당사자

스웨덴의 합의 민주주의의 저류엔 천연자원이 부재한 작은 나라의 국민으로서 서로 협력하지 않으면 안 된다는 스웨덴 시민 한 사람 한 사람의 오랜 고민과 주인의식이 내재해 있다. 시민들의 체제에 대한 고민과 공적 이성에 대한 정치적 사유가 승수작용을 일으키며 오늘의 민주국가와 복지국가의 선순환 구조를 만들어 냈다.

반면 한나 아렌트(H. Arendt)에 의하면, 악(惡)은 특별히 사악한 사람에 의해 저질러지는 것이 아니라 생각하지 않고 분별하지 않으려 하는 상투적인 사람에 의해 저질러진다.[110] 근본적 성찰이 부족한 사람에게서 사회의 악이 기인하는 것이다. 그래서 아렌트는 사유하고 의지하고 판단하는 인간의 성찰능력을 강조한다. 더불어 살아가는 삶에서 사유는 하지 않아도 되는 권리가 아니라 반드시 수행해야할 의무라는 것이다. 무사유로 인한 악은 도처에 있으며, 사유하고 성찰하지 않으면 우리 모두 아이히만 같이 될 가능성에 노출되기 때문이다.[111]

테크노크라시에 의존하는 정책결정은 공적 삶의 소외를 노정하는데, 이를 극복하기 위해선 보다 능동적인 시민의식이 요구된다. 국민은 정부로부터 전문적 서비스를 받으면 고객(client)이지만, 납세, 규제존중, 법 준수 등을 요구받으면 정부의 대상(subject)이기도 하다. 그러나 가장 중요한 점은 우리가 시민이라는 점이다. 시민은 보다 넓은 공동체 맥락 내에서 권리와 의무의 담지자이다.112) 따라서 무엇보다도 시민이 자신을 정부의 고객 혹은 대상보다는 정부의 소유주(citizen owner)라고 생각하는 인식의 대전환이 필요하다. 행정기관의 능률성과 대응성은 시민이 정부 소유주로서의 본연의 역할을 인식할 때까지는 크게 증대되지 않는다. 샤크터(H. Schachter)는 이런 점에서 시민권의 재부활을 위한 시민권 재창조(re-inventing citizenship) 이론을 제안한다.113) 이제 시민은 묵약의 복종자, 대의제 민주주의의 수동적 투표자 신분에서 탈피해 사회적 합의의 책임 있는 당사자로 탈바꿈해야 한다.

2. 정부통제형 직접 민주주의 요소의 적극 도입

시민의 정부 소유주 의식은 대의제 민주주의의 무력감을 극복하기 위한 직접 민주주의의 보완을 위해 긴요하다. 2011년 미국의 월스트리트에서 촉발되어 전세계에 퍼진 점거(Occupy) 운동에서 시위대는 자본 친화적 정부가 1%의 가진 자를 위한 정책을 펴기 위해 99% 시민의 목소리를 외면한 것은 정부의 공공적 성격과 시민의 정부임을 스스로 부인하겠다는 메시지로 판단했다. 그래서 시위대는 경찰의 강제철거에 불복종으로 맞섰는데, 이는 법 위반이 아니라 그릇된 법이 낳은 잘못된 정부권위를 정당하게 와해시키는 행위로 간주되었다. 뉴욕 시위에 직접 참관했던 고병권은 시민 불복종을 시민이 정부에게가 아니라 정부가 시민에게 속하는 점과, 현 정부는 대중이 가질 수 있는 여러 거버먼트 중 하나일 뿐임을 인식하는 것으로 해석해 냈다. 정부가 시민을 배신하면 시민도 정부 소유주로서 점거 공간에서 직접 민주주의를 실험할 수 있다는 것이다.[114]

UN 미래포럼은 미래에는 시민이 인터넷, 모바일 투표 등 상시 투표체제를 통해 예산을 배분하고 정책을 수정하는 새로운 직접 민주주의가 도입될 것으로 전망했다. 직접 민주주의는 공론의 정치를 통해 소수집단과 개개인에게도 입법초안을 만들 기회를 제공함은 물론, 잘못 제정된 법들을 전복시킬 기회와 무책임한 정치가들의 소환 기회도 제공한다. 그런 점에서 시민 주도적 정부통제 장치로서의 성격을 갖는다.

시민-정부 간의 우리-관계 회복을 위해 응용할 수 있는 정부통제형 직접 민주주의 방법으로는 주민발안, 주민소환, 주민투표, 주민소송뿐 아니라, 주민참여 예산제도, 주민감사청구, 정보공개, 온라인 시민배심원 제도 등 여러 가지 방법이 가능하다.[115] 미국의 경우 진보 시대(Progressive Era)에 주민발의, 주민투표, 주민소환 등 직접 민주주의 제도가 애리조나, 캘리포니아, 콜로라도, 오하이오 등 여러 주에서 채택되면서, 주정부의 정책과정에서 시민이 직접 목소리를 내게 하고 주(州)의 입법에 대한 부자들의 영향력을 약화시키고자 했다. 실제로 직접 민주주의를 시행했던 주들의 경우 소수인종 우대 등 특정영역에서 정책 대응성을 확보했다. 또 정치적 대표의 임기제한, 조세 및 지출제한, 의회에 실질적 영향을 주는 압도적 다수결 요건 등

통치정책(governance policy)에서도 실질적 변화를 가져왔다.[116]

직접 민주주의의 실례로서 주민참여 예산제도를 살펴보자. 최근 예산편성절차 및 집행 이후의 평가과정에서 시민의 목소리가 예산과정에 제도적으로 반영되고 있다. 광주시 북구가 최초로 주민참여예산제 운영조례를 공포했는데, 이는 시민의회 또는 시민예산위원회에 예산 결정권의 일부를 위임하는 주민권력 단계로서의 예산참여로서, 브라질 포르투 알레그레 시의 모형을 벤치마킹한 것이다.

주민참여 예산제도는 지방재정 운영에 대한 시민들의 사전 통제기제로서, 지방자치단체의 예산 편성권을 분권화해 시민과 공유하고 지방정부－지역주민－시민단체가 상호 협력해 예산을 결정하는 것이다. 주민참여예산제도는 공공예산의 효율적 운영과 지출가치의 극대화보다는, 예산편성과정에 주민이 직접 참여해 자신의 선호와 우선순위에 따라 예산을 스스로 결정함으로써 참여와 자기결정이라는 지방자치의 이념을 구현하는 제도이다. 또 자치단체장과 지방의회의 선심성 위주의 비효율적 재정운영을 방지하는 동시에, 재정운영이 지역주민의 재정주권에 근거해야 한다는 재정 민주주의를 구현하는 것이기도 하다.[117]

우리가 정부 소유주 의식에 입각해 정부통제형 직접민주주의의 도입에 노력할 때, 그간 보편적 법 설계과정에서 익명의 사례로 대상화돼온 시민들이 나라의 주인으로서의 존재가치를 다시금 인정받을 수 있다. 특히 대의제 프레임에서 배제되어 주변화, 타자화되어 온 사회경제적 약자들의 버려짐과 사회 양극화 문제를 해소할 실마리도 마련된다.[118]

PART 03

사람을 위한 정책의
설계: 우리−관계 촉진을
위한 정책 길라잡이

시민-정부 간에 우리-관계를 촉진시키기 위해 정부는 어떤 정책을 설계해야 하는가? 어떤 정책들이 시민 속의 정부다운 모습을 보장해 주는가? 즉 시민들이 사람답게 살 수 있도록 만들어주는 유용한 정책 길라잡이는 무엇인가?

시민 속의 정부가 필히 마련해야 할 사람을 위한 정책방향을 발전철학의 재정립과 연관시켜 도출해 보자. 발전철학은 한 나라가 나아가야 할 좌표와 기본방향을 정하는 국가정책의 철학적 토대로서, 시민-정부 간에 그들-관계를 청산하고 우리-관계로 회귀하는 데 필수적인 정책철학과 정책 콘텐츠를 제시해 줄 것이다.

발전(development)은 근대화, 산업화보다는 상위의 포괄적 개념으로서, 한 나라의 경제성장은 물론 정치, 사회, 문화, 환경 부문에서의 상향적 변화를 총합한 개념이다. 즉 사회 전체적(societal) 균형발전을 꾀하는 것이 진정한 발전이라고 할 수 있다. 경제발전뿐 아니라 정치, 사회, 문화, 환경 부문에서도 골고루 상향적 변화가 이루어지기 위해서는, 정부가 현대적 사회구조와 제도를 마련하고 문화 서비스를 풍부하게 제공하며 생태계 보전에 한층 노력을 경주해야 한다. 시민들도 정치적 의사결정에 소요되는 참여비용을 과감히 지불해야 한다. 따라서 발전은 시민 삶의 질적 제고를 위한 정부의 올곧은 정책철학과 국가비전 그리고 격조 높은 시민참여와 연관된다. 경제적 측면에서도 마찬가지여서 양적 성장뿐 아니라 경제구조의 체질개선, 즉 경제민주화, 배분적 정의와 생태 친화적 경제를 구현하는 것은 결국 국가경제의 질과 격을 승화시키는 것이다.

그렇다면 발전은 양과 질(質)과 격(格)의 상호조화 문제로 귀결된다. 물론 현 시점에서 경제 살리기는 필연의 과제이지만, 그런 결과를 얻기 위해 우리가 다시 총량적 경제성장지표, 신개발주의, 무분별한 규제완화 등 발전의 유사 상표와 혼동해, 양 + 질 + 격의 삼위일체인 발전의 진면목을 올곧게 가꿀 수 있는 소중한 기회를 놓쳐서는 절대 안 되겠다.

발전철학의 재정립 방향을 염두에 둔다면, 시민 속의 정부가 추구해야 할 사람을 위한 정책의 큰 방향은 시민 삶의 질적 증진을 위한 총합적 정책지혜와 이를 도모하기 위한 발전의 물적 토대 확립이다. 맹자가 말하듯 항산(恒産)이 있어야 항심(恒心)이 생기는 법이다. 여기선 먼저 시민 삶의 질적 증진에 요구되는 발전의 물적 토대를 마련하는 차원에서 산업구조의 고도화 방향과 경제체질 개선을 위한 경제하부구조들의 재구성과 규제청산의 기본방향을 살펴본다. 그러고 나서 신자유주의의 폐해 극복과 시민 삶의 질 제고에 직결되는 보편적 복지의 제도화, 생활문화의 활성화를, 또 신개발주의의 한계를 넘어서기 위한 환경보전과 생태계의 복원, 안전사회로 가는 길 등을 집중 논의해 본다.

정부가 시민과의 우리-관계 하에서 시민을 위한 이런 일거리들에 더 가깝게 다가가는 정책 길라잡이 역할을 톡톡히 수행하도록 하기 위해, 산업 도우미, 규제 청소부, 공적 돌봄자, 문화일꾼, 생태 지킴이, 안전 파수꾼 등등 좀더 정답고 친숙한 표현으로써 정부의 역할방향을 제시해 본다. 한편 균형발전을 위해 시민사회의 격조 높은 참여를 제도화하는 논의는 이 책의 제4부인 우리-관계 당사자의 자기혁신, 특히 시민영역의 자강 부분과 연결시켜 살펴보겠다.

10. 산업 도우미: 경제체질의 개선

1. 방앗간 경제의 탈피와 산업구조의 고도화

국가 주도적 산업화 과정에서 우리나라는 오랜 세월 방앗간 경제와 조립,가공무역 시스템을 유지해 왔다.[119] 마치 방앗간 주인이 손님이 가져온 쌀을 가공해 떡으로 만들어 준 뒤 약간의 가공료를 받듯이, 우리의 수출구조 역시 에너지와 원자재, 소재, 부품을 비싸게 사들이고 디자인까지 막대한 로열티를 지불하고 들여와 단순히 그것들을 조립, 가공해 완제품으로 만들어 해외시장에 내다 파는 방식을 오랜 세월 지속해 온 것이다. 몇몇 전략산업의 경우는 지금도 조립무역에서 완전히 자유롭지 못하다.

방앗간 경제에선 자연히 기술격차에 따라 기술 경쟁력은 선진국에게 밀리게 되고, 조립비나 가공료가 훨씬 싼 후진국에겐 가격 경쟁력을 상실할 구조적 이유를 갖게 된다. 일본 노무라 종합연구소의 서울 지점장인 오노 히사노시에 의하면, 2007년 현재 한국경제는 기술장벽, 이익장벽, 시장지배, 첨단산업 등 4개 분야에서 샌드위치 신세에 처해 있다. 자동차, 부품소재 산업의 경우 기술은 선진국에, 가격은 개발도상국에 밀리고 있고, 조선업은 시장점유율은 높지만 이익은 줄고 있다. 막대한 설비투자와 연구개발비가 필요한 철강, 제조업은 인수합병을 못해 경쟁력을 갉아먹고 있고, 정보통신과 서비스업은 축적된 지적 자산이나 브랜드가 변변치 못해 하청구조 신세를 면하지 못하고 있는 실정이다.

최근엔 중국과의 기술격차가 여러 부문에서 크게 줄어들면서 샌드위치 신세는커녕 동북아 3국의 수출경쟁에서 자칫 낙오자가 될 우려마저 있다. 일본 등 선진국에 비해 상대적으로 낮은 수준이었던 한국의 소재, 부품기술을 중국 업체들이 금새 따라잡아 이제 중국이 한국산을 수입해 쓰면 오히려 손해가 되는 구조가 되고 말았다. 지난 10년간 우리나라가 부품과 기술을 대고 중국은 조립만 하던 국제적 수직분업구조가 이젠 현지조달 방식으로 전환된 것이다.

작금의 경제현실이 우리로 하여금 차제에 방앗간 경제를 완전히 청산해야 할 필요성을 더욱 강하게 제기한다. 이를 위해선 산업구조의 고도화가 필요한데, 여기서 우리는 산업구조 고도화의 타이밍을 놓쳐 장기 경제침체에 빠진 일본경제를 비판적으로 성찰해 반면교사로 삼을 필요가 있다.

2차 세계대전 이후 일본은 55년 체제라 불리는 자민당의 장기집권 하에서 정치적 안정을 구가하며, 대장성과 통산성 등 경제관료들의 우수한 행정역량과 높은 정책 자율성, 회사인간이라 불릴 정도로 직장에 충성을 다한 샐러리맨들의 희생과 집단 순응성에 힘입어 고도의 경제성장을 구가했다. 발전국가(development state)의 전형으로 각광을 받으며 서구의 찬사도 한 몸에 받았다. 존슨(C. Johnson)이 쓴 [통산성과 일본의 기적](*MITI and the Japanese Miracle*)이 그 대표적예이다.[120] 그러나 총론 차원에서의 경제성장은 시간이 지나면서 각론 차원에서 다음과 같은 숱한 문제점을 남겼다.

먼저 오만한 관료망국론을 지적하지 않을 수 없다. [관료망국론]의 저자인 玉山太郎이나 일본 관료사회에 정통한 이호철에 의하면,[121] 일본경제는 자본주의 체제이면서도 실상은 관료들의 정보와 정책에 목을 매는 관료통제 경제였다. 이런 점에서 도쿄의 관가(官街)인 가스미가세키가 최대의 문제 진앙지였다. 관료통제 경제가 정－경 유착과 부패로 연결되어 후진적 정치행정 관행을 낳았기 때문이다. 일례로 국토교통성 관료와 자민당의 건설족(族), 교통족 의원, 도로공단이 건설공사를 일으켜 하청기업들로부터 정치자금을 받고 아마쿠다리로 불리는 낙하산 인사도 단행했다. 이런 먹이사슬의 결과가 막대한 재정적자와 국가신용등급의 하락을 초래했다.

일본은 후진적 정치행정 관행 속에 부패가 구조화되면서, 발전정책의 탄력적 수정 등 개혁의 타이밍을 상실해 세계 2위의 경제대국에서 점차 밀려나게 되었다. 특히 산업구조의 고도화 실패가 뼈아프다. 경박단소(輕薄短小) 등 나노기술과 환경기술에선 출중했지만, IT산업이나 생명공학 등 21세기의 첨단산업 부문에서 취약해지면서 경기침체가 장기화되었다. 토건국가로서의 토건 의존증도 날로 더해갔다. 경기 회복책으로 시행된 대규모 리조트와 임도(林道) 건설, 지방 테마파크 조성 등 토건산업의 경기부양 효과에 중독되면서, 단기 효과를 본 토건업체들은 돈으로, 건설공사에 고용된 지역주민들은 표로써 지역의 정치가에 보답했고, 정치인들은 동일한 사업을 계속 재추진하는 악순환을 빚었다. 그러나 단기 공공사업의 약발이 떨어지면서 빚만 늘어나는 데 비해 사회보장지출은 게을리 해 국민생활은 더욱 곤란해졌다.[122] 토건업이 기간(基幹)산업화되면 건설 수주가 축소될 때 고용 축소와 내수위축 등 금단현상을 초래하기 쉽고, 국토균형발전의 슬로건 아래 남는 것은 비효율적 공공시설과 텅빈 관광시설뿐이다.

일본은 잃어버린 10년을 치유하기 위해 1990년대 말 산업활력 재생특별조치법을 제정했다. 이는 사업의 '선택과 집중' 지원투자, 세제 우대 조치, 분업 시스템화를 단행하는 것이다. 즉 국내는 핵심부품 등 고부가 가치분야에 집중투자하고, 노동집약적 산업은 해외로 이전하는 것이다. 일본의 산업부활 현장을 취재한 서울신문 특별취재팀에 의하면, 일본은 특히 자국이 가진 기술 강점인 하이브리드 자동차 개발 등 환경기술에 박차를 가한다. 콘텐츠, 로봇 등 신 산업군에서도 새 성장동력을 발굴하려 애쓴다. 그간 일본 상품은 고객이 요구하는 수준 이상으로 고성능, 고품질, 고가격만 추구해, 연구개발만 있고 소비자 감동은 없다는 비판을 자주 받아왔다. 예컨대 일본의 휴대폰은 기술은 우수하지만 국제표준과 거리감이 커서, 2009년 3/4분기의 경우 삼성전자의 영업이익이 일본 대형 전자업체 9개사의 이익보다 2배나 되기도 했다. 최근 일본 기업들은 이런 점을 성찰하며, 변화된 시장의 니즈에 대응하기 위해 신흥국의 중산층 시장을 중시하는 볼륨 존 전략을 강화하기 시작했다.[123]

개혁과 산업구조 고도화의 타이밍을 놓쳐 사후약방문식 조치를 통해 뒤늦게나마 경제후퇴를 만회하려고 노력하는 일본을 반면교사로 삼아, 향후 우리는 무엇을 어떻게 고쳐나가야 하는가? 즉 어떤 쪽으로 산업구조를 개편해 나가야 하는가?

21세기는 지식 자본주의 사회이므로, 자연히 산업구조도 지식기반 경제 쪽으로 옮겨가야 한다는 주장이 많다. 지식기반 제조업의 유망 분야로는, 기계산업 쪽에선 메카트로닉스, 카 일렉트로닉스, 정밀, 광학, 항공, 우주산업이, 전자정보산업 쪽에선 컴퓨터, 반도체, 디지털 가전, 통신기기 분야가, 그밖엔 생물, 의약, 환경, 신소재, 정밀화학, 에너지산업 등이 있다. 따라서 반도체, LCD 등 마이크로 일렉트로닉스, 신소재, 생명산업, 항공기 산업 등이 향후 제조업 내의 주력산업으로 부상할 것으로 전망된다. 한편 지식기반 서비스산업의 발전 유망분야로는, 영상, 음반, 의료, 교육서비스 등 지식서비스, 시각디자인, 패션디자인, 엔지니어링, 경영컨설팅, 광고, 연구개발 등 제조업지원서비스, 정보통신서비스, 소프트웨어, 방송 데이터 베이스 등 정보서비스 분야가 있다.124)

해외 기업들이 추진하는 차세대 사업분야를 통해서도 미래의 산업육성 동향을 어느 정도 예측할 수 있는데, 현재 해외기업들이 추구하는 차세대 사업은 크게 4가지 분야이다. 첫째는 환경,에너지 분야로서 대체에너지, 바이오 플라스틱, 하이브리드 자동차 사업, 둘째는 정보전자, 나노, 바이오 등 신소재분야 사업, 셋째는 실버산업, 키즈 사업 등 여성, 신흥국의 저소득층 겨냥 사업, 넷째는 다른 분야의 융합과 복합화를 꾀하는 컨버전스 사업으로서 기존 사업과 금융, 정보기술, 통신, 서비스를 한데 묶는 사업을 시도하는 것이다.

상기한 점들이 우리나라 산업구조 고도화의 기본방향 설정에서 충분히 고려될 필요가 있다. 즉 전도가 유망한 전략산업의 경우는 정부가 주도해 초기 시장을 형성, 육성해 주어야 한다. 특히 부품,소재 산업의 육성에 박차를 가할 필요가 있다. 플라스틱 소재, 셀룰로오스 필름, 고성능 전지, 제조용 유리, 나노 카본 등 소재, 부품산업의 경우는 원 소스 멀티 유즈(one source multi-use)의 특장을 갖는다. 즉 하나의 부품,소재를 만들어내면 그 용처(用處)가 무궁무진하다는 것이다.

우리나라는 이들 분야의 산업 선진국과 7년-10년 이상의 격차를 보인다. 따라서 향후 세계시장 규모의 30%를 점유하는 10대 핵심소재 육성 프로젝트를 신속하게 시행해 나갈 필요가 있다. 다행히도 정부는 부품,소재 전문기업의 육성에 관한 특별조치법을 제정하고, 부품인증과 신뢰성 보험제도 도입 등 연관산업 육성에 의지를 보이고 있다. 자동차, 전자, 기계, 금속, 화학, 섬유소재 등 5대 핵심 부품과 소재 분야에서 성장 잠재력이 큰 선도(先導)기업을 선정해 부품과 소재를 자급화하고 세계적인 부품 공급기지의 구축 등 세계 일류업체로 육성시키겠다는 구상을 갖고 있다. 단 해외판로를 확보하기 위해 부품의 하자가 발생할 경우 피해를 보상해 주는 신뢰성 보험제도, 자금의 집중적 지원과 세액공제의 상향조정, 신용보증 우대, 개발제품의 우선구매 등 다양한 혜택도 부여되어야 할 것이다.

수출통상국가인 우리의 현실에선 현재의 주력 제조업을 무시해서도 안 된다. 자동차, 조선산업은 글로벌화가 쉽고 연관 산업효과도 큰 조립산업이다. 섬유산업은 비록 성장성은 낮지만 부가가치를 높일 여지가 커 여전히 무역흑자에 기여할 것이다. 현재 정부와 대기업들은 일단 기존의 주력 수출상품을 고급화하는 동시에 새 주력상품을 발굴하는 쪽으로 가닥을 잡아가고 있다. 즉 정보기술(IT), 자동차, 조선 등 현 주력상품의 부가가치를 높이는 한편, 생명공학기술(BT), 나노기술, 문화콘텐츠기술(CT), 환경기술(ET) 등에서 신성장동력을 찾자는 것이다. 특히 IT, BT 등은 현 주력상품과 연관성이 높으므로 집중 육성해야 한다.[125]

2. 기술-교육-고용의 트라이앵글 정책연계구조

산업구조의 고도화는 기술혁신을 요하고 이런 기술혁신은 교육개혁에서 나오며, 이는 다시 노동시장 개편으로 연결되어야 한다. 즉 새로운 교육을 받고 새 기술로 무장한 기술인력과 일자리의 적합한 매치가 요구된다. 결국 산업구조 개편에 따른 기술구조－교육구조－고용구조의 개혁이 삼위일체가 되어 전략적으로 촘촘히 연계될 필요가 있다.

크루그만(Paul Krugman)은 "아시아 기적의 신화(The Myth of Asian miracles)"라는 자신의 글에서 그간 동아시아의 성장은 자본과 노동 등 생산요소의 투입증대에 의한 것이었다고 주장한다. 그런데 생산요소는 투입이 증가할수록 한계 생산성이 낮아지므로 단순 생산요소의 투입증대에 의한 성장은 한계를 갖는다고 보고, 생산성을 향상시키는 기술의 진보가 없는 한 동아시아의 지속적 성장은 불가능하다고 진단한 바 있다. 경제성장의 초기에는 물적 자본의 축적이 중요한 성장 원동력이지만, 경제가 점차적으로 성장해 자본의 한계 생산성이 감소하기 시작하면, 물적 자본의 축적만으로는 한계가 있어 기술진보가 성장의 원동력으로 중시될 수밖에 없다는 것이다. 바로 이 시점이 개도국에서 선진국으로 넘어가는 시점이기도 하다. 선진국의 경우 경제성장에 미치는 기술진보의 기여도는 50%로 분석된다.

포터(M. Porter) 역시 [국가의 경쟁우위](*The Competitive Advantages of Nations*)라는 책에서 국가의 번영은 경쟁우위의 향상과 밀접한 관계가 있다고 본다. 국가는 경제발전의 초기단계에선 발전을 위해 요소조건을 이용한다. 다음 단계에선 해외기술과 자본설비 투자를 유치함과 동시에 저축을 권장한다. 이 단계에서 노동과 자원집약형 산업이 자본과 기술 집약형 산업으로 대체되고, 가장 우수한 기업들은 제품과 서비스를 차별화해 고부가가치를 생산할 수 있게 된다. 그 다음 단계에서는 국부창출의 주 원동력으로 기술혁신을 꾀하게 된다. 만일 혁신이 성공하면 국가는 기존의 부(富)를 관리, 보전하는 또 다른 단계로 이동한다는 것이다.

결국 산업구조의 고도화 및 선진경제로 나아가기 위해선 더 이상의 생산요소 투입이나 그간의 기술추종 방식에서 벗어나 기술진보 혹은 기술혁신을 선도하는 전략이 필요하다. 예컨대 전략산업의 경우 큰 규모의 장기 연구개발(R&D) 투자를 통해 첨단기술을 개발해 내야 한다. 기술혁신을 국가혁신이라고도 하는데 그만큼 기술 경쟁력이 없으면 비싼 로열티를 지불하며 눈물겨운 수출경쟁을 감수해야 하기 때문이다. 전 과기처 장관 김진현의 표현처럼 '제2의 독립운동'을 하는 심정으로 기술혁신과 기술개발에 진력해야 한다. 이를 위해선 전 산자부 장관 이희범의 견해처럼, 산─학─연 연계 클러스터가 효율적으로 작동해야 한다. 또 소형 살포식 재정지원보다는 선택과 집중의 원리에 의거해 신 성장동력에 연구개발비를 집중 투자해 핵심 원천기술 개발을 선도해야 한다.

신 성장동력은 기술혁신을 요하고 이는 다시 교육개혁을 전제로 한다. 기술혁신은 변화된 사람에 의해 이루어지기 때문이다. 따라서 새로운 산업분야에 종사하며 기술개발을 주도할 인력양성을 위한 전략적 교육혁신은 초미의 과제이다. 앞서 살펴본 산업구조조정도 결국은 고급 기술인력 양성의 문제로 귀착된다. 기술개발과 마찬가지로 인력개발은 산업구조조정의 기반인 것이다. 향후 교육 콘텐츠의 내용은 산업구조의 고도화를 교육으로 뒷받침하는 방향, 즉 지식집약형 고기술의 학습과 습득 쪽으로 나가야 한다. 더 이상의 주입식 교육, 입시 위주의 교육이 아닌 문제해결역량 중심의 자기 주도적 학습으로 교육의 패러다임 전환이 요구된다. 수월성과 평등성을 겸비한 교육철학도 필요하다. 즉 창의적 인재에 대한 수월성 위주의 조기 육성이 우선되어야 하는 한편으로 직업적 상식과 일정기술을 연마시키는 기회균등 기술교육을 통해 건전한 기술인력 육성에도 같은 비중을 둘 필요가 있다.

국가경쟁력 1위인 핀란드의 교육제도가 주는 시사점은 매우 크다. 타리아 할로넨 전 핀란드 대통령은 국가경쟁력 1위의 비결을 유럽에서 가장 성공적인 핀란드의 교육체계 덕이라고 소개한 적이 있다. 핀란드는 아시아의 저비용 경제와 경쟁하기 위해 경제 생존수단으로서 교육에 막대한 투자를 했다. 예컨대 학교 급식비와 등록금은 무료이다. 이 나라는 초중등 교육을 구분하지 않고 7-16살 나이의 학생들이 같은 수준의 학교에서 공부한다. 16살이 되면 학문할 능력이 있는 학생은 대학에 가고, 바로 직업을 가질 학생은 직업기술학교로 간다. 한 가지 특징은 학생이 학교에서 보내는 시간이 많지 않다는 사실이다. 7살이 되면 학교에 가지만, 반나절만 학교에서 보내고 방학도 길다. 그 대신 가정교육이 중시되면서 집에서 읽고 쓰는 훈련을 하고 공공도서관을 많이 이용하도록 잘 구축해 준다. 따라서 OECD 조사에 의하면, 핀란드의 15살 학생이 세계에서 읽고 쓰는 능력이 가장 우수하다. 이 나라에는 어른을 위한 재교육 프로그램도 잘 갖춰져 있는데, 특히 어학교육, 직업교육은 매우 탁월하다는 평가를 받는다.

가격 경쟁력을 상실한 산업의 점진적 정리와 그곳에서 발생한 실업자군을 치밀한 직업 재훈련을 통해 첨단, 전략산업 쪽으로 재배치시키는 적극노동시장정책(active labor marker policy)도 요구된다. 적극노동시장정책에 기반을 둔 고용창출과 인력 재배치, 직업 재훈련 등 고용관련 제반 프로그램은 노동자의 고용안정과 산업경쟁력 강화에 긍정적으로 작용할 것이다

좋은 일자리를 많이 만들기 위해선 지식기반산업 등 신 산업부문을 적극 육성해야 한다. 고용 흡수력이 높은 서비스산업의 경쟁력 강

화도 중요하다. 그 다음으로 일자리 창출 가능성이 큰 영역이 사회서비스 부문이므로, 가사, 간호, 교육보조, 직업안정, 산업안전감독, 사회체육, 문화관광, 지역사회서비스 등 사회 서비스를 적극 발굴하고 관련 일자리를 창출해야 한다. 날로 증가하는 고용불안에 대한 대책 마련도 시급하다. 상근 근로자가 줄고 비정규직이 증가해 불완전 고용이 늘고 정리해고 위기가 상존하는 현실에선, 비정규직이 지나치게 차별받지 않도록 근로조건 강화, 즉 지나친 임금과 복지 격차를 개선하고 장기적으로는 동일노동−동일임금을 지향해 나가야 한다.[126]

3. 산업의 동맥인 SOC의 확충

산업의 동맥인 사회간접자본 확충도 숙제이다. 한반도는 지정학적 입장에선 종종 전쟁터가 되어왔지만, 지경학(地經學)적 관점에서 보면 세계의 중심성을 자랑한다. 반도국가라는 천혜의 지리경제학적 이점을 살려 유라시아 대륙과 태평양을 연결해주는 연결국가(linker state)로서의 지리적 입지를 적극 살려 나가야 할 것이다.

단 주어진 세계적 중심성이 동북아 나아가 세계의 허브로 꽃을 피우려면 물류와 교통흐름은 물론 국제금융이나 고등교육의 세계적 허브로서의 접근성도 아울러 갖춰야 한다. 즉 지리적 위치상의 세계적 중심성이 제구실을 하기 위해서는 세계적 중심기능들이 한반도로 앞다투어 입지해야 하는데, 이런 고급 중심기능이 들어오려면 한반도 자체가 매력적인 입지환경을 조성해 주어야 한다.[127] 따라서 우리나라로의 물리적 접근성을 높이기 위해 공항, 항만, 철도, 고속도로, 정보통신망의 구축과 연관 서비스의 질을 제고하는 것이 최우선 과제이다. 물류, 금융, 정보, 연구개발 및 지식산업들도 경쟁적으로 입지하도록 유도해야 한다.

우리 사회엔 지역구 유권자들의 표심을 잡기 위한 선거용 SOC가 판을 치고 있다. 시원하게 뚫려 있지만 교통량은 별로 없는 많은 도로, 국제공항이라는 호칭이 무색하게도 이용객이 많지 않은 몇몇 지역의 공항들은 고스란히 자원낭비와 예산낭비로 귀착된다. 향후엔 선거용 SOC를 청산하고 지경학적 특장을 제도화하기 위한 산업용 SOC를 확충해 반도국가, 연결국가로서의 세계적 중심성을 잃지 않는 실질적 접근성 확보에 노력해야 한다.

4. 에너지 대책의 다각화

SOC가 산업의 동맥이라면 에너지는 산업의 실핏줄 같은 것으로서 온몸 곳곳으로 퍼져야 한다. 따라서 산업발전에 필히 소요되는 에너지 마련의 다각화도 필요하다. 과거엔 군사안보를 못하면 멸망했지만, 이젠 에너지 안보에서 구멍이 뚫려도 나라가 망하기 쉽다. 국가경제가 멈추고 일상생활이 불가능해지기 때문이다.

중국이 에너지 자원 확보에 가장 열심인데, 중국의 전 방위적 에너지 외교는 이 나라의 지속적 경제성장에 에너지가 절대 필요하다는 인식이 팽배해지면서 나온 것이다. 중국은 호주와는 우라늄, 카자흐스탄과는 원유, 나이지리아와는 심해유전 지분 구입, 러시아와는 송유관 건설, 브라질과는 철광석, 베네수엘라와는 석유, 가스전 건설 등

총 19개국에서 유전 및 자원개발권 확보에 혈안이다. 일본도 일찍이 자원외교의 중요성을 깨닫고 5대 종합상사의 수익 절반이 자원에서 나올 정도로 해외자원 개발에 적극 참여하고 있다. 일례로 미쓰비시사는 세계 25개국에서 에너지와 광물 자원을 탐사, 개발하고 있다. 미국은 중동의 원유확보를 위해 이라크 전쟁도 불사했다. 유럽은 유가급등에 대비해 원자력정책이나 여타 대체에너지 정책을 수정하고 보강했다. 핀란드의 우라늄 확보쟁탈전, 프랑스의 원자력, 덴마크의 조력 및 풍력, 영국의 LNG 개발 등이 그 예이다.[128]

현재 아프리카와 남미를 향한 중국의 무자비한 쌍끌이식 에너지 확보, 유라시아로 나가는 송유관과 가스관의 밸브를 장악하고 있는 자원강국 러시아의 입김과 압력 앞에서 우리의 단기적 자원외교는 실익이 별로 없다. 우리의 기술적 자랑인 IT 기술과 건설기술을 제공하며 제3세계의 자원강국들과 실질적, 지속적인 자원외교를 전략적으로 펼쳐 나가야 할 것이다.

물론 에너지 확보의 다각화와 더불어 대체에너지 개발도 우리의 큰 숙제이다. 최근 유럽에서 큰 호응을 얻고 있는 제5의 에너지원(源)인 에너지 절약과 에너지효율 제고를 위한 시민사회의 노력도 병행되어야 할 것이다. 즉 시민들도 에너지 절약과 친환경적 삶을 몸소 실천하는 등 즐거운 불편을 감수해야 한다. 일본의 신문기자인 후쿠오카 켄세이는 그의 저서 [즐거운 불편]에서 과도한 소비사회가 낳은 환경위기 속에서 사람다운 사람이 되기 위해 일부러 '즐거운 불편'을 감수하는 일상을 자세히 소개한다. 즉 자전거 통근, 자판기 음료수 불매, 외식 근절, 제철채소와 제철과일 먹기, 목욕물 세탁기에 붓기, 설거지할 때 온수사용 안 하기, 전기청소기 사용하지 않기, 티슈 안 쓰기, 다리미 안 쓰기, 음식쓰레기의 퇴비화를 몸소 실천에 옮겼다.

그는 자전거로 출근하다가 교통사고를 당해 한동안 입원했지만, 퇴원 후에도 자전거 통근을 고집한다. 고집쟁이 같지만 이런 진정성 있는 사람이 많아야 제5의 에너지원이 우리에게 실질적으로 다가온다.[129]

5. 커뮤니티 비즈니스의 활성화

국가 차원의 경제정책만 갖고는 한 나라의 경제 활성화는 역부족이다. 특히 해외 경제여건의 영향을 많이 받는 우리나라 같은 곳에선 해외여건이 조금만 바뀌어도 경제가 휘청거린다. 따라서 중앙차원 외의 풀뿌리 차원에서의 튼실한 지역경제 영역이 마련될 필요가 있다. 이런 점에서 지역경제의 자주적 활성화를 위해 커뮤니티 비즈니스에 대한 관심이 최근 커지고 있다.

커뮤니티 비즈니스는 지역주민들이 지역의 인적, 물적 자원, 정보 자산 등 지역 내 자원의 특화와 상품화를 통해 수익성 확보 차원에서 지역의 과제를 해결해 나가는 사업모델이다. 따라서 지역현안에 대한 주민들의 문제의식과 문제해결에의 주체적 참여, 지역자원의 발굴이 주요관건이다.

정부가 모든 지역현안을 해결하기엔 역부족이다. 그리고 그 과정에서 정부의 예산타령, 자원타령은 불 보듯 뻔하고, 설사 자원이 주어진다 해도 여러 가지 정부실패 요인으로 인해 지역주민들이 다같이 필요로 하는 사회서비스들, 예컨대 간병, 탁아, 탁노 등 돌봄 서비스나 생활서비스의 활발한 공급엔 역부족일 것이다. 기업들도 시장이 형성될 만큼 충분한 지역수요를 보이지 않는 사업 영역에선 서비스 공급에 적극 참여하지 않는다. 설령 참여의사가 있어도 특정지역에 오랜 세월 동안 누적되어 왔기에 지역의 고유한 사업자원으로 전환 가능한 지역 특유의 시공간 지식(time & space knowledge)은 지역주민들에 비해 덜 알고 있다.

이런저런 연유로 인해 지역생활에 꼭 필요한 사회서비스임에도 불구하고 정부나 시장 내 기업에 의해 제공되지 못하는 생활서비스의 공급을 위해선 지역주민들이 프로슈머의 입장이 되어보는 것이 좋다. 즉 소비자들이 십시일반(十匙一飯)해 공급업체를 만들고 자신들이 직접 생산한 서비스를 소비해 나가는 노력이 요구된다. 지역고유의 자원을 발굴하는 과정에서 지역주민들이 갖고 있는 시공간 지식은 어떤 기업도 넘볼 수 없는 지역 고유의 자산이다. 따라서 지역의 이런 고유자원을 특화시켜 상품화를 통해 수익도 올리고 나아가선 관련 산업분야의 고용창출에도 일조할 수 있는 마을기업 육성은 긴요하다.

지역주민들이 십시일반을 통해 지역 내에 소재한 인력, 물적 자원, 정보자산을 활용해 서비스도 공급하고 일정한 사업체를 구성해 수익도 올리며 고용도 창출한다면 굳이 정부나 기업에 의존할 필요가 없다. 그런 점에서 커뮤니티 비즈니스는 지역경제 활성화 차원은 물론 지역민주주의나 생활자치의 한 방법이기도 하다. 주민들은 십시일반을 통해 프로슈머도 될 수 있다. 자기가 쓸 물건이나 서비스를 스스로 만들어 내면 얼마나 떳떳하고 또 저렴하게 이용할 수 있지 않겠는가? 내친 김에 주민 모두가 마을기업의 공동대표가 되어보는 기회도 얻을 수 있다.

단 마을기업도 사업체이기에 그것이 지속가능하기 위해선 특화자원의 적극적 개발, 마케팅, 홍보, 기술개발, 기술교육, 인력양성 체계 등 자구적인 노력이 체계적으로 전제되어야 한다. 마을기업의 환경적 요인으로서 지방정부와 지역소재 기업들의 지원도 필요하다. 지

146

방정부는 사업위탁이나 행재정 지원을 게을리 해서는 안 되며, 기업들도 경영기술 노하우 전수나 이들이 만든 물건을 적극 사주는 동반성장의 마음을 잃어선 안 될 것이다. 시작은 미미하지만 끝은 창대하기 위해 커뮤니티 비즈니스의 주체와 주변 지원자들의 노력과 소통, 협력의 정신이 새삼 강조되는 시점이다.

11. 규제 청소부: 프로쿠르스테스적 행정인에서 벗어나기

1. 국민 성악설, 관료 성악설과 그 결과물인 행정절차상의 군살

유아의 몸속에는 성인에 비해 약 120개의 뼈가 더 있다고 한다. 어릴 때는 잘 넘어지므로 몸의 보호를 위해 뼈가 성인보다 많은 것이다. 아기들이 넘어져도 크게 다치지 않는 것은 이 뼈들 때문일 것이다. 그런데 아이가 커가면서 이 뼈들은 불필요해져 점차 퇴화한다. 몸속에 불필요한 뼈를 갖고 있어봤자 거동만 불편할 뿐이기 때문이다.

마찬가지로 특정 시점에서 필요하기에 만들어진 행정절차와 규정도 시대적 탄력성을 잃으면 적시에 사라져야 한다. 그래야 신속한 서비스 전달도 가능하고 비용도 적게 든다. 따라서 국민편익과 경제의 활성화를 위해 불필요하거나 불합리한 인허가 절차를 개선해 행정의 간소화와 능률화를 도모해야 한다. 공공서비스의 질은 결과뿐 아니라 과정과 절차에 의해서도 좌우된다.[130] 공공서비스의 전달에 지나치게 시간과 비용이 많이 들어서는 바람직하지 않다. 특히 시민이 정부조직의 문을 노크하는 절차가 까다로워서는 절대 안 될 것이다. 따라서 정부운영과정과 업무처리절차의 끊임없는 쇄신이 요구된다.

그간엔 국민 성악설 때문인지 인허가 절차 등 우리의 행정과정은 매우 복잡하고 절차가 까다로워, 민원인들은 관청출입을 위해 불필요한 거래비용(transaction cost)을 지불해야 했다. 일례로 복잡하게 꼬여 있는 아파트 등기업무는 법무사에게 맡기지 않으면 안 되고, 시골의 촌로들은 물론 정규대학을 나온 시민에게도 복잡하고 어렵게 느껴지는 행정서식은 행정사로 하여금 대신 쓰게 해야 했다. 까다롭고 복잡한 세법을 몰라 세금 관계 업무를 세무사에게 대행시키고 그 대행 서비스 수수료를 각각 지불해야 했던 것이다.

절차가 복잡다단하다 보니 단위사무를 완결 짓는 데 걸리는 시간(cycle time)의 대부분이 서류가 기관 간, 부서 간에 이동하는 시간과 문서접수와 결재과정 등 대기시간에 허비되었고, 반대로 실제 서류가 검토되는 시간은 극히 미미했다. 일례로 서류가 순수하게 검토되는 시간(processing time)과 대기 및 이동시간(waiting time)의 비율이 1 대 100 이상으로 나타난 적도 있었다.[131] 시민들은 시간이 곧 돈인 현대사회에서 이처럼 막대한 대기비용(waiting cost)을 지불하지 않으면 안 되었다. 복잡다단한 인허가 절차 속에서 남보다 내 민원을 빨리 해결하기 위해 일부 민원인은 급행료(express cost)를 내기도 했다.

관료 성악설에 따른 행정절차상의 군살도 많았다. 시대착오적 관행에 의한 복잡다단한 절차상의 군살은 보고와 결재과정에서 쉽게 찾아볼 수 있다. 하급기관은 연보(年報), 분기보, 월보, 주보(週報) 등 상급기관에 대한 각종 보고서 작성에 허덕이고, 바르게 살기운동 추진실적보고, 공직자 경제의식개혁 추진실적보고, 환경순찰 실적보고 등 비현실적인 형식적 보고에서 자유롭지 못했다.[132] 인허가 절차가 복잡다단하다 보니, 공무원들은 대민 서비스의 신속한 전달이나 경제 활성화에 유익한 도움제공(service work)보다는, 그릇된 관행에 따른 복잡한 내부절차를 밟고 문서작업(paper work)을 하는 데 더 많은 시간을 소비해 왔다.

시민-정부 간 소통을 매개하는 민원 문서서식도 여전히 이해하기 어렵고 작성이 불편했다. 우리나라의 행정서식은 법규문서를 비롯해 고시, 공고 등의 공고문서, 허가, 등록, 증명 등의 민원문서 등 종류도 무척 다양해 6천 종에 이른다. 최근의 사무관리규정 시행령 제정 등 개정안에 따르면, 서식 설계는 누구나 쉽게 이해할 수 있도록 쉬운 용어를 쓰고 기입항목 구분도 간결하게 하도록 하고 있다. 그러나 대부분의 행정서식이 일부 개정을 제외하곤 해방 이후의 틀을 그냥 유지해와 시대와 언어감각이 맞지 않고, 항목배열구조도 시각적 혼란을 주어 작성방법을 물어보는 시민이 많았다. 적어 넣을 정보량을 고려하지 않아 좁은 공간에 깨알 같은 글씨를 써 넣어야 하기도 했다.[133]

2. 프로크루스테스적 행정인의 탄생과 외국 기업들의 극기 훈련장?

그리스 신화에 프로크루스테스(Procrustes)라는 강도가 나온다. 그는 아테네로 가는 길목에 서 있다가 지나가는 사람을 붙잡아 자신의 쇠 침대에 누인 뒤, 만일 잡혀온 사람이 키가 작으면 목과 다리를 잡아당겨 쇠 침대의 길이에 억지로 맞추고, 반대로 키가 크면 쇠침대 길이만큼 다리나 목을 잘라 내는 악인이다.

불행히도 이런 포악한 악인들이 자의든 타의든 법규 만능주의자인

프로크루스테스적 행정인이라는 모습으로 우리의 행정일선과 경제현장에서 적지 않게 나타난다. 일례로 시민의 생활문제가 심대해 관청에 가서 도움을 요구하면, "법적 근거가 없어 이를 해결해줄 수 없다"라는 공무원의 답변을 종종 듣는다. 또 민원인이 인허가를 받으려고 서류를 꾸며 찾아가면 법적 근거라는 요식행위를 갖추기 위해 "이 서류도 더해 와라, 저 서류도 더해 와라"는 경우가 많다. 여기서 우리는 시민의 서비스 수요 잣대와 관청의 서비스 공급 잣대가 쉽게 합일점을 찾지 못한 채 끝없이 평행선을 달리고 있음을 느낄 수 있다.[134]

우리는 이처럼 오랜 세월 각종 규제와 복잡다단한 행정절차 속에서 살아왔다. 관으로부터 인허가를 받으려면 수많은 시간과 허다한 발걸음을 관에 갖다 바쳐야 했다. 외국인들도 우리나라에 들어와 기업을 하거나 공장을 가동하려면 인내를 요하는 기나긴 창업절차와 수많은 도장, 복잡한 결재단계에 혀를 내둘렀다.

오죽하면 한 외국 기업인이 "한국은 외국 기업인에겐 극기 훈련장이다. 한국에서의 1년은 다른 나라의 10년 세월만큼 고통스럽다"라고 탄식까지 했겠는가. 그래서인지 다국적 기업의 아시아 지역본부들은 창업절차가 상대적으로 짧고 관의 창업 지원 서비스가 좋은 홍콩이나 싱가포르로 다 달려간다.

3. 공적 만남의 신성함과 창업, 인허가 절차의 SOS화

저간의 사정으로 인해 자연히 행정절차와 창업절차의 간소화를 주장하는 목소리가 드높다. 한때 re-engineering이라는 경영혁신 개념이 우리 사회를 뜨겁게 달궜던 적이 있다. 정부도 덩달아 이 개념을 정부개혁에 도입하며 난리를 쳤다. 그만큼 절차 간소화의 행정수요가 컸던 것이다.

engineering에는 공정(工程)이란 뜻이 내재해 있다. 즉 하나의 기술적 아이디어를 상품화가 가능한 시제품으로 만들어내는 생산 공정을 가리키는 말이다. 그런데 무에서 유를 창조하듯이 엄청난 시행착오를 거쳐 하나의 시제품을 만들어 내긴 하지만 추후의 대량 생산과정에서 그런 시행착오를 매번 반복할 수 없어 전체 생산 공정에서 군더더기나 불필요한 부분을 도려내고 대량생산에 꼭 필요한 부분만 간추려 생산 공정의 에센스를 추려낼 필요가 있는데 바로 그런 과정이 re-engineering이다.

시민의 삶에 직간접적으로 연결되는 종래의 행정절차나 창업절차에는 국민성악설 같은 것이 작용해 불신을 전제로 만들어진 통제 성격의 장치들이 많이 반영되어 있다. 그래서 일반 행정절차나 창업, 인허가 절차에 복잡다단한 군살이 많았던 것이다. 차제에 국민 불신에서 비롯된 통제 성향의 군더더기 절차를 걷어내고 민-관의 만남을 신속하게 재구성할 필요가 있다.

시민과 정부의 만남은 이 세상의 어떤 만남보다도 소중한 만남이다. 나라의 주인과 나라살림을 위탁받은 국정 대행자의 만남이기 때문이다. 그래서 공적 만남(public encounter)이라고도 불린다.[135] 그렇기에 불신에 절은 복잡다단한 절차를 간소화하고 핵심만 남게 해 시민 삶의 편리성과 효율성을 도모해 주어야 한다. 그것은 또 외국기업들을 우리나라로 유인하는 '기업하기 편한 나라' 만들기 전략이기도 하다.

정부구조의 지나친 집권화와 공식화가 가져오는 절차상의 복잡다단한 문제점을 해소하기 위해서는, 이른바 SOS, 즉 Slim(절차의 간소화) −

Online(행정의 전자화를 통한 실시간 업무처리)−Simple(규정의 단순화) 식으로 절차의 간소화와 전자화를 도모해야 할 것이다. 절차의 SOS 운동을 통해 구태의연한 업무관행과 절차상의 군더더기의 축소에 노력한다면, 시민에게 이익을 배분해 주고 경제 활성화에도 기여하는 좋은 정부로 탈바꿈할 것이다.

12. 공적 돌봄자:
배분적 정의와 보편적 복지

1. 균형발전의 정면교사와 반면교사:
미국, 일본, 노르웨이, 스위스에서 배운다

국가가 경제력, 군사력 등 물리적 힘이 세다고 해서 강한 나라가 되는 것은 아니다. 이제는 질(質)도 갖추어야 한다. 최근 국력의 구성 요소로서 경제력, 군사력, 정치력에다가 문화적 영향력이 추가되고 있는데, 미국의 사회과학, 허리우드 영화, 팝뮤직, 맥도널드 등 미국적 생활방식과 과거 민주당 정권의 인권외교 등 미국의 소프트 파워가 그 좋은 예이다.136) 이제는 힘의 논리로부터 질(質)의 논리로 국력의 판단기준을 바꿔야 한다. "우리의 부력은 생활이 풍족할 만하면 되고, 강력은 남의 침략을 막을 만하면 되며, 오직 한없이 갖고 싶은 것은 높은 문화의 힘이다"라고 강조한 백범 김구 선생의 말씀이나, 경제대국을 목표로 한 Great-10보다는 10위권의 일류국, 즉 Good-10을 21세기의 국가목표로 삼아야 한다는 사회일각의 주장137)은 이런 점에서 매우 설득력이 크다.

여기서 우리는 생활 일류국이라는 의미를 되새겨볼 필요가 있겠다.

강대국이 대외적 정치력과 군사력을 강조하는 데 비해, 일류국은 문화, 복지, 안전 등 시민 삶의 질을 우선적으로 중시한다. 우리는 일류국의 조건을 두루두루 갖춘 나라를 선진국이라고도 부른다. 선진국은 일류국답기 위해 사회 전체의 복지, 후생, 안전을 위해서라면 세금 부담을 당연시하는 나라이다. 내적 충실에 관심이 많아 나라 살림살이에도 무척 합리성을 추구한다. 수도, 교통, 보건과 관련된 정책비판을 특히 부끄러워할 줄 아는 점이 선진국 시민의 조건이다.[138] 그래서 선진국은 치안, 안전시설, 보건, 자연환경의 개선에 열심이고 시민의 건강을 증진시키기 위한 정책 노하우도 많다.

나라다운 나라를 만들기 위해서는 경제발전과 더불어 시민 삶의 질적 제고 작업과 이를 위한 시민참여가 병행되어야 할 것이다. 특히 경제성장과 삶의 질 문제를 정책적으로 연계해 보는 전략적 안목이 필히 요구된다. 물론 물질적 부와 시민생활의 질, 격조높은 시민참여를 삼위일체로 완벽하게 갖춘 나라는 그리 많지 않다. 대개 하나가 승(昇)하면 다른 두 개가 처지고, 다른 두 개가 승하면 나머지 하나가 그만큼의 수준으로 올라오지 못한다. 그래도 스웨덴, 노르웨이, 스위스, 덴마크 등 북구(北歐)의 몇몇 나라가 이런 삼위일체에 비교적 근접하려고 노력 중인 것으로 보인다.

사실은 이 3가지 중 하나만 제대로 갖추기도 그리 쉬운 일은 아니다. 그러나 이미 세상은 이 세 가지 저울로써 나라를 평가한다. 또 이 세 가지 저울이 균형을 찾아갈 때, 그 나라 시민의 삶이 평화롭고 내부에서 서로 다투지 않는다. 대개는 부(富)를 기반으로 해 그 위에 생활의 질과 격조높은 참여가 갖춰지는 순으로 국가발전 단계를 설정한다. 이에 큰 이의(異意)는 없지만, 부(富)는 좀 약해도 발전을 포기하지 말고, 질과 격의 길을 가다듬는 것도 필요하다. 어차피 부라는 것은 아무리 높게 쌓여도 그것을 골고루 나누는 분배의 격이 뒷받침되지 않으면 무소용이다. 그런 나라는 밖에서 봐도 격이 떨어지는 나라로 폄하된다. 약한 부라도 그것을 나누는 질과 격이 높은 자율적 속박장치가 내부적으로 합의되어 있으면, 그 자율적 속박 아래 골고루 나누며 사는 것이 가능해지고, 그래서 그 내부가 평화로워질 수 있다. 그것이 밖에서 볼 때도 더 격조 높게 보인다.

그렇다면 발전은 물질의 영역이 아닌 마음의 영역이다. 소유보다는 존재의 영역이며, 물질의 추구보다는 마음 씀의 영역이다. 마음의 부 위에서 소유량보다 존재의 질을 높게 할 때, 내부적으로 평화로운 마을이 만들어지고, 밖에선 소유는 미미하지만 존재감은 창대한 나라의 사람들로 인정하며 격조 높은 찬사를 보낼 것이다.

지금까지 우리는 나라다운 나라가 되기 위해선 경제력과 더불어 삶의 질 등 내포적 발전을 갖출 필요성이 있음을 강조하였다. 여기서는 이러한 질적 발전 기준에 입각해서 우리에게 균형발전의 정면교사와 반면교사로서의 시사점을 주는 몇몇 나라의 상반된 발전경로를 가볍게 추적해 본다.

1) 삶의 질을 중심으로 본 미국 발전의 현주소

미국은 자타가 공인하는 세계최고의 경제대국이자 군사강국이다. 국제사회에서 막강한 정치외교력을 자랑하고 세계최고의 지식기반경제를 이끌어간다. 그러나 국민 삶의 이면을 들여다보면, 예상외로 자본주의국가의 모순과 제도적 한계로 인해 심한 몸살을 앓고 있다. 우리에겐 덜 알려져 있었지만 점차 미국인의 일상이 되고 있는 고단한 삶의 실상을 생생히 전해주는 미국 지식인들의 글을 중심으로 이를

상세히 파헤쳐보자.139)

먼저, 상위 1%가 부의 47%를 독점하는 심각한 빈부격차 현상을 들 수 있다. 예컨대 미국의 빈곤율은 2010년 기준으로 12%로서 OECD 국가 중 4위이다. 이는 연이은 아웃소싱과 대량 정리해고로 인해 중산층이 붕괴된 결과이다. 생산성 향상을 위한 투자도 사회적 편익이 협소한 사람들인 경영자, 헤지펀드 매니저, 운동선수에게 집중되는 등 노동가격 신호의 왜곡이 나타난다. 탈(脫)산업화에 희생된 전통 노동자층은 저임금 서비스직종으로 전락했다. 부자들도 분화되어 백만장자는 부자 축에 끼지도 못한다. 초부유층은 쇼핑, 자녀양육, 계산서 지불, 고용인 관리, 파티 개최까지 남의 손을 빌려 하지만, 홈디포 매장의 근로자는 매장 곳곳을 뛰어다니며 일한 대가로 시간당 8-10 달러의 열악한 임금을 받는다. 학위가 불필요한 직종에 종사하는 대졸 취업자 수만 7백만 명이다. 대출업 등 빈곤사업마저 대두되어, 집을 사면 집을 담보로 대출받고 자동차도 담보 받는다. 실제로 *National Geographic* 잡지의 2014년 8월호는 '굶주리는 미국인들'이란 표제 하에 미국사회 내의 빈곤문제를 특집으로 다룬 적이 있다. 반면 뉴욕의 대형 동물병원엔 125만 달러나 하는 방사선 치료용 선형가속장치가 구비되어 있고, 부잣집 애완견은 병으로 죽기 전 7천 달러의 화학요법을 제공받기도 한다. 양서류를 위한 수중재활 러닝머신도 있다. 그래서 "동물의료보험을 자국의 빈곤아동에게도 개방하라"라는 믿기지 않는 구호마저 나온다.

둘째, 빈곤의 세대화, 세대 간의 계층세습으로 인해, 미국 내 계층 간 이동은 더욱 어려워지고 있다. 예컨대 흑인이 빈곤에서 탈출하지 못할 확률은 63%나 되어 백인의 32%와 극히 대조된다. CNN 방송의 경우 앵커는 인종이 다양하지만 기자는 거의 백인이다. 미국의 모든 통계에서 인종은 주요변수이다. 흑인은 수백 년 간 통혼(通婚)의 대상이 되어오지 못했다. 인종차별은 사회적 구조물로서 미국은 심각한 인종 편집증에 걸린 나라가 되고 말았다.

셋째, 빈부격차와 인종차별이 우범지대를 낳고 치안 악화를 초래했다. 감옥에 수감된 사람들 외에도 보호관찰, 가석방 등 교정처분 대상자까지 합하면 죄수는 660만 명으로서 성인 32명 중 1명이 죄수인 셈이다. 그러다 보니 공공 형무소가 포화상태가 되어 민간 교도소까지 등장한다. 미국 교도소주식회사 CCA의 모회사가 KFC인데, 민간 교도소에서는 죄수들이 복도를 자유롭게 돌아다니게 하고 미용실과 정원 배치 등 사설감옥 경영을 택하고 있다. 이는 덜 암울한 환경이 죄수들을 길들여 사회적 비용을 덜 들게 한다는 효율성 가설에서 시작되었다.

넷째, 높은 생활비 부담을 들지 않을 수 없다. 미국인의 잘살기 위한 생활전쟁은 치열하다. 주당 46 시간의 근로시간은 미국인이 유럽인보다 연중 9 주나 더 노동하고 있음을 말해준다. 미국인에겐 쇼핑몰이 뉴에이지 소비사원이다. 즉 쇼핑몰이 자본주의 승리를 구가하는 네오 아메리칸의 영광을 예찬하는 또 하나의 교회이자 생활오락 장소가 되고 있는 것이다. 그러나 더 많은 물건을 갖자는 데서 생긴 불안, 부담감, 빚, 낭비 등 어플루엔자(affluenza)로 불리는 풍요 소비병의 사회적 병리 증세는, 만성 스트레스, 과도한 상업주의, 가정파괴, 지구오염, 범지구적 전염성 증후군을 낳는다. 즉 중산층 수준의 생활양식을 유지하기 위해 불가피하게 맞벌이를 택한 가정이 전체의 70% 이상을 차지한다. 연소득이 10만 불인 중산층의 경우도 주택융자금, 자동차 유지비, 공공요금, OECD 중 한국 다음으로 높은 사교육비 부담을 제외하면 남는 돈은 부족하다. 물론 현재의 가구별 소득이 1970년대의 단벌이 가정수익의 2배이지만 자유재량으로 쓸 수 있는 돈은 그때가 더 많았다는 것이다. 세후 가계 저축률은 -0.4%로서, 결국 낭비의 나라 미국은 과소비로 인해 빚더미에 앉게 될 것이란 비관적 예측이 현실화되고 있다.

다섯째, 사회 내의 하부구조를 받쳐줄 자국 인력의 부족현상을 막기 위해 들어온 외국인에 대한 차별이 심하고, 그 와중에 인권의 사각지대가 날로 늘어간다. 캘리포니아 주에 들어서면 불법 입국한 히스패닉이 도로에 무단 횡단할까봐 Human Crossing 표지판이 눈에 띈다고 한다. 리틀 인디아 등 다양한 이민집단의 정착 혼란과 전염병 위기에 직면하자, 미국 아동들의 건강을 위해 이민을 온 인도 아동들에게 예방주사를 강요하기도 했다. 미국은 선진국 중 유일하게 사형제도를 유지하고 있고, OECD 중 해고가 가장 쉬운 나라로 컴퓨터 업계에선 자기 기업의 기밀과 정보 유출을 막기 위해 해고 3시간 전에 직원에게 해고통지를 하기도 한다. 인구의 15%가 의료보험 혜택을 받지 못하는 등 국민 개(皆)보험 의료제도의 후진국이기도 하다. 출산휴가가 무급으로 이루어지는 나라이며, 근로자의 1/4이 계약직이다. 이들 중 12-15%만 회사가 제공하는 의료보험을 향유한다. 그래서 미국 좌파 사이에선 worsim이라는 신조어가 유행이다. 상황이 악화되면 대중이 떨치고 일어나 권리를 요구할 가능성이 늘어나는 것이 아니라, 오히려 상황이 나쁠수록 저항하기가 더 곤란해진다는 것이다. 임의해고와 의료보험 상실의 공포에 눌려 인간적 모욕을 참고 작업량의 2배가 부과되는 것을 받아들인다.

여섯째, 대선 투표율 50%, 의원 선거율 30%에서 보듯이 정치가 희망을 담지 못한다. 투표로 심판한다는 정치공동체 의식의 부재는 미국 민주주의의 퇴보를 잘 말해준다. 미국에서 선거는 낙태문제나 미혼모 문제 등 형이상학적 논쟁의 무대이자 웅변가의 쇼로 전락했고, 세금인하를 위해 주판을 튕기는 경리들의 전쟁으로 후퇴했다. 따라서 정치가 힘센 자나 가진 자의 전유물이 되고 있다. 이른바 금권정치의 망령이 강해져서, 입후보자들은 선거구민과 이야기하기보다는 부자에게서 후원금을 거두는 데 시간을 더 많이 소요한다.

결국 미국이란 나라는 가장 부유한 국가이자 가장 불평등한 국가라는 점에서 야누스의 두 얼굴이다. 미국 지식인들의 비판적 성찰에 곁들여 필자가 개인적으로 체험한 미국의 허와 실도 잠시 맛보자. 일본을 가까우면서도 먼 나라로 낮게 평가한 한국인들은 이제 평가의 대상을 미국으로 옮겨 다들 한마디씩 한다. 그러나 그 평가의 저류엔, '말로는 반미(反美)하지만, 속으론 제일 가보고 싶은 나라로 이 나라를 여기는 느낌이 짙게 깔려 있다. 오만한 일방주의 외교와 대국답지 않게 실익만 챙기는 이 나라의 통상경제에 평소 비판적인 필자도 연구년 생활을 두 번이나 미국에서 했으니 할 말은 없다. 그러나 차제에 미국이란 나라에 대한 필자의 오랜 생각을 한번은 정리해보고 싶다.

14년 전 처음 미국에서 연구년을 보낼 때는 미국을 선진국의 전형으로만 보았다. 모든 시스템이 완벽하고 개인적으로 접한 미국 시민들도 가진 자의 여유에서 나오는 품격을 완벽하게 갖추고 있는 것으로 보였다. 그러나 2010년에 두 번째로 연구년을 가서는 다소 객관적인 눈으로 이 사회의 명암을 골고루 보려고 노력해서인지 미국사회의 허점도 적지 않게 보였다. 특히 미국인들의 일처리 능력이 많이 모자라서인지 한 번에 되는 일이 거의 없어, 이 사회를 다시 보게 되었다. 애써 많은 돈을 내고 자동차보험을 들었는데, 보험사 에이전트의 서류작업 실수로 짧긴 하지만 무보험 상태에서 차를 운행할 뻔 했다. 그리고 아이가 다니는 학교의 행정도 체계적이지 못해, 몇 번씩 사적으로 부탁하고 확인해도 일이 잘 진척되지 않곤 했다. 미국에서 리더십 이론과 체계이론이 발달한 이유가 이래서인지 모르겠다는 생각도 잠시 해보았다. 극소수의 똑똑한 사람들이 주도가 되어 다소 무능한 평인들을 잘 이끌고 나가지 않으면 안 되거나, 아니면 몇몇 천재들이 여러 가지 변수를 감안해 시스템을 만들어놓고, 나머지 평범한 사람들은 그 시스템의 매뉴얼대로 움직이게 사회를 운영하는 것 같았다.

최근 미국사회의 또 하나의 큰 문제점으로 지적할 수 있는 것이 에너지 낭비이다. 아무도 없는데 훤히 불 켜진 학교 체육관, 천정부지로 쌓여 있는 백화점과 마트의 진열상품들, 4 사람이 앉아도 되는 도서관 책상을 개인의 자유보장이란 구실로 혼자 버젓이 차지하고 앉아 인터넷 서핑만 하는 대학생들 모습을 보면, 이 나라가 지구를 마구 갉아 먹는 괴물 같다는 생각이 든다. 에너지 고갈이 걱정되어 남의 나라를 침공하면서 얻은 부를 이렇게 낭비해도 되는 것인가? 더욱 가관인 것은 교육재정 부족을 이유로 "선생님을 해고한다, 수업일수를 줄인다" 하며 교육현장을 스스로 위협하는 꼴이다. 그러면서 특별소득세를 부과해 교육재정을 보충해야 한다고 주장하며 이를 주민투표에 붙이고 난리를 친다. 주변의 낭비요소만 조금 줄이고 에너지를 더 절약하면 해결될 문제를 다시 세금인상으로 풀려 하고, 또 그것이 자신의 납세 자유를 억압한다고 다른 한쪽에선 강한 입씨름을 시작한다.

물론 상기한 어두운 면을 상쇄하고도 남는 이 나라의 특장이 분명히 있다. 도서관 시스템과 공원관리정책, 자원봉사문화 등이다. 이곳의 도서관은 명실공한 공공재이다. 이용자가 마음만 먹으면 얼마든지 책, CD, DVD를 무료로 빌려 자신의 영혼을 살찌울 수 있다. 그런 지식 인프라가 스티브 잡스, 스티븐 스필버그 등 숱한 창조계급을 만들어 낸 것도 사실이다. 공원도 참 부럽다. 땅덩어리가 넓어 공원 면적을 많이 확보할 수 있는지는 모르지만, 인간-자연의 공존을 전제로 공원을 신중히 조성하고 소중히 관리하는 듯하다. 그리고 도서관과 공원의 운영엔 시민들이 자발적으로 많이 참여한다. 잡무와 박봉에 찌든 시립도서관 사서 등 우리나라의 일선공무원들에게서 흔히 볼 수 있는 무표정한 얼굴이 아니라, 자신의 시간과 몸을 남을 위해 배려한다는 생각에서 환하게 웃으며 봉사하는 시민들의 얼굴에서 미국사회의 장점과 저력을 다시금 확인하게 된다.

아무리 부정해도 국가발전엔 단계가 있음을 감안할 때, 미국의 이런 밝은 면들은 발전의 진면목을 꿈꾸는 우리 사회의 벤치마킹 포인트가 되어야 할 것이다. 물론 최근 도마 위에 자주 오르는 미국의 오만방자한 일방주의 대외정책과 실익만 챙기는 통상경제정책은, 제3세계의 많은 나라 사람들이 일본 다음의 아류(亞流) 제국주의로 경계하고 나올지도 모르는 우리의 나라밖 외교와 통상정책을 성찰해 보는 반면교사의 계기가 되어야 할 것이다.

2) 경제대국이지만 생활빈국인 일본

일본은 경제대국이지만 생활빈국이라는 평을 곧잘 받는다.[140] 살인적인 집값과 물가로 인해 1억 중산층 신화가 붕괴되고 있다. 특히 장기 경기침체로 인해, 회사인간이었던 중년세대들의 사회적 안전판 상실위기가 크다. '일이 곧 인간'이라 여기며 평생을 살아온 회사인간들에게 불어닥친 구조조정 바람과 회사의 도산은 엄청난 스트레스를 유발했고 급기야 그들의 자살을 불러왔다. 직장 스트레스로 인해 회사원들이 토요일에 입원해 월요일 아침에 직장으로 출근하는 정신과 병원이 인기였고, 경제난과 생활고로 자살이 급증해 자살자 수가 한때 연 3만 명에 이르기도 했다. 산재신청 건수, 정신질환자 급증 등 '죽고 싶다' 증후군은 파친코 중독으로 연결되기도 했다.

고령화로 인해 소득이 감소하고 경영부진으로 인해 대학을 졸업했지만 뚜렷한 직장 없이 아르바이트로 생계를 이어가는 프리터(freeter)족 등 비정규직이 양산되고 있다. 니트(neet) 족은 교육과 기술 습득은 물론 구직활동도 아예 하지 않는 사람을 말하는데, [일본국민백서]에 따르면 2020년엔 120만 명으로 늘어날 것으로 추산된다. 이처럼 사회 양극화가 재생산되며 불완전 고용과 저임금의 덫에 걸려 사회안전이 위협받기도 한다. 일본의 도시 거리는 아름답고 청결하긴 하지만 '만들어진 녹색'이란 비판도 적지 않다. 도시미학적 관점에서 도쿄를 분석한 김문환은 "청결하고 아름다우면 그만이라는 허위의식 아래 제초제가 남용되고 조화(造花) 행렬이 끝을 모른다" 라고 지적한다.

[일본이 선진국이란 거짓말]의 저자 스키타 사토시는 질 낮은 공교육의 문제점도 지적한다. 일본은 UN 아동인권위원회로부터 2번이나 수험지옥형 교육환경을 개선하라고 권고 받았고, UN 인권소위원회로부터도 사교육비와 높은 대학등록금으로 인해 국제인권규약을 준수하라는 권고를 받기도 했다. 종래의 입시지옥 체제에서 벗어나고 창의성 교육을 증진하기 위해 한때 수업시간과 교과목을 축소한 유토리 교육을 실시했지만, 이후 실시된 OECD의 학업능력평가에서 종래 1위이던 수학이 10위, 2위이던 과학이 6위로 전락하는 등 공교육의 질이 크게 떨어지면서 유토리 교육은 물 건너갔다.

그러자 '경제대국에서 보통국가로 전락하는가?'라는 의문 하에, 한때 우아한 쇠퇴론, 하산(下山)론이 등장했다. 즉 채권국이고 경제사회적 인프라를 갖춘 성숙국가이니 더 이상 성장이 필요 없어 이제 안전하게 내리막길을 걷자는 것이다. 그러나 하산론이 성장을 포기하면 재정유지가 어려워져 인프라가 붕괴되는 현실을 망각한 노년세대의 배부른 소리라는 젊은 층의 비판이 거셌다. 청년들의 위기의식은 초식남(草食男) 등 젊은이들의 미니멈 라이프로 이어졌다. 이처럼 '재생이냐 쇠망이냐'가 최근 일본사회의 화두이다.

고이즈미 전 수상은 이에 대해 이른바 고이즈미 개혁을 내세워, 사법개혁, 도로공사 민영화, 연금개혁, 국립대의 특수법인화, 기초자치단체의 대대적 합병, 공직사회에 실적주의 도입, 기업구조조정, 노동유연성 확보, 스피드 경영 등등 일본 대수술을 단행했다.

최근 일본은 국민 삶의 질 제고를 통한 생활대국도 지향한다. 회사형 인간이었던 단카이 세대는 제2차 세계대전 직후인 1945-47년 동안 출생한 첫 베이비붐 세대로서 최근 구조조정의 단골대상이었다. 그러나 이들은 구조조정 한파 이후 '회사가 전부가 아니다'라는 인식 하에 다양한 삶의 형태를 즐기기 시작했다. 이에 따라 일본 노총인 렌고(聯合)도 고용과 사회복지를 강조하며 춘투보다 춘토(春討)에 에너지를 쏟는다. 2002년에는 [사회보장 비전 보고서]가 발표되었는데, 국민 개개인의 성장기엔 아동복지를, 결혼·출산기엔 의료, 육아지원 등 복지·고용보험을, 퇴직 후엔 연금을 받는 등 생애주기형 안전망의 단초를 마련하자는 것이다. 후지와라 마사히코는 그의 책 [국가의 품격]에서 일본이 미국의 식민지가 아닌 독립국가가 되기 위해선, 식량 자급률을 높이고 천재를 배출하기 위한 문화적 토양을 갖추어야 한다고 역설한다.

그러나 개혁의 후유증과 그늘은 여전히 만만치 않다. 일본의 정평한 평론가인 도쿄대 윤리학과 구로즈미(黑住眞) 교수는 2007년 5월

17자 중앙일보와의 인터뷰에서 다음과 같은 점들을 지적하며 일본사회의 미래를 걱정하고 있다. 즉 그는 일본 최초의 퀘이커 교도이며 이상주의자였던 니토베 이나조 계열보다는 탈아론(脫亞論)자이자 친미, 친유럽적인 후쿠자와 유키치 계열이 아직도 일본사회를 장악하고 있는 점, 또 과거의 자민당엔 사회의 중간집단을 의식하는 분배론자들이 많았지만, 지금은 사회 소수의 급성장이 다수를 먹여 살릴 수 있다는 신념이 과도할 정도로 팽배해 있는 점, 대학생들의 취업은 활황을 보이지만 중간층 상인들의 실제 경기체감지수가 낮은 점, 농촌 붕괴와 살인범죄율 증가 등 중산층의 윤리해체 현상, 특히 경제성장을 빌미로 한 국제감각 상실, 예컨대 평화헌법 폐지, 국수주의적 국가지상주의로의 회귀를 우려한다. 특히 그는 대다수의 젊은이가 글로벌한 의식을 가져야 하는데 취직이 잘 된다는 이유로 현재의 생활 데이터만 갖고 산다면 일본엔 희망이 없다고 말한다. 그는 공공정신에서 뒷글자인 공(共), 즉 더불어 살아야 한다는 정신이 일본에서 사라지고 있음을 걱정하고 있는 것이다.

경제도 문제이다. 고이즈미 전 수상이 개혁의 칼을 휘둘렀지만, 이후 아베, 후쿠다, 아소 정권에서 개혁은 후퇴하다가 미국발 금융위기의 소용돌이에 다시 휘말리고 말았다. 이에는 과거의 성공모델을 고집하며 새로운 전략을 구상하고 신속한 결단을 내리지 못한 의사결정구조가 다시금 문제로 지적된다. 특히 자국의 내수시장이 크다고 보고 국제경쟁을 게을리한 점, 첨단기술 분야의 선진국 내 최고급 시장만 겨냥해 신흥국 시장공략에 약점을 드러낸 점에서도, 수출시장 다변화를 통해 글로벌 위기국면에서 타격을 덜 입은 독일과는 극명하게 대조된다. 2011년 동일본 대지진의 치유과정에서 드러나듯이 피해복구 예산의 집행이 지연되는 등 정책 스피드가 떨어지고 있고, 자주 수상이 바뀌는 정변(政變) 중독증도 최근의 정치개혁 의지를 무색하게 한다.

비록 일본이 쇠망의 길을 가기 시작했지만, 일본의 첨단기술 등 제조업 기술력은 아직도 세계 최고이다. 또 근면, 성실, 친절한 시민의식과 하층민의 저력도 여전히 국가발전에서 중요한 요소임을 보여주는 나라이기도 하다. 특히 시구립 미술관, 도서관 등 지역 내 생활문화시설이 적지 않고 그곳에 향토작가의 작품을 소장하는 등 지역생활문화도 정착된 나라이다. 주민건강, 복지, 교육, 생활협동조합 등 이용자 위주의 참여형 생활복지와, 이들 지역조직에서의 자원봉사 활성화, 환경국가로의 진일보한 자세는, 우리가 발전하기 위해 필히 참고해야 할 이 나라의 강점이기도 하다. 지금 일본은 하층민을 주축으로 한 사회저력을 활용해 국내적으로는 생활빈국으로서의 오명을 씻고 국제사회에서의 공헌이라는 2가지 명제를 개혁의 핵심과제로 삼아야 할 시점 앞에 놓여 있다.

3) 균형발전의 진면목을 보여주는 나라 노르웨이

미국과 일본이 우리에게 균형발전의 반면교사로 작용한다면, 노르웨이는 균형발전의 정면교사로서의 교훈적 함의를 준다. 우리에게는 다소 생소한 나라인 노르웨이를 새삼스럽게 벤치마킹 대상으로 강조하는 이유는 무엇인가? 이 나라는 경제, 군사적으론 강하지 않지만, 항상 세계 1, 2위를 다투는 시민 삶의 질과 국제사회에서의 협력자적 역할 등 격조 높은 나라로서의 모습을 슬기롭게 보여 주고 있기 때문이다. 이 나라 발전의 진면목을 가볍게 스케치해 보자.

노르웨이는 인구 480만 명의 입헌 군주국이다. 북해유전 개발 등 석유와 천연가스 산업이 발달했을 뿐 아니라, 쇄빙선 등 세계최고의 해

운업과 상선업의 운영, 펄프 제지공업, 가구공업과 컴퓨터, IT, 디자인 등등 H/W 산업과 S/W 산업이 골고루 발달한 나라로서, 천연자원과 슬기로운 정책유산을 경제발전에 적절히 응용하는 전략을 택해 왔다.

노르웨이는 국토 전체가 명승지여서 관광강국이기도 하다. 빙하의 침식으로 1천km 넘게 형성된 피오르트 해안에 연간 수백만 명의 관광객이 몰려든다. 세계적 어장인 로포텐 제도를 비롯해 웬만한 인근 연안에 그물을 치면 그대로 바다양식이 가능할만큼 청정해역을 자랑한다. 1970년대에 발견된 북해 해저유전에 힘입어 세계 5대 석유수출국이기도 하다. 북해유전 개발 덕에 돈방석에 앉았지만, 돈을 흥청망청 쓰지 않고 유전개발 이익금을 후손을 위해 착실하게 기금으로 적립하는 나라이다.

남한의 4배 크기인 국토에 인구는 480만 명밖에 안되어 치열한 생존경쟁도 필요 없다. 넉넉한 생활환경에서 형성된 느긋한 시민성이 안정된 국가경영으로 연결된다. 이 나라는 EU에 가입하지 않아 국제사회에서 고립되기 쉬운데도 글로벌 세계금융 위기 하에서 안정 속 성장을 견인했다. 즉 달러, 유로, 엔화가 모두 흔들리는 와중에도 노르웨이 화폐인 크로네는 안정세를 보였는데, 오일 달러를 대부분 해외 국부펀드에 투자하는 등 미래를 위해 저축했기 때문이다. 그래서 뉴욕 타임스는 이 나라에 '경제교과서'라는 긍정적 평가를 내리기도 했다.[141]

노르웨이는 선진사회답게 포괄적인 사회보장제도와 의무적 보건관리제도를 갖추고 있다. 국가의 이런 제도적 배려 때문일까? 노르웨이 사람들의 사회의식 수준은 매우 높다. 일례로 이들은 바쁜 출근시간에 열차를 놓치는 한이 있더라도 기차역의 자동 매표기에 꼭 티켓을 찍는다. 우리는 이런 점에서 공익에 해를 끼치면 절대 안 된다는 이들의 시민사회적 윤리를 읽을 수 있다. 버스 운전기사의 월급이 대학교수나 공무원과 비슷하거나 더 많기도 한 점에서 노동의 가치를 인정하는 분위기도 감지된다. 이는 만인의 평등을 내세우는 사회민주주의의 튼튼한 심성적 바탕에서 비롯된 것으로 보인다. 이 나라는 자동차보다 자전거가 훨씬 많은 친환경 사회이기도 하다.[142]

노르웨이의 사회보장제도는 세계 최고수준이다. 유엔 인간개발지수, 양성평등지수, 행복지수 등 국민 삶의 질 척도에서도 수위를 기록한다. 일례로 노르웨이는 인간개발지수 조사에서 1975년 이래 계속해서 상위권 4위 안에 꾸준히 들고 있고, 1995년 이래로는 계속 1위를 고수할 정도로 세계에서 가장 살기 좋은 나라로 손꼽힌다. 물론 살기 좋은 만큼 생활비도 많이 든다. 그러나 월급 수준이 높아 구매력 등가(等價) 차원에서 1인당 국민소득(GDP)은 36,600 달러나 된다. 따라서 2004년 머서 컨설팅 그룹이 정치,사회적 환경, 경제, 건강, 교육, 공공서비스, 교통, 휴양, 주거, 소비재, 자연환경 등 39개 요인을 평가한 삶의 질 조사에서, 수도 오슬로는 생활비 측면에서 불과 15위에 머물고 있다.

흔히 복지국가가 그렇듯이 노르웨이도 사람들의 근심걱정은 없지만 그만큼 따분한 나날이 기다리는 심심한 나라로 보인다. 그러나 시민들이 옷 등 겉치레에 무심하며 청소, 집수리, 식사를 집에서 다 해결할 만큼 검소한 생활을 한다. 그래서 다소 따분하고 건조한 삶을 살면서도 불안, 근심, 걱정이 없어 스스로 일상에 만족하며 소소한 행복을 구가하는 나라이다.

북유럽 국가들은 인구가 작아서 복지가 발달했다고 생각하기 쉽지만, 이 나라의 복지기반은 복지수혜자의 적은 수가 아니라 보편복지와 보편증세의 강한 정치적 의지와 시민의 자발적 부담의지이다. 부자기업에 대한 세율이 높고, 부자는 물론 중산층도 사회연대세 성격의 세금을 흔쾌히 낸다. 시민의 삶에 곤궁한 점이 발생하면 개개인에게 큰 부담이 되지 않도록 사회적 약자에 대한 제도화된 도움장치를 국가가 먼저 찾아내는 점에서 정부에 대한 시민의 기본적 신뢰가 있어, 복지국가 운영에 드는 경비를 조성하는 데 시민들이 흔쾌한 마음을 갖는 나라이다. 오래 노르웨이를 체험한 한 한국인이 말하듯, "시냇물을 나그네에게 나눠 준다고 해서 없어지지 않고, 촛불 불씨를 이웃에게 나누어 준다고 해서 불빛이 덜한 것이 아니다"라는 사회민주주의 사상이 일상에서 잘 실천되는 나라가 노르웨이이다.[143]

노르웨이의 국가적 장점은 높은 국제 공헌도에서 가장 잘 드러난다. 오슬로 국립대학에서 한국학을 강의하는 박노자는 이 나라 국민은 "오늘은 돈을 한 푼도 안 썼다"라며 직장 동료에게 자랑할 만큼 체질화된 구두쇠식 소비패턴을 갖고 있지만, 이런 자린고비들이 국제원조에는 가장 적극적이어서 연간 국내총생산의 1%를 노르웨이 개발기구를 통해 최빈국의 기아구제와 개발을 위해 흔쾌히 기부하는 점을 높이 평가한다. 이 나라에선 기부금을 걷는 사람의 목소리가 당당하고, 시민이면 누구나 다 1년에 몇 번씩 동구권이나 아프리카에 기부한다. 국제사면기구의 본고장인 영국의 회원수가 전체인구의 0.25%에 불과한데 비해, 노르웨이는 인구의 1%가 인권단체에 가입한 유일한 나라이기도 하다. 1년 동안 각종 시민단체에 약 7천만 달러의 기부금이 쇄도한다. 개발대상국의 개발원조 효과를 높이기 위해 현지에서의 생산이 가능하도록 기술이전과 교육시설 건설을 강조하는 따뜻한 배려도 잊지 않는다.

최근 이민증가와 사회의 이슬람화에 불만을 가진 노르웨이의 한 극단적 우익주의자가 청소년 캠프현장에서 테러를 저질러 전세계에 공포감을 준 적이 있다. 그러나 충격적 참사 이후 희생자를 기리는 추모연설에서 "테러에 대한 우리의 대응은 더 많은 민주주의, 더 많은 개방성, 더 많은 인간애입니다. 단순한 대응은 절대 답이 아닙니다"라는 스톨텐베르크 노르웨이 총리의 감동적 연설은 더 많은 민주주의와 더 많은 인간애만이 테러를 막는 궁극의 해법임을 시사해 준다.

물론 노르웨이는 우리나라와는 역사, 문화, 정치적 전통에서 매우 상이한 나라이다. 그렇지만 분배와 평등의 사회정신 등 배울 점도 많다. 이 나라 시민의 사회의식 수준이나 정부의 분배정책, 환경정책 그리고 국제사회에서의 협력자적 역할은, 삶의 질과 나라로서의 격조라는 균형발전 기준에서 성찰해야 할 점이 많은 우리나라에 시사하는 바가 매우 크다.

4) 작지만 다부진 나라 스위스의 틈새 세계경영전략과 민주적, 생태적 탁월성

스위스는 열악한 자연환경을 딛고 일어서 직접민주주의와 국민경제의 생태적 전환을 이루어내 발전의 진면목 찾기에서 모델로 자주 언급되는 다부진 나라이다. 이런 점에서 최근 스위스의 발전론적 함의를 다룬 책들이 연이어 출간되었는데,[144] 이 책들을 중심으로 스위스의 실용적 발전전략과 그 이념기반인 이 나라 고유의 사회가치 체계를 음미해 보자.

스위스는 애당초 자원과 에너지가 없고 국토의 70%가 산이다. 그래서 "이 나라에 있는 것은 사람밖에 없다"라는 얘기가 교과서의 첫머리를 장식했다고 한다. 겨울이 6개월이나 되는 관계로 자연히 농업 발전이 더뎌서, 한때 유럽에서 가난 = 스위스라는 등식이 성립되기도 했다. 그래서 남자들이 용병으로 나섰는데, 가난한 식구에게 봉급을 보내야 했던 스위스 용병들은 프랑스 혁명 당시 루이 16세 옆에서 끝까지 자리를 지킨 용맹성을 과시하기도 했다. 전쟁포로 대우협정인 제네바 협정은 스위스의 이런 특수한 상황에서 연원한 것이다.

스위스는 1950년대까지 독일과 프랑스의 위성경제로 취급되었듯이, 이 나라가 잘 살게 된 것은 최근 30-40년 남짓에 불과하다고 한다. 스위스는 독일, 프랑스, 이태리 등 강대국의 틈새에 끼어 있어 고슴도치 같은 생존전략으로 살아남았다. 금융업과 관광업이 국부의 축을 이루고 있는 것으로 알려져 있지만, 실제로는 중소기업 클러스터로 구성된 산업체계가 국부의 중추적 기반이다. 시계 1위, 인쇄기계 2위, 직기(織機) 4위, 식품가공 및 포장기계 4위, 공작기계 5위, 정밀계측기기 5위, 정밀공구 6위, 터빈 7위, 주물기계 8위 및 유압, 공기 압축기 9위 등 적지 않은 정밀기계 분야에서 틈새 세계경영전략을 확고히 구축하고 있다.

이에는 이 나라가 소수정예의 숙련 노동력을 효율적으로 활용하고 최소의 수입 원자재를 투입해 최대의 부가가치를 창출하는 남다른 생산, 판매 시스템을 일찍부터 개발해 온 것이 주효했다. 독일, 프랑스 등 강대국과의 무모한 경쟁을 피하기 위해 일찍부터 차별화된 품목을 개발해 전문영역을 확보해 온 것이다. 예컨대 스위스 제품의 80% 이상이 경쟁국과 차별화된 틈새품목이다. 이 나라는 지속적 상품개발과 혁신, 생산 공정의 효율화, 고객과의 밀착관계 유지를 통해 세계시장에 품질 스위스(Swiss Quality)의 이미지를 구축했다. 예컨대 시계의 품질과 명성을 유지하고자 완제품 조립공정과 테스트 공정을 반드시 국내에서 거치도록 하고 부품의 최소 50% 이상을 스위스 산으로 쓴다. 그래서 여기서 성공한 상품만 전 유럽시장으로 나간다.

스위스는 유럽의 테스트 마켓인 것이다.

스위스의 정밀기계 공업이 세계적으로 막강하고 무역과 유통업에서 두각을 나타낸 것은 대학의 인재 배출력에 힘입었다. 19세기 초엽부터 주(州) 정부들의 주도로 대학교육 투자에 진력했고, 연방정부는 국가균형발전 차원에서 연방공과대학을 설립했다. 그런데 모든 대학이 모두 일류대이기에 대학 간에 서열이 없다. 스위스 인들은 과외 같은 것은 게임규칙을 위반하는 불공정 행위로 보므로 내입입시를 위한 과외는 없다. 이 나라는 20-27%의 대학 진학률을 보여, 한국의 82%, 미국의 70%, 일본의 53%와 극히 대조된다. 그러나 대학 진학률이 높지 않아도 경쟁력이 높은 것이 스위스 패러독스이다. 이는 대학의 진입문을 높이는 대신, 고졸자가 진출할 수 있는 경제영역을 확대해 대졸자와의 임금격차를 축소시켰기 때문에 가능했다.

이 나라는 지형상 농업이 순탄하지 않지만, 그렇다고 알프스 관광 때문에 먹고살지도 않는다. 관광수입은 유럽의 평균 관광소득보다 더 높지 않다고 한다. 익히 알듯이 스위스 은행의 비밀계좌는 대외적으로 좋지 않은 이미지 때문에 정책으로 폐지된 지 오래이다. 스위스는 최근 관광산업이 국민경제에 큰 도움이 안 된다고 판단해, 알프스 지역의 생태복원을 인접국과 국가 간 협의방식으로 추진해, 건설 산업을 복원기술 쪽으로 전환하기도 했다. 특히 농업을 살리고 농업-식품안전의 결합을 통해 국민경제의 생태적 전환을 도모한다. 즉 식품 중심의 농업 재발견을 통해, 저렴한 가격으로 안전한 식품과 재료 구입을 도모한다. 농업을 먹을거리 안전, 국토 보전, 경관유지의 핵심으로 여겨, 농민들은 많은 정부 보조금을 받는다. 예컨대 스위스에선 일정시간 동안 소나 말을 방목하면 보조금을 받는다. 생태 친화적 축사를 지어도 보조금을 받고, 가파른 경사지에 축대를 세워 포도밭을 일구면 단지(terraced) 보조금을 받는다. 경관을 아름답게 하는 유채꽃을 심어도 돈을 준다. 휴경(休耕) 보조금도 주는데, 농업은 농산물 생산 외에도 다른 가치를 창출한다고 보는 것이다. 예컨대 농업은 목가(牧歌)적 장면을 연출해 관광에도 일조한다는 것이다. 그래서 세입자들에게 돈을 줘 창가에 꽃을 장식하게 하기도 한다. 매년 9월 마지막 주 토요일엔 목동이 소를 몰고 알프스를 내려오는 하산행렬 전통을 관광 상품화하기도 한다.

스위스는 노동에 대한 새로운 가치관을 정립해, 정규직 체제 하에서도 1주일에 이틀만 일하는 사람도 적지 않다. 지식경제의 탈(脫)포드주의 시대엔 다른 생각과 다른 발상을 하는 것이 경쟁과 혁신의 중심축이 될 수 있다는 것이다. 이런 노동의 유연성은 고용과 해고의 유연성이 아닌 노동과정(근로시간)의 유연성으로서, 자기계발 시간이 많아야 지식과 문화적 혁신이 가능하다는 전제 하에서 이루어진다. 그래서 대학 진학률은 우리나라의 1/4이지만 생산성은 훨씬 높다. 고등학교만 나와도 지식경제 체제에 투입되어 자기 혁신을 도모할 수 있기 때문이다. 스위스는 이처럼 경성에너지와 자원투입은 줄이고 소프트 파워인 지식과 문화의 투입은 늘리는 국민경제로 전환하고 있다. 지식-문화형 국민경제로의 전환 등 방향전환의 규모가 클수록 장기적 안정성도 높다.

스위스의 저력은 국민발의 등 자치(canton)에 기반을 둔 분산형 구조에서 나온다. 특히 직접민주주의를 신봉하는 민주국가답게 투표를 통해 시민 삶의 질과 사회경제적 약자를 배려하려는 정치적 분위기가 강하다. 예컨대 몇 년 전 제네바 시민들이 대형마켓 영업시간 1시간 연장에 반대투표를 했는데, 이런 표결 결과엔 시민들이 노동자의 휴식권도 중요하다고 본 것이 작용했다. 동네 가게는 일주일 중 화~

일요일 동안 개점하고 월요일엔 휴업하는 대신, 할인점은 월~토요일 동안 개점하고 일요일엔 휴점을 하는 등 대형 할인점과 동네가게의 개장시간 차별화도 소상인 배려 차원에서 이루어진다. 폭이 70km를 넘는 레만 호수에 다리를 건설하자는 투표도 부결되었는데, 물론 다리를 놓으면 차량소통은 원활해지지만 다리건설로 인한 대기오염이 싦의 질을 저하시킬 것을 주민들이 우려했기 때문이다. 민간기업의 건축에도 주민의사를 반영한다. 세계석 인더넷기업이 들어오면 대형서버로 인해 전력수요가 급증하고 주민이 불편해질 것을 우려해, 그 기업의 진입을 막기도 했다. 청년들이 놀이공간을 놓고 데모를 하자 취리히 경찰은 페이스 북을 통해 완벽한 밤 문화를 제안하는 등 신선한 대응을 했다. 즉 청년들을 화나게 한 요소가 무엇이냐는 의견을 접수하고 이를 적극 청취해 적절한 장소제공을 약속하기도 했다.

스위스는 각 가정에서 침대 시트를 며칠 만에 새로 바꾸는지를 경찰이 파악할 정도로 사생활이 침해되어 경찰국가가 아니냐는 불평이 나올 정도로 사회가 투명하다. 실제로 1980년대 초엔 한 달에 한 번 시트를 교체하지 않아 국적 취득이 거부된 외국인도 있었다고 한다. 그러나 경쟁의 틀이 공정하고 투명한 나라일수록 사회는 부유해진다. 부의 확대 재생산 원천인 지식과 기술 축적도 높아진다.

EU는 무척 농업을 보호하지만 스위스는 그 보호수준이 부족하다며 EU 가입을 안했는데, 국익을 철저히 따져 그것에 어긋나면 경제통합을 하지 않았던 것이다. 알프스 요새를 지키는 것은 군인이 아닌 농민이라는 정체성을 지키기 위해 EU에 가입하지 않았다. 국가의 뿌리는 산촌 농민인데 이들이 사라져 정체성이 흔들릴까봐 섣불리 개방하지 않고 불이익을 감수한 것이다. 비록 이 나라는 EU엔 가입하진 않았지만 다른 종류의 무역협정 체결에 따라 인접 유럽국들과는 관계를 많이 맺고 있다. 그러나 이 나라에서의 외국인 부동산 투자는 쉽지 않다. 영국은 부동산을 개방해 런던 시의 고가주택 중 절반이 외국인 소유이지만, 제네바에선 10년을 일해도 집 사기가 곤란하다. 기업지배구조도 대단해 대기업 없이 겉으로는 독립된 회사로 보이지만, 실은 거미줄처럼 복잡한 순환출자 관계로 엮여 있어, 독일, 프랑스 등 인근 강대국이 쉽게 인수하지 못하도록 방법을 강구하고 있다.145) 결국 자국의 농민과 산업 보호장치를 굳건히 해, 철학 없는 민영화로 국부를 유출해 국가 신인도가 급락한 아르헨티나 등 남미국가들과는 극명하게 대조를 보인다.146)

상기한 4 나라의 발전경험을 교훈삼아 아래에선 시민 삶의 질적 제고와 직결되는 대표적인 사람을 위한 정책들, 즉 배분적 정의, 복지, 생태, 문화, 안전문제를 자세히 짚어보자. 특히 노르웨이와 스위스처럼 현실에 대한 면밀한 검토 위에서 생활의 질 증진을 위한 사회적 합의틀을 만들어내고 그것을 복지정책에 제도화시키는 정책지혜를 배울 필요가 있겠다.

2. 공정사회 구현을 위한 배분적 정의원칙 확대와 보편적 복지의 제도화

1) 공정사회와 보편적 복지 구현을 위한 정의원칙의 확대

자본주의 시장에서 사회경제적 약자는 경제제도나 사회구조의 모순과 차별, 기회 불균등 때문에 직업을 얻지 못하거나 분배구조의 사각지대에 놓이기 쉽다. 이런 잘못된 구조에 기인한 빈곤과 차별의 제도화는 사회적 배제를 낳고, 여기서 불공정과 부정의(不正義)를 치유하기 위한 공정사회 담론이 대두한다. 공정한 식량배분과 주거안정, 교육기회의 균등 없이는 최고의 형식적 자유도 큰 의미를 갖지 못한다. 따라서 배분적 정의 원칙이 국가의 복지제도로 실현되지 않고는 진정한 민주주의가 불가능하며, 실제로 정의는 공정사회와 복지국가 실현의 가장 중요한 기준으로 작용해 왔다.

사회보험, 공공부조, 사회수당, 사회서비스 등 4개의 제도가 혼합되어 특정 국가의 복지체계를 구성하는데, 보편적 복지가 정착될수록 복지제도의 포괄성과 보장성이 커져 사회 내 불공정 문제와 사회적 배제를 극복할 가능성이 커진다.[147] 보편적 복지는 인간노동의 탈상품화와 탈 계층화를 지향하므로, 전 국민을 정책대상으로 하는 포괄성과 복지급여가 충분한 수준이어야 한다는 보장성을 그 원칙으로 한다. 따라서 보편적 복지의 실현은 공정사회를 구현하는 좋은 방책으로 작용할 수 있다.

그렇다면 보편적 복지의 이념기반은 어떤 배분적 정의원칙들로 구성되어야 하는가? 아래에선 사회민주주의 시각에서 공정사회 원리를 탐색하며 사민주의의 대표적 가치인 정의, 연대(solidarity) 가치를 중심으로 필요기반 정의와 조세정의를 주창해 기존의 성과기반 정의와 기회균등 원칙에 부가시킴으로써, 가장 폭넓게 정의 원칙을 제시한 페트링 외(Petring et al.)의 견해를 따라 정의 원칙을 다음의 4 개념으로 확대 재구성한 뒤,[148] 각각의 정의원칙에 필히 이념적 기반을 둬야 할 주요 복지제도들을 찾아보고자 한다.

첫째로 성과기반 정의인데, 공정사회라고 해서 이를 무시할 수는 없다. 자본주의 사회에서의 불평등을 정당화하기 위한 기여 원칙이기 때문이다. 일정한 기여를 해야만 그 수급권을 인정받는 점에서, 적립식 소득비례연금, 실업보험 등 사회보험이 성과기반 정의의 가장 확실한 적용대상이다. 적립식 연금보험은 재직 중 납입한 보험료에 의해 급여액이 결정되며, 실업급여는 최종직장의 평균임금에 의해 결정되기 때문이다. 의료체계는 제한적으로 적용되는데, 민간 의료보험은 보험료 액수에 따라 의료혜택의 범주가 결정되므로 성과기반 정의가 간접적으로 관철된다.

둘째는 기회평등으로서, 만인에게 균등한 기회를 보장하는 것은 국가의 핵심역할이다. 특히 개인의 의지와 무관한 천부적이 능력의 차이가 불평등의 원인이라면 이런 불평등을 시정하기 위한 국가개입은 불가피하고, 이를 위해 공정한 출발조건을 마련하는 데 복지의 초점을 맞춘다면 그 핵심은 교육정책이다. 공공보육시설에서부터 대학교육보조금 지급, 장기적 일자리 창출을 위한 직업 재훈련과 평생교육도 기회평등을 위해 중요하다.[149] 질적으로 높은 수준의 다양한 복지가 만인에게 똑같이 제공된다면 항구적으로 국가지원에 의존하는 상황에 내몰릴 사람들의 수를 줄일 수 있다. 이런 점에서 양로와 육아 등 돌봄 서비스, 주거, 보건의료 등 보편적 사회서비스도 기회평등을 위한 주요 복지제도로 볼 수 있다.[150]

셋째는 필요기반 정의인데, 이는 삶의 존엄성 이념에 입각해 인간의 보편적 기본욕구 충족을 보장하는 것이다. 국가는 결핍된 자에게 기본재를 제공할 의무가 있다. 더 많은 필요(need)를 느끼는 사람에게 더 많은 배분 몫을 줘야 비로소 공정해지기 때문이다. 사회안전망은 실업, 빈곤, 재해, 노령, 질병 등 사회위험들로부터 모든 시민을 보호하는 제도적 장치인데, 공공부조가 이런 필요기반 정의원칙에 가장 잘 부합된다. 모든 이가 같은 조건에서 공정한 경쟁을 하기 위해선 일정수준 이상의 기초소득도 보장되어야 한다. 따라서 근로능력이 없는 노인과 아동, 장애인을 위한 각종 사회수당도 필요기반 정의에 의거해 제공되어야 한다. 기초연금도 필요기반 정의에 부합된다.

넷째는 조세정의로서, 기초욕구 보장과 기회의 평등을 꽃피우기 위해선 복지재원 조달도 공정하게 분담하는 방법이 필요하다. 적정 수준의 높은 과세와 적절한 누진세율은 경제를 왜곡시키지 않고 공평한 것이기에 공익을 위해 필요하다. 복지 서비스에 대한 수수료 성격이 강한 수지상응 원칙도 보편주의 증세뿐 아니라 누진과세의 정당화 근거로도 제시할 수 있다. 즉 자산과 소득을 많이 보유한 자는 저소득층에 비해 법질서와 재산권 보호로부터 더 많은 이득을 얻기 때문에 복지재원 조달에 더 많이 기여하도록 요구하는 것은 정당하다.

<표1> 정의 원칙의 확대 재구성과 그것을 이념적 기반으로 삼아야 할 복지제도들

정의원칙	관련 복지제도
성과기반 정의	적립식 연금, 고용보험, 일부 의료보험
기회평등	교육, 의료, 주거, 보육 등 사회서비스
필요기반 정의	공공부조, 경로, 아동, 장애 등 사회수당, 기초연금
조세정의	보편복지의 재원마련을 위한 누진과세와 보편주의 증세

2) 보편적 복지의 제도화 수준

한국에서 공정사회를 구현하기 위한 정의 원칙의 복지 제도화 노력은 아직 미진하고 체계적이지 못하다. 복지제도는 법제화되어 있지만 복지정책의 실제내용은 선별적 제도 중심이어서 질적으로 취약하다. 예컨대 적립 성격이 강한 고소득층 위주의 연금과 정규직에 유리한 고용보험 등 사회보험이 경직된 기여 원칙에 입각함으로써, 제도는 있지만 미가입자가 많아 보험의 사각지대가 넓고, 보장성도 낮아 민간보험을 별도로 구입해야 한다. 종래의 기초노령연금도 보장성이 너무 낮아 보편연금의 위상을 갖지 못했다. 공공부조인 국민기초생활보장제도는 수급자격 요건이 엄격해 빈곤층을 모두 포괄하지 못하고 있다. 노동력의 재생산에 영향을 미치는 의료복지와 주거복지도 열악하고, 교육, 보육 등 여타 사회서비스의 공공성도 미흡하며, 장기적 일자리 창출을 위한 직업 재훈련과의 연계틀도 약하다.[151]

지난 대선 때 135조 원의 복지공약 발표로 인해, 박근혜 정부에선 복지확대가 증폭될 것으로 전망되었다. 그러나 집권 초기에 발표된 정부방침은 임기 내 선택진료비, 상급 병실료, 간병비 등에 대한 환자부담 해소, 2016년까지 4대 중증질환 치료에 필수적인 의료서비스에 건강보험 적용, 2014년부터 기초연금제도 시행, 2013년부터 0-5세 무상보육과 양육비 지원, 2013년에 기초생활보장제도의 맞춤형 급여로의 개편 등등 보건의료 부문에 치우친 정책방향과 노인, 유아와 같이 특정세대에 집중된 지출 등 보편적 복지의 관점에서 볼 때 미흡한 점이 적지 않다.

날로 심화되는 소득 불평등에 따른 빈곤층 확산과 사회 양극화로 인한 불공정과 부정의의 문제를 해소하기 위해선, 사회적 약자에게 공정한 출발선을 보장해주는 기회균등 장치는 말할 것도 없고, 필요기반 정의에 의거해 시민의 보편적 기본욕구를 충족시키기 위한 보편적 복지의 제도화가 시급하다. 이에 소요되는 복지재원을 마련하기 위한 조세정의의 구현도 필요하다. 따라서 기존의 성과기반 정의와 기회균등 원칙에 부가해 필요기반 정의, 조세정의를 확대 적용하고, 그것을 보편복지의 이념적 기반으로 제도화시켜 나가는 체계적 노력이 아래와 같이 요구된다.

3) 확대된 정의 원칙의 복지제도별 적용

(1) 성과기반 정의와 필요기반 정의의 조화: 연금보험, 고용보험 개혁

노후 생계문제를 해결하기 위해서 필요기반 정의에 의거한 연금제도 보강이 시급하다. 최근 정부는 기초노령연금을 폐지하고 소득 하위 70% 이하의 노인에게 월 20만원을 지급하는 기초연금으로 통합한 바 있다. 기초연금 강화는 은퇴세대의 노후보장을 위해 현 근로세대의 세금부과 증대를 의미하므로, 현 근로세대도 은퇴할 땐 자녀층에 의해 노후가 지원될 것이라는 세대간 도덕공동체 의식이 보다 확고하게 정립되어야 한다.[152] 따라서 장기적으론 급여혜택과 보험료 부담을 세대간에 공평하게 나누는 제도가 필요하며, 저소득층에겐 정부가 보험료를 지원해야 한다.

단, 연금에 있어 부과식만 고집해선 재정위기에서 자유롭지 못하다. 따라서 다층(多層) 연금구조로의 재편도 고려해볼 만하다. 즉 노후보장을 위해 필요기반 정의 차원에서 정부가 강제로 적용, 운용하는 기초연금을 연금구조의 맨 아래층에 깔고, 강제 적용하되 민간이 운용하는 소득비례연금을 2층에, 임의 적용하되 민간이 운용하는 추가적 소득비례연금을 3층에 얹어 놓는 다층 연금구조를 설계하는 것이다.[153] 이렇게 성과기반 정의와 필요기반 정의를 조화시키는 쪽으로 연금개혁을 도모할 때, 재정위기를 피할 수 있고 연금의 보장성도 높일 수 있다.

향후엔 실업자의 근로능력을 기준으로 기여능력이 있으면 고용보험을 분리해서 제공하지만, 기여할 능력이 안 되면 필요기반 정의에 의거해 사회부조를 제공할 필요도 있다. 100만원 미만의 저임금 근

로자에 한해 한시적으로 사회보험료를 면제하는 방법으로 고용보험
가입률을 올리고 실업급여를 돌려받는 방법도 있다.[154]

(2) 기회평등 원칙의 제도화: 사회서비스의 공공성 제고와 내실화

보편적 복지로 가기 위해선 교육, 주거, 의료 등 사회서비스의 점
진적 사회화가 필요하다. 먼저 차별 없이 질 높은 공교육을 보장하는
차원에서 교육복지를 강화해 저소득층 자녀들이 중산층으로 올라갈
수 있는 교육 사다리를 놓아주는 것이 필요하다. 그러기 위해선 교육
복지가 급식비와 교육비의 지원에 머물러선 안 되고, 부처별 지원을
통합해 저소득층 가정의 교육 격차를 해소하는 통합정책의 방향으로
나아가야 한다.[155] 의무교육을 통해 전체 고교의 절반인 사립고의 공
공성을 높이는 제도도 요구된다. 이미 국가와 지자체가 연 1조3천억
원을 사립학교에 지원하고 있어 추후의 재정부담은 적다. 대학 등 고
등교육 부문은 정부의 재정관리와 평가체계의 대상이 되게 해 그 공
공성을 제고시킬 수 있다. 예컨대 대학등록금 완전 후불제처럼 국가
가 원금상환과 상당한 이자를 지불하는 방법을 통해 적극 개입하며
보편교육의 책무를 다하는 방법이 요구된다.

개입주의 주택정책을 통한 주거안정과 주거의 질 제고도 필요하다.
시장에서 적절한 주거공간을 마련하지 못한 사람들에게 국가가 주택
을 직접 제공하거나 임대료를 보조하고, 협동조합형 주택, 공동체형
주택 등 대안적 주거형태를 마련해줄 필요가 있다. 공공임대주택을
10% 이상 신축해 전 가구의 15%가 공공임대주택에 거주하도록 유
도할 필요도 있다. 비공식 영역으로 방치한 민간임대주택 정상화를
위해 임대주택 등록제를 전면 실시하고, 이를 기반으로 임대료 상한
제 보조제도도 도입할 필요가 있다.[156]

의료의 보장성 제고를 위해선, 중증질환 무상의료 실현, 비급여 영역의 점진적 해소, 본인부담금 상한제의 작동, 공공병원부터 입원진료의 전면적 포괄수가제의 단계적 확대가 요구된다.[157] 그 소요재원은 보험료 인상과 국고지원 확대로 마련해야 한다.

(3) 필요기반 정의의 확대: 국민기초생활보장 수급대상 확대와 사회수당의 점진적 도입

필요기반 정의를 확대 적용해, 국민기초생활보장제도의 수급대상 확대에 좀더 노력해야 한다. 기초 수급자에게만 집중된 종래의 덩어리 복지식 통합급여 방식을 개선하기 위해, 상대적 빈곤층의 범위를 확대해서 기초수급자와 차상위 계층의 구분을 실질적으로 없애야 한다. 특히 차상위 계층의 자립을 위해선 근로장려금 지급 신청조건을 완화하는 등 근로장려세제 지원을 늘려야 한다. 필요기반 정의의 확대적용을 통해 기초수급 적용대상 범위를 넓히고, 빈자들의 자활을 도와 복지 사각지대를 해소하려는 노력이 향후 지속될 필요가 있다.

사회보험의 빈틈을 메우기 위해선 필요기반 정의 차원에서 아동수당, 장애수당 등 사회수당도 점차 제도화시켜 급여의 충분성을 확보해야 한다. 사회권으로서 사회수당제를 실시하면, 사례별 복지사를 두거나 실업자, 장애인, 워킹 푸어를 위한 대체소득원 제도를 둘 필요가 없다.[158]

필요기반 정의는 노력의 부족 등 자기 잘못에 의해 불행한 처지에 놓인 사람과 최선의 노력을 다했음에도 도움이 필요한 사람을 어떻게 구별해서 대우해야 하는가의 문제점을 내재해, 제도의 허점을 노린 부당 수급자를 양산할 수 있다. 따라서 수급대상자 범위는 확대하되, 대상자의 적격 여부를 정밀히 파악하기 위해 철저한 소득조사와

생활상태의 주기적 점검이 필요하며 이를 전담하기 위한 복지 전문
인력 보강도 요구된다.

(4) 조세정의 구현: 단계적인 보편주의 증세에 대한 사회적 합의와
복지유혹에의 대비

정의원칙을 확대해 보편적 복지의 제도화를 추진하려면 추가재원
마련이 중요하다. 그러나 보편적 복지에 대한 국민의 경험이 일천해
당장의 증세는 부적절하며, 실제로 정부에 대한 신뢰 없이 증세를 도
모한 국가는 대부분 실패했다. 성급한 증세보다는 세출구조 조정, 감
세 원상복귀, 조세감면 축소를 통해 재원을 먼저 마련해 보고, 그것
만으로는 충분하지 못할 때 복지확대를 위한 증세 여부와 그 방법에
대한 사회적 합의를 이끌어내야 한다.

보편적 복지는 부자에게서 뺏어서 국민에게 나눠주는 개념이 아니
라 이미 낸 세금을 다시 돌려받는 개념이다. 그래서 국민의 일부만 세
금을 내는 자산세나 법인세 외에도 과세범위가 넓은 누진적 개인소득
세, 소비세, 사회보장세를 더 보편적 재원으로 강조할 필요가 있다.[159]
수급자와 납세자의 일치가 보편주의 복지조세의 핵심원리라는 것이다.

보편주의 증세에 대해선 조세저항이 따르므로, 일단 복지경험의
공유가 필요하다. 보편적 복지의 긍정적 혜택을 본 국민은 이에 좋은
반응을 보인다. 실제로 사람들은 노인장기요양보험, 미숙아의료지원
제도 등의 복지혜택을 체험한 후 보험료와 세금인상에 긍정적 반응
을 보였다. 따라서 복지제공을 먼저 보편주의로 하고 비용조달도 추
후 보편주의 원리를 따르게 하는 게 옳다. 즉 근로소득세 과표구간에
속하는 모든 사람이 증세에 참여하게 해야 한다. 저소득층도 조금씩

세금을 내게 할 경우 부유층의 양도세, 종부세, 상속증여세에 사회복지세를 추가로 내도록 압박할 수 있다.[160] 보편증세는 부유세 방식보다 사회통합에도 훨씬 효과적이다. 따라서 이런 방향으로 보편증세를 위한 사회적 합의틀을 점진적으로 만들어 나갈 필요가 있다.

과감한 복지지출을 단행하다 보면 복지실패의 위험도 커진다. 즉 복지는 많을수록 좋다는 다다익선의 유혹으로 인해 복지비용 상승속도가 빨라지고, 복지는 공짜라는 생각에 부당수급을 노려 제도의 허점을 찾거나 규정을 악용하는 사례도 늘어날 수 있다. 스웨덴 등 보편복지에 성공한 나라들은 복지 확대기의 이런 유혹에 대처하기 위해, 재원조달 자동조절 공식을 만들어 법제화했고 의회가 사회분열 예방책을 선도했다. 즉 정당을 초월해 머리를 맞대고 복지투자 우선순위를 사전에 정하고 그에 기초한 장기 지출계획을 수립했다. 또 복지근로 연계를 통해 복지수급보다는 노동을 통한 소득창출이 일단은 더 유리하게 만들고, 소득조사와 자산조사를 철저히 해 수급자의 생활 상태를 정밀 점검했다.[161] 우리도 보편주의 증세를 도모하면서 복지유혹에도 슬기롭게 대처하기 위한 범정부 차원의 보편복지 운영체계를 조속히 마련해야 하며, 수급 대상자의 적격 여부를 체계적으로 파악하기 위한 정밀 시스템과 전문 인력의 보강도 필요하다.

3. 보편적 복지를 위한 사회적 합의틀 마련의 성공사례: 시민이 함께 만든 행복사회 덴마크

최근 복지증세, 연금개혁 등을 둘러싸고 사람들 생각의 차이를 메우고 사람들 마음을 하나로 모으기 위한 사회적 합의틀 마련의 필요성이 커지고 있다. '사람이 살 수 있는 나라'를 만드는 데 소요되는 비용 마련에 대한 사회적 합의를 꼭 이뤄내자는 이런 분위기는, 지금 이 순간 우리의 결정 여부와 실천의지의 정도에 따라 향후 우리가 공생과 협력의 틀을 제도화한 유럽형 사회로 갈지 아니면 살인적 물가에 철학 없는 민영화로 쇠잔해진 중남미형 경제로 퇴보할지를 판가름하기 때문이다. 최악의 경우엔 극도의 정부불신 속에 영화 "남쪽으로 튀어"의 주인공처럼 아나키즘의 불가피성을 웅변하는 지경에도 이를 수 있겠다.

"바쁠수록 돌아가라"는 말이 있듯이, 최근의 여러 가지 큰 사건사고로 인해 어수선하고 허둥대는 와중에도 우리 모두가 근본으로 돌아가 사회적 합의 정신에 의거해 차제에 공생과 협력의 틀을 제도화하는 쪽으로 방향을 굳건히 잡아야 한다.

독일의 저널리스트인 토마스 람게(T. Ramge)는 자신의 책 [행복한 기부]에서 $1+1=3$, $2-1=3$이라는 역설적 수식으로 이런 공생과 협력의 틀을 만들어야 할 당위성을 간명하게 보여주고 있다. 현실의 세계에서 우리들 범인(凡人)은 혼자 힘으론 1밖에 능력을 발휘하지 못하지만, 남과 소통하며 같이 협력하면 시너지 효과가 발생해 남과 나 모두 1.5씩의 괴력이 자기도 모르게 생기는 것을 발견하곤 한다. 어떤 경우는 나에게 뭔가 넉넉하게 2개가 있을 때 구태여 필요 없는 반을 뚝 떼어 남에게 줘도 남을 도왔다는 정신적 희열감이 그 빈 자리를 고스란히 메워주고, 그것을 받은 타인이 자활의 길을 가니 결과는 3이 되는 것을 실감하는 경우도 적지 않다.

이제부터 우리는 사회의 동력을 키우기 위한 인간자본의 시너지 효과를 끌어올리기 위해 $1+1=3$, 즉 사람들이 서로 공생하고 협력할 수 있는 장(場)을 많이 만들어 내야 한다. 2-1=3을 위해선 가진 자들의 노블리스 오브리쥬를 유도할 수 있는 기부문화의 확산과 그것을 사회적으로 높게 인정해주는 명예존중 문화와 더불어, 평범한 사람들도 자기가 가진 시간과 인력을 쪼개어 남을 돕는 데 동참할 수 있는 자발적 봉사망을 구축해내는 사회분위기 조성이 필요하겠다.

덴마크 사회는 이런 점에서 1+1=3, 2-1=3을 실현하기 위한 구체적인 사회적 합의틀을 마련한 성공사례로서 정면교사(正面教師)로서의 교훈을 보여주는 나라이다. 덴마크 사회를 집중 취재한 오마이뉴스의 오연호에 의하면, 덴마크는 "시민이 애써 함께 만든 행복한 사회가 다시 시민을 행복한 개인으로 만드는" 아주 멋진 '선순환 구조를 가진 나라'이다.

덴마크는 560만 명의 인구에 한반도의 1/5 크기에 불과한 북구의 아주 작은 나라이다. 날씨도 나빠서 수도 코펜하겐의 경우 온전히 해가 비치는 날이 1년 중 50일에 불과하고, 173m 높이의 산이 이 나라에선 제일 높은 산일만큼 빼어난 경관과 관광지도 없고 특히 겨울은 매우 춥고 음습하다고 한다. 1864년엔 독일과의 전쟁으로 국토의 2/5를 상실하기도 했다. 그런데도 UN 세계행복보고서에 의하면 이 나라는 156 개국 중 국가별 행복지수[162]에서 2012-2013년에 걸쳐 1등을 한 나라이다. 실제로 덴마크 시민들에게 직접 물어 보면 "우리는 걱정거리가 없다, 정말 행복하다"는 시민의 일관된 반응을 확인할 수 있다고 한다. 덴마크가 열악한 환경여건에도 불구하고 행복지수에서 세계 제일이 된 데는, 왕이 주도한 전쟁에서 패배한 후 국민들이 실망해 왕실에 더 이상 의존하지 않고, 정신적 지도자인 그룬트비(N. F. Grundtvig)의 시민교육운동과 시민 주도의 협동조합운동에 적극 참여해, 시민의 힘으로 행복사회를 만들고 그 행복사회가 행복한 개인

을 만들어내는 선순환 구조를 만들어 낸 때문이다.163)

　시민이 행복사회를 만들어내면 행복사회가 다시 행복한 시민을 만들어준다는 말은 무슨 뜻인가? 잠시 우리가 사는 사회라는 곳을 서커스 곡예장에 비유해 이를 설명해보자. 서커스 곡예의 백미는 공중곡예, 즉 공중그네 타기이다. 높은 허공에서 현란한 곡예묘기를 펼치는 곡예사들의 아름다운 동작을 보면 탄성이 절로 나오고 박수를 치는 우리들 손에 힘이 절로 들어간다. 하지만 곡예사의 곡예는 목숨을 건 위험한 움직임이다. 그렇기에 아주 치밀한 시간 계산과 완벽한 안전장치가 전제되어야 한다.

　먼저 곡예사가 허공을 가르며 뛰어내려 공중에서 곡예를 하려면 반대쪽에서 타이밍에 딱 맞게 그넷줄을 그(녀)에게 던져줘야 하고 곡예사가 그 줄을 적시에 잡아야만 멋진 곡예를 시작할 수 있다. 그 그넷줄(trapeze)이야말로 생명줄이다. 원숭이도 나무에서 떨어질 수 있어, 공중에서 그넷줄을 놓칠 경우에 대비해 안전망이 서커스 곡예장 바닥에 쫙 깔려 있어야 한다. 즉 안전망(safety net)이나 두꺼운 안전매트가 필요하다. 간혹 그네를 놓쳐 바닥으로 떨어진 곡예사가 다시 그넷줄을 잡을 수 있도록 힘껏 뛰어오르는 데 도움을 주는 도약대가 필요한데 그것이 바로 트램폴린(trampoline)이다.164)

　흥미롭게도 서커스 곡예장의 필수장비인 이 3가지 장치가 덴마크를 비롯한 북구의 사회복지제도에 잘 제도화되어 있다. 사회가 시민 개개인을 제도적으로 보호해 준다는 안정감은 바로 촘촘한 사회안전망 설계에서 비롯되는데, 이 나라의 경우는 사람의 출생부터 개인 주치의가 배정되고, 평생 보건의료비와 대학까지의 교육비가 무료이다. 교육과 의료의 사회화를 통해 서커스장이라는 사회 안에서 사람들이 자기의 인생을 스스로 설계하며 멋진 삶을 영위할 수 있도록 기초 보장제도가 잘 마련된 것인데, 이는 서커스 곡예장의 그넷줄에 해당하는 것이다. 교육과 보건, 의료라는 그넷줄이 생애주기상 적시에 나타나 튼실하게 유지되면, 사람들은 본인의 노력 여하에 따라 아주 풍성하고 행복한 삶을 설계할 수 있다.

이 나라는 실직자에게도 2년간 월급의 90%에 해당되는 실업자 보조금을 주고, 2년 뒤엔 실업자 보조금의 70%에 해당되는 생활자금을 부여하기도 한다. 이는 실직이라는 인생의 나락에 빠져도 크게 나치지 않고 목숨을 연명하며 몸을 다시 추스릴 수 있는 하나의 안전망(safety net) 같은 것이다. 실직 후 2개월 뒤부턴 일자리 계획을 세우고 직업재훈련을 체계적으로 받는 등 유연안정성 모델에 의거한 일자리 알선제도의 도움을 받는데, 이는 바로 실업자가 인생에 재도전하는 데 도약대 같은 역할을 하는 트램폴린이다.

기초보장제도와 복지안전망을 촘촘히 갖추려면 엄청난 돈이 들어가고 그 돈을 염출해 내기 위한 사회적 합의가 긴요하다. 덴마크는 기초보장제도와 사회안전망이 든든하고 사람들이 그것을 피부로 느낄 수 있으니, 부자도 소득의 50%를 세금으로 내도 크게 저항이 없고 세금을 아까워하지도 않는다. 혹시 자기나 자손에게 예기치 않은 불행이 닥쳐도 언제든지 재도전할 수 있는 든든한 복지망 안에 사람들이 있을 수 있으니 말이다. 여기서 2−1=3이란 수식의 역설이 아주 자연스럽게 현실이 된다. 이런 제도적 신뢰가 세대별 형평성을 보장해 주니, 직업에 귀천이 없고 각자 직업에 자존감을 가진 직원들이 행복하고 즐겁게 일하니까 레고(Lego) 등 세계 제일의 상품들을 만들어내기도 한다. 바로 1+1=3이 완성되는 순간이다.

1+1=3, 2−1=3 등 공생과 협력의 틀을 만들고 그것에 대한 사람들의 제도적 신뢰가 이웃 간의 연대(solidarity)와 유대를 적극적으로

만들어내, 시민의 35%가 협동조합에 참여하며 정부나 시장에서 충분히 공급해주지 않는 사회 서비스를 같이 공급해 내기도 하고 일자리를 스스로 창출해 내기도 한다. 이 역시 1+1=3의 선순환 구조를 확장하는 결과를 가져온다.

여기서 우리는 신자유주의가 대세라 하며 그저 무한경쟁 속의 각자도생 전략에 너무나도 쉽게 함몰시킬 것이 아니라, 다함께 끌어주며 함께 연대해 실업의 장벽을 넘는 담쟁이 전략의 지혜와 그것의 현실적 유용성을 확인할 수 있다. 우리 모두가 공생과 협력으로 가는 사회적 합의틀을 애써 만들고 무던한 마음으로 제도적 신뢰를 보낼 때, 우리는 '철학 없는 민영화'와 살인적 물가로 인해 피케테로들이 길거리에 가득 찬 중남미형 시장경제로의 퇴보를 막을 수 있다. 영화 "남쪽으로 튀어"의 주인공처럼 자생적 아나키스트로 살아가야 할 힘겨운 역정도 피할 수 있다. 나아가 사람들이 애써 함께 만들어낸 행복사회가 이젠 행복한 개인들을 영원히 지켜주는 선순환 구조를 만드는 쪽으로 한걸음 더 다가설 수 있겠다.

4. 인구구조의 변화에 따른
아동과 노인문제 해결의 시급성

최근 인구구조의 급변, 특히 출산율의 급속한 저하와 노령인구의 급증을 고려하고, 또 사회 양극화의 결과물인 빈곤의 대물림을 예방하기 위해, 노인과 빈곤아동에 대한 별도의 복지정책이 강구되어야 한다.

먼저 출산율 저하를 낳은 양육문제와 빈곤아동 문제에 대처할 필요가 있다. 영국의 Sure Start, 미국의 Head Start, 일본의 Angel Plan은 출산율 저하가 심각해지고 인적 자원이 줄어드는 현실에 직면해, 아동들이 미래의 양질의 노동력으로 국가발전에 중요하므로 나중에 복지예산의 큰 짐이 되기 전에 빈곤세습을 차단함으로써 국가의 인재로 키우자는 취지에서 시작된 아동보호 및 사회적 조건 평등화 조치이다. 아동과 가족에 먼저 투자하는 것이 나중에 실업문제나 질병을 치유하기 위해 값비싼 비용을 치르는 것을 막는 미래 저축의 한 방법으로 보는 것이다. 그래서 생애주기적 접근에 의거한 가족정책의 일환으로서 아동서비스의 제공과 가족으로의 소득이전, 또 교육, 예방적 건강보호를 통해 미래의 양질의 노동력을 확보하기 위해 복지제도의 사회적 선매(社會的 先買) 기능을 중시한다.[165]

우리의 경우는 아동의 양육 문제도 신경을 써야 하지만 빈곤아동의 문제가 더 심각하다. 빈곤 아동수가 1백만 명을 넘었지만, 2010년 보건복지부 아동 예산은 1699억 원으로서, 보건복지부 전체예산의 0.51% 수준에 불과해, 이 돈을 갖고는 사회 양극화에 따른 가정해체의 예방이 전혀 불가능하다.

최근의 빈곤은 복합적인 사회경제적 차별구조에서 발생하므로 구호품 전달식의 과거 빈곤정책으로는 문제해결이 곤란하다. 따라서 영국의 경우 Sure Start 정책을 사회적 배제 위원회에서 취급한다. 여기에서 생활보호아동의 교육과 정서장애 극복과 구직정책을 수립하고 재정지원을 한다. 미국의 Head Start도 빈곤층과 이혼가정의 5세 이하 아동과 부모를 대상으로 교육지원과 상담치료를 실시해, 해마다 40만 명의 어린이가 혜택을 받는다. 빈곤 문제가 심각하지 않은 일본도 출산율 저하를 우려해 저소득층 가정에 보육비를 지원하는 Angel Plan을 1994년에 시작했다.[166]

우리나라도 아동복지법 개정에 따라 기존 공부방을 지역아동센터로 개편해 빈곤아동을 위한 통합 서비스를 제공할 기틀을 마련해야 한다. 교육펀드를 조성해 가난의 대물림을 막기 위한 인적 자본 투자도 강화해야 한다. 빈곤아동의 건강관리는 학교의 몫이므로, 정기 건강검진 및 정서장애 치료를 위해 전문상담교사도 배치해야 한다.

향후 노인부양 문제도 심각해질 전망이다. [세대 간 전쟁]의 저자 베르나드 스피츠는 프랑스를 예로 들며 고령화 사회에 따른 노인 의료비 증가로 인한 건강보험 출혈, 시한폭탄 같은 연금문제 등 할아버지 세대의 파산으로 인해 젊은 후세대가 직면할 3중고, 즉 빈곤, 불안, 소외를 지적한다.

베이비부머들이 후세대에게 짐을 전가할 것이 아니라 늙기 전에 국민연금 등 자기 앞가림을 더 잘 해놓고 노후를 맞으면 되지 않을까? 그런데 산업은행의 [고령화와 은퇴자산의 적정성] 보고서에 의하면, 국민연금 등 공적연금에만 의존해 사는 베이비부머의 파산 확률이 41%를 넘을 것으로 추정됐다. 공적연금마저 없으면 파산위험이 85%까지 커진다. 이들의 파산을 피하려면 소비지출을 줄여야 하지만 자녀의 취업과 결혼연령의 지연으로 이마저 쉽지 않다. 파산확률을 10% 내로 줄이려면 은퇴순간 보유 순자산(평균 2억 9633억 원)의 2.75%인 815만 원만 매년 소비해야 하는데, 이는 우리나라의 높은 물가 수준을 고려할 때 결코 쉬운 일이 아니다.

고령화가 급진전되기 전만 해도 젊은이 6-8명이 노인 1명을 부양하면 되므로 세대 간 전쟁의 소지가 적었지만, 조만간 젊은이 2-3명이 노인 1명을 맡게 되고, 더 나아가선 젊은이 1명이 노인 1명을 책임져야 하는 아주 힘겨운 시대가 올 수도 있다. 그만큼 젊은 세대들의 허리가 휠 전망인데, 고용 없는 성장시대를 맞아 젊은이들의 취업

기회도 충분치 않다. 기성세대가 만들어 놓은 취업진입 장벽이 높아 젊은 세대의 스펙 경쟁은 거의 살인적 수준이다. 그러다 보니 고령화 사회에의 대비 국면이 자칫 설상가상의 형국으로 넘어갈 우려가 있다.

5. 세대 간 전쟁터를 막기 위한 사회보험의 정비와 정명론의 제도화

은퇴 뒤 국가로부터 노후를 보장받아야 할 사람들의 수는 늘어나는데, 낮은 출산율과 높은 취업 장벽으로 인해 후세대의 재정 기여력은 위에서 보듯이 심히 걱정되는 수준이다. 고령화 사회와 복지사회에 먼저 진입한 유럽 나라들에선 이로 인해 선거 때마다 투표향방을 놓고 세대간 전쟁이 치열해진다.

세대차, 세대갈등 등 세대로 시작하는 단어의 진화는 눈부셔서 이젠 세대 간 전쟁이란 말까지 나왔다. 세대 간 전쟁은 연금 등 좀더 큰 사회적 영역에서 발생할 수 있는 문제이다. 세대 간 전쟁은 베이비붐 세대가 본격적으로 은퇴하고 고령화 사회로 들어가지만 출산율이 낮아지면서, 향후 세금의 사용처를 놓고 노인 세대와 젊은 세대 간에 갈등이 고조되고 그것이 선거 시의 정책투표 향방을 크게 좌우하게 됨을 뜻한다. 각 세대의 정책수요를 투표로 연결하려는 큰 씨름판이 선거 때마다 열린다는 것이다.

고령화했지만 노후생활을 자력으로 버텨내기 어려운 할아버지 세대가 늘어난 수명으로 인해 막대한 의료비와 연금부담의 숙제를 남기는데, 그 경제적 부담이 고스란히 후세대에 전가되는 현실을 우리는 어떻게 이해하고 받아들여야 하는가?

유교 문화권에서 살아온 한국인에게 부자유친, 장유유서 등 오륜 (五倫) 규범의 영향력은 절대적이었다. 이런 유교식 생활규범엔 정명 (正名)론이 전제되어 있다. 즉 부모가 부모다워야만 자식으로부터, 또 어른이 어른다워야만 젊은이들로부터 존중받고 행실의 권위도 설 수 있다는 것이다. 그러나 이런 덕목들은 아쉽게도 우리 몸속에서 체화 되지 못하고 있다. 아빠의 무관심이 자녀 대학진학의 필수요건이라 는 웃지 못할 말까지 나오고, 지하철 자리에 앉기 위해 나이를 과잉 표출하는 어르신도 간혹 계시다. 하기야 "요새 젊은이들은 싸가지 없 어"란 말이 고대시대부터 존재했다니, 세대 차이는 어쩔 수 없는 불 가해한 문제일지도 모른다. 그런데 단순한 세대차나 세대갈등이 연 령이나 인구 구조를 변수로 한 사회경제적 문제들에선 심대한 구조 적 갈등을 낳아, 노인층과 젊은이들 간의 소통을 막고 이해관계를 둘 러싼 상호반목만 강화할 우려가 커 걱정이다.

차제에 세대 간 전쟁을 막고 세대 간의 전략적 화합을 도모할 수 있는 정책과 제도가 필요하다. 먼저 정부의 치밀한 사회보험 재설계 와 정밀한 재정수요 예측이 필요하다. 고령화 사회에 대비해 연금과 건강보험 등 사회보험제도의 빈틈을 신속히 메우고, 특정 연령층에 큰 재정 부담을 안기지 않기 위한 정밀한 재정 확보책이 필요하다. 젊은 층이 아이를 더 낳도록 장려하기 위한 다자녀 보조정책이 더 내 실을 기해야 하고, 청년 고용의 난제를 해결하기 위한 제도적인 취업 방책들이 급선무로 요구된다. "청년위기는 국가의 위기"라는 문제의 식이 국가정책의 설계에서 늘 전제되어야 한다.

상기한 제도적 보완과 더불어 세대 간 화합을 이끌기 위한 사회규 범의 조성도 요구된다. 물론 그 규범은 정명(正名)론이다. 장년기까지

부지런히 사회에 기여하고 연금저축 등 노후대비를 철저히 해야 한다. 이런 어른다운 헌신과 희생 없이 나이를 권리로 내세우고 연금과 의료비 부담을 젊은이들에게 강요만 한다면 우리 사회에서도 세대 간 전쟁은 불가피할 것이다.

선거 때마다 노인표의 힘 과시 보다는 평상시에도 노인다운 경륜으로써 시회에 헌신해야 한다. "할머니는 동네 도서관"이란 생각이 젊은 아빠엄마의 마음 깊숙한 곳에서 자발적으로 수용되도록 어르신들이 솔선을 보일 때, 그런 정명론이 세대 간 소통과 화합의 기틀이 되어 세대간 전쟁의 파고를 피할 수 있는 사회적 자산으로 작용할 것이다.

6. 청년문제 해결을 위한 정책 징검다리

3포 세대 등 청년들이 결혼, 출산, 보육을 포기함으로써 우리 사회의 지속가능성 위기가 우려되고 있다. 종종 들려오는 청년 실업자들의 자살소식, 세상살이의 고달픔을 일찍 알아버려 조로한 채 현실에 쉽게 자족해 버리는 사토리 세대의 한국판 등장 등 우리 청년들 마음 속의 지속가능성 위기가 심히 걱정된다.

청년실업이 국가경제와 사회 활력에 미치는 부정적 영향도 크다. 연금가입의 대량탈퇴 등 복지구조의 위기, 구매력 상실에 따른 소비위축이 낳는 내수시장 붕괴, 주택수요 급감으로 인한 건설업 위기 등이 그것이다.

불행히도 청년실업 등 청년문제가 정부와 기업의 적극적 의제설정과는 거리가 먼 사안이 될 것 같은 데서 오는 불안감 또한 크다. 고위관료들, 정치가, 기업가 등 청년실업 문제해결의 칼자루를 쥔 고위

정책결정자들이 실질적으로 이 문제에 대해 얼마나 심각한 고민을 하고 있을까 저이 걱정된다.

그들은 자기 자식의 취직과 결혼에 대해선 탁월한 시장적 해법을 갖고 있다. 넉넉한 재력으로 자식의 결혼을 틈타 자연스런 부동산 증여를 도모하고, 자식의 취직이 어려우면 가게를 차려줄 돈도 갖고 있다. 그것도 여의치 않으면 외국유학을 보내면 된다. 무엇보다 그들만의 끈끈한 인적 네트워크를 통해 평민들은 감히 넘볼 수 없는 난공불락의 카르텔을 얼마든지 형성하며 자식의 취업과 결혼 전선에서 백전백승의 유리한 고지를 점령할 수 있다.

실제로 부와 권력, 직업의 세습화 속에 빈곤의 세대화가 시작된다. 반면 고위 정책층과 사회 지도층들은 은퇴 후 자신에게 유리한 귀농 보조금 같은 제도의 도입엔 신경을 곤두세우고, 또 재난 자본주의 차원에서 공직사회가 무능하다는 전제 하에 외국에서 공부한 자기 자녀들의 공직 특채 추진을 강하게 의제화하기도 한다.

남의 자식들 취업과 결혼문제에는 실질적 신경을 덜 쓰면서 형식적인 고용률 통계치 높이기에 바쁘다. 그러다보니 최악의 고용형태인 파견직의 허용이 꽃다운 청년들 마음 속의 지속 가능성에 적신호가 커지게 한다. 정말 안쓰러운 일이다.

청년실업의 해법을 찾는 말잔치는 무성하지만 실제로 질적인 청년 일자리 창출 등 청년문제의 실질적 해결은 구두선에 그칠 뿐이다. 아버지 세대의 임금을 줄여 청년 일자리를 확충하겠다는 임금 피크제 역시 부모세대의 임금만 줄이는데서 그칠 뿐 그것이 과연 청년들 일자리 늘리기에 얼마나 효과적일지에 대해 벌써부터 많은 사람들이 고개를 갸우뚱거린다.

작금의 이런 어려운 현실을 고려할 때, 청년들 자신의 인식전환도

시급하다. 기성세대가 강요하는 각자도생과 무한경쟁보다는 그들 간의 연대(連帶), 공생, 협력의 길 모색이 절실하기 때문이다. 예컨대 청년노동자를 고용한 후 2년간 자유해고를 허용하는 프랑스의 최초고용계약법에 대한 2006년 프랑스 고교생들의 반대시위, 또 2010년 프랑스 고등학생과 대학생들의 연금개혁법 시위에서 보듯이, 청년들이 서로 연대해 자신들의 문제를 공론화하고 공생과 협력을 통해 문제해법의 길을 공유하는 마음가짐이 중요하다. 유럽의 경우는 고교생, 알바생 등 청소년기부터 정당 활동을 활발히 하며 자신의 문제해결에 있어 자기 식의 정치적 목소리를 내는 전통도 있다.

김애란의 단편소설 '서른'을 보면 '노량도'라는 표현이 나온다. 합격하기 전엔 결코 떠날 수 없는 가혹한 공시족들의 생활 근거지인 노량진 고시학원을 섬에 빗대어 말한 것이다. 이는 고용불안 시대에 우리가 취할 수 있는 각자도생의 길인 점에서 십분 공감되는 말이긴 하다. 그러나 무한경쟁을 전제한 각자도생 전략에서 최후의 승리자가 되는 청년들 수, 즉 공직시험이나 기업입사 시험에 최종합격한 젊은 이는 현실적으로 극히 드물다. 도종환 시인의 '담쟁이'의 시 구절처럼 힘겹지만 "여럿이 함께 손잡고" 서로 끌어주고 밀어주며 다함께 장벽을 넘는 담쟁이 전략이 정말 필요할 것 같다.

> 저것은 벽/ 어쩔 수 없는 벽이라고 우리가 느낄 때/ 그때 담쟁이는 말없이 그 벽을 오른다/ 물 한 방울 없고 씨앗 한 톨 살아남을 수 없는/ 저것은 절망의 벽이라고 말할 때/ 담쟁이는 서두르지 않고 앞으로 나아간다/ 한 뼘이라도 꼭 여럿이 함께 손을 잡고 올라 간다/ 푸르게 절망을 다 덮을 때까지/ 바로 그 절망을 잡고 놓지 않는다/ 저것은 넘을 수 없는 벽이라고 고개를 떨구고 있을 때 /담쟁이 잎 하나는 담쟁이 잎 수천개를 이끌고/ 결국 그 벽을 넘는다 ([도종환 시선집 담쟁이], 시인생각, 2012).

대학생 등 젊은이들은 [혁명은 이렇게 조용히], [솔로계급의 경제학]의 저자 우석훈의 주장처럼 다음의 3가지 방향에서 서로 연대하며 담쟁이 전략을 구사해 나갈 필요가 있다. 즉 교육권 보장 차원에서 등록금 반값운동, 등록금 인상반대 및 학자금 장기 저리융자 추진운동을 위한 연대가 필요하다. 대학가의 주거권 확보를 위해 대학가 인근의 LH 보유건물을 쉐어 하우스(share house)로 전환시키는 데 발벗고 나서서 힘을 모아야 할 필요가 있다. 취업권 등 여타 생활권 보장 차원에서 '청년 유니온'을 중심으로 한 집합적 목소리 내기도 필요하다. 집합적 목소리 내기의 또 다른 타깃은 취업, 고용, 연금 등 핵심 사회경제 정책들에 대한 세대(世代) 영향평가 실시 주장과 관련 정책 실명제를 통한 기성세대의 정책 책무성 확보 부분이다.

합법적 세금전쟁도 요구된다. 그래도 지금은 여러 청년들이 노인 1분을 봉양해도 되지만 조만간 3명의 청년이 노인 1분을, 결국엔 청년 1명당 노인 1분을 봉양해야 할 절박하지만 크나큰 복지 부담을 앞두고 세금의 용처(用處)에 대한 사회적 합의틀 마련도 시급하다.

우리는 청년뉴딜을 해야 할 시점에 사이비 녹색뉴딜이라는 정책 속임수의 희생양이 되고 말았다. 청년층 취업 인프라의 확충에 전력해야 할 정책 타이밍에 4대강 파헤치기를 했던 지난날의 실패로부터 뼈저리게 배울 것이 있다. 즉 뒤늦었지만 산업구조의 고도화를 통한 새로운 고용구조의 마련, 즉 미래 유망산업 분야인 지식기반 제조업과 지식기반 서비스업 쪽의 기술, 관리인력의 체계적 육성과 직업재훈련에 대한 실질적 지원이 필요하다. 기업에 청년고용비율을 강제 할당하거나 청년고용 시 세제감면과 보조금 지급을 실질화하는 적극 노동시장정책도 긴요하다.

정부가 제안한 해외 일자리 찾기, 창업을 통한 1인 기업가 되기 프로젝트도 중요하지만, 모든 청년이 다 사장님이 될 수는 없고 실질적으로 단기적 실적을 전제로 지원하는 창업절차는 인문계 출신 대졸자들에겐 너무 불리한 구조이다. 열사(熱沙)의 나라에서 고생한 아버지들의 대를 이어 고생을 사서 할 젊은 층은 현실적으로 드물 것으로 예상된다.

그린 점에서 보면 새로운 대안영역, 즉 사회적 경제의 활성화가 또 하나의 돌파구로 활용 가능하다. 정부가 관심을 보이지 않고 기업이 이윤문제로 포기한 사회서비스의 제공을 위한 다양한 협동조합들의 생성이 그것이다. 예컨대 의료생협, 육아협동조합, 간병사업단, 문화예술 관련 워커즈 컬렉티브는 물론, 카센터 협동조합, 출판 및 싱크탱크 형 지식협동조합 등 다양한 형태의 협동조합 신설과 운영을 통해 지역 내 생활자원을 적극 도출하고 그 과정에서 의미 있는 일자리를 창출해내는 점에서 전략적 응용 가치가 적지 않다.

협력적 공유사회도 청년문제 해소와 청년 눈높이에 맞는 새로운 생활양식의 창출이라는 점에서 연대해 모색해 볼 가치가 있는 부분이다. 즉 생필품인 집, 차, 의류, 에너지의 공유를 통한 연대, 협력의 길을 찾아낼 수 있고, 지식과 정보의 공유를 통한 일자리 생성과 생활의 지혜 나눔도 절실하다.

청년문제의 자주적 해결 차원에서 청년들의 정치참여도 중요하다. 청년고용 촉진 등 청년입법을 주도하고 살기 좋은 지역 만들기의 일꾼이 스스로 되는 길을 통해 지역정치에 적극 진출할 필요도 있겠다.

13. 문화일꾼: 생활문화의 활성화, 문화 향유의 민주화

1. 기본 시민권으로서의 문화

사람은 어떤 주거환경 속에서 살고 싶은가? 미국의 도시설계 및 도시풍경 치료사인 앤드리스 듀어니와 엘리자베스 플레이터-지버크는, 시사이드(Seaside), 키웨스트(Key West), 서배너(Savanna) 등 미국의 남부에 소재한 고전적 옛 도시들의 가장 큰 장점으로서, 시야가 탁 트인 전원에 독립된 구조로 자리 잡은 촌락, 생필품 가게가 도시한 복판에 집합해 있는 점, 걸어서 출근하고 장을 보며 광장에서 사람들을 만나 금방 친교가 이루어지는 점 등을 들고 있다. 이처럼 공원, 도서관, 서점, 가게, 영화관, 문화회관, 카페가 사람들이 걸어서 도달할 수 있는 거리 내에 소재해, 우리가 일용품과 생활재를 쉽게 손에 넣고 사람들과 쉽게 교류할 수 있는 권리야말로 기본 시민권이다.

"집 뒷문으로 나가면 걸어서 도서관, 우체국, 식품점, 병원에 쉽게 갈 수 있다. 생활편의시설이 집 주위에 없는 게 없다. 나는 산에서 노는 새들을 보며 클래식, 재즈를 듣고 책을 읽으며 자유시간을 보낸다."이는 미국 콜로라도 주의 소도시 파오니아(Paonia) 시에 사는 과학자 테오 콜본(T. Colborn)이 한 말인데, 여기서 우리는 주거공간에 대한 인간의 기본 시민권을 실감할 수 있다.

이런 점에서 도심의 슬럼가 등 과거에 눈엣가시로 불리던 지역들이 생활의 편리함과 풍요로움을 주는 찬미의 대상으로 바뀌고 있다. 슬럼화되었던 도심지를 사람들이 즐겨 찾으면서, 구도심 광장과 시내 공설시장도 활짝 제 모습을 드러내고 있다.167) 서구의 시민들은 전통적 주택지구의 매력과 안락함을 재발견하고 있는 것이다. 반면 우리는 압축성장 논리에 따른 무계획적 도시화의 난개발과 막개발 속에서 주거환경의 불편함과 막대한 통근시간의 고통을 참으며 살아 간다. 모처럼 큰마음 먹고 운동하려고 해도 마땅한 운동장 한 구석 발견하기 어렵고, 다양한 책을 빌려 보고 싶어도 인근 도서관에 가려면 일부러 버스 등 대중교통을 이용해야 하는 등 많은 시간과 생활비용을 지불해야만 겨우 최소한의 공공서비스를 향유할 수 있다.

[창조적 계급의 등장]의 저자 리처드 플로리다(R. Florida)에 의하면, 과학자, 예술가, IT 기술자 등 새로운 창조계급으로 성장하는 사람들이 최근 경제적, 문화적으로 활성화된 도시들의 중심에 몰려들고 있는데, 이들 창조계급이 생활의 터를 잡고 살아갈 만큼 생태 친화적 공간과 다채로운 문화복지 서비스를 제공해 주는 도시가 자연히 국제 경쟁력을 갖게 되는 것이다.

문화는 도시민의 정서적 순화를 통해 범죄율 축소에도 기여한다. 미국의 작가 얼 쇼리스(E. Shorris)가 쓴 [희망의 인문학]에 소개된 클레멘트 코스에 의하면, 홈 리스 등 도시빈민을 대상으로 한 인문학 강좌 결과, 범죄율 축소와 더불어 출옥수들의 건강한 사회복귀에도 시민인문학 강좌 등 문화 프로그램이 일면 기여한 것으로 조사되었다.

2. 생활문화 공간의 다각적 확보

우리가 문화를 얘기할 때 흔히 빠지는 오류 중 하나는 문화를 너무 거창한 고급문화로만 생각하는 점이다. 우리는 오페라, 뮤지컬, 유명한 외국화가의 전시회 등 부담되는 입장료와 비싼 옷으로 치장해야만 입장이 가능한 그런 곳만을 문화예술의 공간으로 생각하기 쉽다. 문화를 이렇게 편협하게 해석해 잘못 수용하면 구매력 있는 유산계급만이 문화를 향유하고 경제능력이 떨어지는 사람들은 문화향유의 동등한 기회를 보장 받지 못하게 된다. 예컨대 자사 주관으로 열리는 문화공연을 홍보하기 위해 언론에서 마구 떠들어대지만 작품성이나 예술성은 그에 훨씬 못 미치는 상업 뮤지컬이나 외국 성악가 연주회 등에 고급 옷으로 치장하고 입장한 뒤 별로 감동적이지 않은데도 건듯하면 기립박수를 보내야만 예술을 이해하는 듯이 착각하는 일부 돈 가진 자들의 어설픈 문화소비 풍조가 가끔 목도된다. 그렇게되면 문화서비스의 접촉비용이 올라가고 문화의 소비는 너무 불공평해진다.

문화는 그것을 향유하려는 사람들에게 마음의 휴식과 정서적 안정, 나아가 새로운 것에의 창의적 힌트를 줄 때 그 사회적 기능을 다하는 것이다. 그런 점에서 보면 구매력 있는 사람만이 누리는 값비싸고 왜곡된 문화 개념은 매우 곤란하다. 여기서 우리는 누구나 쉽게 다가갈 수 있고 그 소비에 큰 비용을 지불하지 않아도 되는 그런 문화, 즉 생활문화라는 것을 한번 정립해 볼 필요가 있다.

집 근처에 바로 공원, 작은 도서관, 서점, 마을문화회관이 위치하도록 주거공간을 문화적으로 재구성하면, 훨씬 더 문화 지향적인 일상생활이 가능해진다. 반드시 디지털 정보도서관이 아니더라도 필수 도서들을 잘 구비한 채 지역적으로 골고루 분포되어 있는 동네 도서관에 마음껏 출입해 보는 것은 큰 의미가 있다. 도서관 한 구석에 커피향이 가득한 조그만 카페가 소박한 모습으로 자리 잡아 책을 자유롭게 읽으며 커피 마시는 분위기를 즐길 수 있으면 더욱 좋겠다. 화려하진 않지만 자연적 정서를 듬뿍 담은 도시근린 자연공원을 가까운 곳에서 맛보는 것도 한 방법이다. 비싼 우레탄 트랙이 깔리지 않더라도 부드러운 흙길을 조성해 시민들이 집 근처에서 운동에 전념할 수 있도록 소박한 생활체육시설을 많이 만드는 것도 우선되어야 한다.

향후 도시 재개발이나 신도시 건설에서 이런 공간(재)배치가 필히 응용, 실천되어야 할 것이다. 단, 주거공간의 재구성 과정에서 가급적 돈이 덜 들게 이를 추진해야 하므로, 현존하는 공공시설인 지방의회 의사당, 시청 건물, 마을회관, 학교, 지하철 공간, 동사무소 건물 등의 적극적 활용이 요망된다. 우리는 마음만 먹으면 얼마든지 이들 시설 (혹은 그 일부)을 생활문화 시설로 활용할 수 있다. 이런 생활문화 시설은 우리가 생각한 것보다 훨씬 가까운 곳에서 존재할 수 있다.

예컨대 동사무소의 기존 예비군 중대 사무실을 리모델링해 마련된 작은 도서관을 찾아가 보자. 대학 도서관이나 시립 도서관보다는 규모도 작고 소장도서의 수도 적지만, 우리가 집문을 열고 나가 몇 발자국 걸으면 동네 곳곳에 이런 아담하고 소박한 규모의 도서관들이 우리를 얼마든지 반겨줄 수 있다. 그림 전시도 꼭 시립 미술관이나 문예회관에서만 하는 것은 아니다. 서울 성북동에 가면 기존 동사무소 건물을 구립 미술관으로 리모델링해 재활용하는 경우를 볼 수 있다. 큰 전시관이나 사설 화랑의 경우는 건물 대관료가 만만치 않은 데, 기존 건물을 재활용한 이런 미술관은 지역의 가난한 무명화가나 문화예술 아마추어들의 작품을 소개하는 실용적인 지역문화 공간이 될 수 있다.

김찬호와 오태민은 이런 문화 최소단위론에 입각해 문화의 자급자족을 권장한다.[168] 자기 삶의 진솔한 표현이야말로 가장 순수하고 값진 예술작품이다. 따라서 지역출신 아마추어 작가와 화가들의 작품 전시회가 더 많아져야 한다. 마을회관, 문화회관 등 기존의 공공시설이 이들 전시회의 상설공간으로 무료로 제공될 수 있으면 좋겠다. 이를 통해 우리는 기존의 문화 소비자라는 수동적 자세에서 벗어나 자기가 좋아하는 그림, 조각, 판화, 서예를 열심히 배우고 또 그 배운 흔적들을 동호인 공동의 작품 전시회를 통해 친지들에게 자랑하며 사람답게 사는 즐거움을 누리는 생비자(生費者: prosumer)로 존재상승할 수 있다.

최근엔 길거리 공연도 많아진다. 사람들이 많이 모이는 곳곳에서 간혹 길거리 공연이 이루어져 지나가는 사람들의 발길을 잡고 그들의 박수를 유도해 낸다. 몇 년 전 필자가 사는 동네의 조그만 공원에서 펼쳐진 호주 행위예술단 필드(Field)의 공연은 팀원의 일원인 여배우의 퍼포먼스가 관람 중인 필자를 대상으로 이루어졌는데, 공연팀과의 일시적 조우로 인해 필자 개인적으로는 매우 감동적인 공연을 집 근처에서 볼 수 있었다. 도심 광장에서 거행된 한 볼륨댄스 공연 팀의 사진도 볼 때마다 미소를 짓게 한다.

상업기관 주최의 영리목적의 문화행사보다는 시민단체가 주도적으로 저렴하면서 시민 친화적인 문화공연을 더 많이 계획하는 것도 필요하다. 예컨대 2004년도 경기도 남양주시의 '한 여름밤의 꿈 국제행사'는 남양주 시민들 주도로 기획된 행사였다. 이에 찬동해 정태춘,

안치환 등 출연 가수들은 기꺼이 무료로 축하공연하며 관객들과 공연을 즐겼고, 시민 주도의 문화행사라는 참뜻을 수용한 세계 공연단체들의 적극적 화합도 두드러졌다.

생활문화 공간은 이외에도 얼마든지 확산 가능하다. 생활문화 공간 중 우리에게 긴요한 것 중의 하나가 녹지공간이다. 건축가이자 국회의원을 지낸 김진애에 따르면, 오래된 동네의 좁은 골목길을 걷다 보면 많은 집문 앞에 이것저것 놓인 화분들이 있는데, 이런 화분 속에 핀 각종 꽃과 풀은 어떻게 보면 인간적이고 친근한 또 하나의 동네정원을 조성해낼 수 있다. 부자만이 자기 집 넓은 마당에 큰 정원을 둘 수 있는 것은 아니다. 비록 빈한하지만 집 앞에 화분을 두고 꽃을 가꾸려는 서민들 마음속에도 희망과 여유의 뭉게구름은 얼마든지 피어나며 조그맣지만 매우 의미 있는 동네정원을 만들어 낼 수 있다.

강북의 오래된 산동네나 섬마을에 가면 공공미술 차원에서 동네 담벽에 그 동네를 상징하는 재미있는 그림들이 그려져 있는 것을 발견할 수 있다. 예컨대 종로 낙산 길 위의 전봇대엔 달팽이 그림과 함께 '천천히'라는 글귀가 걸려 있어, 더운 여름 날 힘겹게 고갯길을 오르는 사람들에게 마음의 위로를 주고 있다.

생활문화의 창출과 관련해 하나 더 생각해 볼 수 있는 것이 바로 공공 디자인이다. 우리의 거리는 자기만의 이익 홍보를 위해 어지럽게 널려져 있는 각종 간판들로 덮여있다. 그러나 최근엔 간판의 규격과 색채를 종합적으로 고려하며 세련되게 디자인해 건물마다 간판설치를 통일시키는 간판정비 사업이 전개 중이다. 이를 통해 우리는 한층 정리되고 깔끔한 외관을 갖추면서도 간판의 전달메시지 능력 또한 크게 향상된 새로운 느낌을 갖게 된다.

서울 정동 골목에 가면 자기가 찾아가고자 하는 건물의 그림을 그러서 방향을 알려주는 이정표가 보도블록 위에 설치되어 지나가는 사람들의 눈을 즐겁게 해주고, 주변 건물들도 자신을 크게 드러내진 않지만 각각의 특징들을 요령 있게 보여주며 전체적으로 조화를 이루는 것을 보게 된다. 우리는 이런 새로운 도시풍경 속에서 디자인의 공공성이 우리 주변을 더 품격 있고 격조 높게 만들어 주는 것을 몸소 체험하게 된다.

이런 점에서 보면 이른바 클래식이라는 고급문화만이 문화의 전부인 것처럼 존재하며 돈 없는 사람들을 마구 주눅 들게 하는 사회풍조는 정말 그릇된 것임을 알 수 있다. 또 10대가 장악한 TV 채널 속에 나와 꼭두각시처럼 춤추며 국적불명의 노래를 부르는 가엾은 청소년들의 대중음악에 오염되는 현실에서도 자유로워질 수 있다.

우리가 마음만 먹으면 큰 돈 들이지 않고도 우리들 삶의 어두운 현실에 희망과 위안을 줘 삶의 여유와 삶의 질을 증진시켜주는 생활문화를 쉽게 만들어낼 수 있겠다는 생각을 해본다. 결국 우리가 마음의 여유를 갖고 문화의 스펙트럼을 넓혀 나가며 생활문화의 창출에 노력할 때, 문화서비스의 향유는 우리의 기본 시민권으로 한층 더 빨리 자리 잡을 것이다.

3. 문화 향유의 민주화, 프로슈머화

우리는 디자인이 매우 세련되고 멋진 큰 도서관이나 웅장한 미술관 건물, 대형 공연장이 시내 한복판에 들어서길 희망한다. 한 도시의 랜드 마크 역할을 하는 멋진 대형 문화예술시설의 도심 입지를 선호하고 그것의 등장을 매우 자랑스러워한다. 그것은 도시를 대표하는 랜드 마크가 되어 국내외적으로 많은 사람들이 방문하고 싶은 명소가 될 것이다. 덕분에 도시는 생기를 얻고 발전할 수 있는 물적 기반을 더욱 다질 수 있다.

문제는 문화예술시설이 이처럼 도심 한 복판에 단 몇 개만 존재한다면 어쩌다 시민들이 이곳을 방문하려고 해도 큰마음 먹어야 하고 일부러 시간을 내어 버스나 지하철 타고 도심까지 나와야 하는 수고로움과 불편함이 따른다는 점이다.

그런 점에서 보면 문화예술시설은 도시의 랜드 마크로 화려하게 존재하는 것도 의미 있지만 사람들 사는 동네나 인근에 작은 규모로나마 골고루 들어서는 것도 중요하다. 즉 물리적 거리감을 차단해 심리적 접근도를 좁혀줘야 사람들은 동네 마실가듯 문화예술시설을 자주 애용할 수 있다. 집 문을 열면 몇 분 걸음 거리에 이런 시설들이 작지만 곳곳에 있다면 우리는 정말 동네 마실가듯이 아주 편한 마음으로 자주 도서관에 가서 책도 보고 DVD도 빌려 볼 수 있다. 인근 마을회관에서 저렴한 비용으로 문화적 욕구를 충족하며 아름다운 추억을 새길 수도 있다.

문화부 기자 박태성은 이런 점에서 "문화를 뙤약볕 아래 나무그늘"로 정의한다. 한여름 무더위가 찾아오면 뙤약볕 아래 나무그늘을 그리워하듯이, 고된 하루 일과를 마치고 인근의 문화시설을 찾아가 머리를 식히고 마음을 내려놓으며 재충전하면, 내일을 버틸 힘과 번뜩이는 창의력을 도모할 수 있다. 문화는 관의 엄청난 예산을 이용해 도심 한복판의 스펙터클한 랜드 마크로 존재할 수도 있지만, 뙤약볕 아래 나무그늘처럼 사람들 곁 곳곳에 포진하는 것이 더 정답이 아닐까? 그래야 "나를 키운 것은 동네도서관"이라고 말한 빌 게이츠(Bill

Gates)같은 사람들이 우리 주변에서 더 많이 나온다.

문화시설 입지의 논의와 함께 문화공급주체에 대한 새로운 생각도 필요하다. 문화서비스의 공급을 관에게만 맡기는 것은 문제의 소지가 있다. 물론 문화행정 차원에서 관에 일정부분 문화공급의 책무가 있는 것은 당연하며 이를 위해 시민들은 관련 예산의 동원과 활용을 충분히 승인해 준다. 그러나 관 주도의 문화행정은 자칫 국화빵 제조기의 결과를 낳기 쉽다. 문화예술을 좋아하는 공무원이 이 일을 맡아야 무엇이 바람직한 문화행정인지 진지하게 고민하며 창조적으로 사유하고 발로 뛸 수 있다. 그래야 지역의 문화수요에 맞춤형 식으로 접근해 들어갈 수 있는데, 우리 공직사회의 현실은 승진에 보다 유리한 쪽으로의 보직경쟁 때문에 근무연한 등 경력 순에 따라 순환보직이 이루어지는 경우가 많다 보니, 문화행정에 아무 흥미도 열의도 없는 공무원이 순환보직에 따라 문화행정 일을 맡게 되는 경우도 적지않다. 그러면 일에 열정이 없고 그저 위에서 시키는 대로 혹은 다른 지역에서 한 것을 그냥 베끼는 일처리가 되기 쉽다.

관 특유의 예산타령 때문에 돈이 없으면 한 발짝도 안 움직이는 행태도 쉽게 근절되지 않는다. 승진이나 인사고과에 직접 관련되지 않으면 소극적 일처리에 자족하고 만다. 일천한 자치역사 때문인지 자치단체장의 단기적 업적 챙겨주기 차원에서 문화시설의 확충, 즉 문화예술시설의 물리적 인프라나 하드웨어 구축에만 치중하기도 한다. 문화시설 내의 콘텐츠 확충보다는 외양의 껍데기 갖추기에 급급하니, 주민의 문화수요 충족보다는 지역내의 토건업자 배불리기 결과만 낳을 우려도 있다.

지역경제 활성화 차원에서 문화에 대해 너무 산업적 접근만 하는 관의 문제점도 배제할 수 없다. 어디까지나 문화는 시민들이 일단 즐기고 활용해 행복한 시민생활을 지향하게 하는 원동력으로 만드는 것이 제일의 덕목이다. 그런데 값싼 경제논리에 치우쳐 문화 콘텐츠 개발과 문화산업 진흥 쪽으로만 성급히 예산을 쓰다 보니 문화의 생활화가 뿌리내리지 못한다. 어디까지나 시민들이 문화 서비스를 한껏 향유하고 생활 속에서 그것을 즐기며 행복한 삶을 누리다 보면 그 행복 바이러스가 외부로 퍼져 나가 다른 지역 사람들, 심지어는 외국 관광객이 그것을 맛보려고 그곳을 일부러 찾아오고 방문하는 것이 순리이다.

단견적으로 문화산업쪽으로 나가다 보면 주객전도가 되기 쉽고 그 결과 소 잃고 외양간 고치는 격이 될 우려가 있다. 그런 면에서 관-민 거버넌스 식 운영이 긴요하다. 시민의 문화수요를 정기적으로 조사해 문화시설 확충과 운영에 체계적으로 반영할 필요가 있고, 문화 서비스의 공급에 시민의 아이디어, 자원봉사와 재정기부를 담아 낼 수 있는 관-민 협치의 프레임 마련이 필요하다.

소수의 전문적 생산자가 문화서비스 공급을 독점하는 문화권력도 견제할 필요가 있다. 상업 뮤지컬 같은 것을 보려고 비싼 티켓 값을 강요받고 드레스 코드에 온갖 신경을 쓰며 공연 중 언제 박수칠지 남의 눈치를 과도하게 보는 것은, 문화에 대한 잘못된 정의에 따라 문화 공급자의 범위를 우리가 너무 좁게 잡다보니 파생된 문제들이다. 우리가 마음먹기에 따라 또 우리의 기획 의지에 따라 우리는 저렴하게 혹은 무료로 공연장 안팎에서 일상의 옷차림, 심지어는 등산복 차림으로도 공연을 즐길 수 있다. 정말 문화예술에 올인하는 문화예술인이라면 비싼 티켓을 사는 사람에게만 자신의 예술을 보여주지 않는다. 그리고 드레스 코드를 고집하지도 않는다. 언제 박수쳐야 하는지 눈치 보는 사람보다는 편한 마음으로 자신의 공연 연주를 스펀지

208

처럼 한껏 빨아들이며 진정한 마음으로 가장 열렬히 박수 치는 관객을 가장 사랑할 것이다.

우리 스스로가 문화소비자의 소극적 자세에서 벗어나 나를 자유롭게 표현하기 위해 문화생산자로 나설 필요도 있다. 평범한 사람이지만 내 스스로가 악기를 밤낮으로 연습해 남 앞에서 연주할 수도 있고 어설프지만 곡과 가사를 써볼 수도 있다. 어줍지만 스스로 열심히 그림을 그리거나 붓글씨를 쓴 뒤 동네 미술관에 공동으로 전시해 볼 수도 있다. 종래의 문화소비자가 문화생산자도 되어보는 그런 문화 프로슈머 자세가 문화의 생활화를 앞당기고 소수의 문화권력에 의해 높게 세워진 문화 민주화의 장벽을 무너뜨릴 수 있다.

4. 개발공간이 아닌 장소로서의 도시 자리매김하기

우리가 가끔 바람 쐬러 나가는 도심엔 신간서적을 통해 최근의 출간동향과 세상의 관심사를 한눈에 파악할 수 있는 서점들과, 그림이나 조각을 공짜로 실컷 구경할 수 있는 화랑이 즐비하다. 이곳저곳의 활기찬 대로(大路), 아무데나 불쑥 찾아들어가도 반갑게 맞아주는 작은 골목들이 저마다의 특색을 자랑한다. 지나가는 사람들의 얼굴표정과 옷매무새도 각양각색인지라 어지러운 머리를 식히고 빠질 듯 아팠던 눈을 쉬게 하기에도 안성맞춤이다.

역사가 서린 구도심에 가면 아기자기한 가게들과 고풍스런 동네 속의 정취가 물씬 풍겨온다. 시장통에서 사먹는 음식과 떡 맛도 참 좋다. 자유분방한 사람들 동선의 부딪힘이 주는 역동성과 삶의 활기도 낯설지 않고 이것저것 진귀한 물건들을 실컷 눈요기할 수 있다. 가끔 빈대떡에 막걸리 한잔의 풍요도 언제나 보장된다. 요새는 시내에서 외국 사람들도 정말 눈에 많이 띈다. 중국인, 일본인은 물론 서양 관광객도 부쩍 늘어난 느낌이다.

우리는 그곳에서 무거웠던 마음을 내려놓고 오랜만의 자유로움과 여유를 맛본다. 가끔은 꽁꽁 닫혔던 머릿속에서 기발한 생각이 문득 떠오르기도 한다. 그러면서 이 모든 것들이 주는 여유로움과 평온함, 또 새로운 사유의 흔적에 고마워하고 한동안 그것들이 내 몸과 마음에서 빠져 나가지 못하도록 스스로에게 주술을 건다. "이곳의 멋진 정경과 자유로운 공기가 삶에 지친 저를 쉬게 하시고 못난 저의 마음에 한줄기 빛이 되게 하소서"

도시는 여러 가지 얼굴을 가진다. 누군가에겐 먹고사는 문제를 해결해주는 일터가 있는 곳, 누군가에겐 생활에 필요한 각종 정보와 지식을 얻는 학교 같은 곳, 또 누군가에겐 일상에서 벗어나 휴식과 재충전을 할 수 있는 문화가 있는 곳 등등. 도시가 갖는 위의 모든 가치가 다 소중하다. 우리는 이곳에서 일자리를 얻고 많은 것을 배우고 지친 일상의 휴식처도 마련할 수 있다.

한 가지 아쉬운 점은 요즘 일터로서의 도시 역할이 급속도로 줄거나 아니면 특정계층에게만 한정된 의미를 갖는 점이다. 도시 안에 다양한 일터가 생겨 그것들이 더 많은 사람에게 제공되었으면 한다. 창조경제든 뭐든 사람들의 역동성과 지혜가 모이고 쌓여 그것이 사업 아이템으로 구체화되고 일거리로 환생해 소중한 일터들을 많이 생성했으면 한다. 그래서 많은 젊은이들이 아침부터 활기차게 하루하루를 열심히 살아내고 저녁이 되면 시내 이곳저곳에서 몸과 마음을 쉬며 내일을 기약하며 재충전할 수 있길 바란다.

더 나아가 도시가 크고 딱딱한 건물과 자동차 우선의 큰 길로 상징되는 물리적 공간(space)이 아니라 우리에게 개인적인 기억과 멋진 추억이 서린 마음의 장소(place)가 되었으면 한다. 우리들 삶의 어느 순간에서 누구와 따뜻한 인연을 맺고 소중한 약속을 했던 곳, 지친 마음에 큰 용기를 얻게 해준 그런 개인적 사연이 담긴 곳, 그래서 가끔은 잊혀진 자기 존재를 확인하기 위해 다시 가보고 싶은 그런 추억과 인연이 있는 곳들이 시내에 많이 있으면 좋겠다.

우리의 생(生)이 돈, 힘, 직함 등 외양적 잣대로만 평가되고 재단된다면 얼마나 삭막하고 재미가 없겠는가! 또 얼마나 억울한가! 그런 것 하나 없어도 남들과 뜻을 같이했던 정신적 공유, 사람들에 대한 마음으로부터의 사랑, 특정 장소와의 소중한 인연이 우리의 삶을 여유롭게 하고 마음을 더 풍요롭게 해준다면 얼마든지 이 풍진 세상을 멋지게 살아낼 수 있는 힘을 얻을 수 있다. 이미 도시의 이곳저곳은 그런 장소로서의 잠재적 매력을 내재하고 있다. 그 잠재적 힘을 현실로 변환시킬 수 있는 우리의 힘찬 실천이 오늘 우리에게 신선한 숙제로 다가온다.

5. 종합정보센터이자 지역문화공간으로서 공공도서관의 활성화

공공도서관은 공중의 정보이용, 평생교육과 문화활동 증진을 목적으로 활동하는 지역문화기관이다. 1995년에 제정된 유네스코 공공도서관 선언의 내용처럼, 공중의 정보, 문화, 교육을 위해 국가와 지방자치단체가 세운 공공도서관은 모든 수준의 공공교육과 독자적 학습의 지원, 모든 종류의 지식과 정보에 쉽게 접근할 수 있는 정보 저장고, 아동의 독서습관 육성, 지역 문화예술 발전의 구심점 등 다종다양한 지역의 요구에 부응해야 한다. 특히 지역 내 소외계층은 도서관의 온라인과 오프라인 채널을 통해 취업정보 등 지식과 정보의 격차를 해소하거나,[169] 사회적응과 자존감을 높이기 위해 인문학 코스 등 심리적 안정을 취할 수 있는 배움공간을 공공도서관에서 찾는다. 따라서 종합정보센터로서의 공공도서관을 육성해 지역주민이 필요로 하는 정보와 서비스 제공 등 국민 문화 향유권을 신장해야 할 것이다.

실제로 선진국의 도서관들은 모든 문화활동을 무료로 할 수 있는 곳이다. 많은 책을 보유하고 있을 뿐 아니라 DVD, 오디오 북, 클래식 CD 등도 쉽게 대여해 준다. 그리고 독서 모임방, 외국어 공부 클래스를 무료로 열고 영화상영 등 문화행사를 자주 벌여 지역의 문화생활 메카로 자리 잡고 있다. 따라서 도서관 자체가 도시에서 큰 의미를 지닌다. 저렴하지만 알차게 문화생활을 할 수 있는 곳이기 때문이다. 자원봉사 사서들이 좋은 책도 추천해 주고 공증(公證) 서비스나 여권발급 대행도 무료로 도와주기도 한다.[170] 이렇게 도서관 시스템이 제대로 작동되니 도서 회수율 100%에 이르는 성숙한 시민의식도 가능해진다.

문화 빈곤국인 우리나라의 공공도서관은 아직은 지역문화 유기체로서의 제 역할을 수행하지 못한 채, 입시나 취업준비를 위한 공부방이나 단순한 지식과 취업정보를 얻기 위한 곳, 기껏해야 일부 문화예술 프로그램을 일시적으로 맛보는 곳으로 인식되고 있다. 도서관 서비스도 책을 빌리고 열람하는 것과 몇몇 문화활동에 국한될 뿐 주민들의 생활문화 충족이나 평생교육에 크게 기여하지 못한다.[171] 최근엔 평생학습의 장이라는 명분 아래 기존 도서관들을 평생학습관으로 명칭을 변경해, 그나마 일부 공공도서관을 도서문화의 진흥을 위한 도서관법의 적용대상에서 배제시키는 문제도 발생했다. 지방자치 실시 이후 공공도서관의 운영권한이 지방자치단체로 넘어가자 지방자치단체들은 예산부족을 이유로 공공도서관을 위탁경영 대상으로 전락시키기도 한다. 이로 인해 공공재로서의 도서관 본연의 공공성이 크게 약화될 소지도 있다.

자연히 공공도서관에 대한 시민의 반응은 부정적이다. 2011년에 한국갤럽 등 5개 여론조사기관과 행정서비스 시민평가단이 서울시민 2만 1천7백 명에 대한 방문면접을 통해 서울시 행정서비스 만족도를 조사한 결과에 따르면, 자치구와 시교육청 소관의 공공도서관에 대한 종합 만족도는 66점으로서, 같은 조사대상인 지하철과 민원행정, 보건소, 보육시설 등 10개 분야 중에서 최하위를 기록했다. 조사결과를 구체적으로 살펴보면, 문화교양 프로그램의 다양성과 충실도를 묻는 도서관 문화 프로그램에 대한 만족도가 63.1점으로 가장 낮았고, 사전 홍보와 접근성 부족이 64.1점, 이용시간과 자료검색의 편리성, 실내 정숙도 등 운영 관리 점수도 69.1점에 불과했다.

향후 공공도서관들이 인터넷 등 유사한 기능을 수행하는 정보제공 매체들과의 치열한 경쟁을 이겨내고, 열악한 지방재정을 이유로 위탁경영을 수행하려 하는 지방자치단체들의 변칙 운영을 막으며 공공재로서의 존재가치를 다하기 위해선, 우리가 공공도서관의 존립 당위성과 존재이유를 다시한번 견지할 필요가 있다.

그렇다면 공공도서관이 공중 교육 및 문화의 핵심 인프라로서 제자리를 잡게 하는 방법은 무엇인가? 문헌정보학자 도태현은 "도서관은 다른 곳엔 없는 것들이 반드시 있는 곳이 되어야 한다"라고 주장한다. 내 집엔 없지만 도서관에 가면 내가 필요로 하는 것들이 일목요연하게 다 구비되어 있다면, 공공도서관의 존재이유는 분명해지고 그 존재가치 또한 커져서 많은 사람들이 이용할 것이다. 사람들은 도서관의 폐지나 축소 혹은 도서관이 자기 지역 내에 빨리 설립되지 않은 현실에 항거하는 시위라도 벌일 것이다.

'다른 덴 없는 것이 있는 곳'이라는 도서관 특유의 존재가치를 확립하기 위해선, 먼저 도서관 존립의 당위성 확보를 위해 종합정보제공센터이자 지역문화 구심체로서의 자기역할 재인식과 도서관 종사자들의 정확한 서비스수요 예측이 전제되어야 한다. 시설 위주의 기존의 도서관 평가보다는 이용자의 만족도와 서비스 질을 중심으로 한 정성 평가지표의 재구성도 요구된다. 그리고 이용자 대상별 서비스의 충실화와 교육문화 프로그램의 확충 등 콘텐츠의 질적 보강이 필요하다.

도서관에의 물리적 접근도를 높이기 위한 작은 도서관의 지역별 설치와 중앙-분관 연계체제의 효율적 확립도 요구된다. e-서비스 환경의 조성을 통한 도서관 이용절차상의 인프라 보강, 질 높은 서비스 제공을 위한 전문사서의 확충은 물론, 도서관 이용자의 인식전환과 도서관 운영과 기금조성에의 주민참여를 강화하기 위한 도서관 운영 거버넌스의 신속한 구축도 차제에 종합적으로 이루어져야겠다.[172]

214

14. 생태 지킴이: 생태윤리의 수용과 생태 친화적 정책설계

1. 생태위기의 치유를 위한 생태윤리의 정책적 수용 필요성

인류문명 발전사의 이면은 생태계 파괴사이기도 하다. 환경사회학자 던랩(R. Dunlap)은 자연환경의 3 기능으로 삶의 공간, 자원공급창고, 폐기물 저장소 기능을 드는데, 문제는 우리 인간이 단기적 개발이익의 유혹에 빠져 이 생명의 장소에서 자원을 과도하게 철회하고 폐기물을 지나치게 첨가한 결과,[173] 지구 생태계의 수용능력을 넘어 드디어 비가역성(irreversibility)의 명제에 직면하게 되었다는 것이다. 생태계의 파괴는 일단 발생하면 되돌릴 수 없게 되는 것인데, 이는 암(cancer)의 전이와 비슷해 처음엔 별 증상이 없다가 치료시기를 놓치고 죽음에 이르는 것과 유사하다.

일찍이 프랑스의 작가이자 외교관인 샤토브리앙(F. Chateaubriand)은 "문명 앞에 숲이 있지만 문명 뒤엔 사막만이 남는다"라고 경고한 바 있다. 인류가 뭔가를 도모하기 위해 지나치게 지구에 빼고 더하기를 많이 한 결과 생태계 파괴라는 전염병이 창궐한 것이다. 문명의 향유를 향한 우리 인간의 과속이 한땐 불광불급(不狂不及)의 격언으로 받아들여진 시간이 있었지만, 이젠 과유불급(過猶不及)의 교훈이 우리의 생태문제 풀이의 정답이 되고 있다.

이미 환경오염 문제는 지역의 국지적 문제를 벗어나 전국적 문제, 아니 범지구적 차원으로 확대되었다. 지구의 역사를 1년 365일에 대입힌 코즈믹 달력에 의하면, 지구 48억년 역사 중 인류의 출현 시기는 마지막 날인 12월 31일 오후 10시 반이고, 인류의 3백년 산업화 역사는 자정을 바로 앞둔 2-3초의 순간에 불과하다. 극히 짧은 순간에 지구 생태계는 파괴되고 말았다.

영국의 역사학자 윌리암스(M. Williams)의 책 [지구의 산림고갈] (*Deforesting the Earth*)에 따르면, 지난 50년 동안의 산림파괴가 인류출현 시부터 1950년까지보다 더 심각하다. 그래서 2005년에 발표된 [UN 밀레니엄 생태계 평가보고서]에 의하면, 이에 대한 별 대책이 없는 한 향후 30년 내에 생태계 파괴는 더욱 가속화될 전망이다.

우리는 이미 오일정점(peak oil)의 시대를 넘어섰음은 물론, 일본 아사히 글래스 재단이 발표한 바에 의하면 인류의 환경위기시계는 9시33분이다. 밤 12시가 되면 결국 인류는 파국을 맞게 된다. 영국의 저명한 경제학자이자 세계은행 수석연구원인 스턴 경(Sir N. Stern)은 "기후변화는 자본주의의 최고 실패요인"이라고 비판한다. 즉 인간의 탐욕에 따라 지구에의 지나친 철회와 영혼 없는 첨가가 삶의 공간을 파괴했고, 그 결과 어머니 지구의 아픔이 홍수, 가뭄, 슈퍼태풍, 토양 및 해양 사막화로 나타나는 것이다.

이제 원유, 석탄 등 화석연료를 상징하는 블랙 컬러에서 벗어나 생명의 색깔인 그린 컬러 쪽으로 교육의 방향이나 국가정책의 방향이 다 바뀌어야 한다. 궁극적으로 사회전체의 생태적 전환이 요구된다.

단 녹색 뒤에 숨은 블랙의 영향력을 경계해야 한다. 이른바 분리수거의 의무화를 통해 소비자에게 환경문제 책임을 전가시키는 녹색세탁, 또 에비앙 등 비싼 물의 산업화, 유기농 식품으로 인한 물가 급상승 등 녹색 상업주의에 대한 경계가 요망된다.

무엇보다도 21세기 환경의 세기를 맞아 자라나는 어린 새싹들의 옷에 생명의 색인 녹색 물감을 들여야 한다. 3살부터 고객충성을 시켜 1318의 꽃다운 나이에 자본주의의 노예를 만들어 쇼핑몰을 배회하게 만드는 쇼핑몰의 사원(寺院)화를 경계하고 이들을 생태 지킴이로 전환시키기 위한 생태교육이 필요하다. 세살버릇 여든까지 가기 때문이다. 그러나 생태교육을 시켜야 할 우리 성인들은 한없이 부끄러울 뿐이다. 난개발 논리에 빠져 미분양 아파트가 속출하지만 우리는 계속 지어댄다. 생태주의 시각에서 한국사회를 진단하는 우석훈이나 송기역의 지적처럼 한국 토건국가의 경로는 4대강-->땅속-->산-->섬을 계속 향한다. 과연 그 종착역은 어디일까?

더욱이 문제는 우리가 아직도 과학기술의 문제 해결력에 의존해 환경문제를 처리할 수 있다는 지나치게 낙관론적인 환경개량주의나 환경관리주의에서 헤어 나오지 못하고 있는 점이다. 피크 오일 시대인데도 아직도 더 자연을 파헤치고 자연에 더 갖다 버리는 경로의존성을 치유하지 못하는 철학의 빈곤과 영혼 없는 정부의 일거수일투족이 여전하다.

왜 과학기술만 갖곤 안 되고 자연에까지 윤리를 확장할 필요가 있는가? 자연 생태계는 오랜 세월동안 진화해 가장 안정되고 균형 잡힌 질서라는 점이다. 그 결과 자연의 지금 이 상태가 스스로 그러한 (self-so) 최상의 상태(now=the best)이다. 따라서 지나친 인위와 작위가 그 균형을 깨버리기 쉽고, 일단 그 균형이 깨지면 암과 같이 별 증상이 없다가 문턱을 넘으면 생태계에 비가역성을 초래하게 되는 것이다.

여기서 환경과 생태의 차이점을 규명해야 한다.[174] 먼저 환경(environment)은 자연을 나를 둘러싼 단순한 주변으로 보는 것이다. 즉 나에게 영향은 주지만 내가 얼마든지 제어하고 통제할 수 있는, 또 필요할 경우 나의 발전을 위해 얼마든지 이용 가능한 수단으로 인식하는 것이다. 이러한 자연의 주변화, 도구화는 도구적 자연관과 인간중심주의 세계관을 낳고, 물질문명의 긍정 속에 '많을수록 더 좋다'는 공리주의와 기술공학적 사후 치유책에 안주하게 만든다. 그 결과 인간은 생태계의 우두머리로서 생태계의 최고점에서 호령하는 무소불위의 존재가 된다. 자연에 대한 인간의 모든 행동은 정당화된다. 즉 자연 따윈 안중에도 없이 자연과의 관계성을 부정하는 인간 존재론적 시각이 만들어진다.

이에 논리적 근거를 대준 사람들이 근대의 대표적 지식인이었다. 베이컨(F. Bacon)의 '아는 것이 힘이다'란 말은 인간이 자연개발용 정복지식을 축적하게 했고, 로크(J. Locke)의 사유재산 정당화 논거는 인간으로 하여금 땅에 개발흔적을 남기면 그 땅들이 다 그의 소유가 된다는 잘못된 토지 소유관을 심어주고 말았다. 예컨대 초창기 풍경화는 영주(領主)의 영지내 토지소유권을 보여주는 토지대장(土地臺帳)이었다고 한다.[175] 인간의 소유욕과 정복욕은 그 끝을 모르는 것 같다. 그 결과 자기만 아는 존재론에 터해 인간-자연의 분리적 인식에 그치는 이기적 소아(self)가 탄생했고, 자연은 기껏해야 자원(資源)으로서의 도구적 가치를 부여받을 뿐이었다. 이는 유럽의 해외 식민지 개척 역사에서도 여전했다.

유럽의 해외 식민지는 식민모국을 위한 벌목지, 단일 경작지의 기능 수행에 급급했다. 이런 피식민 역사로 인해 지금도 후진국은 식민지 경제구조를 청산하지 못하고 기후변화에 민감한 단일경작에 의존해 쉽게 경제위기에 직면하고, 식량난, 벌목 등 난개발을 묵인, 방조할 뿐이다. 특히 벌목, 광업, 플란테이션 경작을 위해 아마존 유역에 남미대륙 횡단고속도로가 건설되어 지구의 허파 하나가 곤궁에 빠져 있다. 일부 선진국의 정부는 광산, 어류남획, 지하수 개발에 보조금을 주어 환경파괴에 일조한다. 예컨대 미국 산림청은 종이와 목재의 가격인하를 위해 벌채회사에 보조금을 지급한다.176)

그리스 신화를 보면 에릭 스톤이라는 자가 나오는데, 풍요의 숲을 마구 벤 벌로 자기 팔다리를 뜯어먹다 죽는 어리석은 존재로 묘사된다. 생태 모니터링을 강조하는 김재일은 "그린벨트를 마구 풀고 세수 확장을 위해 난개발을 마구 허용하는 우리가 바로 그 꼴"이라고 안타까워한다. 우리가 단기 개발이익을 위해 던진 개발의 부메랑이 위험의 부메랑이 되어 우리에게 되돌아온 것이다.

반면 생태(生態)는 자연 속에서 사람이 살아가는 모양새, 또 그런 맥락에서 자연 속의 삶에 대해 오랫동안 축적되어 온 인간의 태도를 가리킨다. 이는 자연히 생물과 서식지 간의 관계를 중시하는 관계론적 접근에서 출발하며, 인간이 자연에 순응, 적응, 친화, 공존하며 살아가는 것의 불가피성을 전제로 한다. 동양 산수화를 들여다보면 자연 한 구석에 작게 그려진 채 고개를 들어 자연을 올려다보는 사람의 모습을 확인할 수 있다. 이처럼 생태 개념은 사람을 자연의 일부나 생태계의 일원(citizen)으로 보고, 생명 공동체적 시각과 전체론적 접근 속에서 인간-자연 관계를 재설정하는 관점이다. 따라서 여기선 양자의 관계를 존중해 자연을 신중히 이용하고 지나친 파괴를 제한한다. 생태적 관점은 자아-타자의 경계를 부정하는 관계론적 자아

(Self)를 낳는다. 자연 생태계는 '확대된 나'이며, 결국 인간의 본성 (nature)은 자연(Nature)과 일치하고, human(사람)—humus(흙)—humility (겸허)는 어원을 같이하는 말이 된다.177)

자연에 대한 이런 생태적 관점은 결국 생태적 전일성 속의 생태적 배태(존재)성을 알려준다. 일례로 북아메리카 원주민들은 "숲을 베면 곰, 언어가 사라지고 그러면 범고래가 줄어서 그것에 의존해 연명하는 인디언들이 타격을 받게 된다"라고 생각했다. 그래서 시애틀 추징은 후손 7세대에까지 미칠 영향을 고려해 자연 활용에 의사결정을 내려야 하며, 사람들이 땅에 속해 있음을 강조했다. 벌목을 반대한 인도의 칩코 안돌란 운동, 즉 나무 껴안기 운동도 이와 맥을 같이한다. 히말라야 갠지즈 강에서 자연에 의지하며 살던 인도 여성들이 외지 남성들의 무차별 벌목에 반대하며, "숲은 물, 식량, 생명이라오"라고 노래하며 "나무를 베려면 내 등을 찍으라"고 말하며 나무를 껴안았는데, 이는 자연—인간 관계망을 존중하는 강한 메시지를 전해준다.178)

숲의 경제적 가치만 계산하던 공리주의 산림공무원에서 생태계 보전을 개념화한 생태철학자로 변신한 레오폴드(A. Leopold) 역시, 땅이 우리에게 속하는 것이 아니라 우리가 대지에 속함을, 즉 인간—서식지 간 관계를 중시하는 생태적 관점에서 자연을 보며, 대지의 생명 피라미드를 존중해 땅에까지 인간의 윤리를 확장할 필요성을 피력하며 생태보전 사상을 제안한다. 브로우어(D. Brower) 역시 미국 정부가 관광 위락사업 촉진을 위해 그랜드 캐니언 국립공원에 도로개설 공사를 하자, "성당 천장의 그림을 잘 보려고 성당에 배를 띄우기 위해 성당 내부를 수장시키는 꼴"이라 비판하며 이른바 CPR(Conservation-Preservation-Restoration: 보존—보전—복원)을 주장했다.

우리에게도 이런 생태적 전통이 있다. 도선 국사에서부터 내려오는 한국의 자생풍수는 비보(裨補) 풍수라고 하는데, 이는 홍수, 범람지역, 절벽 아래 등 위험한 곳과 허(虛)한 곳에 탑과 절을 세워 어머니 자연의 병을 치유해 주는 등 생태적 배태성에서 비롯한 땅에 대한 새로운 해석이다. 이제 오일정점(peak oil) 시대를 맞아 우리는 더 이상의 천상(天上)의 지리학을 거둬들이고 어머니의 병 문안과 지극한 간호를 위해 눈높이를 낮춰 땅 위의 지리학, 치유(治癒)의 지리학을 행동으로 옮겨야 한다.179) 즉 종래의 도구적 자연관, 인간중심주의 세계관에서 벗어나 자연-인간 관계망을 인식하며 생태적 전환을 시작해야 할 시점이란 것이다.

결국 생태위기의 해결은 과학기술이 아닌 인간의 태도나 윤리의 문제이며, 여기서 우리는 자연에의 윤리적 확장 필요성을 공감하게 된다. 즉 그간 문명의 극대화에 과속을 즐겼던 불광불급(不狂不及)의 폐해를 성찰하면서 지나치면 안 하니만 못하다는 과유불급(過猶不及)의 교훈 아래 향후엔 지킬 것은 지키며 필요한 것만 겸손한 마음으로 이용하자는 것이다.

여기서 생태윤리의 정책적 수용 필요성이 제기되는데, 생태윤리는 인간이 자연과의 상생을 도모하려는 공동체적 행위규범을 찾고 그것을 실천하자는 것이다. 이는 타인 혹은 동물을 어떻게 다루어야 할지에 대한 인간중심적 사고를 넘어, 자연이 도덕적 배려를 받지 못하는 한 인류를 포함한 모든 생명공동체도 생존하기 어렵다는 절박한 인식 하에 자연세계를 적극 포용해야 할 윤리 확장의 긴박성을 뜻한다.180) 생태윤리는 이처럼 전체론적 시각에서 개개 생명으로부터 지구 생태계에 이르기까지 자연에의 윤리 확장을 도모한다. 캘리콧(J. Callicott)에 의하면, 진화론적 윤리확장은 인간 공동체에 그치지 않고 인간과 감정적 친밀감을 공유하며 특별한 관계를 맺고 있는 가축이나 재배식물 등의 혼합공동체를 넘어 생명공동체로 나아간다. 그는 첨가(accretion) 개념을 사용해 자연에 대한 가족의 의무, 주민으로서의 의무, 인간 공동체 구성원으로서의 의무, 나아가 생명 공동체 구성원으로서의 의무의 순서 대로 도덕적 배려대상을 확장하는 규범적, 이론적 틀을 제시했다.[181]

우리나라는 압축성장 덕에 물질적 삶의 조건을 빠른 시일 내에 만들어냈지만, 압축성장의 허울에 여전히 사로잡혀 단기적 개발이익을 좇는 개발광풍에 쉽게 휩싸이고 그 결과 난개발을 일삼는 토건국가로서의 성격이 강하다. 향후 토건국가적 망상을 지우고 인간－자연 간 상생을 지향하는 국가정책구도로 가기 위해 필히 주목해야 할 부분은 무엇인가? 정책을 일선현장에서 구체적으로 설계하고 실제로 관장해 나갈 공무원들의 업무철학과 실천의지이다. 환경을 보호하거나 파괴하는 실제행위의 귀착점은 공무원들의 세부적 정책결정과 구체적 정책집행에 의해 좌우되기 때문이다.

공무원들이 '만물은 하나'라는 생태적 전일(全一)성과 자신도 생태계의 일부라는 생태적 배태성에 대한 자각 아래, 자신의 잘못된 의사결정과 반(反) 생태적 정책집행이 위험의 부메랑이 되어 되돌아옴을 깨닫고 늘 자기 행동을 경계할 때, 인간－자연 간의 상생적 정책구도의 단초가 마련될 수 있다. 나아가 지역현장에서 공무원들이 단기적 개발이익의 향유보다는 반 생태적 정책집행의 흔적을 적극 치유하고 더 이상의 생태계 파괴를 막기 위한 사전예방 노력에 진력할 때 인간－자연 간 상생적 균형구도가 확립된다.

여기서 공무원들이 국토개발과 지역 생태계 관리에서 최소한 무엇을 해선 안 되고 무엇은 필히 적극적으로 도모해야 하는지 등 생태문제에 대한 공직윤리적 접근이 요구된다. 공무원들이 생태적 전일성에 대한 자각 아래 얼마나 생태 친화적 가치체계와 행동정향을 보이느냐에 따라, 국토개발 및 지역생태계 관리의 방향과 성격이 결정된다. 따라서 우리는 현 생태위기를 맞아 생태적 합리성을 제고하는 쪽으로 공무원들의 인식을 전환시킬 필요성에 주목하지 않을 수 없다. 생태문제 원인과 관련해 정부를 필요악으로 보던 기존의 인식틀을 뛰어넘어, 사회 전체를 생태적으로 지속 가능한 쪽으로 전환시키는 핵심기제로서 정부 관료제의 역할을 재설정할 필요성이 크다.[182]

한국에선 정부주도 아래 자연 생태계가 관리되므로, 생태윤리의 수용은 정부부문에서 더욱 긴요해진다. 현재 공무원들은 생태계 관리에 큰 영향을 주는 의사결정의 준거로서 법, 과학지식, 정부간 관계를 주로 활용하는데, 환경보전, 개발제한구역 관련 법해석의 충돌시 자주 관리상의 문제가 야기되고 책임소재를 놓고 중앙－지방 간에 심한 갈등에 빠진다.[183] 따라서 개발이익이 난무하기 쉬운 현장에서 과학기술과 법적 준거만으론 해결되지 않는 불확실성에 대처하기 위해, 공무원들이 생태적 전일성과 생태적 배태성에 대한 자각 아래 생태적 가치의 실천에 보다 책무감을 갖도록 구체적 행위규범과 세부 행동준칙을 만들어 제시해 주는 실천윤리로서 공무원 생태윤리 수용의 필요성은 매우 크다. 즉 세상만물은 서로 연결되어 있다는 생태적 전일성과 인간도 자연의 일부라는 생태적 배태성에 대한 철저한 자각이 우선되어야 하고, 과학기술의 부정적 측면이 야기한 생태계 파괴와 생명유린을 제어하기 위한 책임윤리 학습과 생태계 보전을 위한 자연과의 실질적 관계회복도 요구된다.[184]

2. 생태적 가치의 학습과 정부 진화에의 응용 포인트

제1부에서 논했듯이 지금 우리 사회에선 가장 사(私)적인 사람들이 돈과 권력에 힘입어 공(公)의 높은 자리를 차지하면서 부패가 만연하고 있고, 따라서 이런 잘못된 공의 질서에 대해 종종 정당성 의문이 크게 제기된다. 그 결과 공공성 부재의 위기는 심화되고, 대의제 하에서 선거일 하루만 빼곤 줄곧 노예적 삶을 강요하는 형식적 선거 민주주의, 돈과 권력에 약한 법치주의, 효율 지상주의 등 그간 정부가 추구해온 정책가치들은 시민들의 아픈 현실을 외면한 채 그저 위로부터 주어지는 껍데기 가치에 불과한 것으로 판명될 우려가 크다.

그렇다면 시민 삶의 현실을 반영하고 그것을 극복하는 데 보다 적실성을 갖는 대안가치는 어디에서 찾을 수 있는가? 그것은 아래로부터 피부로 체감할 수 있는 시민들의 생활가치에서 찾을 수 있다. 특히 아래로부터의 공(公) 만들기, 즉 함께 더불어 하는 공(共)에서 공(公)의 정당한 질서를 찾아내야 한다.

재미있는 것은 오랜 진화의 역사에서 축적된 자연생태계의 존재방식과 존재원리를 보면 숲을 비롯한 자연은 하나의 공동체 사회로서 공(共)에서 진정한 공(公)이 만들어질 수 있음을 보여주는 생생한 현장이라는 점이다. 즉 세상 속의 미물들이지만 그 미물들이 함께 더불어 살면서 공의 정당한 질서를 만들어 내고 있다. 숲속 식물들의 존재방식에서 인간의 삶에 교훈이 될 만한 생태적 가치들을 도출해내 그 교훈적 함의를 대안적 정책가치의 발굴에 응용해 보자.

자연계를 상징하는 숲 속 나무와 풀들은 생장(生長) 공간과 햇빛 등의 광합성 자원을 놓고 서로 치열하게 '선의의 경쟁'을 벌인다. 조금이라도 햇빛을 더 받기 위해 어깨싸움도 불사한다. 그러나 식물들이 경쟁만 하는 것은 아니다. 때로는 지나친 경쟁은 피하고 자신의 생명과 안전을 위해 서로의 생활사를 비켜가게 조절해 햇빛에 대한 각자의 욕구를 분산시키는 '차별화 전략'을 슬기롭게 펼치기도 한다.

숲속 사회의 최고 덕목은 '공생(共生)과 협력의 정신이다. 전나무들은 바람이 세게 불어도 절대 부러지지 않는데, 그 이유는 서로 적당한 간격으로 무리를 이룸으로써 모진 풍상을 같이 이겨내기 때문이다. 나무의사 우종영은 나무들의 이런 간격 유지를 그리움의 간격이라고 말한다. 너무 가까우면 나무뿌리들이 자양분과 수분을 놓고 서로 쟁탈전을 벌이고, 줄기는 햇빛을 놓고 키 경쟁을 해야 한다. 반면 너무 멀어 외로우면 서로 의지처가 없어 비바람에 쓰러진다. 즉 적당한 간격 속의 공생과 조화, 그것이 그리움의 간격이라는 것이다. 숲에서는 낙엽 혹은 죽은 나무조차 벌레와 새들이 살아가는 데 없어선 안될 의지처이자 식물 자신들의 생장조건으로 공동 활용된다고 한다.

숲 속의 나무는 대개 한 곳에 뿌리를 내리면 그곳을 숙명으로 받아들이며 그곳에서 자신의 삶을 적응해 간다. 예컨대 곡지(曲支)는 나뭇가지나 줄기의 휨 현상을 말하는데, 이는 햇빛을 조금이라도 더 받기 위해 나무들이 남긴 '환경적응'의 흔적이다.

숲속 나무들은 늦가을이 되어 영양분이 부족하면 에너지 낭비를 막기 위해 스스로 잎이나 아래의 가지를 떨어뜨린다. 우리는 나무의 이런 '자율적 구조조정'의 또 다른 예로서, 연리지(連理枝) 현상을 들수 있다. 이는 인접한 두 나무가 다 병충해를 이겨내지 못하면 병들어 죽기 전에 서로 달라붙어 한 몸이 된 뒤 혼자일 때보다 더 거대한 나무로 성장하면서, 병충해 등 외부의 재해로부터도 강해지려는 나무들의 필사적 노력의 결과물이다.

식물은 열악한 환경에 적응하기 위해 특이한 외모도 갖춘다고 한다. 나도 개미자리, 괭이눈 등 키 작은 식물은 서로 뭉쳐서 예쁜 돔 모양을 만드는데, 이는 열악한 환경에 공동 대응해 바람의 피해를 최소화하고 자체 밀집(密集)으로 인한 보온효과를 통해 냉해를 극복하려는 이들 나름대로의 '자생적 생존'전략이다.

식물은 표고(標高)가 높아질수록 강풍과 추위에서 살아남기 위해 키를 낮춘다. 반면 뿌리는 길어지게 한다. 식물들은 뿌리를 멀리 뻗어 물 있는 곳을 찾기 위한 에너지를 보존하기 위해, 줄기를 줄여 키는 작아지게 한 대신 뿌리는 멀리까지 뻗는 '환경개척' 방법을 발견해낸 것이다.

식물은 꽃가루받이에 도움이 되는 곤충들을 유혹하기 위해, 뛰어난 '정보처리와 소통능력'도 갖고 있다. 일례로 난초과의 한 식물은 수파리를 꾀기 위해 암파리와 같은 색의 꽃잎을 피우고, 달맞이꽃은 밤 나방을 유혹하기 위해 하얗게 피어나 황혼 무렵엔 더욱 강한 향기를 풍기기도 한다. 이는 그들의 위치를 곤충에게 알리는 일종의 정보 게시판이다.

지금까지 살펴본 숲속 식물들의 존재방식은 식물세계가 자연 속의 고난을 이겨내며 스스로 이루어낸 다양한 생존법이다. 생태주의자들은 인간 역시 자연계의 한 부분이므로, 인간사회가 안고 있는 많은 문제들의 적지 않은 해답을 수십억 년 진화의 산물인 자연생태계의 이런 비법(wild solution)에서 찾을 수 있다고 강조한다.

자본주의의 냉혹한 경쟁 속에서 우리가 살기 위해 꼭 필요로 하는 덕목인 공생, 협력의 정신, 환경적응력, 자율적 구조조정력, 자생적 생존력, 소통능력 등은, 이미 자연 속에선 오랫동안 실천되어온 생태계의 지혜이다. 우리는 이를 '생태적 가치'로 명명하고, 겸손한 마음

으로 낮은 데로 임해 힘껏 배우면서 인간세계의 생태 친화적 재구성에 응용해보야 할 것 같다.[185)

상기한 논의를 정부의 존재가치 논의에 대입해 보면, 결국 정부조직도 자연계의 유기체처럼 탄생, 성장, 성숙 그리고 노쇠기를 거쳐 사멸에 이를 수 있지만,[186) 정부가 환경의 도전에 대응해 스스로 구조조정하며 군살을 빼고 새로운 틈새환경을 개척하며 자생력을 키운다면, 특히 자신을 둘러싼 환경과 활발히 소통하며 공생, 협력의 지혜를 전략화한다면, 정부조직도 진화, 발전할 수 있다는 진리를 발견할 수 있다. 결국 정부의 발전도 진화적 휴머니즘의 문제이다. 따라서 우리는 정부의 존재가치 구현과 진화의 전략에 대한 힌트를 자연 속 숲의 존재방식에서 얻을 것이 많다.

그렇다면 정부는 숲으로부터 배울 것이 참으로 많다. 숲의 존재방식은 현 정부들이 새로운 환경변화에 슬기롭게 적응해 향후 정부의 존재가치 구현전략을 설계, 운용하는 데 있어 유용한 벤치마킹 포인트로 자리 잡을 수 있다. 새로운 행정환경 변화맥락인 세계화, 정보화, 지방화, 녹색화는 정부로 하여금 선의의 경쟁력 혹은 틈새 차별화 전략, 자생적 생존력, 환경 개척력과 더불어 공생, 협력, 소통 및 자율적 구조조정 능력 등 새로운 존재가치들을 조속히 갖출 것을 강하게 요구하기 때문이다.

먼저 세계화 시대를 맞아 FTA, PTT 등 범지구적 무한경쟁이 치열할 땐 '센 친구를 따라 아무 생각 없이 강남 따라가지 말고' 우리의 비교우위와 경쟁우위를 고려해 틈새를 개척해야 한다. 즉 다양성과 차별화가 살길이다. 세계화 시대엔 공생과 협력도 필요하다. 우리처럼 해외의존도가 높은 나라는 경쟁과 협력의 조화(co-opitition)를 통상 및 외교에서 지향해야 한다.

지방자치의 제도화에 따른 자치행정 패러다임 구축은 지방정부들의 선의의 경쟁과 중앙정부로부터의 자생력 확보를 보다 강하게 요구할 것이다. 미국 콜로라도 협곡의 독수리들은 아이언우드라는 까칠한 나뭇가지로 둥지를 만들어 새끼들을 키우지만 새끼들이 다 크면 둥지를 아예 없애버리고 절벽으로 내몰아 스스로 날아가는 능력을 배우게 한다고 한다. 이처럼 지방의 자생력 확보와 이를 위한 선의의 경쟁행정이 요구된다. 가을꽃들의 집단 개화처럼 자지단체 간의 연합과 협력 방식을 통해 중앙집권적 병폐의 공동 치유자가 되는 방법도 익혀야 한다.

생태위기 속에 녹색의 가치가 새삼 강조되는 녹색화 시대가 다가오고 있다. 따라서 인간 생활정주공간을 자연 가까이에 조성해 삶의 질을 높이고 에너지 절약 등 자율적 구조조정의 지혜를 발휘해야 할 필요성 또한 커지고 있다. 즉 과유불급을 알아 제5의 에너지원인 에너지 절약을 실천해야 하고 자연과의 소통을 위해 생태 친화적 담론 조성이 필요하다.

정보화가 촉진될수록 시민들의 행정수요 마인드를 읽어내는 정부의 소통능력이 중요해진다. 정보화 시대에 대비해, 공공서비스 일꾼으로서 서비스 수요자인 시민들의 눈에 잘 띄게 공공서비스 전달체계의 소재를 적절히 분산시켜야 하고 수요자인 시민들에게 호소력 있게 다가가야 한다. 특히 자주 안 보면 마음에서 멀어지므로(out of sight, out of mind) 구중궁궐이나 절해고도와 같은 관청의 권위주의적 위치보다는 시민과의 지근거리에 위치해 시민과 우리-관계를 형성하고 소통을 활성화하기 위한 정보처리 능력을 높여야 한다.

정부가 숲속 식물들의 존재방식인 선의의 경쟁 혹은 틈새 개척력, 공생 및 협력의 정신, 환경적응 및 자생력, 소통능력 등 생태적 가치들을 정부진화에 응용한다면, 향후 사회문제 해결자(social doctor)나 이상사회의 설계가(social designer)로서의 존재가치를 도모하는 데서 큰 발견적(heuristic) 지혜를 구할 수 있겠다.[187]

3. 녹색포장에 불과한 녹색자본주의의 한계와 진정한 생태적 근대화

지금까지 생태적 전일성과 생태적 배태성 개념을 중심으로, 세상 만물은 하나이며 그런 점에서 사람과 서식처 간의 밀접한 관계성을 논했다. 흙(humus)과 사람(human)의 어원은 같은 것이며, 그렇기에 또 하나의 h, 겸손(humility)한 마음이 사람들에게 필요하지만, 자연을 인간의 외부에 있는 자원인 환경으로 인식해 인간중심주의와 과학기술 낙관론에 빠져 개발이익에 불광불급해온 점도 성찰했다. 과연 미쳐야 미치는 것인가?

다행히 개발이익을 위해 얼마든지 파헤쳐도 좋은 물리적 빈 공간 말고도 사람이 터를 잡고 살아가야 할 생명의 장소로 땅을 인식했던 우리 선조들의 생태적 지혜를 배우며 우리 몸엔 개발 DNA나 성장 DNA 말고 보전 DNA와 복원 DNA 등 과유불급의 지혜도 새겨져 있음을 확인했다. 특히 자연 생태계의 생태적 가치를 통해 신자유주의 이후 기존 정책가치의 한계를 성찰, 극복할 수 있는 대안가치도 찾아냈다. 즉 형식적 선거 민주주의, 자본주의 체제 수호를 위한 피상적 형평성과 가진 자의 편을 들어주는 법치주의보다는 공생, 협력과 자생력, 환경 개척력이 오늘의 문제를 헤쳐 나가는 과정에서 올바른 지침임을 배웠다.

이제부터는 이런 인식에 터해 새로운 삶의 구조를 디자인해 나갈 기본 프레임 짜기가 필요하다. 생태사회 쪽으로 우리가 나아가야 할 큰 방향을 디자인해야 하는데, 그런 점에서 종래의 환경 개념보다는 생태 친화적 정책철학 쪽으로의 내용 구성에 더 고민해야 할 시점이다. 단 너무나 익숙한 옷인 성장과 개발의 옷을 단숨에 벗어던지고 곧바로 보전과 복원의 옷으로 단번에 갈아입는 완전한 변화는 당분간 곤란하기에, 그 완충지대로서 나쁜 것을 덜 첨가하고 오래 지속가능해야 할 것은 덜 철회하는 등 환경에의 부담을 최소화하는 노력을 통해 생태적 전환의 사전 토대를 단계적으로 만들어 나가는 것이 긴요하다. 그런 점에서 완충개념으로 등장한 녹색성장 개념에 대해 잠시 살펴보자.

녹색성장은 환경(생태)을 고려해 성장정책을 추진하는 점에서 이론상으로는 환경과 경제 모두를 균형감 있게 도모하는 개념이 될 수 있다. 권위주의 청산에 노력한 노무현 정권 이후 경제 살리기 차원에서 CEO 출신 대통령이 등장해 단기적 고용창출과 관련된 녹색뉴딜을 중심으로 녹색성장 개념을 도입, 시도한 점도 일단은 그런 시대적 반영으로 볼 수는 있다.

그러나 생태적 차원의 가치보다는 자연환경을 신 성장동력으로 과도하게 본 점이 이명박 정권의 문제였다. 일을 추진할 때 환경 이전에 생태라는 개념을 머리와 가슴에 단단히 담아놓고, 도모하려는 사업이 생태계와 어떤 관계에 있는지를 면밀히 따진 뒤 행동해야 하는데, 그런 자율적 속박장치 없이 무늬만 녹색인 채 성장에 직결될 것 같은 산업들을 무리하게 졸속으로 추진하다 보니, 그것이 결과적으론 개발행위가 되고 생태계 파괴의 주범이 되어버려 실로 아쉬운 점이 너무 많다.

이명박 정부의 정책철학을 철학이라는 개념을 갖고 성찰해 보자. 일반적으로 철학 개념은 지혜(앎)의 사랑으로 이해된다. 그러나 강신주는 자신의 저서 [강신주의 맨 얼굴의 철학 당당한 인문학]에서 철학을 역(逆)으로 "사랑하기에 더 알려 하고 사랑하는 대상에게 잘 해 주기 위해 그 방법을 고민하는 사유의 과정"으로 본다. 철학을 어떤 개념으로 보든 이명박 정부의 정책철학엔 문제가 있다. 일단 이명박 정부는 사랑의 대상을 경제성장과 토건업에 국한시켜 전체론적 시각을 상실했다. 또 자신들이 잘 아는 것을 사랑하는 것은 어떨지 모르지만 그 아는 것이 시대적 탄력성을 여전히 갖고 있는지 고민하지 않았다.

사회에 큰 영향을 미치는 지도자들은 말 한마디를 조심하고 그 한마디에 자신의 진정성과 시대의 고민을 담아내야 한다. 물론 그런 점에서 산업화 시대엔 "국가 없이 기업 없다" "이봐 해봤어?"등 재벌기업 창업주들의 말이 어느 정도 타당성을 갖는다. 그러나 지금의 민주화, 탈산업화 시대에선 "내가 해봐서 아는데"란 말 한마디는 잘 헤아려 봐야 한다. 그것이 시대의 고민을 반영하지 못하고 더욱이 시대에 뒤쳐진 발상이라면 그것을 잘 안다고 그것을 지금 이곳에서 고집스럽게 적용하면 큰 문제이다.

그러니 무늬만 녹색이 되기 쉽다. 즉 몸속은 시커먼데 피부만 녹색으로 덧칠, 분칠한 느낌이다. 피부엔 녹색으로 문신을 새겼지만 녹색물이 몸속으로 들어와 몸을 완전히 녹색으로 체화할 수 없었다. 결국 단기적 시간관 아래 신 성장동력으로 환경문제를 보니 개발우선, 성장우선 등 다시 블랙으로 국가정책이 고착화되며 단기적 개발, 난개발 등 자연을 해치는 짓이 일상화된다.

경제를 0으로 보고 생태를 100의 위치에 놓는 연속선상에서 녹색성장이 생태와 경제의 균형점을 찾는 면에서 이론상으로는 50의 위상을 갖는다면 이명박의 녹색뉴딜은 경제 살리기에 급급해 겨우 10 정도에 그친다. 그러니 녹색성장, 나아가 생태적 전환이라는 근본적 체제개선을 위해 익숙한 것과 결별하기보다는 기존의 관성과 경로의 존성에 빠져 경제성장 일변도로 가기 쉬웠다. 물론 개발로의 환원은 우리만의 문제는 아니어서 다른 나라에서도 녹색세탁, 녹색상업주의, 녹색자본주의가 만연한다. 환경을 생각하는 그린기업 같지만 환경보호 책임을 소비자 개개인에게 교묘하게 전가하는 문제치환 전략이 횡행하고, 환경의 상품화를 통해 위기를 돈벌이 기회로 전환한다.

여기서 우리는 녹색분칠, 사이비 뉴딜과 진정한 녹색성장인 생태적 근대화를 구별해야 한다.[188] 전자는 녹색을 표방하지만 그것은 결국 기존의 성장산업과 개발행위에 녹색을 덧칠, 분칠한 사이비 녹색에 불과하다. 예컨대 기존 성장사업과 개발사업 앞에 녹색이나 그린을 붙여 마치 그것이 친환경 산업인 것처럼 하루아침에 호도하는 것이다. 이명박 정부의 2009년 녹색뉴딜계획 발표가 그 좋은 예이다. 일전에 발표한 성장, 개발사업에 광복절 경축사를 전후로 갑자기 그린을 붙여 덧칠한 채로 다시 발표한 것이다. 실제론 토건산업이 녹색뉴딜 계획의 65%를 상회하고 개발부처인 국토부가 9대 사업 중 6개 사업의 주관부처로 등장한 점에서 그 계획이 진정한 녹색뉴딜보다는 녹색으로 분칠한 성장, 개발사업임을 어렵지 않게 알 수 있다. 당시엔 보전부처의 책무를 가진 환경부조차 마치 개발부처인 것처럼 개발이익을 위해 각종 규제조치를 완화, 철폐하는 데 앞장서서 개발사업의 정당성을 부여하기도 했다.[189]

당시 4대강 정비사업의 명분으로 내세웠던 홍수예방과 수질개선도 설득력이 약하다. 4대강 정비사업 이전에 환경부를 중심으로 '맑은 물 대책' 차원에서 30조 원을 들여 강물을 정화한 결과 이미 큰 강들의 바닥은 깨끗했다. 그리고 홍수는 큰 강의 본류보다는 지류 관리가 중요하다는 점에서 전혀 설득력이 없다. 이명박 정권이 내세운 녹색뉴딜 효과, 즉 고용창출도 참 허구적이다. 미국의 뉴딜은 고용과 더불어 저소득층의 복지대책을 아우른다. 반면 우리나라의 뉴딜은 그런 균형된 시각보다는 한시적 일자리 창출 성격이 강하다. 서글픈 점은 바로 이때가 생태경제학자 우석훈의 지적처럼 청년뉴딜에 돈을 써야 할 시점인데, 우리가 돈을 생태계 파괴에 쏟아 부운 점이다. 산업별 고용유발 계수를 보면 토목건설업은 이미 포크 레인 등 중장비를 주로 사용해 고용유발효과가 그리 크지 못하다. 오히려 토건업에 비해 교육, 보건 등 사회서비스 영역이 휴먼 서비스 시스템이기에 고용창출 효과가 더 크다. 따라서 토건업을 통해 일자리를 대폭 늘리겠다는 고용철학은 시대착오적이며 문제투성이다. 그것도 한시적 고용창출에 월 1백만 원 수준의 저렴한 일자리의 창출에 불과했다.190)

4대강 사업에서 드러나듯이 이명박 정권의 녹색뉴딜은 불황을 겪는 대규모 건설자본의 경기부양을 위한 정권 차원의 공공프로젝트였다. 당시엔 국무총리실조차 '환경을 신신장동력'으로 생각하는 등 녹색 덧칠의 개념적 한계에서 자유롭지 못했다. 결국 사이비 녹색뉴딜은 정책 타당성 없이 단기적, 한시적 효과만 노려 정책 일관성도 결여한다. 고용효과도 당초 발표처럼 95만 명이 아니라 국회 예산정책처의 집계에 따르면 14만 명에 그쳤다.

우리가 염두에 두어야 할 진정한 녹색뉴딜은 생태적 근대화이다. 이는 녹색덧칠에 비해 장기적, 체계적 변화를 전제한다. 즉 긴 시간관을 갖고 경제뿐 아니라 사회구조, 생활문화적 가치체계, 정치권력의 생태 친화적 변화를 통해 거시적, 장기적 생태전환을 유도한다.

전체론적 시각과 관계론적 관점이 그 핵심을 구성하는데, 환경보다 생태 개념이라는 자율적 속박장치를 갖고 질적 변화와 구조적 변화를 도모하므로 생태사회로 가는 사전토대 구축의 개념으로서 의미가 크다.

생태적 근대화는 전체론적, 관계론적, 장기적 시간관을 중시한다. 그러면서 양보다는 질과 격을 갖출 것을 중시한다. 즉 나쁜 것을 덜 첨가하거나 좋은 것을 덜 철회하고 좋은 것을 더 첨가하라는 것이다. 따라서 정책 타당성이 있고 긴 시간을 두고 구조적, 질적, 체계적 변화를 이해관계자 모두가 모여 머리를 맞대고 숙의를 거쳐 설계하는 점에서 정책 일관성도 예상된다. 한시적 일자리보다는 생태 친화적 사회로 나아가는 도정에서 장기적으로 적합한 녹색 일자리를 창출, 육성하는 점에서 진정한 녹색뉴딜도 가능하게 할 수 있다.

4. 생태적 전환을 위한 생태 친화적 정책들의 부문별 응용

생태적 전환의 초석을 마련하기 위한 생태적 근대화는 서식지와의 관계를 중시하는 전체론적 시각에서 불광불급을 지양하고 장기적 시각에서 과유불급(過猶不及) 정신의 제도화, 즉 불필요한 첨가와 지나친 철회를 덜 하는 생태 친화적 정책방향으로 나아가는 것이다. 이를 위해선 생산양식은 물론 소비구조, 생활문화, 정치권력구조의 재편까지 필요하다. 이를 하나하나 구체적으로 살펴보자.[191]

1) 생산양식의 변화

첫째, 생산한 흔적을 덜 남기기 위해, 덜 버리고 덜 빼앗는 생산방식이 필요하다. 즉 환경 부담을 최소화하기 위해 물건을 만들 때부터 폐기물이 덜 나오게 하거나 폐기물을 분해해 생산 공정에 재투입하고 재활용할 가능성을 높이는 녹색공정기술이 필요하다.

둘째, 화석연료의 대안 찾기가 요구된다. 피크 오일, 피크 카(peak car) 시대를 맞아 검은 화석연료보다는 햇빛, 바람, 태양열, 지열 등 녹색연료, 즉 재생에너지나 대체에너지의 개발이 급선무이다. 비록 지금은 에너지 효율성 면에서 원자력 개발에 쉽게 의존하지만 방사성 폐기물의 처리는 여전히 지난한 숙제이다. 노후화된 원전사고의 개연성도 높다. 이미 유럽은 에너지 의존도를 제로로 만들어가며 초기 투자비용은 들더라도 재생에너지 개발에 박차를 가한다.

셋째, 난개발 등 생태계 파괴에 직간접적으로 연결되는 건물 신축과 재개발에 대한 합리적 규제가 필요하다. 예컨대 핀란드에선 주택 건설 허가를 건설부가 아닌 환경부에서 내준다. 수도 헬싱키에는 270명이나 되는 도시계획 담당 공무원들이 공공건물이나 주택의 건설 시 해당 건물과 주변 환경 간의 조화 여부를 철저히 검토한다. 또 건설업자가 집을 짓지 않고 건축가가 개발한다. 독일에선 주거용 토지 위에 지어진 집의 벽 색깔까지 규제한다. 유럽식 토지제도는 이처럼 계획 지향형 토지관에 가깝다. 토지는 개인이 마음대로 이용하지 못하는 물건으로 인식된다. 정부의 사전계획에 개인의 토지이용을 철저히 복속시키는 토지관이 서구 전역에서 전개되고 있다. 계획 우선의 원칙에 입각해 좁은 영토를 생태적, 입체적으로 이용하려는 생활철학이 이에 반영되어 있다.

넷째, 그린 홈, 그린 빌딩 등 자연의 원리를 이용한 생태건축을 지향해야 한다. 건물을 신축하거나 증축, 수리할 때 생태 디자인, 즉 자연 닮아가기가 필요하다. 예컨대 통풍을 위한 판상형 구조, 자연채광과 열 축적을 위한 정남향 배치, 3-bay, 4-bay식 아파트 내부설계, 열차단을 위한 옥상녹화, 축적된 햇빛을 이용한 미니 발전소, 흐르는 햇빛을 최대한 잡아두기 위한 통유리 창의 설치 등 생태 디자인의 응용이 필요하다. 이른바 그린 빌딩, 그린 홈으로서, 건축방식이 자연을 닮아갈 때 자연 에너지가 불필요한 첨가와 철회를 막아준다. 초기에 값을 치르더라도 나중의 에너지효율 면에서는 훨씬 낫다.

2) 소비양식의 변화: 당근-채찍의 응용

첫째, 물건의 가격이 생태적 진실을 말하게 하는 방법이 요구된다. 일회용품과 화석연료의 과다사용 등 환경오염 유발행위에 대해 사용자 부담 원칙에 입각해서 책임을 묻는 방식이 요구된다. 배출가스 부과금, 이용자 수수료, 배출가스 면허 등이 그것이다.

둘째, 생태 친화적 조세도 필요하다. 환경파괴를 유발하는 인간의 발자국이 남긴 흔적, 즉 탄소과다 배출, 유독물질 폐기, 과도한 벌목, 살충제와 수자원 남용 등에 대해 과세하거나 벌금을 부과해야 한다.

셋째, 환경인증제, 친환경제품 사용권장 등 지나친 철회와 첨가를 점진적으로 줄여가도록 하는 유인 전략도 요구된다. 환경인증 제도를 통해 에너지 효율이 높은 가전제품, 지속가능한 방식으로 관리된 숲,어장의 산물, 오래 쓰는 물건, 쉽게 수리되거나 수명이 다했을 때 쉽게 분해되는 물건에 세제 혜택을 주고, 내구성이 강한 영구제품이나 에너지 소비효율 표기제품엔 인센티브를 부여한다. 이를 통해 '계획된 진부화를 막아야 한다. 즉 자본이 상품회전 주기를 빠르게 하기 위해 신상품 개발에 목숨을 걸고 과잉광고를 통해 과잉소비를 조장하는 관행에서 벗어날 필요가 있다. 위의 것들은 소비 자본주의와의 대결을 요하는 점에서 그것에 걸맞은 정권창출 혹은 녹색당과의 연정 등 정치권력구조의 재편까지 가져올 수 있다.

3) 생활문화양식의 변화

첫째, 생태적 주거복지, 즉 생태발자국을 덜 남기는 주거공간 개편도 필요하다. 집 인근에 바로 공원, 도서관, 병원, 학교, 가게 등이 있어 몇 발자국만 움직이면 일상생활이 가능해지도록 주거공간의 재구성이 있어야 한다. 특히 걸어서 일상생활문제를 해결하도록 도시재생 프로그램이 마련될 필요가 있는데, 생태 발자국을 덜 남기게 하는 주거대책은 생태적 복지차원에서 의미가 있다. 도시의 빈 땅을 공원화해 쉽게 자연을 찾을 수 있고 그것을 공유하게 하는 방안도 생태적 주거복지 차원에서 의미를 갖는다. 공원을 찾기 위해 차를 타고 한참 이동하는 것은 넌센스이다. 그런 점에서 신도시 개발이나 도시재생을 할 경우 각 지역마다 도시 한 복판에 작은 규모로나마 센트럴 파크를 갖도록 주거공간을 설계하는 것은 생태문제를 주거복지와 연결시키는 좋은 방안이 될 수 있다.

둘째, 생태적 교통정책의 확충이다. 즉 자가 승용차의 이용보다 대중교통을 이용하는 것이 시간이나 비용상 더 유리해지도록 유도하고, 차량의 단독사용보다는 차량이용의 공유를 유도하는 세제혜택의 부여는 물론, 전국토를 커버하도록 생활 SOC와 대중교통 시스템의 확충이 요구된다.

셋째, 생태농업으로의 전환이다. 화석비료나 농약을 쓰는 종래의 관행농업과 화학농업이 땅의 지력을 훼손시키는 주범이다. 레이첼 카슨(R. Carson)의 [침묵의 봄]에서 드러난 살충제 DDT의 살포 등 땅 죽이기 식 착취형 농업에서 벗어나 땅과 인간의 공존을 도모해 땅이 주는 곡식을 우리가 지속가능하게 확보하기 위해 자연농법, 유기농법으로의 전환이 필요하다. 제초제, 농약, 비료를 안 쓰는 이른바 3무(無) 농법의 실천을 위해 자연농, 친환경 유기농법의 학습과 확산이 필요하다. 휴경(休耕), 윤작(輪作), 제초제를 안 쓰는 오리농법과 우렁이농법의 확산도 요구된다. 식량증산 위주를 지양하고 지속가능한 농법이나 생태적 농업지침의 학습을 유도해, 땅을 살리고 그것을 통해 우리의 먹을거리를 안전하게 지키는 식량주권 문제가 시급한 현안으로 다가온다.

4) 통계정책과 교육정책의 방향

첫째, 생태스톡에 대한 인식과 생태지표의 개발이 필요하다. GDP나 주식시세 등 성장총량 지표에서 벗어나 서식지 보전을 위한 생태자산량, 즉 생태스톡 지키기와 녹지율, 원시림, 생물종수, 법적 보호종, 유기농 면적 등 생태지표의 개발이 선결되어야 한다. 생태경제학자 우석훈의 제안처럼, 생태 자산량을 줄이는 골프장 건설을 허가하는 지자체는 생태스톡을 줄이므로 보조금을 덜 받게 하면 예산타령과 자원타령을 밥먹는 듯하는 지자체들의 난개발을 어느 정도 막을 수 있다. 생태지표 개발을 통해 나의 한 발자국이 서식지에 어떤 영향을 주는가를 고민하며 조심스럽게 발걸음을 옮기는 등 자기행동을 겸손하게 가져갈 때 생태적 전환이 가능해진다.

둘째, 생태교육정책이 요구된다. 미국의 환경학자 데이빗 오어(D. W. Orr)에 의하면, 현 세대는 지구의 생태자본을 갉아먹는 것이 가능했던 이전 세대보다 훨씬 지혜로워야 한다. 즉 생산방식 등 땅위에 인간의 흔적을 덜 남기기 위해, 에너지, 토지, 물의 사용총량을 줄이는 생태적 기술과 자연에 자신을 통합시키는 방법을 습득해야 한다. 지속가능한 자원관리를 위한 복원생태학, 보존생물학, 녹색건축 등 교육의 녹색화가 필요하며, 옛날식의 수렵채취 지역을 만들어내는 생태적 상상력과 더불어 큰 전체의 한 부분으로 자신이 존재해야 한다는 야성의 지배를 받아들이는 공부가 필요하다.

5) 실패로부터 배우기와 새로운 정책감성 키우기

우리가 상기한 미시적 정책노력들에 최선을 다해도 4대강 같은 변종 운하 사업은 모든 것을 일거에 잃게 한다. 따라서 위의 구체적 노력들을 제도화하기 위해 다음과 같은 기본정서와 정책감수성이 필요하다.

첫째, 4대강이 주는 교훈을 잊지 말아야 한다. 인위적 직강화보다는 자연 사행(蛇行)하천이 정답이다. 본류(本流) 개발에만 치중하다보니 지천의 범람으로 홍수에 대처하기 어렵고 보(洑)로 물을 가두니 수질도 안 좋다. 인간의 단기적 이익을 위한 친수공간 개발행위는 더 큰 불장난이 되기 쉽다. 그런 점에서 위에서 시킨다고 아무 생각 없이 명령에 복종하는 공무원들의 무사려(無思慮)의 결과는 생태재앙을 낳는 큰 잘못이라는 성찰과 재발을 막기 위한 책임 묻기가 분명히 전제되어야 한다. 사유해야만 살 수 있다. 개발−보전의 갈림길에서 철학적 사유, 즉 "측정 2번 톱질 1번"이란 목수철학을 공무원들이 마음에 새겨야 한다.

둘째, 생태계에 대한 장기적, 관계론적, 전체론적 접근을 잊지 말아야 한다. 변화관리 전문가 구본형의 주장처럼 "익숙한 것과 결별하고 낯선 곳에서 아침"을 맞는 노력이 필요하다. 소비중독에서 벗어나기와, 전체 속에서 부분으로 존재하기를 학습해야 한다. 그런 점에서 우리의 참고 모델은 유럽이다. 유럽은 화석연료보다 재생, 대체에너지를 더 많이 만들며 탄소 제로 실행국가로서 녹색성장의 문제를 녹색분칠, 녹색상업주의보다는 생태적 근대화 개념으로 보고 그런 쪽으로 발자취를 옮겨왔다.

익숙한 것과의 결별을 보여주는 대표적 사례가 스웨덴의 오일독립 선언이다. 스웨덴은 환경파괴와 기후변화에 대비해 세계 최초로 2020년까지 석유로부터 완전 독립한다는 오일독립 선언을 2006년에 발표했다. 이를 위해 원전을 추가 건설하지 않고 바이오 매스, 수력, 풍력 등 재생에너지 개발에 총력을 기울여, 재생에너지만으로도 에너지 부족분을 메울 수 있는 방침을 세우는 등 세계적으로 가장 앞선 에너지정책을 실천한다. 덴마크의 자전거 이용 문화와 풍력발전의 소음문제를 해당 지역주민들이 전폭적으로 이해하고 지지하는 태도도 우리에게 시사하는 바가 크다. 이처럼 환경보전에 선견지명이 있는 나라들이 생태경제에서도 우위를 선점한다.

셋째, 제5에너지원(源)으로서의 에너지 절약 정신도 부각되어야 한다. 재생 에너지가 만능은 아니다. 초기 설치비용도 많이 들고 소음 등 부작용도 크다. 태양광 설치와 조력발전은 생태계 파괴를 초래하기도 한다. 우리는 에너지를 많이 만들면 그만큼 많이 쓰게 된다. 따라서 선진국에선 에너지 절약과 에너지 효율을 상징하는 Negawatt 개념이 높은 단계로 발전해 있다.[192] 결국 덜 쓰는 것이, 또 재활용의 지혜를 발휘하는 것이 궁극의 방법이다. 즐거운 불편, 사람다운 불편이 기초로 깔리고 그 위에서 재생, 자연에너지의 개발이 최소의 생태 발자국을 남기며 이루어질 필요가 있다.

넷째, 녹색일자리 창출이다. 성장론자들은 "덜 만들고 덜 쓰면 경제를 올 스톱시키란 말이냐"고 비판한다. 이처럼 개발과 성장의 관성은 바로 경로의존성을 낳는다. 특히 경제가 살아야 고용이 창출된다는 관례적 고용철학의 병폐를 극복할 대안이 없으면 경로의존성은 삽시간에 퍼진다. 여기서 그린컬러 육성이 하나의 정답으로 등장한다. 자연 속에 고용창출의 길이 있다. 생산,소비 생활구조의 변화에 직간접적으로 작용하는 기술직 엔지니어들은 물론, 사회과학적, 인문학적 일자리들도 만들어 내야 한다. 생태 친화적 직업을 모색해온 박원순의 견해처럼, 생태도시 기획가, 지역 코디네이터, 기후변화 정책가, 환경영향평가사, 도시풍경 치료사, 유기농 공무원, 그린홈닥터, 산불예방 진화대, 국립공원 레인저, 마을조사 사업가, 공동주택운동가, 대안에너지기금운영자, 자전거지도제작자, 토지헌납운동가, 산촌유학 운영자, 그린 빌딩 인증전문가, 개발현장의 치유, 복원 전문가 등등 새로운 녹색직업 영역를 찾아내 지속가능 고용을 제도화하는 쪽으로 교육과 고용기회를 만들어내는 적극노동시장정책과 직업재교육정책이 병행되어야 한다.

5. 공무원 생태윤리의 실천전략: 보호, 보존과 보전, 복원

생태계에 미치는 모든 정책결과에 대해 공무원이 책임윤리를 갖도록 하기 위해, 개발이익이 난무하고 반 생태적 정책집행이 이루어지기 쉬운 국토개발현장이나 지역경제현장에서 이들이 필히 참고해야 할 세부적 행동준칙은 무엇인가?

1) 소극적 치유윤리와 자연보호 전략

공무원 생태윤리 구현의 가장 기본적 실천전략은 파괴된 자연환경을 효율적으로 관리, 보호하면서, 더 이상의 자연환경 파괴를 막기 위한 법규 준수에 일차적 관심을 두는 것이다. 여기서 보호(保護; protection)는 이미 상당히 변경, 훼손된 생태계를 제한적으로 이용하면서, 인간의 지속적 이용을 위해 강력한 법적 규제와 인위적 관리를 가하는 것이다.

각종 오염물질 제거, 오염방지를 위한 대기 및 수질오염 규제, 살충제 규제, 유해 및 독극 화학물 규제, 폐기물 처리와 정화 등 천연의 토지, 물, 공기오염의 치유를 목적으로 한 법규 제정과 준수는 물론 에너지 이용 합리화, 자원 재활용 등 과학기술적 처방에 의거한 자연자원의 효율적 보호 관리가 그것이다. 국립공원 내 석축, 철책의 설치, 등산로 정비도 이에 포함된다.

2) 소극적 예방윤리와 환경보존 전략

보호에서 좀더 진화한 생태윤리 구현전략으로 보존(保存; conservation)이 있다. 이는 원상태가 다소 변형된 생태계의 관리로서, 제한적 이용을 허하되 더 이상의 자연 훼손과 남용을 막기 위해 최소한의 인위적 관리를 하는 것이다.[193] 청정수질 보존, 대양,연안 보존, 멸종조수 보존이 이에 해당된다. 단기적 환경위험 요소의 제거도 보존의 한 유형인데, 국립공원 내 침식방지시설 설치가 그 예이다.

국유림 및 공유지 관리도 이에 해당되는데, 미국의 초대 산림청장을 지낸 핀쵸(G. Pinchot)는 "산림지역을 현명하게 이용하기 위해 산림을 보존해야 한다"고 주장했다. 그는 국유림에 대한 과학적 관리경영의 초기 옹호자로서, 공유지 등 자연자원이 대중의 사용을 위한 도구적 가치를 지니므로, 최대 다수의 최대 선을 위해 자연자원의 착취를 막고 최장기간 그 사용을 가능하게 하기 위해 환경보존 법규의 조속한 마련이 필요하다고 보았다. 또 그는 전문가의 과학기술 지식에 의거해 상충된 이익들을 조정함으로써 전체의 선을 극대화시키는 과학적 산림경영기법이 최선의 방법이라고 강조했다.

법규준수와 과학기술적 처방에 의거한 자연보호나 환경보존 조치는, 당대를 기준으로 해 자연이 훼손, 남용되지 않게 자연을 제한적으로 이용하되 그것을 인위적으로 관리하는 것으로서, 도구적 자연관을 완전히 배제하지 못해 자연의 상업화와 개발주의를 일부 허용한다. 따라서 이런 소극적 생태윤리 식의 낙관주의는 문제해결이 아닌 문제치환 전략으로 왜곡되기 쉽다.[194] 타 매체(예: 수질오염물을 고체폐기물로), 다른 장소(예: 선진국에서 제3세계로), 미래세대에로 환경문제 책임을 치환한다. 따라서 공무원 생태윤리의 궁극적 구현을 위해선, 환경파괴 요인을 법적 규제와 과학기술로써 제어하는 소극적 전략에 그쳐선 안 되고, 생태계 파괴의 소지를 근본적으로 치유, 예방하고, 인간－자연 간의 바람직한 관계를 항상적으로 유지, 확장하려는 다음과 같은 노력이 요구된다.

3) 적극적 예방윤리와 생태계 보전 전략

보전(保全; preservation)은 원시(pristine) 상태의 생태계를 지속적으로 유지하기 위해, 자연의 제한적 이용은 물론 어떤 인위적 관리도 하지 않는 것이다.[195] 보존이 당대를 기준으로 해 자연이 더 이상 훼손, 남용되지 않게 돌보는 의미인 반면, 보전은 후세를 위해 자연을 훼손하지 않고 그대로 물려주는 의미가 강하다.[196] 따라서 이는 국립공원 등 자연상태가 양호한 생태계에 적용 가능한 개념이다. 야생의 정신적, 심미적 가치를 살리기 위해 자연을 보전하는 것은 아름답고 건강한 야생의 영감을 주는 자연이 소비자로서의 내게는 이득이 되지 않지만, 시민으로서의 내게는 귀중한 것이기 때문이다. 특히 후손 세대가 쾌적하고 아름다운 세계에서 살도록 배려하는 차원에서 야생지 보전은 현 세대의 책임윤리이다.[197] 보전은 개발환상에 젖어 막대한 생태위기를 자초할 소지를 근본적으로 차단하기 위해, 파괴되기 쉬운 자연을 원상태 그대로 유지함으로써 위험의 부메랑을 사전에 적극 예방하는 의미도 강하다.

1970년대는 미국의 자연환경 보호가 진일보한 시대였지만, 법적 규제만으론 좋은 결과를 얻지 못했다. 그러다가 1990년대 이후 비로소 보전 가치를 강조하고, 인간뿐 아니라 자연의 욕구도 동시에 고려하기 위한 정책적 인식을 갖게 됐다.[198] 예컨대 미국 연방기관은 야생지의 10,600만 에이커를 보전한다. 국립공원관리청이 그중의 4,400만 에이커를 관리하는데, 국립공원관리청은 동식물 서식처의 보전을 위해 공유지의 8,400만 에이커도 관리한다. 미국 정부는 자연의 순환에 맡기자는 취지에서 산사태도 자연현상의 일부로 보고 그대로 놔둔다. 자연스런 생태적 조정과정인 산불 현장도 후손에게 있는 그대로 보여줘야 할 귀중한 자연자산으로 보고 보전하는 것이다. 미국 국립공원 시스템의 가장 큰 특징도 자연경관을 최대한 있는 그대로 보전하는 것이다. 물론 초창기엔 야외 휴양지로서의 기능을 강조해 과도한 인공 편의시설을 도입했다. 그러나 20세기 중후반부터는 레저 기능보다는 자연경관 보전을 최우선시 해 엄격한 공원관리에 들어가면서, 탐방로 통제 등의 예산제로 방식으로 자연경관 파괴문제를 해결했다.

유럽의 생태계 보전 의지도 확고하다. 독일의 자연보전법은 인간 개입에 의한 악영향으로부터 생물사회를 온전히 보전하는 것을 기본 책무로 규정하고, 개발로 인해 생태계에 악영향을 미칠 경우 개발주체가 필히 보상하게 하는 생태학적 보상제도를 시행한다.[199] 영국의 도시들도 생태도시로 거듭 나기 위해 시정부와 환경단체를 주축으로, 에너지 저감 및 교통,오염,오물처리 등 생태환경 보전전략을 수립했다. 공원, 녹지, 강, 철도, 도로변 서식 동식물에 대한 대대적 생태조사를 통해, 보전을 위해 중요한 곳과 생태적으로 우수한 서식처를 발굴해 생태지도를 만들고 그곳의 보전을 도시개발 시 최우선적으로 고려한다.[200]

서양의 보전전략은 동양의 무위(無爲) 개념으로도 설명 가능하다. 신영복은 무위를 은둔이나 피세(避世)가 아니라 세계에 대한 적극 의지를 표명한 또 하나의 개세(改世) 사상으로 본다. 무위(non-action)는 필요한 행위를 전혀 하지 않는 무행(inaction)이 아니라 어떤 어설픈 파괴행동도 하지 않도록 또 하나의 의도적 결정을 내리고 그것을 준열히 지켜나가는 점에서[201] 적극적 윤리이다. 그래서 '자연에 반하는 행동 절대 안 하기,' '자연이 그 자신의 경로를 따르게 그냥 놔두기' 등은 보전전략의 행동준칙으로 작용할 수 있다.

우리의 경우는 보전을 위한 무위보다는 개발을 위한 인위가 기승을 부려왔다. 1977년에 환경보전법이 제정됐지만, 당시는 개발논리가 워낙 강해 환경보전법은 합리적 개발의 보완수단으로 형식화됐다. 환경보전이 실질적 성격보다는 수사학적 성격이 강해, 1990년에 환경보전 원년을 선포하며 6개의 개별보전법이 제정됐지만, 곧바로 페놀오염, 낙동강 식수오염, 시화호와 여천공단의 오염 등 반 생태적 사건이 잇따랐다.202) 보전전략이 가장 필요한 국립공원도 상황은 마찬가지였다. 1960-70년대엔 국토개발, 1980년대엔 수용시설 개발 위주의 국토이용정책에 따라 국립공원 내에 관광도로를 개설하고 골프장, 콘도, 스키장을 개발하는 등 반 생태적인 대규모 민간사업이 허용됐다. 1990년대에 들어와 비로소 국립공원의 이용—보전을 함께 고려하기 시작해 자연휴식년제가 실시됐다. 1998년엔 관리기능이 환경부로 이관되면서 보전전략으로 선회하기 시작해, 위락시설의 공원 밖 이관과 생태탐방로 시설이 이루어졌다. 겨우 보전—이용 균형구도가 마련됐지만, 자치시대의 경쟁적 개발압력 아래 정부는 다시 국립공원 내 케이블카 설치에 앞장서고, 연안생태계, 연안국립공원 지정의 취지를 무색하게 만드는 동서남해안발전특별법을 제정했다.203) 지방정부들도 지역생태계 보전보다는 지역경제 활성화를 위해, 골프장 건설, 갯벌매립, 제방구축 등 난개발을 일삼는다.

공무원들이 상기한 개발실패를 반복하지 않고 보전전략을 체화하기 위해선 '생태적 중용과 생태계 자치' 개념을 이해할 필요가 있다. 생태계에서 일어나는 모든 부정적 변화는 결국 인간의 잘못된 잣대로 평가된 자연의 지나친 쌓임과 지나친 부족, 즉 생태적 불균형에서 시발한다. 따라서 사후에 되돌릴 수 없는 막대한 위험소지를 안고 있는 대규모 댐 개발, 불필요한 고속도로나 대운하 건설은 함부로 진행

246

해선 안 되며, 생태적 중용을 구현하기 위해 사전예방원칙이 환경위험 평가 및 관리의 핵심원칙으로 자리 잡아야 한다. 그래야만 생태계의 내부순환이 이루어져 생태계가 내부 자원만으로도 스스로 기능을 유지하는 생태계 자치력(eco-system autonomy)을 회복할 수 있다.[204] 생태계는 부단히 변하고 치유하는 자정능력을 갖는다. 단 생태계는 문턱 전까지의 오염에 대해선 버티지만, 그 선을 넘어선 순간 급격히 붕괴한다. 따라서 생태계가 스스로 복원할 수 있는 상태를 계속 보전하는 것이 무엇보다 중요하다. 여기서 보전이 공무원 생태윤리의 적극적 예방전략으로서 자리 잡을 확고한 근거가 마련된다.

4) 적극적 치유윤리와 생태계 복원 전략

보전이 어느 한 지역을 원시상태 그대로 유지하는 것이라면, 복원(restoration)은 훼손된 생태계를 적극적으로 치유해 자연의 원상태(original condition)로 되돌려 주는 것이다. 미국의 생태적 복원협회에 의하면, 생태적 복원은 농업, 산업, 채광 및 레저 등의 인간 활동으로 인해 위협 당하거나 사라질 위기에 처한 자연의 고결성을 회복하기 위한 인간의 정당한 자연 개입이다.[205]

홉스와 노튼(Hobbs & Norton)은 생태적 복원의 유형을 좀더 자세히 분류하는데, i) 생태적으로 훼손된 지역의 재생을 목적으로 한 개입, 예컨대 광산이나 공장 건물에 새로운 기능을 부여해 재이용하는 것, ii) 생산성이 저하된 땅의 생산능력 제고, iii) 기존 자연보호구(nature reserve)나 자연경관의 질적 증진, iv) 준 자연경관(semi-natural production landscape) 내에서 자연보존의 질(nature conservation quality) 증진 등이 있다.

복원은 이처럼 질적으로 저급해진 생태계의 적극적 치유와 회복을 통해 자연의 본질적 가치를 확장시키는 것이다. 예컨대 침식된 하천의 생물학적 재생, 토양의 생생한 회복, 새로운 자연보호구 창조가 이에 해당된다.[206] 복원전략의 생태윤리적 함의를 되새기기 위해 유럽의 생태하천과 토양복원의 예를 들어보자.

투르(Thur) 강은 스위스의 북동쪽을 흐르는 라인 강의 지류인데, 19세기 중반 3번에 걸쳐 홍수를 겪자 인공호안과 제방을 건설해 강을 직강화했다. 그럼에도 유속이 빨라지는 병목구간에서 대규모 홍수가 발생하자, 직선형 수로의 잘못을 깨닫고 자연형 사행하천으로 복원했다. 그러자 생물다양성이 증가하고 생태계도 복원되었다. 유럽의 정부들은 제방을 없애 범람원을 다시 강에 돌려주며 강물이 넘칠 수 있는 여유 공간을 만들어 주는데, 이런 최신 토목기술을 자연의 순리를 따르는 '유연한 기술'이라고 부른다.[207] 네덜란드의 역(逆)간척이 그 대표적 사례이다. 물을 퍼내는 풍차 대신 강한 터보 엔진을 사용하자, 연간 800억 원의 비용이 소요되면서 간척은 더 이상 경제적 사업이 되지 못했다. 게다가 물과 함께 상당량의 토사가 유출되며 지반이 침하되어 100년간 50-60cm나 가라앉는 등 자연의 대반격이 시작됐다. 그래서 생존을 위해 역간척을 시도했다. 강 유역을 넓혀 물의 흐름을 자유롭게 만드는 등 재자연화 계획에 의해 간척지가 습지와 호수로 되돌려지자, 비버와 황새가 돌아왔다.[208]

<표 2> 공무원 생태윤리의 실천전략과 세부적 행동준칙

윤리 범주	기본 실천전략	세부 행동준칙
소극적 치유	- 자연 보호 (환경문제의 법적 규제와, 기술적 처방을 통한 자연 자원 보호, 관리)	- 오염배출 규제 및 오염,폐기물 처리, 정화 - 에너지, 자원의 재활용 - 국립공원 내 석축 설치, 등산로 정비
소극적 예방	- 환경 보존 (곧 닥쳐올 환경위험 <danger>요소 제거, 자연의 훼손, 남용 방지용 법규제)	- 공기, 땅, 물의 청정수준 보존법규 시행, 단속 - 국유림, 공유림의 과학적 관리 - 국립공원 내 침식방지 시설 설치
적극적 예방	- 생태계 보전 (장기적으로 닥쳐올 생태위기<risk> 요소의 사전 예방) - 자연의 자율적 회복력 유지 - 인위, 작위보다 무위 추구	- 야생지, 황무지의 보전과 생태지도 작성 - 생태조사를 통한 생태보전전략 수립과 생태적 서식처 발굴 및 도시 재개발 시 최우선적 고려 - 생태적 중용과 사전예방원칙의 학습 - 생태계 자치를 위한 무위의 행정기술 습득(자연에 반하는 행동 금지, 자연의 자발성 경로 추종)
적극적 치유	- 훼손된 생태계의 복원, 회복	- 생태적 폐허 복귀(역 간척 등 토양의 생생한 회복) - 재자연화(제방하천을 자연하천으로 복원) - 유연한 기술 등 복원역량의 습득 - 자연보호구의 창조 - 야생동식물 서식처 복원, 포획동물의 자연귀환

생태계 복원은 동식물 서식처의 복원과도 연관된다. 관계론적 생태윤리를 강조한 테일러(P. Taylor)는 인간－자연 관계의 균형을 위해 절차적 규칙의 하나로 '보상적 정의'를 제시했다.[209] 이는 인간과 타 생명체와의 관계를 인간이 파괴했을 경우 이를 교정해 도덕적 균형을 회복하는 것으로서, 파괴된 동물 서식지의 복원, 포획동물을 자연으로 되돌려 보내기가 이에 해당된다.[210]

6. 사람과 자연의 공존을 위한 공원정책:
사람의 곁으로 다가온 공원

이미 우리 사회는 선진국형 도시화율을 자랑한다. 그러나 불행히도 대다수의 국민이 터 잡고 사는 도시들이 인간생활 정주(定住)공간, 즉 사람이 터 잡고 오래 살만한 공간이 쉽게 되지 못하는 점은 자성(自省)의 시간을 우리에게 요구한다. 집 인근에 번변한 시내나 숲 한 자락이라도 있다면 그것은 참 행복한 일이다. 도시 안에 흙이 사라지고, 멀쩡하게 있던 숲이나 나무도 뽑혀 팽개쳐지고 그곳에 아파트나 길만 자꾸 생기는 못난 세상이다.

필자는 2010년 여름에서 2011년 봄까지 미국 오리건(Oregon) 주의 유진(Eugene)이란 도시에서 1년간 연구년을 보내면서 인간생활 정주(定住)공간이라는 개념에 대해 생각해볼 기회가 많았다. 물론 이 나라는 땅이 워낙 넓어 시정부가 마음만 먹고 재정만 허락하면 그까짓 공원 하나 뚝딱 만들기는 누워서 떡먹기일 것이라 생각하기 쉽다. 그러나 이곳 유진만 해도 도시의 양 옆으로 큰 산맥들이 길게 뻗어 있어, 그 산맥들 안에 갇힌 계곡, 즉 월라멧 계곡(Willamette Valley) 안의 도시이다.

인구가 얼마 안 되어 가능한 일이기도 하지만, 필자는 이 시 정부의 공원조성정책(park policy)이 분명히 있기 때문에, 유진 시민들이 풍족한 도시공원을 맛볼 수 있는 것으로 생각한다. 즉 땅의 물질적 공간이 풍족해서라기보다는, 인간-자연의 공존을 위해 원시자연(natural environment)을 잘 보전하고 혹은 그 일부를 사람의 공원(built environment)으로 정성스럽게 확보하고 알차게 운영하려는 이

250

시의 공원정책에 높은 점수를 주어야 한다고 본다.

아무리 넓은 땅을 갖고 있어도 우리처럼 "무슨무슨 공단이다," "무슨무슨 기업도시다, 혁신도시다"라는 식으로 경제적으로만 땅을 이용하려 들면, 도시 안에 공원이 들어서긴 참 힘들지 않겠는가? 미국에 와서 재차 놀란 점은, 어느 도시에 가도 기본적인 사회기반시설과 생활편의시설이 골고루 갖춰져 있다는 점이다. 학교, 쇼핑센터, 교회, 도로는 말할 것도 없고, 도서관, 공원, 예술회관, 시빅 센터 등등 시민의 문화생활과 전원생활에 필수적인 것들이 이른바 공공재 개념으로 잘 구비되어 있다. 자기 생활에 필요한 공공시설의 이용 면에서 시민들 누구도 배제되지 않고 이용에 있어서도 서로 경합하지 않아도 될 만큼 공공시설이 잘 갖춰져 있는 점이 참 부럽다.

여기서 우리가 다시 환경 탓으로 돌아가선 안 될 것이다. 원래 미국은 부자나라이고 땅도 넓으니 이런 것이 모두 가능하다고 말해 버리면, 우리의 문제를 해결할 지혜나 방도를 스스로 포기하는 결과가 온다. 이들이 무엇을 이유로 공원을 공공재화 했는지, 공공재로서의 공원을 조성하기 위해 어떤 정책지혜를 강구하고, 어떤 계획 아래 공원을 실제로 조성해 왔는지 그 구체적 방법론을 알아내야 한다. 그들이라고 공원조성에 장애물이나 암초가 없었겠는가? 미국이야말로 신자유주의의 첨병이자 자본주의 냄새가 몸에 밴 물질문명의 사회가 아닌가?

좁고 못난 환경을 탓하기 보다는 남의 문제해결방식에서 지혜의 방도를 구할 때, 좁은 땅덩어리이지만 그곳에서도 아기자기한 미니 숲을 조성할 수 있고, 애들이 안전하게 뛰어놓을 수 있는 조그마한 공원을 만들어 낼 수 있다. 넓은 땅이 없다고 미리 포기하지 말고, 토지 공개념 요소를 건설적으로 받아들여 공공의 땅을 미리 확보해야 한다. 먼 앞을 내다보는 알찬 도시계획에 입각해 공공재로서의 공원을 조금씩 마련해가는 공원조성정책의 제도화가 긴요하다. 좁은 아파트 단지를 몇 발자국 벗어나, 바로 집 곁에 있는 조그만 공원과 나무숲에서 매미울음 소리를 들으며 식구들과 조용히 산책하거나 배드민턴이라도 마음껏 쳐볼 수 있는, 작지만 의미 있는 공원들을 주변에 많이 만들면 좋겠다.

7. 야생자연 보전정책과 무위(無爲)의 리더십

숲을 경제적 가치로만 따지던 공리주의 산림공무원에서 원시자연의 보전을 열렬히 주창하는 생태 철학자로 변신한 레오폴드(A. Leopold)에 대해 로비엑스키(M. Lorbiecki)가 쓴 평전 제목은 [야생의 푸른 불꽃]이다.211) 여기서 야생은 wildness를 번역한 말인데, wildness라고 하니까 일차적으로는 좀 부정적인 느낌들, 즉 뭔가 거칠다, 뭔가 어둡고 생경하다, 그래서 무서운 존재감을 드러내는 그런 말이 금방 연상된다. 실제로 이 책에서도 야생의 푸른 불꽃은 늑대의 이글거리는 눈을 가리킨다.

그런데 이 책에선 늑대가 총에 맞아 그 푸른 야생성을 상실하며 점점 죽어가는 과정에서 인간의 깨달음을 강조한다. 인간의 어떤 깨달음을 자극한 늑대의 푸른 눈이 총에 맞아 점점 당당함을 잃어가는 것은 원시자연이 그 야생성을 상실해 가는 아픔을 극적으로 상징하는 것이다.

겉보기에 야생성으로 가득 찬 원시자연은 거칠고 무서운 곳으로 보인다. 뭔가 나를 해칠 것 같은 맹수가 숨죽이고 있다가 금방이라도 튀어나올 것 같은 깜깜한 숲속, 폭우가 내린 뒤 모든 것을 핥으며 마구 쓸려내려 가는 엄청난 굉음의 강물, 정든 고향과 삶의 터전을 쑥대밭으로 만들어버리는 파괴력을 지닌 지진이나 화산폭발 같은 야생 자연은 참 무서운 존재이다. 이런 원시자연을 염두에 두기에 우리는 야생이란 말에서 무서움과 생경함 같은 것을 직감한다.

초기인류 때 숲은 신령이 깃든 성지 혹은 통치권이 미치지 못하는 암흑과 무법의 세계로 인식되었다. 숲(forest)의 어원은 바깥을 뜻하는 foris였다. 그러나 인간이 도구를 사용하며 숲을 베고 논을 경작하면서 인류문명이 등장하고 자연에 비해 우월시되었다. 도시(city)는 라틴어인 civitas에서 파생되었는데, 이는 문명과 시민이란 용어의 뿌리인 반면, 산림과 숲의 라틴어 silva는 야만(savage)의 어원이 되었다.212)

그러나 이 세상이 모두 원시성과 야생성을 잃고 인간에 의해 인위(人爲)로 설계되고 작위(作爲)로만 운영된다고 생각하면 그것도 끔찍한 일이다. 자연은 천연의 질서이고 오랜 세월 동안 자기 조직화를 통해 형성된 가장 질서 잡힌 시스템이다. 즉 야생 자연은 자기 조직화 능력이 있다. 스스로 그러한(self-so) 질서를 만들어내고 상황변화에 맞게 자기를 적응시켜 나간다. 이런 원시자연에 사람들이 함부로 칼질, 삽질, 도끼질해 그 천연의 질서를 무너뜨린다면 그 결과는 엄청난 파괴력을 지닌 위험의 부메랑이 되어 우리에게 다가올 것이다. 예컨대 인간의 인위와 작위가 작동해 강을 직강화하면 그것이 큰 홍수를 조장해 우리 삶의 터전을 일거에 앗아가는 결과를 초래할 수도 있겠다.

동양에선 이런 점에서 무위(無爲) 개념을 강조한다. 도교주의는 자연의 자발성 경로추종을 인간 삶의 윤리적 방식으로 옹호하면서 그 자발성을 따르는 방법으로 무위를 강조한다.213) 여기서의 무위

(non-action)는 어떤 어설픈 행동도 하지 않도록 단호하게 의도적 결정을 내리는 것이다. 무위가 지향하는 것은 혼란(不治) 없는 세상을 만드는 것인데, 혼란이 생기는 이유는 인간(人)의 자연 개입(爲)이 결국 자연을 속이는 거짓(僞＝人＋爲)을 낳게 하기 때문이다.[214] 이는 목표설정, 경로선택, 진행방식에 있어 특히 주체적 역량이나 객관적 조건이 미숙한 상태에서 과도한 목표를 추구할 경우 당연히 발생한다. 그런 점에서 원시자연의 야생성, 즉 있는 그대로를, 그래서 그것이 스스로 그러하게 변해가도록 내버려 두는 것이 필요하다. 이것이 바로 사람의 때가 묻지 않은 자연을 원시상태로 보전하는 것이다. 자연 그대로의 질서, 원래 그대로의 흐름을 인정해야 원시 자연이 궁극적으로 우리의 서식처를 가장 자연스럽게 지켜주는 터전이 된다.

이제부터는 야생이란 단어에서 야만성이나 두려움을 먼저 떠올리기 보다는 원시자연의 질서를 배우고 따르는 평생의 학습 테마로서 야생의 의미를 떠올려보는 것이 어떨까? 이제부터는 야생자연의 자기 조직화를 배워서 우리의 서식지를 포함해 전체 생태계를 지켜나가는 새로운 삶의 방식 같은 것을 훈련해 보게 하는 개념으로 치환했으면 한다.

그럴 때 사람들 마음속의 인위와 작위, 우격다짐이 줄어들고 사람들 간의 자연스런 만남과 교류도 늘어나는 계기가 마련될 것이다. 특히 경솔한 행동으로 자연을 함부로 훼손하는 것보다는 "최소 측정 2번에 정확한 톱질 1번"으로 우리가 꼭 필요한 만큼만 자연을 제한적으로 이용하는 정교한 생각의 틀도 자리잡는다. 그럴 때 인간－자연의 공존 방식이 좀더 설득력을 얻어갈 수 있다.

8. 생태적 전환의 방법론:
국토 사랑법, 전체론적 접근, 생태사회주의

생태윤리가 보편적으로 수용되어 생태 친화적 정책들이 많이 입안되기 위해선, 또 우리 주변에 야생자연이나 도시공원을 많이 마련하기 위해선, 무엇보다도 우리 모두가 생태적 전일성과 생태적 배태(존재)성을 정확히 인식해 그것에서부터 생태윤리의 필요성을 내면화하고 자연 지킴이 역할을 실천해 나가는 노력이 필요하다. 아래에선 생태적 전일성에 대한 자기 주도적 학습과 생태 친화적 정책의 구상에 응용 가능한 좋은 책들의 내용을 간략히 일별한 뒤 그것이 주는 정책적 함의를 도출해내는 시간을 가져본다.

박태순의 [나의 국토, 나의 산하 1,2,3][215]는 우리가 자연을 보는 올바른 관점과 자연을 다루는 슬기로운 정책지혜의 방향을 잘 보여준다. 저자는 일생에 걸친 국토 걷기와 의미 있는 국토 글쓰기를 통해, 국토 인문학이라는 새로운 장르를 개척해 온 소설가이다. 필자도 젊은 시절 그가 쓴 [작가 기행], [국토와 민중]이라는 책을 읽고 우리 땅의 역사성과 땅에 서린 사람들의 생애사에 대해 새로운 인식을 할 수 있었는데, 그때의 감동의 기억이 다시금 밀려온다.

정치나 행정을 하는 사람들이 국토를 보는 시각과 문학을 하는 사람들이 국토를 보는 시각엔 큰 차이가 있다. 전자에 속하는 사람들의 시각이 대개 효율성의 잣대로 땅을 재단하는 국토이용과학의 시선이라면, 후자의 시각엔 국토를 사람들의 애환과 꿈이 깃든 역사와 생명의 장소로 보는 국토 인문학 정신이 내재해 있다. 저자의 국토 사랑법과 국토문학 정신은 이 책에서 한층 더 철학적 기반을 공고히 하며 만개하고 있다. 일례로 저자는 계립령이라는 고답적 옛길을 답사하면서, 우리 옛길에 서린 온갖 무형문화의 역사담론과 길의 철학성, 즉 역사의 길, 민중의 길이라는 의미를 되살리기 위해선, 힘겹고 어렵지만 꼼꼼한 필드 스터디와 현장성 있는 국토 글쓰기가 지속되어야 함을 역설한다.

우리는 길 위에서 살아 왔다. 그래서 저자는 "우리는 길에서 역사의 파노라마를 볼 수 있다. 우리의 전통문화 경관은 길을 통해 축적되어 왔다. 길에 저축되어온 시간층의 다양성과 풍요로움을 제대로 들추어내고 살펴야 할 책무가 우리에게 있다"고 강조한다. 저자의 이런 치열한 국토 걷기와 국토 글쓰기의 여정엔, 30.3cm의 땅(地)도 대단한 것으로 여겨 넓은 땅으로 대하고, 3.03cm의 한 푼어치 흙(土)도 경작 가능한 땅으로 소중히 여겼던 우리 선조들의 척지촌토(尺地寸土) 정신이 깔려 있다. 그런 맥락에서 보면, 평등산하 하무처(平等山河 何無處)이다. "우리의 산하는 평등하므로 내가 어디에 놓여 있다한들 괜찮은" 것이다.

반면 현대인들의 국토인식체계는 옹졸하고 못났다. 정치적 논리에 따라 개발의 선발지역과 후발지역의 격차가 너무 크다. 저자의 지적처럼 "서울-대전-부산의 중심축 외 지역은 낙후지역이 되어 버렸고, 그나마 낙후지역의 늦깎이 개발현장에선 주민들과 무관한 채 외부자본에 의한 난개발이 무성하다." 생태계 파괴를 서슴지 않는 자본의 논리가 국토생태에 재앙을 내리고 있다. 어느 누구도 가리지 않고 모두를 품는 지리산의 넓은 품새처럼, 이 책에는 "오랜 세월 동안 역사의 현장에 존재해 왔지만 힘의 논리에 의해 잊혀지고 소외되어 왔던 우리나라의 많은 땅과 길"에 대한 인문지리적 정보와 더불어 그것들을 온전히 지키고 올바르게 기리기 위한 따뜻한 국토 사랑법이 풍성하게 담겨져 있다.

국제환경재단 설립자이자 생태적 삶의 디자이너인 데이비드 스즈키(D. Suzuki)는 홀리 드레슬(H. Dressel)과 함께 쓴 [나쁜 뉴스에 절망한 사람들을 위한 굿 뉴스]라는 책을 통해,[216] 생태적 삶을 다각도로 실천하는 사람들의 진솔한 이야기와 창의적 아이디어를 담은 많은 성공사례들을 폭넓게 소개하고 있다.

생태문제에 대한 전체론적(holistic) 접근을 강조한 스즈키와 드레슬은 우리가 저지른 행동이 결국 우리에게 화살이 되어 되돌아옴을 인식해야 하므로, 우리가 모든 사물들 간의 눈에 보이지 않는 관계를 정확히 인지해야 한다고 주장한다. 즉 "생태계 전체를 고려하며 자기가 미칠 영향력을 늘 감시하는 등, 자연에 대해 항상 겸손하고 유연한 자세를 유지해야 하며, 자신의 행동이 환경을 파괴할 조짐을 보이면 그 자리에서 바로 멈추고 원점에서 다시 고려할 것"을 강조한다. 그래야 우리가 지구에 남기는 생태 발자국을 최소화할 수 있다는 것이다. 저자들은 우리가 즐거운 불편을 감수하면, 우리 스스로가 생태적 전환으로 가는 길목에서 굿 뉴스의 발상지가 될 수 있다고 강조하며, 자신들의 책에서 전체론적 접근의 실례들을 다음과 같이 숱하게 보여주고 있다.

미국에서 가장 건강한 산업림을 소유한 오리건(Oregon) 주 소속의 한 벌목회사인 콜린스 파인(Collins Pine)은 나무의 자연재생 원칙에 입각해 삼림을 숙성시킨 뒤 벌목하고 있다. 따라서 나무에서 나오는 순이익은 경쟁회사들에 비해 25%나 모자라지만, 지속 가능성과 재생 가능성이 보장된 임산물 생산방식을 고집해, 산불 번짐 막기 등 지역사회에 큰 사회경제적 혜택을 주고 직원들의 회사생활도 만족스런 편이다. 한 직원이 말하길, "매출이 작아도 새로운 생산방식으로 임업 전체에 변화를 준다는 점에서 매순간 배움의 즐거움이 있고, 외부기관의 인증절차는 까다롭지만 인증이 회사의 지속 가능형 시장성을 향상시키고 도전의식을 부여한다"라면서 회사의 경영철학에 긍정적 태도를 보인다.

독일 프랑크푸르트 시의 환경국은 일을 둘러싸고 갈등을 빚기 쉬운 여러 환경 시민단체들과 건물을 같이 쓴다. 이 시정부의 실질적 도구는 환경책임보험법인데, 자사 제품이 소비자의 건강, 토양, 물, 대기에 피해를 주지 않음을 제조사가 증명하게 하는 이 제도가 시행되고 6년이 지나자, 이 법은 독일을 세계 최고의 사업하기 좋고 살기 좋은 나라로 만들었다. 이는 정부가 기업을 생태적으로 책임 있는 방식으로 유도하는 것이 얼마든지 가능하며 그 결과도 좋다는 것을 보여준다. 프라이부르크 시는 도시를 세운 사람들이 처음부터 막개발을 금지해서인지 난개발의 흔적도 없다. 라인(Rhein) 강 운송로 상의 입지가 좋고 지역출신 기업가의 항만시설 투자약속도 있지만, 시정부는 고향(Heim) 보존에 대한 강한 본능 아래 '섣불리 개발하지 말아야 할 이유'를 정중히 언급하며 항만시설 개발을 금지하고 있다. 책에 소개된 젊은 독일 부부의 생태적 삶의 실천도 자연스럽다. 그들은 절수형 변기를 설치해 세금감면을 받고, 눈에 잘 띄는 곳에 가스계량기를 설치해 난방을 절제하며 수시로 가스 전기량을 체크한다. 절전 조명과 고효율의 세탁기 사용도 자연스럽게 실천한다.

위에서 살펴본 다차원의 전체론적 생태적 삶엔 자연 흉내 내기, 즉 생체모방의 지혜가 깔려 있다. 즉 작지만 다양한 규모와 복합적 방식으로 작동하는 자연 생태계와 마찬가지로, 인간사회도 자율, 순환, 유연, 겸손, 장기적 안목과 더불어 실패하면 되돌아가 신중하고 겸손하게 다른 방식을 고려하는 철학적 변화를 겪을 때, 생태적으로 책임 있는 방식으로 생산된 상품과 농임산물, 수산물을 맛볼 수 있다는 것이다. 그 대신 더티 더즌이라 불리는 인공화학물질, 유전자 변형작물 등 유해물질에 대해선 중과세할 것을 촉구한다.

전체론적 경영법은 우리가 한번 쓰고 버리는 기존의 손쉬운 생활방식에서 벗어나 다소 불편하지만 장기적으로 바람직한 생활방식으로 옮아가게 한다. 또 정부의 환경책임보험법을 통해, 우리는 기업들이 마음만 먹으면 고연비 자동차 제조, 환경 친화적 건설사업, 유독물질의 대체 및 재활용, 에너지 절약에 실질적으로 동참하게 할 수 있다. 다행히 이런 생태적 전환을 위해, 미국의 쇼어 뱅크 퍼시픽, 독일의 GLS 방크 등 은행들의 도움장치도 현실화되고 있다. 이들 은행은 환경지속 가능성 프로젝트 등 생태계를 파괴하지 않는 방식을 도입한 기업체들에게 적극적으로 재정지원해 주고 있다.

결국 스즈키와 드레슬은 굿 뉴스의 주인공들이 대규모 조직의 인위적, 일률적 룰을 추종하지 않고, 자연 시스템의 존중, 천연자원의 절약, 지역경제의 지혜로운 관리, 생산물의 공평분배 등 자연 생태계를 닮은 삶을 살아가는 공통점이 있음을 전제하면서, 생태계를 지속 가능하게 관리하기 위해 고안된 전체론적 경영법의 함의를 강조한다."지구가 내 집이고 우리가 지구의 선(先)주민임을 인식하면서, 성숙해지는 데 시간이 30% 더 걸리면 우리가 30% 더 기다리면 된다"라는 가치관의 변화를 겪는 것만이 상기한 모든 논의의 선행조건임을 명시하며, 생태문제 해결에 생태주의 원칙과 전체론적 접근이 적극 반영되어야 하고, 또 그러기 위해선 사회경제 체제의 생태 친화적 재편이 긴요함을 보여 준다.

스즈키와 드레슬이 전체론적 접근을 통한 생태 친화적 재편을 강조한다면, 데렉 월(Derek Wall)은 자신의 책 [그린 레프트: 전세계 생태사회주의 운동의 모든 것][217)에서 생태사회주의 운동을 하나의 대안으로 주창한다. 그에 의하면, 현대경제는 자체의 영구적 안정을 위해 구조적으로 성장에 의존하지만, 성장에 의존할수록 인류가 생존을 위해 절대적으로 의존해야 할 지구 생태계 시스템은 필연적으로 파괴된다. 자본주의는 이윤을 재투자하지 않으면 궁극적으로 폐업하는 구조이므로 무한성장이 자본주의의 핵심인데, 성장에의 탐욕이 생태위기를 초래하는 것이다. 생태위기를 초래한 대량생산체제의 책임을 회피하기 위해, 이제 자본은 자연환경을 상품화해 환경을 이윤창출의 배타적 울타리에 가두는 자연의 상품화마저 녹색 자본주의라는 미명 하에 일삼고 있다.

데렉 월은 이런 문제의식 하에 생태학적으로 실행 가능하고 사회적으로 적합한 대안으로서 생태사회주의 운동을 주창한다. 여기서 말하는 생태사회주의는 사회주의, 녹색정치론, 생태학, 세계화 개혁론을 융합해서 창안된 이념으로서, 공유재의 부활을 통한 생산수단의 집합적 소유가 그 핵심이다.

교환에 기초하는 자본주의 경제는 교환량의 증가를 위해 멀쩡한 상품을 버리고 또 구입하게 만드는 계획적 진부화를 통해 상품 제조량을 늘리는 등 무제한의 성장을 강조한다. 반면 사용가치에 기초한 생태경제는 오래 쓸 수 있는 물건을 선호해 성장은 저하되지만 생태계에 미치는 악영향은 감소시킨다. 그러나 공유재의 부활과 사회적 공유는 그만큼 상품생산의 필요성을 줄여줘 환경에의 충격을 줄이는 대신 자원에 대한 동등하고도 자유로운 접근권을 보장해 우리의 평균적 생활수준을 제고해준다.

생태사회주의에선 생태계 파괴가 자본주의의 우연한 모습이 아니라 자본주의 체제의 DNA에 완전히 각인된 것으로 본다. 이윤추구적 생산은 단기적 지평으로 투자를 결정해 환경의 장기적 건강성을 고려하지 않기에 단순한 개혁으로는 제지되지 않는다는 것이다. 일례로 흔히 온실가스 배출의 책임을 개인에게 전이해 분리수거와 재활용 등 개인 생활습관의 친환경적 변화를 강조하지만 이런 개인주의적 접근만으론 소비에의 탐욕을 근본적으로 줄이기 곤란하다. 또 탄소 배출권 거래제 등 시장기반적 접근도 근본적 해결책은 아니다. 데렉 월은 이를 기업권력들이 생태위기라는 파국적 상황을 역이용해 녹색상업주의로 돈벌이하며 지구환경 파괴에 도박을 거는 것으로 본다.

따라서 기업권력들을 사회적 통제 하에 두는 것이 사회생태주의의 궁극적 전략이다. 계몽을 통한 문제해결이나 생태 상품화를 조장하는 사이비 녹색성장론은 정답이 아니며, 새로운 소유 개념만이 근본적 해법이란 것이다. 즉 상호소유에 기초한 사회로 나아가야 하는데, 환경을 최소한 그것이 처음 발견된 당시의 형태로 놓아두는 용익권(usufruct)이라는 공동접근 재산권 혹은 공유 재산권이 형평성의 제고는 물론 생태학적 원칙에도 맞는다고 강조한다.

데렉 월은 자원에 대한 자본의 배타적 울타리 치기를 막기 위한 경제 분야의 민주적 결정과 생산수단의 집산화를 촉진하기 위해, 열대우림과 주요 생태계에 대한 토착적 통제의 보장, 파산 기업의 경영에 노동자 참여를 허용하는 생산의 민주적 통제, 오픈 소스에 대한 특허 규제, 토지의 개혁과 공유, 도서관 등 사회적 공유에 공적 자금 지원, 공유재를 지원하는 조세,복지제도 강화, 소유권 변혁을 위한 경쟁시스템 개혁, 제약과 의료의 사회적 소유 등을 생태사회주의를 실천하기 위한 주요정책 리스트로 제안한다.

또 생산수단의 사회적 소유를 실현하기 위해, 공기, 물, 토양에의 보편적 접근권 확보, 사회와 자연에 내재된 공유재산 보존을 위해 투자, 기술개발 등 경제분야에서의 민주적 결정이 기존의 투자방식과 은행관리를 대체할 것도 촉구한다. 또 계획적 진부화와 오염에 기초한 현 생산, 소비, 건설패턴을 지속가능한 상품생산 패턴과 녹색건축 개발방식으로 교체하는 방법 등을 생태적 사회로의 전환 방식으로 주문하고 있다.

15. 안전 파수꾼: 안전사회로 가기 위한 좁쌀영감식 접근

1. 위험사회는 인간탐욕의 결과물

삶의 안전 정도를 중심으로 사회를 안전사회와 위험사회로 구분할 수 있는데, 안전사회야말로 우리가 지향하고자 하는 삶의 질이 높은 사회이다. [일본, 허울뿐인 풍요]의 저자 매코맥(G. McCormack)은 일본의 과학기술은 세계 최강국이지만 일본의 건설공사 수준은 제3세계 수준이라고 혹평한다. 일본은 안전 불감증이 높고 이윤 극대화만 추구하는 위험사회(risk society)라는 오명을 들어 왔다. 이러한 병리는 건설족(族) 정치인과 부패한 관료, 뇌물을 바치고 지대(rent)를 추구하는 기업인들 간의 정경유착 관행에서 비롯된다. 일본의 도로건설 단가는 독일의 4배, 미국의 9배로서, 건설업의 국제 경쟁력은 거의 없다. 그리고 이것이 평범한 일본인들의 내 집 마련을 위한 저축액을 바닥낸다. 일본의 정치경제를 3C, 즉 Construction(건설), Consumption(소비), Control(관리)로 압축할 수 있는데, 우리는 여기서 일본이라는 나라의 특징으로 토건국가, 레저국가, 관료국가적 속성을 도출할 수 있다.

양적 팽창에 치중하는 식의 경제개발과 난개발 위주의 국토개발을 추진해온 우리 사회도 이런 비판에서 전혀 자유롭지 못하다. 시민생활의 질을 실제로 좌우하는 안전, 환경 등 다양한 비경제적 요소들에 대한 주의를 극히 게을리 한 결과 얼마 전까지만 해도 대형 공공시설 붕괴사고로 인해 삶의 질은커녕 '죽음의 질'마저 걱정했던 적이 있었기 때문이다. 우리 사회의 이런 부정적 특징은 다음의 2 개념으로 압축될 수 있다.

첫째, 폭증사회이다. 이는 생산과정의 효율성과 안전성의 개선보다는 노동력과 자원의 동원을 통해 외연적 성장이 이루어지는 사회이다. 이 과정에서 재난과 오염이 함께 커진다. 둘째, 날림사회이다. 속도효율(speed efficiency)은 '빨리 빨리의 사회학' 등 부정적 문화로 정착했다. 이에 대한 집착은 담합적 부실을 낳았고, 안전사고를 일으킨 기업인에 대한 사법처리는 '산업유공자적 예우'를 갖춘 형식적인 것이 된다.

최근 제2롯데월드의 개관이나 신문방송에 자주 등장했던 안전 불감증의 숱한 결과물들을 되새겨 보면, 아직도 우리 모두가 황금만능주의에 찌들거나 속도효율 지상주의에 빠져 안전이라는 기본가치를 영영 잉태할 수 없는 불임사회에서 살고 있지 않나 하는 안타까운 현실을 발견하게 된다. 이미 세상은 수직경쟁의 병폐 때문에 수평경쟁으로 나선 지 오래되었지만, 한 원로 기업가의 평생소원(?) 때문에 잠실벌 위에 무리하게 강행된 초고층 빌딩공사의 뒤끝은 영 개운치 않다. 설마 설마 하는 안이한 마음가짐에서 기인해 사람의 소중한 목숨을 담보로 하여 진행된 그간의 숱한 대형공사의 끝은 간혹 무시무시한 결말을 초래했다.

시공 및 감리과정에서의 안전진단 절차의 형식화, 공기 단축이라는 속도경쟁, 공사비용의 무리한 절감 지시 등 비정상적 일들이 지천으로 전개되다 보니, 우리는 멀쩡히 길을 걷다가 혹은 가족의 생일선물을 마련하러 쇼핑하다가 횡사할 위험에 쉽게 노출되고 있다. 그러니 삶의 질은커녕 죽음의 질조차 보장받지 못하는 위험사회 속에서 하루하루를 사는 처지가 되고 말았다. 수많은 대형 공공시설 붕괴사고가 이를 잘 말해준다. 더 이상의 속도경쟁과 속도효율은 무의미하다. 자재비용을 아껴 보았자 그 돈이 리베이트로 들어갈 뿐 길 위의 든든한 인프라 건설에 재투자될 가능성은 희박하다. 아니 리베이트로 바칠 돈을 마련하기 위해 자재비용을 삭감해 왔으니 본말이 전도되어도 이만저만이 아니다.

2. 공공재로서의 안전권

현대사회의 안전은 집단성을 띄는 경우가 많아 사회 전체의 노력으로 보장해야 할 공공재가 되어가고 있다. 따라서 이를 공공안전(public safety)으로 자리매김하며 국가의 가장 핵심적 공공사업 영역이 되게 해야 한다. 특히 보편적 안전권이 보장되려면 국가 차원에서 발전 이념의 재정립이 요구된다. 즉 안전복지 차원에서 경제발전의 공과를 재평가하고 국가와 사회의 발전 노력을 재조정하는 작업이 필요하다. 여기서 시민은 안전에 대한 권리를 주장할 수 있다. 사회학자 장경섭은 이를 위해 다음의 개념과 지표활용을 권고한다.[218]

안전국민소득(Safety GNP)은 경제활동에 수반되는 신체적, 심리적 안전의 위협을 감안해 국민소득의 변화를 재산정하여, 위험을 애써 감춘 성장지표의 허구성을 고발하는 것이다. 안전급부(Safety Payment)도 중시되어야 하는데. 이는 사회 각 부문의 안전도 제고 역할을 파악해 이를 체계적으로 지원한다. 이에는 적절한 인센티브와 페널티가 적용되어야 할 것이다.

안전 개념이 국가정책으로 치밀하게 제도화된 나라가 바로 싱가포르이다. 이 나라에선 안전가치가 어떤 가치보다 선행한다. 즉 인간의 기본권으로 인식된다. 예컨대 도로의 특정지점에서 사고가 빈발할 경우 그 일차적 책임을 도로건설과 관리주체에게 강하게 귀속시키는 것이 안전공화국 싱가포르 정부의 기본방침이다. 사소한 일상에서도 안전의식이 커서 아이들 통학버스엔 기사와 별도로 안전요원이 필히 배치된다. 그래서 이 나라의 통학 관련 안전사고는 제로에 가깝다. 버스 정류장엔 버스진입 차단장치가 설치되어 있고, 벤치 역시 버스의 진입방향에서 비스듬히 설치해 일말의 사고도 없도록 예방조치를 취한다. 안전규칙의 위반 시엔 벌금이 과다하다 싶을 정도로 높다. 최근엔 공공 놀이시설 면허제도를 강화해 놀이시설뿐 아니라 관련건물의 구조와 골조도 엄격하게 규제한다.[219]

안전사회로 가기 위해선 우리 모두가 싱가포르의 안전 관계자들처럼 생명존중 정신과 꼼꼼한 안전마인드를 가질 필요가 있다. 안전하기 위해 주변의 위험요소를 사전에 제거하고 필히 지켜야 할 안전규칙을 열심히 따르며 사회의 기초질서를 다지고 또 다지는 그런 세심한 마음씨가 체질화될 때 안전 불감증에서 조금씩 벗어날 수 있다.

공사비 절감이든 속도효율이든 단기적 수익의 달콤함에서 벗어나 내일의 안전이라는 장기적 안목에서 오늘의 불편과 수고로움을 이겨내는 사람다운 불편을 감수할 때, 안전사회로 가는 우리의 길이 조금 더 가깝게 다가올 것이다.

3. 좁쌀영감식 접근만이 우리를 안전사회로 이끈다

"큰 재해가 발생하기 전까진 사전에 여러 번의 경고음이 울린다"는 하인리히(H. W. Heinrich)의 법칙에 의하면, 300번의 경미한 징후가 무시되면 29번의 실질적인 작은 사고가 발생하고 또 그것에 불감한 채 안이하게 대처할 때 우리는 치명적인 재해에 직면하게 된다. 그리고 그 단 한번의 재해로 모든 것을 잃고 만다. 우리가 1 : 29 : 300 중 300의 초동 단계에서 슬기롭게 대처하면 안전사회로 갈 수 있지만, 그런 마음속 예의주시와 부지런한 안전조치를 게을리 한다면 결국 단 한번의 대재앙에 굴복하고 마는 위험사회로 가는 것이다. 깨진 유리창 이론도 같은 교훈을 준다. 깨진 유리창 한 장을 갈아 끼우는 것을 차일피일 미루면 아무리 멋진 건물도 삽시간에 슬럼화되는 것이다.

위험사회에 사느냐 안전사회로 가느냐는 결국 우리들 마음습속의 문제라는 공통의 교훈을 얻게 된다. 즉 좁쌀영감 같이 매사를 다지고 다지는 정교한 마음먹기가 위험사회의 대비책으로 중시되지 않을 수 없다. 흔히 좁쌀영감은 속 좁고 째째한 그래서 아주 못난 사람이라는 부정적 느낌으로 대변되지만, 설마 설마하며 안이하고 게으르게 매사를 흘려버리는 우리의 통 큰(?) 자세가 더 문제가 되는 경우가 적지 않다. 그런 점에서 안전과 관련해선 꺼진 불도 다시 보듯이 좁쌀영감식 접근이 차제에 제도화될 필요가 있다. 공익광고처럼 "꺼진 불을 방치하면 산불이 나지만, 꺼진 불을 다시 보면 예쁜 단풍이 되어 돌아" 오는 것이다.

그간 우리사회는 선진국 따라잡기 식의 추격발전 속에 무리한 속

도전쟁을 해왔고, 군사독재정권 밑에선 하늘을 찌를 듯 높고 웅장한 건축물을 미화하는 건축의 정치학 아래 수직경쟁을 일삼아 왔다. 그 결과는 폭증사회, 날림사회였다. 이제 좁쌀영감식 접근, 즉 자연과 생명에 대한 겸손과 후세를 위한 겸양의 마음가짐이 안전사회로 가는 길목에서 긴요하다. 늘 조심하고 매사를 다지고 재차 확인하는 그런 겸손히고 세심한 마음자세가 절실히 요구된다.

생명운동의 대부 무위당 장일순 선생의 호인 '조한알'은 바로 자연과 생명에 대한 겸손한 마음먹기를 웅변한다. 자신을 낮추는 것, 즉 세상을 내려다보는 시건방진 눈초리를 겸손한 수평적 눈초리로나 섬김의 눈매로 되돌리는 것이 바로 그런 마음자세이다. 아동들의 통학 과정에서 사고를 미연에 방지하기 위해 매우 치밀하게 설계된 싱가포르의 도로와 정거장 안전장치들이나, 미국 Eugene 시의 자전거 전용도로 커브 길의 노란 중앙차선은 다 이런 좁쌀영감식 접근에서 나온 것이다.[220]

PART 04

우리-관계 지속을 위한
정부의 자기 개혁과
시민사회의 자강

시민 속의 정부가 사람을 위한 정책을 계속 확대하기 위해선 시민—정부 간 우리—관계의 지속이 필요하다. 이를 위해선 그간 양자 간에 그들—관계를 조장해온 정부의 결자해지, 즉 정부 종사자들의 자기 개혁이 우선되어야 한다. 여기서는 시민의 문제를 자기 문제처럼 역지감지하며 시민생활의 질 제고에 최선을 다하는 공적 자아의 양성과 시민의 동의를 구하는 절차 강화를 중심으로 이 문제를 짚어본다.

시민—정부 간에 우리—관계가 지속되려면 관계 형성의 또 하나의 당사자인 시민사회의 성숙과 자기 혁신도 필요하다. 열정적 공중(passionate public)만이 나라의 발전에 열정을 갖고 주의 깊은 자세로 정부의 일거수일투족을 감시하며 국정을 올바른 방향으로 유도할 수 있다. 특히 그들 관점에 빠져 잘못된 방향으로 나가기 쉬운 정부를 견제해 우리—관계라는 제자리로 돌리기 위해선, 또 때로는 무능한 정부 부문에 덜 의존하며 사회를 자율적으로 관리해 나가기 위해서는 시민의 함께 서기 역량이 필요하다. 여기서는 이를 위해 생활협동조합 운동과 사회의 자주적 관리 차원에서 아나키즘의 현대적 응용 방향을 논해본다.

이런 논의는 자연히 시민사회의 자강(自强)을 요구한다. 민주시민의식을 기르고 사회의 일꾼을 키우는 대학 등 공교육의 개혁, 또 우리가 대부분의 주요 일과를 보내는 직장의 민주화, 인간화 문제, 리더의 덕목 등도 주인의식 아래 일터에 대한 건설적 제안을 아끼지 않는 조직시민의 육성과 관련해 빠뜨려선 안 되는 미시적 생활정치의 주요 논제들이다.

16. 공적 자아로서의 공무원 직업 정체성과 시민 동의 절차의 강화

1. 공적 자아로서의 공무원 직업 정체성 학습

나라를 휘청거리게 하는 무시무시한 사건들이 자주 발생하는 요즘, 새삼 공무원이라는 직업의 존재이유에 대해 생각해 보는 시간이 많아진다. 공무원이라는 직업에서 시민의 뜻을 받들어 나라살림을 책임지고 수행하는 의미충만한 직업(meaningful job)으로서의 공공성이 많이 쇠한 것이 사실이다. 세월호 참사와 관피아의 적폐에서 보듯이, 시민이 공무원들에게 아무리 소명과 공복 의식을 강조해도, 공무원들이 동료시민을 위해 일하는 시민 행정가라는 대표시민으로서 명심해야 할 시민과의 기본적 관계성을 경시한 채, 자기 직업을 그저 노무의 대가에 자족하는 경제적 의미의 직업(occupation)으로만 이해한다면, 민주적 정부, 정의로운 정부, 생태 친화적 정부, 생활문화형 정부를 학수고대하는 시민들의 정부에 대한 역할기대는 쉽게 충족되기 어렵다.

경제적 의미의 직업으로만 자기의 직업세계를 인식하는 공무원들은 주어진 근무시간 동안만 일할 뿐 기본적으로 시민과의 심리적 거리감이 매우 멀다. 자연을 상징하는 새와 사람의 거리를 측정한 한 조사결과에 의하면, 우리는 이 거리가 110m나 되지만, 일본은 30m, 유럽은 15m, 뉴질랜드는 5m에 불과하다고 한다. 뉴질랜드에선 사람이 자연과 친하니까 자연이 사람들 곁으로 다가오지만, 우리나라에선 사람들이 자연을 무시하고 경시하니까 자연도 사람을 경계해 사람들이 자연에 가까이 다가갈 수 없는 것이다. 이런 얘기를 시민-정부 간의 심리적 관계 측정에 대입해 보면, 미국과 영국의 통치자 집무실이 백악관이나 다우닝가 등 일반 시민과 근거리의 길가에 있는 반면, 우리의 청와대는 너무 구중궁궐 같다는 비판이 많고, 대전시의 둔산 행정타운은 절해고도와 같다.

정치철학자 한나 아렌트(H. Arendt)에 의하면, 악(惡)은 특별히 사악한 사람에 의해 저질러지는 것이 아니라 생각하지 않고 분별하지 않으려는 상투적인 사람들에 의해 저질러진다. 근본적 성찰이 부족한 사람들한테서 악의 평범성이 기인하는 것이다. 특히 타인의 입장에서 사유하지 않는 등 직업에의 소명의식이 없는 공무원들의 영혼 없는 행위는 의도하진 않지만 종종 무서운 결과를 낳는다. 일례로 유대인 학살을 집행한 2차 세계대전의 전범 아이히만은 재판과정에서 자신이 평생 칸트(I. Kant)의 정언명령을 암송하며 살아왔다는 점을 독일 관료식 말투로 진술했는데, 이는 나치 계급구조 안에서 진급에의 일념으로 책임감 없이 관료제적 명령에 철저히 순응한 대표적 예이다. 이런 무(無)사려성, 즉 아무 의구심 없이 부당한 명령에 순응하는 분별없음과 그 결과에 무감한 관료들이 범죄국가의 대리인으로서 세계의 황폐화에 일조했던 것이다.221)

우리 공직사회에서도 조직 내의 윗자리로 올라갈수록 자리가 주는 향유에 중독된 채 상위자의 말에 과잉 순응하는 공직자가 적지 않다고 한다. 정치질서의 흐름에 기웃거리며 스스로의 입지를 알아 조정하는 고위관료들의 움직임은 공직사회가 권력의 위계질서에 스스로 내면화된 채 자기 정체성을 상실한 실례인데, 이는 그들이 오랜 민주주의의 암흑기에 권력의 불의에 동원되며 권력의 피에로가 되는 무사려(thoughtlessness)의 길을 택해온 결과이다.222) 김남주의 시 '어떤 관료'는 이런 영혼 없는 일부 관료들의 단면을 걱정 어린 시선으로 그리고 있다.

> 관료에게는 주인이 따로 없다!/ 봉급을 주는 사람이 그 주인이다!/ 개에게 개밥을 주는 사람이 그 주인이듯!/ 일제 말기에 그는 면서기로 채용되었다/ 남달리 매사에 근면했기 때문이다/ 미군정 시기에 그는 군주사로 승진했다/ 남달리 매사에 정직했기 때문이다/ 자유당 시절에 그는 도청과장이 되었다/ 남달리 매사에 성실했기 때문이다/ 공화당 시절에 그는 서기관이 되었다/ 남달리 매사에 공정했기 때문이다/ 민정당 시절에 그는 청백리상을 받았다/ 반평생 국가에 충성하고 국민에게 봉사했기 때문이다/ 나는 확신하는 바이다/ 아프리칸가 어딘가에서 식인종이 처음 들어와서/ 우리나라를 지배한다 하여도/ 한결같이 그는 관리 생활을 계속할 것이다/ 국가에는 충성을 국민에게는 봉사를 일념으로 삼아/근면하고 정직하게!/ 성실하고 공정하게!([사랑의 무기], 창비시선 72)

관료들은 비자발적으로 자신을 상관에게 복종시킴으로써 받게 되는 감정의 상처 때문에, 지위가 주는 보상에 맹종하는 타율적 존재로 전락한다.223) 봉급과 제도적 신분안정을 위해 그들의 영혼이 굴복되면서 관료들도 자신의 고유한 이미지와 창의성을 상실한다.224) 소신 없는 일부 관료는 공식적 권위에 종속된 채 권력자의 지시에 순응하는 순종적 신체를 내재화한다. 즉 간부 공무원 중심의 직장 내 소집단에 속해 권력자에 대한 충성 속에서 자기 안일을 도모하거나 순탄한 업무관계 유지를 위해 자신의 후견인 노릇을 하는 간부 공무원에게 줄서기도 한다.[225] 공무원이 자기 직업의 태생적 뿌리인 시민과의 기본적 관계성을 경시한 채 자신을 규율하는 공직 가치관을 스스로 와해할 때 정부는 머슴방 같은 공조직에 불과해진다. 그런 점에서 [영원한 공직]의 저자 이수태는 "시민 입장에서 문제를 보지 않으면 왜 공직자인가?"라고 반문한다.

아렌트는 악의 평범성을 치유하기 위해 "내가 사려심이나 분별없이 조직의 부당한 명령에 기계적으로 순응할 때 앞으로 나는 나 자신과 함께 평생 살아갈 수 있을까?"라는 질문을 던지며, 공적 장(場)에 참여해 동료 시민들과 소통하면서 공적인 것을 사유하고 공적 행복을 향유할 것을 권유한다. 여기서 공적 행복의 향유는 공익의 실현을 전제로 하는데, 공익은 자기 이익과 타인 이익의 혼합물이어서 그것이 시장의 원리를 따라 자연 발생한다는 발상은 하나의 환상에 불과하며, 공적 규칙과 공공정책 등 공공성 차원이 뒷받침되어야만 비로소 실현된다. 이런 현실에 직면해 정부=공(公)이라는 이전의 획일적 국가철학과는 다르고 사익추구의 장인 시장논리에 모든 것을 맡기지도 않는, 즉 민(民)의 의견을 반영한 공공(公共)의 관점에서 새로운 사고의 회로를 개척하는 다음과 같은 공공철학이 필요하다.

공(公)은 사사로운 것(厶)을 등진다(八)는 뜻으로, 뭔가에 닫힌 것을 여는 모양새의 글자이다. 그래서 처음엔 일족의 사람들이 모이는 광장을 의미하다가, 이후엔 거기에 모셔진 사람, 즉 일족의 장(長)인 높은 사람을 의미하게 되었다. 따라서 공(公)은 위에서 아래를 조절하는 상위 개념인 전체성(public)을 전제한다. 반면 공(共)은 여러 사람이 손을 바친다는, 즉 구성원 각자의 개별성을 인정하되 그들이 모두 함께 한다(common)는 의미를 갖는다. 리프먼(W. Lippman)에 의하면, 정부는 국가내의 활동적 권력으로서 전체를 통일적으로 끌고 가므로 공(公)을 대변한다. 그러나 문제는 정부가 전체의 배타적 우위를 강조하다 보니 종종 다스리는 자로서의 강권(强權)을 드러낸다는 점이다. 이를 해결하기 위해선 정부가 아래로부터 분출되는 에너지를 모으기 위해 시민의 목소리에 귀 기울이고 이를 수용해야 한다. common에의 배려가 있어야 public의 공공성이 실현되는 것이다. 즉 공공성은 공(公)과 공(共)의 긴장과 균형 속에 결합된다.226)

결국 정부(公)가 시민과 함께 할(共) 때 공공성이 확보되는 것이다. 따라서 공무원이 규정 등 관료제적 텍스트에 파묻혀 시민의 생활문제에 제대로 응답하지 못한 그간의 오류에서 벗어나기 위해선, 관례적으로 수용되어온 기존의 판단기준에 의문을 품으며 자기에게 부여된 타율적 정체성의 옷을 거부하고, 현실로부터 대두되는 새로운 역할 정체성을 기꺼이 발견해야 한다. 자기 직장을 떠나 평범한 시민의 입장이 되어봄으로써 정부 본연의 역할을 상기하며 현실의 정부활동을 평가하고 비판하는 것은, 이성의 공공적 사용으로서 결코 제한받아선 안 되는 귀중한 행동이다227). 이성의 공공적 사용자, 즉 공무원 이전에 나라의 주인인 시민의 위치에서 정부조직이 추구해야 할 공공선의 의미를 분명히 아는 자만이 바로 시민과 자기 직업 간의 기본적 관계성, 즉 공직이란 직업의 공공성을 제대로 인식할 수 있다.

이런 점에서 공무원 직업의 생성의미를 다시금 음미하는 것은 매우 의미있는 일이다. 이 책의 제2부에서 살펴본 것처럼, 공무원은 동료시민들에 의해 공직에 고용된 대표시민으로서, 공무원 이전에 시민이기도 한 이중신분을 갖기 때문이다. 따라서 시민-공무원 간 관계는 기본적으로 우리-관계이며, 공무원은 자기 직업의 태생적 뿌리인 시민의 문제를 자기 문제처럼 역지감지해야 하고, 그들의 참된

276

대리인답게 행동해야 한다.

결국 시민과의 기본적 관계성을 강조하는 공적 자아(公的 自我)라는 개념에 준거해 공무원 직업의 정체성을 재규정할 필요가 있다. 공적 자아는 공적 영역에서 타자화된 시민의 입장이 스스로 되어봄으로써 자신이 대표시민임을, 즉 우리−관계라는 시민과의 기본적 관계성을 되새기는 공무원이다. 나아가 동료시민이 정책과정에서 대상화되는 것을 막고 간주관적 이해를 통해 시민의 문제를 자기 문제처럼 해결하기 위해 적극 나서는 사람이다. 따라서 법규준수라는 소극적 윤리에 그치지 않고 열정(aspiration)을 갖고 공무에 전념해 시민 생활문제를 적극 해결하려 노력하는 등 책임윤리 구현에 힘쓰는 참된 공무원이 바로 공적 자아이다.

2. 시민의 동의를 구하는 절차는 더 단단하고 길어야 한다

제3부에서 행정절차의 간소화를 논했지만, 이 세상의 모든 절차가 반드시 줄여져야만 하는 운명을 가진 것은 아니다. 어떤 절차들은 더 강화되고 보강될 필요도 있다. 공무원들이 공적 자아답게 시민의 생활문제에 귀 기울여야 하는 민의수렴 절차가 바로 그런 것들이다.

신자유주의의 폐해 중 하나가 바로 효율성과 경쟁원리 하에서 민주적 절차를 생략해 버리는 못된 문화이다. 정부가 시민에게, 혹은 정부조직 내 상위층이 하위자들에게 최소한의 동의를 구하거나 설득하려는 절차도 없이 그것을 쉽게 생략해 버리고 일방적으로 공공조직을 끌고 나가려는 경향이 신자유주의 하에서 많이 목도된다. 동의

절차나 설득절차 등 피영향집단의 이해를 구하는 절차가 실종된 것이다.

그러다보니 정부나 상위층의 안이한 계획오류가 시민들이나 하위층에 속하는 사람들의 현실적 고민과는 아랑곳없이 그들의 치열한 일상과 소중한 꿈을 일거에 앗아가는 경우가 많다. 정부와 상위기관의 잘못된 의사결정이 미래에 나쁜 영향을 미쳐 생활고와 실직 등 시민과 조직인들의 생활을 곤궁에 빠뜨리는 경우도 많다.

누군가에게 불리한 영향을 미치는 결정이나 행동을 할 땐 반드시 그 대상을 설득하고 이해를 시켜 동의를 구하는, 그래서 사회나 조직이 큰 방향으로 나아감에 있어 모두가 한 뜻으로 뭉치도록 유도하는 보다 튼튼한 절차가 필요하겠다.

물론 동의를 구하는 과정 밟기는 참 지난한 일이다. 효율성이란 각도에서 보면 비효율적으로 보일 수도 있다. 상대방이 떼법으로 나올 수도 있어 자칫 민주적 절차라는 미명하에 효율성 가치와 영영 멀어질 수도 있다. 그러나 "구더기 무서워 장 못 담근다"라고, 효율성 가치의 일변도가 낳는 민주성의 파괴도 정말 두렵다. 시민들의 불만과 한숨, 순응적 직장인의 양산은 사회 전반의 창조성을 파괴하는 지름길이다.

소통이 부재한 불통의 시대에서 살고 있다는 한숨 섞인 목소리가 우리 사회 안에 많다. 불통의 골이 점점 깊어지고 있다고도 한다. 우리에겐 소통의 순기능적 선순환 구조를 만들고 불통의 골을 메우는 절차 만들기가 시급하다. 효율성의 논리에서 보면 절차상의 불필요한 군더더기를 줄이는 빼기의 전략이 필요하지만, 민주성의 논리에서 보면 너무 짧거나 거의 무시되어온 종래의 형식적 동의절차나 겉치레 식의 소통구조를 적절한 범위 내에서 늘리고 실질화하는 방향을 탐색할 필요가 있다. 즉 국가정책의 방향설정에 있어 시민을 다시 관여시키는(reengaging citizen) 의미를 담아내야 한다.

자동차의 안전한 정지를 위해 풋 브레이크 말고도 엔진 브레이크, 사이드 브레이크가 가외(加外)로 있듯이, 민주적 절차의 안전한 확보를 위해선 동의절차와 설득장치를 보강하는 절차의 가외성(redundancy)이 필요하다. 그래야 불통의 시대를 소통의 시대로 돌릴 수 있고 상위층의 지나친 계획오류나 안이한 잘못된 의사결정이 선무당이 사람 잡는 결과를 낳는 것을 막는 근본적인 길이 열릴 것이다.

17. 정부 인사행정의 근본으로 돌아가기

1. 공적 자아 찾기가 정부 인사행정의 근본

공무원이 진정한 공적 자아가 되기 위해선, 통치주체로서의 강권적 지위를 향유하는 무소불위의 공(公)이나 관피아처럼 일신의 영달을 도모하는 소극적 공에서 그치지 말고 시민의 역할기대를 한껏 수용해 충족하려는 적극적 공(公)의 자세를 갖춰야 한다. 공무원의 행정행위는 시민들의 일상생활에 큰 영향을 미치기 때문이다. 따라서 정부에 대한 시민의 역할기대를 정확하게 인지하고 충족시켜 줄 수 있는 능력을 지닌 사람을 나라 살림꾼으로 충원해야 한다. 또 그들이 항상 공직에 긍지를 갖고 임할 수 있도록 근무여건도 잘 조성해 줘야 한다.

우리의 현실은 종종 공무원들의 무능력과 도덕적 해이로 인해 그들을 위한 근무여건 조성이 사치로 여겨지는 경우가 적지 않아 걱정이다. 특히 정년보장은 공무원이 박봉 등 여러 인사상의 불이익에도 공직을 쉽게 떠나지 못하게 붙잡는 장치이지만, 바로 이 때문에 시민과 언론의 감시가 약해지면 공무원들이 일에 덜 몰두하는 노력회피 성향이 드러난다. 그러니 공직이라는 직업의 한 우물을 열심히 파면 연금에 의해 공무원들의 노후가 보장되어야 하지만, 현실은 공무원 연금에 대한 사회의 시선이 그리 곱지 않고 연금개혁의 목소리만 드높다.

시민과의 거리감을 극복하고 시민의 생활문제와 생활이익에 대한 이해도를 더 높이기 위해선 시민의 옆으로 늘상 다가가 시민의 입장에서 생각하기, 즉 정부 종사자들의 역지사지가 긴요하다. 더 나아가선 시민의 고통스런 마음을 같이 느끼기, 즉 역지감지하기 위한 시민과의 기본적 관계성 회복이 절실하며 그런 기본적 관계성에 의거해 공무를 수행하고자 전력을 다하는 공무원다운 사람들을 발굴해 공직에 끌어들이는 과정이 우선되어야 할 것이다.

조선조 선비관료들의 세계는 이런 점에서 재조명을 요한다. 물론 선비 개념에는 신분사회를 고수하게 하는 시대착오적 관념론과 형식주의 등 모순투성이의 측면도 없지 않다. 그러나 자기 주도적 수양을 기반으로 한 치열한 공부에서 우러나오는 자신감 넘친 업무자세와, 자기 절제적 윤리와 공익 지향적 관인(官人) 행동강령을 목숨 걸고 실천하려 했던 선비관료들의 실제적 삶은 현대 정부인력관리 상의 여러 난맥상을 푸는 작은 지름길이 될 수 있다.

옛날엔 수기안인(修己安人)의 공부가 무르익은 사람이 과거나 천거를 통해 공직에 들어가는 길이 있었다. 귀다운 귀와 입다운 입을 가진 사람을 이상적 인격체((耳+口=王; 聖人)로 보고, 그들에게 남을 인도할 자격을 부여했던 것이다. 이들은 관료 이전에 공부하는 학인(學人)이었기에 관인(官人) 혹은 선비관료라고도 불렸다.

김상준의 [미지의 민주주의]란 책을 보면, 스피노자의 친구이자 정신적 스승인 이삭 보시우스(I. Vossius)는 17세기의 중국과 조선을 철학자들이 다스린 정치 선진국으로 보았다. 정명(正名) 사상과 무엇이 사람이 가야할 길(人路)인가를 고뇌하며 열심히 자기 몸과 마음을 닦은 관인들이 군주를 견제하며 안민(安民)을 기획했던 점을 높이 평가한 것이다. 실제로 조선 전기만 해도 이런 공적 자아들의 관직진출에 힘입어 정치행정의 공공성이 일면 확보될 수 있었다.

사람이 변수이고 인사가 만사이듯이, 우리가 공적 자아 정신으로 무장한 공무원다운 사람을 가려내 그를 공직에 입문하게 하면, 그는 과거의 선비관료들처럼 자기 직업의 의미를 올바르게 되새기고 행동거지를 스스로 조심하며 무엇이 공익을 위한 것인지를 진지하게 고민할 것이다. 따라서 정부의 인사행정에서 가장 염두에 둘 점은, 공직에 대한 역할인지가 가장 잘 되어 있는 사람이 공직에 들어오노록 적극 유도한 뒤 그를 적재적소에 배치해 능력을 발휘하게 하는 지인선임(知人善任)이다.

걱정스런 점은 그럼에도 불구하고 고용불안 속에 공무원 시험의 높은 경쟁률만 하늘을 찌르고 있는 점이다. 필기시험 성적이 직무수행능력이나 바람직한 근무태도로 반드시 연결된다는 보장이 없는데도 말이다. 지금은 공무원이란 직업의 사회적 의미에 대한 철학적 반성과 더불어, 공무원이라는 직업이 요구하는 명실상부한 마음자세와 자격조건을 공무원 채용과정에서 적절히 제시하고 그것을 기준으로 수많은 지원자들을 치밀하게 검증해 내는 새로운 공무원 충원절차를 마련해야 할 시점이다. 인사행정의 근본인 공적 자아 찾기의 타당성은 크게 떨어지지만 시험의 객관성 확보 때문에 필기시험 위주로 합격자를 뽑은 후 사탕과 채찍 위주의 각종 인사제도를 동원해 인력활용의 도구적 합리성을 꾀하는 현 인사과정적 접근보다는, 공직에 요구되는 마음자세, 역량, 자질을 중심으로 최선을 다해 진정한 공적 자아를 발굴한 뒤 적재적소에 쓰는 지인선임이 우선되어야 한다. 바른 사람을 알아보고 발굴해 쓰면 그들에 의해 제대로 된 행정이 가능해진다.

따라서 공직이라는 직업의 공공성에 대한 이해도가 높고 이를 수행할 기초역량을 충분히 갖춘 공적 자아를 발굴해 공직에 충원하는 인력관리의 출발점 강화와, 그가 정부 안에서 공적 자아로 커나가도록 공정한 평가와 공정한 승진 등 그의 자존감을 지켜주는 것이 성과급 등 외재적 요인에 앞서 정부인력관리에서 중시되어야 한다. 공적 자아가 강한 사람을 잘 가려내 공직에 끌어들이면, 그는 시민과의 기본적 관계성에서 자기 직업의 존재의미를 되새기며 무엇이 공익을 위한 길이며 어떤 길이 인로(人路)인지를 고뇌하고 그 사유의 결과를 애써 몸으로 옮기는 정명(正名)론, 즉 공무원다운 공무원 되기를 실천할 것이다. 따라서 숱한 인사제도의 기계적 운영보다는 진정한 공적 자아의 발굴이라는 인사행정의 근본을 되새기고 그것에 보다 충실해 보는 것이 중요하다.

공직자윤리법을 강화하거나 공무원 보수를 대폭 올려준다고 해서, 오늘의 공직비리와 소극적 행정 문제가 완벽하게 해결될 수는 없다. 공무원 스스로가 대표시민이라는 공무원 직업의 생성적 의미에서 비롯되는 시민과의 기본적 관계성을 정확히 인지하고 공적 자아로서의 직업적 정체성을 제대로 학습, 실천하는 것이 무엇보다 중요하겠다. 결국 관-민 간에 바람직한 관계 맺기의 제도화 차원에서 공적 자아를 찾아 공직으로 유도하고 계속 좋은 공무원으로 남도록 유지해주는 쪽으로 인사행정의 기본이 다시 서야 한다. 이를 위해선 공적 자아의 발굴 기준으로서 무엇보다 인도(人道), 즉 사람됨이 사람의 기술에 우선해야 하고, 또 공공성을 내면화한 공적 자아가 정부 안에서 계속 인정받고 성장하도록 인사권자의 마인드 혁신과 효율적인 인력유지 정책이 필요하다. 성과급 등 외재적 요인 보다는 공무원의 윤리적 자기 장악력을 높이기 위한 공정한 평가와 공정 승진 등 그들의 자존감 지켜주기와 자기 책임지기가 인사행정의 근간을 이루어야 한다.

2. 최한기의 책 [인정(人政)]이 현대 인사행정에
주는 함의

과거엔 명군(名君)을 만나 자신의 정치이상을 성취하는 것이 선비
들의 희망이었다. 그러나 리더들도 어떤 추종자를 갖느냐에 따라 통
치의 질이 달라진다. 따라서 동양철학자 김용옥은 "사람의 타고난 성
정과 능력의 장단점을 헤아린 뒤 적절하게 쓰는 지인선임이 옛 통치
자들의 지혜였고, 인재를 찾아 쓰거나 스스로 찾아오게 하는 능력이
리더십"이라고 강조한다.228) 우리는 이런 점에서 인사권(人事權)을 재
정의할 필요가 있다. 공무원 직업의 정체성에 대해 천착해온 이수태
에 의하면, 인사권은 권력자의 권력이 아니라 가급적 많은 사람들이
폭넓게 동의할 수 있는 인사상의 결론을 찾는 리더의 의무이다. 즉
인사권의 사권(私權)화가 아니라 사람 찾기라는 하늘의 지엄한 명령
에 따라 조직의 거룩한 질서구축에 참여하고 그 질서구축의 의무를
다하는 작업이 바로 인사(人事)이다.229)

'인사로 본 중국사로 불리는 유소의 [인물지(人物誌)]는 지인(知人)
과 용인(用人)의 기술을 인사의 요체로 보며 다양한 인물을 적재적소
에 배치하는 원리를 정리한 책이다. 원전을 우리말로 풀어쓴 공원국
과 박찬철은 이 책의 중심을 인성(人性)론으로 본다. 즉 조직에서 어
떤 인재를 필요로 하고 그 인재의 본성이 무엇이며 그것을 어떻게 파
악하고 쓰느냐에 대한 책인데, 이는 인재를 알아보고 발굴하는 것이
제일 중요함을 강조한 것이다. 이율곡이 쓴 [聖學輯要]의 상당부분도
어진 선비를 가려내 쓰는 용현(用賢)에 할애되었는데, 용현의 핵심은
얼마나 사를 극복하고 공에 충실할 수 있는가이다. 즉 지공무사(至公

無私)한 인격체인 공적 자아의 발굴이 중시되었고,[230] 현능한 사람을 뽑아 적재적소에 쓰는 것이 통치의 핵심이었다.

조선말 유학자 최한기가 저술한 [인정(人政)]은 당대의 인력관리 문제를 정치, 사회, 경제, 교육 등 모든 분야의 원리에 대한 고찰 위에서 논한 또 하나의 인사행정 이론서이다.[231] 이 책은 조선말 당시의 인적자원관리를 체계적으로 집대성한 것으로서, 사람을 헤아리고 가르치고 뽑고 쓰는 것에 관한 세목인데, 그 집필목적은 수기안인의 원리에 따라 사람이 마땅히 해야 할 바를 명확히 제시한 뒤 그에 맞게 사람을 교육시켜 공적 자아를 만든 후, 그로 하여금 인간, 사회, 자연의 순환과 변화의 법칙인 운화(運化)에 순응해 받들면서 백성을 다스리는 치민(治民)과 안민에 도달하게 하는 것이다.

[인정]의 저자 최한기에 의하면, 인간은 사회라는 상황 속에 놓여 있는 존재이기에 정치질서도 인간에 근본한다. 따라서 그는 "인간에 있어 관계됨이 중대하다"고 밝히며 개인을 넘어 가정, 국가에까지 일통(一統)의 다스림이 있어야 한다고 강조했는데, 일통으로서 사람을 헤아리고 가르치고 선발하고 써야만 하늘과 인간의 큰 다스림이 합치된다고 본 것이다. 따라서 통민운화(統民運化)가 통치의 본체이고, 사람이 마땅히 해야 할 바인 인도(人道)가 정치에 나타날 때 인도의 구체적 형태인 오륜 규범이 가정, 마을, 정부에 이르기까지 일통(一統)할 수 있다고 보았다.[232]

[인정]은 4문(門), 즉 측인문, 교인문, 선인문, 용인문으로 구성되는데, 이는 사람을 헤아리고 가르치고 선발하고 쓰는 것에 연관된다. 용인(用人)의 전제가 선인(選人)이며, 선인의 전제가 교인(敎人)이고, 교인의 전제가 측인(測人)이다. 인정의 궁극적 효능은 용인-측인의 2문인데, 측인은 용인의 근원이고 용인은 측인의 효험이다. 최한기는

4문 중에서도 측인을 선인, 교인, 용인 등 인사과정 전반의 평가자료, 즉 뽑고 가르치고 쓰는 것의 본(本)으로 중시했다. 예컨대 인품의 체에 해당하는 5구(具), 즉 기품(선천적 품성), 심덕(心德, 마음상태), 체용(외모), 견문(마음의 분별정도), 처지(재력의 빈부상태)를 사람 행동의 1차 감별변수로 보고 인재채용의 기준으로 중시했다.233)

특히 측인의 궁극적 효용을 인도의 밝힘으로 보고 용모, 기질보다는 일에 임하는 자세를 가장 중시했는데, 이는 공적 자아의 발굴 필요성과 그 기준점을 명확히 규정한 것이다. 이처럼 측인을 토대로 하여 교인, 선인하는 등 공적 자아의 발굴에 일차적으로 비중을 두면서, 용인에선 공정한 평가와 공정승진을 강조함으로써 공적 자아로서의 관인 유지(retention) 방향을 제시했다. 공적 자아 찾기 차원에서 최한기가 쓴 [인정]의 내용을 자세히 음미하고 현대에 맞게 응용해 보면 다음과 같다.

먼저 최한기는 측인(測人)에서 사람이 마땅히 할 바를 정하고 그에 맞는 자질, 능력, 태도 등 공적 자아로서의 관인의 직분에 합당한 역량과 자질의 면면을 자세히 규정했는데, 이는 공무원이 되고자 하는 사람들이 진정한 공적 자아로 커나가기 위해 입직(入職) 전에 필히 갖춰야 할 기초역량과 바람직한 자질을 안내하는 기준점이 될 수 있다. 즉 현 공직적격성 테스트(PSAT)의 여러 역량 수준을 재점검하고 그것을 현재의 인력수요에 맞게 맞춤형식으로 규정하는 근거를 제공해준다. 특히 최한기가 5구로 제시한 것 중 기품과 마음상태, 폭넓은 견문과, 5발로 제시한 판단력, 창조력, 정서력, 행동력, 사무처리 능력은 공무원 필기시험으로는 쉽게 분별할 수 없는 내용들이기에 향후 공직적격성 테스트의 내용 보완 및 재설계에 십분 응용해 볼만하다.

교인(敎人)에선 군주가 치자로서 그 도리를 다하도록 돕기 위해 선비관료의 자기수양과 수기안인을 강조했는데, 이는 대학의 현 행정학과 교육과정에서 공적 자아로서 필히 체득해야 할 전공지식의 단계적 습득과 더불어 자기 절제적 윤리훈련의 기본방향을 알려준다. 최한기는 기품을 조예보다 우선시했는데, 이처럼 인품을 중시하지 않고 성과만 강조하니 현 공직사회 내에 윤리적 문제가 끊이지 않는다. 교인은 행정학과 등 공공부문 전공학과 출신의 우선적 공직진출 근거로도 조심스럽게 응용할 필요성이 있다. 고용불안 시대의 안전판으로 공직이 각광을 받다 보니 전공, 학력, 연령을 불문한 채 공직응시의 형식적 기회균등으로 인한 공시낭인(浪人) 범람 등 국가적 낭비가 크다. 또 공적 자아 찾기의 타당성이 떨어짐에도 불구하고 충원의 객관성 확보 차원에서 필기시험 일변도의 채용방식이 고착화되고 있다. 이런 잘못된 채용경향을 막고 진정한 공적 자아를 찾기 위해선, 프랑스의 국립행정학교(ENA)나 미국의 대통령 행정 인턴십 프로그램처럼 대학에서 4-6년 간 공공철학, 책임행정, 공직윤리, 공공서비스 제공논리를 체계적으로 학습한 행정학도나 행정대학원생들의 우선적 공직진출 추천방식이 필요하다. 단 그들 간의 엄정한 내부경쟁과 실질적인 인턴십 과정이 전제되어야 할 것이다. 이것이 다소 특혜의 소지가 있다는 여론 때문에 당장 시행이 어렵다면, 공공부문 전공학과 출신들이 졸업을 앞두고 행정 인턴십의 정례화를 통해 공공실무를 연수하게 하는 것은 꼭 필요하다.

　최한기는 선인(選人)에서 과거 외에 천거와 면접을 강조했는데, 우리는 현행 필기시험 위주의 채용방식 외에 서류전형의 정교화를 통해 공적 자아로서의 소양과 실력, 마음가짐을 성실하게 꾸준히 갖춰온 인재들의 성장 스토리를 중심으로 선발자료의 다기화를 꾀할 필요가 있다. 즉 학교장 추천서, 자기 소개서를 다단계 심층면접 과정에서 크로스 체크해 옥석(玉石)을 가림으로써, 학벌, 외국어 공인점수 등 외양적 스펙보다는 공적 자아로서의 내면세계를 알차게 갖춰온, 즉 공적 자아다운 성장과정을 꾸준히 다져온 사람을 선발하는 방법이 필요하다.

용인(用人)에선 쓰는 사람과 쓰이는 사람의 바람직한 관계 확립 차원에서 공정한 평가와 공정승진을 강조했는데, 현 인사행정에서도 타인의 평가 잣대에 근거한 성과급 등 외재적 요인보다는 공무원의 윤리적 자기 장악력을 높이기 위해 공정한 평가의 일환으로 자기평가와 공정한 승진 등 공무원의 자존감 지켜주기와 자기 책임지기, 즉 퇴(退)의 철학이 그 근간을 이뤄야 한다. 일례로 다산학의 권위자인 박석무에 의하면, 정약용은 언제라도 벼슬을 버린다는 뜻으로 기(棄)자를 벽에 붙여놓고 조석으로 들여다보았다. 즉 벼슬살이의 원칙으로 4기를 제시하는데, "행하는 데 장애되는 일이 있으면, 마음에 거슬리는 일이 있으면, 윗사람이 무례하면, 자신의 올바른 뜻이 행해지지 못하면 벼슬을 버리라"는 것이다.234) 예와 의가 함께 온전해야 벼슬살이가 제대로 가능하다는 생각 하에 쉽게 벼슬을 버릴 수 있는 사람임을 알린 뒤에라야 목민관 노릇이 가능하다고 본 것이다. 단 사표를 던지고 돌아설 때도 말씨와 태도는 온순하고, 울분의 기색이 없게 예를 갖춰야 할 것을 강조했다. 선비관료들은 자신의 잘못을 부끄럽게 여기고 스스로 물러날 것을 주장하기도 했다. 안동유림의 종손이자 유학자 이성원에 의하면, 사대부에게 가장 무거운 벌은 부끄러움을 스스로 느끼게 하는 것으로서 유림들은 벌 받기를 자청했다. 타인이 벌을 내리기 전에 자신이 먼저 벌을 받는 것이 조선의 처벌문화였다.235) 자기 책임 하에 살며 세상에 나감과 물러남의 순간을 스스로 제어했던 것이다.

288

3. 공무원의 적극적 윤리 구현을 위한 자율적 인력관리의 필요성

현대정부의 인사행정은 공무원에 대한 당근－채찍 이론에 주로 의거한다. 즉 관리대상인 공무원들을 성과와 규율, 즉 당근(carrot)과 채찍(stick)의 논리로 다루는데, 이는 상급 관리자가 인력관리 대상인 하급 공무원들을 조직이 규정한 획일적 성과지표나 법규 혹은 상급자 자신의 잣대로 평가해 통제, 제어하는 타율적 인력관리를 전제로한 것이다. 직업공무원제를 전제로 하는 속성상 공무원 인사제도에는 일을 잘 못한 공무원에게 처벌을 내리는 채찍에 해당하는 제도도 있지만, 그들이 일을 더 열심히 하도록 근무여건을 마련해주고 보살펴 주자는 차원에서 당근에 해당하는 제도들도 적지 않다.

조직구성원에 대한 동기부여의 필요상 당근을 제공하는 인사제도들이 잘못 설계된 것은 아니다. 또 열심히 자기 직무에 임하는 공무원은 그런 당근의 수혜자가 되어도 무방하다. 그러나 성과급 등 당근에 해당하는 동기부여책은 유인체계로서의 철학이 빈곤하고, 실제로도 동기부여 기능을 크게 발휘하지 못해 의도한 효과를 보여주지 못하는 것으로 밝혀졌다.[236] 또 공직을 단순히 먹고살기 위한 생계수단이나 자신의 사적 지위와 일신의 영달을 키우는 수단으로 왜곡되게 받아들이는 공무원도 적지 않아, 현재와 같은 솜방망이 식 징계와 획일적 신분보장을 남발하는 인력관리는 큰 문제이다. 법규의 기계적 준수(legal compliance) 등 소극적 공직윤리에 급급하게 할 뿐 공무에의 열정(aspiration) 등 적극적 공직윤리는 소홀히 여기게 할 우려가 크기 때문이다.

그렇기에 출퇴근 시간이 칼같이 지켜지고 정년이 보장되며 은퇴 뒤엔 넉넉한 연금이 기다리는 등 모두가 선망하는 근무조건의 수혜자인 공무원들에게 솜방망이 식의 채찍을 가하거나 혹은 채찍 이상의 당근을 듬뿍 주자는 취지로 설계된 몇몇 인사제도의 부작용에 대한 우려는 세월호 참사 이후의 정부무능이나 관피아의 적폐에서 보듯이 심대하다. 그래서 당근 위주의 인사제도, 특히 공무원 연금에 대해선 사회의 비판적 시각이 매우 강하다.

따라서 타율적인 당근-채찍 이론에 의거해 공무원의 모집, 채용부터 신분보장 및 퇴직관리에 이르는 현 공직 인사제도에 대한 과정적 접근에 대해선 심각한 의문부호를 던져야 한다. 공무에의 열정을 지향하는 적극적 윤리에 대해 논의하지 못하는 인사과정적 접근은 공무원을 타자화, 대상화시킨 채 조직과 상사의 일방적 평가 잣대에 의해 운영되는 타율적 인력관리를 낳기 쉽고, 공무원 개개인의 자기주도적 변화에 의거한 공무에의 열정과 자율관리를 유도해내지 못하기 때문이다. 정부의 인력관리가 직업윤리를 논하지 못하고 과정적 접근에만 치중하는 등 공직윤리와 인사제도의 엇박자 속에 공직은 직업 안정성의 각도에서만 보여지고 타율적 관리대상으로 고착화되기 쉽다.

정부의 인력관리가 적극적 공직윤리와 연계되려면, 현재와 같은 상사 주도적인 타율적 관리나 당근-채찍 위주의 통제논리보다는 공무원들이 자율적으로 자신을 관리하고 학습, 성장하도록 도와주는 것이 필요하다. 결국 자율적 인력관리를 통한 적극적 윤리인의 양성과 유지(retention)가 인사행정의 핵심이어야 한다. 이런 점에서 공직봉사동기가 높은 사람을 뽑고 그의 자존감을 지켜주기 위해 권한을 주고 자기결정, 자기평가 등 자율성을 인정해 주는 것이 상사 위주의 타율적 평가와 성과관리에 앞서야 한다. 공직자가 자기 일을 스스로 알아서 챙기고 공무에 필요한 심신을 자율적으로 단련한다면, 굳이 여러 인사제도를 갖고 그들을 강제로 채찍질하고 당근으로 유혹할 일이 없다. 자율관리가 안 되니까 인사과정이 복잡해지고 기술적 인사제도만 자꾸 늘어나고 또 그 함정에 빠져 허우적대며 그것이 인력관리의 전부인 것처럼 착각하게 되는 것이다.

현재와 같이 공무원들이 박봉에 시달리며 정년까지 가야 하는 점에서 또 신분보장 때문에 공무원을 해고하기가 어렵다는 점에서도, 정부인력관리의 긴 방향은 자율적 관리, 자기 주도적 관인(官人)되기가 맞다. 그러려면 관리대상의 타자화를 낳는 타율적 관리보다는 자기 주도적 변화와 자율적 인력관리 요소가 필요하다. 즉 상층 조직이나 직장 내 상사가 하위자를 내려다보고 자기 식대로 인사행정의 방향을 재단하는 타율적 인력관리와 그것을 전제로 한 당근-채찍 제도보다는, 공직봉사동기(public service motivation)나 조직시민행동(organizational citizenship behavior)에 입각해 자기계획(plan)-자기시행(do)-자기평가(see), 즉 PDS 모델을 제도화하는 자율적 인력관리 제도를 새롭게 모색해보는 인사철학의 새로운 지향점이 요구된다. 결국 공직봉사동기를 내면화한 사람들을 공직에 유인하고 선발해내는 기준, 인재 유지책으로서의 자율근무제 및 자기계발 지원제도의 필요성, 자기평가, 승진신청제 등 자기결정 기제의 강화, 적정보수와 적정연금 유지 등 자기 주도적 관인에 대한 배려 차원에서의 공무원 자존감 지켜주기, 소신발언의 권리와 그에 상응하는 자기책임 지기 차원에서 퇴(退)의 철학이 필요하다.[237] 물론 공직봉사동기가 강한 사람을 공직으로 유인해 적재적소에 쓴 다음 그들이 계속 성장하도록 도와주기 위해선, 인사권자의 마인드 혁신과 현장 중심의 분권화 인사도 전제되어야 할 것이다.

4. 공무원의 책임윤리 강화를 위한 공적 자아 유지전략

공무원이 공적 자아답게 공익에 몰두하며 시민과의 우리-관계를 지속하게 하기 위해선, 또 계층제로 인한 관료소외 문제를 스스로 극복하게 하기 위해선, 새로운 인간주의 관리전략이 필요하다. 즉 공공기관 자체가 명령-통제 위주의 관리 스타일에서 벗어나 참여지향적, 하의상달적 업무스타일로 전환해야 한다.[238] 보수의 적정화, 잠재력 위주의 발탁인사, 교육기회의 다양화 등 인사제도의 다각적 개혁을 통해 직무불만을 해소하고 일에 열정을 갖도록 동기부여해 주는 근무여건 조성전략도 적극 강구해야 한다. 그럴 때 공공 대리인들은 자신의 이익과 복지의 희생이 요구될 때조차도 주인인 시민의 이익을 위해 시민문제 해결에 자신을 몰입시킨다. 그리고 그 과정에서 형식적 법규준수의 소극적 윤리에서 벗어나 적극적 공직윤리인 열정(aspiration)을 다해 공적 돌봄에 나설 수 있다.

그런 점에서 향후 정부인력관리는 공무원 개개인의 수단적 가치를 기술적으로 동원, 활용하는 도구적 성격의 전통적 인사행정 수준을 넘어 조직의 사업전략과 인사전략을 전체론적(holistic) 관점에서 통합하는 쪽으로 나아가야 한다. 조직구성원을 조직이란 기계의 대체 가능한 부품이 아니라, 조직의 사업달성을 위한 전략적 자산(asset)이자 효과적으로 개발해줄 필요가 있는 핵심자원으로 보아야 한다.[239] 전통적 인사행정이 보직배치, 보수, 승진 등 다소 편협한 인사문제에 치중했다면, 새로운 인간주의 관리전략은 이런 인사제도들은 물론 일 자체와 관련된 관리감독 방식의 개선, 직무 재설계, 분권화, 자율적 조직풍토 마련 등 광의의 관리전략을 다룬다.

험멜(R. Hummel)은 이런 점에서 조종과 강압보다는 조직 구성원에게의 권한부여, 피라미드형 관리자보다는 덜 계층제적이고 더 많은 권한부여가 가능한 평면적 원형(circle) 관리자의 육성, 개방 관료제, 역할 신축성을 조직관리에서 강조한다.[240) 스켈리(B. Skelley)가 강조한 작업장 민주주의(workplace democracy)도 공무원들이 직접 의사결정에 참여해 일의 내용과 근로환경을 자율적으로 통제하게 함으로써, 노동의 인간화를 보장하게 할 뿐 아니라 조직원들의 자발적 헌신을 통한 생산성 향상과 자율적 개혁추진에도 기여하게 하는 점에서[241) 정부 인력관리의 주요 포인트이다. 이처럼 공무원들을 조직의 소모품보다는 조직의 핵심자산으로 전제할 때, 정부사업에 대한 그들의 주체의식을 고취시켜 책임윤리를 강화시킬 뿐 아니라, 공무원들에게 개혁주체 의식도 심어주어 관료소외를 스스로 극복할 계기를 마련하는 데도 크게 기여할 수 있겠다.

18. 열정적 공중으로서 시민들의 함께 서기

1. 열정적 공중들로 조직된 시민운동의 발전과 과제

시민-정부 간에 우리-관계를 지속시키기 위해선 관계형성의 또 하나의 당사자인 시민들의 역할도 강조하지 않을 수 없다. 일찍이 아리스토틀은 시민은 심의(審議)와 결정이 요구되는 관직에 참여할 자격이 있는 사람이며, 도시국가는 자족적 삶을 수행할 목적으로 만든 시민들의 결합체로 보았다. 국가는 시민들이 자신의 행복을 추구하기 위해 만든 자발적 결사체라는 것이다. 루소도 자유로운 개인들 간의 인위적 계약을 통해 도덕적, 집단적 결사체인 국가가 탄생한다고 봄으로써, 국가가 시민들의 결합체인 한 국가의 행복과 시민의 행복은 직결된다고 강조했다. 로크도 자유로운 개인들의 동의에 근거해 시민 결사체를 만들어야 한다고 역설했다.

시민은 이런 점에서 국가와 불가분의 관계에 있는 고귀한 존재이며, 그렇기에 남다른 정치적 역할을 부여받는다.[242] 바버(B. Barber)가 말하듯이, 시민이 된다는 것은 타인을 알고 그들과의 행동에 공동으로 관여하는 것을 전제로 하는 어떤 의식적 양식으로 참여하는 것

294

이다. 또 이에 참여한다는 것은 자치 공동체를 건설하는 것인데, 이 공동체에 연관되어 있는 우리 의식이 바로 시민의식이다.

남북전쟁 당시 북아메리카 원주민과 미국병사의 사랑과 우정을 다룬 "늑대와 춤을"이라는 영화를 보면, 인디언 수(Sioux)족의 다음과 같은 말이 나온다. "Tell me, I'll forget. Show me, I'll remember. Involve me, I'll understand."이 말은 상대방에게 진정성 없이 하는 말은 아무리 많이 내뱉어도 상대의 가슴에 하나도 와 닿지 않지만, 진심을 다해 자신의 일에 상대방을 관여시키면 서로 눈높이와 마음의 높이가 맞아 서로의 일에 진정으로 관여하게 된다는 것이다.

위의 얘기는 정부가 발전의 주체로서 시민의 참여를 중시하고 그 참여공간을 마련하는 데 있어 전략적 배려를 다할 필요성이 있음을 말해주지만, 이 말이 항상 성립되려면 열정적 공중으로서의 시민의 마음 자세도 필요하다. 열정적 공중(passionate public), 주의깊은 공중(attentive public)만이 국가의 발전에 열정을 갖고 주의 깊은 자세로 정부의 일거수일투족을 감시하고 국정이 올바른 방향을 향하도록 유도할 것이기 때문이다.

시민운동은 열정적 공중들이 주축이 되어 국가정책의 결정내용과 정책 우선순위를 시민의 일반이익에 합치시켜 삶의 질을 향상시키기 위한 시민들의 집합행동이다. 진정한 시민운동은 사회선택성(social selectivity)의 발현을 요구한다. 사회선택성은 중요한 사회현안을 정부가 미처 챙겨주지 않을 때 시민들이 스스로 그것을 사회문제로 규정하고 이를 해결하기 위해 사회운동을 독자적으로 전개하는 것이다.[243] 즉 시민들이 정부에 대한 단순한 불만표출에서 벗어나, 독자적 발전논리와 정책의제 형성역량을 통해 시민 전체의 입장에서 문제해결의 사회적 대안을 제시하는 것이다. 우리나라를 예로 들면 경제정의실천시민연합이 발간한 [우리사회 이렇게 바꾸자], [우리 서울 이렇게 바꾸자] 등의 책이 이런 사회선택성의 발현물이다.

　한국의 시민운동은 급성장했지만 많은 문제점을 안고 있는 것도 사실이다. 정치이슈에 주로 함몰되다 보니 활동이 시민생활과 괴리되어 시민의 외면을 받기도 했다. 이는 곧 회원 수의 정체(停滯)와 활동가의 잦은 이직으로 나타난다. 그래서 최근 시민운동단체들은 정치적 이슈보다는 민생문제에 활동의 중점을 두려 한다. 예컨대 참여연대는 정치분야보다는 경제 관련기구들, 즉 사회복지위원회, 조세개혁센터, 민생희망본부, 노동사회위원회, 시민경제위원회 등을 조직 내에 더 많이 둔다. 즉 서민들의 비정상적인 가계부담을 덜어주어 서민들이 좀더 피부로 느낄 수 있는 시민운동으로 전환하고자 한다. 종래의 주장형(advocacy) 운동이 사회적 관심을 끌기 어려워지면서, 정보기반형, 생활밀착형 운동으로 탈바꿈 하는 중이다.

　향후 시민운동단체들이 그 존재의의를 다하기 위해서는 무엇보다도 사회의 위기를 관리할 수 있는 시민 안전망으로 기능하겠다는 본연의 역할정체성 학습이 필요하다. 시민운동 활성화와 관련된 한 세미나에서 유종순 당시 열린사회 시민연대 공동대표와 오기출 한국 휴먼네트워크 운영위원장이 발언한 것처럼, 시민단체는 우선 시민의 관심사를 부각시키고 그것에 관련되는 정보와 경험을 적극 교류하는 코디네이터 역할을 수행해야 한다. 또 비영리 시민사업 형태인 NPO로 전환해, 생활운동과 시민자치 사업을 활발히 전개해야 한다. 최근 시민단체들이 녹색소비자운동(예: 소비자감시, 도농 직거래), 아파트공동체운동, 대안교육운동, 공동육아운동, 살기 좋은 마을 만들기 운동, 공동주거운동, 지역화폐운동 등 다양한 생활양식운동 쪽으로 활동영역을 넓혀나가는 것[244]은 이런 점에서 바람직한 현상이라고 볼 수 있다.

2. 정부로부터 시민의 홀로 서기,
    도시복지공동체 형성에 시민 함께 서기

지방자치가 시작된 지는 한참 되었지만 자치의 내면화, 내실화 속도는 매우 더디다. 공공서비스의 일차적 전달자로서의 새로운 위상과 할 일에 비해 지방자치단체의 역량이 아직은 역부족이다. 지방자치단체들은 오랜 세월 중앙의 지시와 지원 아래 기계적인 집행업무만 해와서인지 정책입안능력의 학습기회를 충분히 갖지 못한 관계로, 다양한 지역생활문제 해결에 필요한 정확한 서비스수요 예측력과 서비스생산능력이 부족하다. 주민 생활서비스를 다양하게 지속적으로 공급하기 위해선 재정자립도 등 지방의 재정력도 뒷받침되어야 하는데 이 점도 아직은 함량미달이다.

지방자치라는 말이 무색할 정도로 아직도 중앙에서 떨어지는 떡고물이나 중앙과의 인적 연계를 통한 예산배정을 학수고대하고 또 중앙의 하명을 목을 빼고 기다린다면 그것이 무슨 지방자치인가? 장정일의 시 '중앙과 나가 우리의 지방자치 현실을 아직도 담고 있다면 정말 큰 문제가 아닐 수 없다.

> 그는 중앙과 가까운 사람/ 항상 그는/ 그것을 중앙에 보고하겠소/ 그것을 중앙이 주시하고 있소/ 그것은 중앙이 금지했소/ 그것은 중앙이 좋아 하지 않소/ 그것은 중앙과 노선이 다르오 라고 말한다/ 중앙이 어딘가?/ 중앙은 무엇이고 누구인가?/ 보이지도 들리지도 않는 중앙으로부터/ 임명을 받았다는 이자의 정체는 또 무언가?/ 중앙을 들먹이는 그 때문에/ 자꾸 중앙이 두려워진다/ 우리가 사는 곳에서 아주 먼 곳에/ 중앙은 있다고/ 명령은 우리가 근접할 수 없는 아주/ 높은 곳에서부터 온다고/ 그는 말한다/ 그리고 이번 근무가 잘 끝나면/ 나도 중앙으로 간다고/ 그는 꿈 꾼다/ 그러나 십년 세월이 가도/ 중앙은 그를 부르지 않는다/ 백년 세월이 그냥 흘러도/ 중앙은 그에게 편지하지 않는다/ 중앙은 왜 그를 부르지 않는가?/ 중앙은 왜 그를 기억하지 않는가?([길 안에서의 택시잡기], 민음사, 1988)

그렇다면 규모나 능력 면에서 힘에 부친 지방자치단체에게 주민이 잔뜩 일거리만 제기하고 물러나 앉아 수수방관할 수 없다. 또 자치단체가 자신의 민원과 생활문제를 해결해 주지 않는다고 비판과 원성만 보낼 수도 없다. 그 와중에도 지역생활 문제는 계속 누적되기 때문이다. 지방자치단체가 역량을 갖출 때까지 주민 스스로가 십시일반(十匙一飯)의 정신으로 지역의 생활문제를 주체적으로 해결하는 등 지방정부로부터 '홀로서기'하는 방법도 있지 않을까?

여기서 살기 좋은 지역 만들기에 시민이 주체적으로 참여할 필요성이 새삼 강조된다. 자치가 제도화되기 위해서는 시민들의 왕성한 자치욕구뿐만 아니라 올바른 자치의식이 전제되어야 한다. 올바른 자치의식은 자유와 권리의 자율적 행사와 더불어 이에 대한 책임과 질서를 강조한다. 일찍이 근대 민주주의와 서구 지방자치의 정착과정에서 중시됐던 '자유의 사회성' 관념은 자치의식에 내재되어야 할 시민들의 자유와 권리, 또 그에 상응하는 책임과 의무의 조화 필요성을 잘 보여 준다. 우리는 여기서 진정한 자치의식은 다름이 아닌 공동체 의식임을 발견한다. 즉 우리가 한 배를 타고 있는 공동운명체라는 것이다. 따라서 내가 잘 살기 위해서는 남의 이익과 가치도 보호해야 하며, 내 문제를 해결하려면 타인의 협조와 지지가 필요하다는 발상의 전환이 요구된다. 자유의 사회성에 입각한 진정한 자치의식은, 결국 시민들이 자치시대를 맞아 하나의 공동체가 되어야 함을, 즉 자기 지역의 생활문제 해결에 무임승차하지 말고 모두가 살기 좋은 지역 만들기에 적극 나서야 할 필요성을 제기한다.

지역현안의 해결에 있어 지역시민들이 주체적으로 나설 수 있는 제도적 장치는 무엇인가? 익명성을 가능하게 하는 현대 도시적 생활양식이 아무리 도시인의 개인주의를 촉진시켜도, 도시인은 같은 거주지에 살고 있다는 사실로 인해 불가피하게 직면하게 되는 공동의 생활문제를 외면하기 어렵다.[245) 특히 도시 내 근린(近隣)은 주거지를 같이하는 지리적 근접성에서 불가피하게 발생되는 공동생활문제의 공동 치유자 역할을 부여받는다. 이들은 같은 지리적 경계 안에서 살 뿐 아니라 지역 생활문제를 해결하기 위해 강한 일체감과 공동의 책임의식을 지녀야 하는 상호의존적 인간관계망 성격이 강하다. 나아가선 공동선을 위한 의식적 결속 아래 동고동락하며 더불어 살아가는 생활이익 연합체 혹은 생활공동체적 성향을 본질적으로 내포한다. 따라서 우리는 도시 내 근린에서 현대 도시공동체의 실질적 기반을 마련할 수 있다.

물론 경제적 동물인 인간의 이기심에 따르면 도시공동체의 형성은 가시화되기 어렵다. 도시인들은 도시공동체 형성의 필요성과 그것이 주는 생활편익은 중시하지만, 공동체 형성에 요구되는 개인희생과 사회경제적 비용 때문에 공동체적 집합행위에 적극성을 보이지 않고 무임승차하기 쉽다. 따라서 이들을 도시공동체 안으로 끌어들이기 위해서는, 지역생활문제의 공동치유라는 일반이익의 구현과정에서 자신의 생활문제도 동시에 더 잘 해결될 수 있다는 확신이 그들 마음속에 강하게 자리잡게 해야 한다. 우리는 이런 점에서 전략적 선택론자들이 새로운 사회행위 기준으로 강조하는 호혜성(reciprocity) 개념에 귀 기울일 필요가 있다. 도시인들이 서로 간에 호혜성을 크게 느낄수록 이들의 자발적 참여와 생활여건의 공동창출 가능성은 높아진다. 자신의 목적이 집합행위를 통해 실현될 가능성이 커지고 이에 참여하는 사람의 수가 많아질수록 그들은 연합(coalition)을 통해 개인의 참여비용을 줄이는 전략적 선택을 하려 하기 때문이다. 따라서 생활공동체로서의 도시공동체가 형성될 가능성도 보다 커진다. 그러나 현대 도시인들을 호혜성에 입각한 도시공동체의 형성에 보다 많이 참여하게 하고 그 운영에 보다 지속적으로 협력하게 하려면, 그들의 참여와 연대적 협력을 조장하는 적절한 환경과 입지를 좀더 확실하게 전략적으로 만들어 줄 필요가 있다.

우리는 이러한 전략적 환경과 입지를 어떻게 포착하고 조장해 줄 수 있는가? 또 어디에다가 초점을 두고 조성해 주어야 가장 효과적일까? 이를 위해서는 현대 도시 생활문제의 해결에 필히 요구되는 각종 도시생활서비스들의 기본성격을 잘 이해할 필요가 있다. 주거환경, 생활도로, 대중교통, 보건, 위생시설, 녹지공간 등 도시생활서비스는 시민생활의 질 제고와 깊게 연관되어 있어 복지효과가 매우 큰 서비스들이다. 도시생활문제는 도시인들이 공동으로 직면하는 경우가 많고, 공동의 노력으로 스스로 해결할 때만 서비스 향유에서 제외되지 않고 집합적으로 소비할 수 있는 집합재(collective goods)적 성격도 강하다. 따라서 우리는 참여복지라는 기치 아래 집합재적 생활복지서비스의 생산에 도시인을 직접 관여시킴으로써, 호혜성에 입각한 공동체적 행위를 지속시킬 필요가 있다. 이 과정에서 도시인들이 집합재적 성격의 복지서비스 창출이라는 전체 이익을 실현하려고 공동노력할 때 자신의 사익, 즉 자신의 복지수요도 더 빨리 충족된다는 귀중한 체험을 스스로 하게 된다.

도시인의 직접적인 생활복지서비스 생산방식으로는, 쓰레기 재활용, 근린공원 조성, 환경보호를 위한 자전거타기운동 등 시민주도형 방식과, 정부와 시민이 협력해 골목포장, 하수도 정비, 소규모 통행로와 쓰레기소각장 건설과 같은 공동생산(co-production) 방식 등 찾아보면 무궁무진하다. 특히 도시 안의 근린결사체는 지역을 보호하기 위해 시민들이 문제를 인지하고 의견을 형성하는 공동 생활이익의

300

일차적 발현장소이자 생활자원을 유익하게 활용할 수 있는 미시적 통로로서, 서로를 위한 도움관계가 직접적으로 형성되는 최상의 장소이다. 따라서 도시 생활복지서비스의 자발적, 실질적 공급기반이 될 수 있다. 여기서 도시공동체는 '도시복지공동체'라는 좀더 가시적이고 기능 수행적인 조직형태로 발전할 수 있다.

도시복지공동체는 복지서비스 생산의 직접적 통로로서뿐 아니라 지역생활문제를 치유하는 데 요구되는 각종 인적, 물적 자원의 효과적인 동원채널로도 작용할 수 있다. 먼저 물적 자원의 원천인 지역증여(local donation)와 기금조성을 활성화시키는 데 유리하다. 일례로 북미, 유럽과 일본, 대만, 싱가포르에선 지역 내 민간복지기관에 대한 시민참여 방안으로서 지역공동모금제(community chest)를 활발하게 실시하고 있다. 우리는 자원봉사를 자신의 근로대가를 간접적 기부행위로 보는 인적 자원 동원방법으로 재규정함으로써, 사회적 도움망의 현실적 기반도 도시 안에 확보할 수 있다. 일례로 영국과 칠레에서 활성화된 비정부조직 형태의 자발적 분야들은 도시빈민을 위해 생활원조뿐 아니라, 부채상담, 자활기술 습득기회 제공, 고용기회 증진을 위한 직업훈련과 고용창출 등 다양한 봉사방법을 통해 도시생활조건의 증진에 기여한다.

자치시대를 맞아 살기 좋은 지역 건설을 위해 시민들이 지방자치단체로부터 홀로 선 뒤 도시복지 공동체 형성에 함께 나서는 진정한 자치의식이 우리에게 요구되고 있다. 이제 시민들은 역량이 부족한 지방정부에게만 요구할 게 아니라, 지역의 생활문제를 해결하는 데 요구되는 인력을 스스로 자원봉사로써 충당하고 그 소요비용을 지역공동모금제를 통해 십시일반하는 등 도시복지공동체 형성의 주체로 거듭나야 할 것이다. 결국 진정한 자치는 지방정부로부터 시민들의

홀로 서기와 도시공동체 형성에 있어 시민들의 함께 서기를 통한 자급, 자족을 지향한다.[246)

3. 성숙한 시민의 탄생을 촉진시키기 위한 사람 평가기준의 변화 기대

최근 우리사회의 가장 큰 문제점 중 하나는 대의제 민주주의를 실시하는 과정에서 우리가 뽑아서 대표나 장(長) 자리에 앉힌 사람들, 즉 국회의원, 자치단체장, 조직의 수장, 아파트 입주자대표 등 우리의 대리인들이 주인인 우리를 배신하고 권력을 남용해 자신에게 유리한 쪽으로 조직을 일방적으로 이끌거나 혹은 부족한 자신의 권위를 억지로 만들어내기 위해 지위권력(position power)을 무기로 삼아 많은 사람을 억압하는 점이다.

그러나 '싸우면서 서로 닮아간다'고 주인인 우리들도 뒤에선 대리인들을 욕하면서도 그들이 쥐어주는 떡고물을 얻으려 애쓴다. 또 높은 자리로 올라가기 위해 목을 빼며 그들의 하명을 기다리거나 권력자의 손 아래로 머리를 숙이고 들어가기도 한다. 그러면서도 '남이 하면 불륜이고 자기가 하면 로맨스'란 식의 억지논리를 내세우며 세상살이의 진실을 왜곡시킨다.

권력을 얻어 조직의 장이 되면 돈과 명예가 접착제 바르듯 저절로 굴러들어오는 사회가치의 미분화 속에서 오랫동안 살아온 한국인의 유전자 속엔 권력쟁취가 곧 승자독식을 가져온다는 등식이 자연스럽게 스며들어 있는 것인가? 이런 사회에선 권력을 얻어 높은 사람이 된 뒤 그 자리를 마음껏 향유하며 돈과 직함을 자기 주머니 속에 가득 채우려는 권력지상주의, 승진만능주의가 창궐하기 쉽다.

우리는 언제까지 이런 악순환의 틀 속에서 대리인에 의한 주인배반 행태를 방조하기만 할 것인가? 여기서 우리는 차제에 사람을 평가하는 기준과 사람평가의 문화를 근본적으로 바꿔야 할 시대적 당위성과 만나게 된다.

이는 돈을 앞세우거나 권력에 줄을 대어 어줍지 않게 장(長)이 된 뒤 지위권력으로써 무리한 의사결정을 내려 자칫 선무당이 사람 잡는 결과를 초래하는 권력지상주의를 이겨내는 길이다. 또 사회의 발전을 위해 자율적으로 참여하고 자신의 시간과 능력을 사회문제 해결에 투여하는 성숙한 시민을 존중해 주는 새로운 시민문화를 만들어내는 길이기도 하다.

서구의 경우는 대표적 사회가치인 돈, 권력, 명예 중 한 가지만 가져도 그 사람을 높게 평가하고 대우해 주는 경우가 많다고 한다. 최근엔 공공의 문제를 해결하기 위한 소통과 협력의 가치를 몸소 행동으로 옮기거나, 사회적 약자에게 가까이 다가가기 위해 자신을 희생하는 봉사 지향적인 사람들에게 뜨거운 박수갈채를 보낸다. 돈과 권력은 약해도 명예로운 행동을 하는 사람을 시민의식이 높은 사람으로 존중해 주는 것이다.

반면 우리 사회는 자신의 이름을 널리 알리고 드높이려는 욕심은 많지만, 이름값 제대로 하며 살려는 진정성은 상대적으로 덜 중시되고 실생활에서도 덜 표출한다. 그러니 세상은 저마다 자기 이름을 크게 내고 세게 인정받으려는 인정투쟁의 장이 된다.

불행히도 남들이 인정하지 않는 그런 사익에 오염된 이름은 허명(虛名)이기 쉽다. 자신은 본인의 이름을 드높여 부르지만, 정작 상대방은 그 이름에 담긴 여러 가지 직함과 자가발전 식의 사적 메시지에 대해 귀 기울이지 않고 쉽게 인정해 주지 않는다. 그런데도 사람들은 자기 이름을 드높이려고 오늘도 허명의 굴레에 스스로 갇힌다.

자신의 얼굴에 욕되지 않게 원칙을 지킬 때, 나아가 남을 위해 조금이라도 진실한 행동을 하려고 노력할 때 그의 이름은 비로소 빛난다. 그 이름에 정당성이 부여되고 나남 없이 그 이름의 주인공을 제대로 된 사람으로 인정한다. 물론 이런 결과를 얻어내기 위해선 순간의 사익 때문에 자신의 이름을 더럽히지 않으려는 자신의 내적 윤리기제가 제대로 작동되어야 한다. 자신의 이름을 걸고 자기 얼굴과 행동에 책임지려는 외유내강식의 강직한 행동강령 또한 필요하다.

우리 사회엔 "좋은게 좋은 것"이라는 식으로, 자신과 타인의 행동에 대해 너무 관대한 평가문화가 난무한다. 자신의 허물이 뭔지도 모르고 그냥 그것을 되풀이한다. 타인의 잘못에 대해서도 대충대충 넘어간다. 사람들은 자신의 이름을 더럽히지 않기 위해 무엇을 해야 하는지 제대로 고민하지 않는다. 자신의 행동이 남에게 어떤 영향을 미치는지도 개의하지 않는다. 그러니 이름값을 제대로 하는 사람을 주변에서 찾아보기도 어렵다.

훌륭한 번역가이자 소설가였던 고(故) 이윤기는 이런 점에서 본인의 진솔한 체험 하나를 들려준다. 저자가 미국에 가 있을 때였다. 그를 동행한 사람이 어느 미국인 교수에게 저자를 novelist로 소개하자 미국인 교수는 선생에게 "지금까지 장편소설을 몇 편 썼느냐"는 질문을 던졌다. 그가 아직 장편소설을 쓴 경험이 많지 않다고 하자 "그렇다면 당신은 writer이지 novelist는 아니다"라고 지적했다고 한다. 그는 이 말에 크게 당황해 이후 장편소설 작업에 몰입하게 되었고 이후 실력 있는 번역가를 넘어 소설가로서의 입지를 더욱 다지는 계기가 될 수 있었다는 경험담을 그의 책에서 들려준다.

옛사람들은 관계윤리에서 비롯되는 책임윤리를 중시했다. 즉 부모는 자식과의 관계에서 부모답게, 스승은 제자와의 관계에서 스승답게, 윗사람은 아랫사람과의 관계에서 윗사람답게 행동하려고 노력했다. 그것이 바로 정명(正名) 사상이다. 바람직한 관계에서 비롯되는 정명을 다하려 노력하지 않고 자신의 관점에서 관계를 자의로 해석하고 마구 행동하는 사람들에겐 손가락질이 뒤따랐다. 그만큼 사람답기 위해선 이름값 제대로 하기가 가장 소중한 덕목이었던 것이다.

자신의 이름을 더럽히지 않고 사람다운 마음씨와 그것의 행동적 표현에 고민하는 사람들이 많은 사회가 맑고 향기로운 사회이다. 그런 사람들에게선 숲속 나무와 같은 청명한 향기가 난다. 그들의 이름은 우리의 입속에서 언제나 맴돌고 귀에 오래도록 들려온다. 자기 이름에 걸맞은 마음의 표현을 고민하고 실제로 행동으로 옮기는 사람들을 사람다운 사람으로 평가해주는 맑은 사회를 만들기 위해선, 이름에 걸맞은 행동을 서로가 강하게 요구하고 그것을 지키기 위해 견제하면서도 서로 독려해주는 정명의 정신과 깨어있는 마음이 필요하겠다. 아래에선 이런 삶을 조용히 실천하며 남과 함께 서기에 진력해온 사람들의 사례를 들어보자.

영국의 지역운동가 존 팝워스(J. Papworth)는 아프리카의 잠비아에서 오랫동안 마을산업 서비스업체를 설립, 운영해 왔다. 이 기관은 교육, 건강관리, 지역주민의 사업경영을 장려해주는 대행업체로서, 주로 소규모 사업체를 통한 고용창출과 지역 삶의 질을 제고시키는 것을 통해, 타의에 의해 대도시로 이주하는 마을사람들의 수를 줄이는 것이 그 설립목적이다. 그는 [제4세계 리뷰]라는 시사 통신지도 발간한다. 그가 정의한 제4세계는 국가권력이나 다국적 기업의 지원 없이 자립하려고 노력하는 지역공동체, 소수민족, 지방의 도시주택지구, 중소기업체 등이다. 그는 80세가 넘어서도 이런 힘든 삶의 여정을 이어가고 있다.

미국의 정치운동가 테드 할스테드(T. Halstead)는 미국의 현 정부와 정당들이 자신과 같은 젊은 X세대들이 직면한 생활문제인 경제불안, 지역공동체 붕괴, 개인과 공공의 부채 해결에 적극 나서지 않는다고 보며, 뉴 아메리카 재단을 건립한 뒤 젊은이들의 전망을 밝혀주는 신선한 정치의제를 적극 보급하고 있다. 즉 50세 이하의 여러 사상가들에게 펠로우(특별회원)라는 각별한 의미의 호칭을 부어해 유력한 간행물에 글을 발표하도록 지원한다. 또 정치, 과학기술 분야의 젊은 지도자들이 미래전망과 정책제안을 주고받는 연례 공개 토론회를 개최해 미국의 정치토론에 새로운 사상을 도입, 보급하고 있다. 벨기에서 성장한 그는 30세가 되기까지 일본의 인재 스카우트 회사 근무와 동남아 여행, 과테말라의 환경 및 토지개혁 사업에의 관여, 환경문제를 다루는 오하이오 지역공동체 조직과 워싱턴의 작은 싱크 탱크에서 직원으로 일하는 등 다채로운 경력을 쌓았다. 하버드대의 케네디 행정대학원에서 석사학위를 받기도 했다. 특히 만 25세에 15,000불의 보조금을 받고 샌프란시스코에서 환경과 경제 문제를 다루는 싱크 탱크인 Redefining Progress를 설립하기도 했다.

일본의 청년 사회적 기업가 이토 다케시(伊藤剛)는 40여 곳의 기업에 원서를 내고 번번이 고배를 마신 뒤 어렵게 광고회사에 취직했지만, 어느 날 진짜 하고 싶은 일을 하기 위해 아소봇(Asobot)이란 사회적 기업을 창업했다. 새로 문을 여는 여러 테마가게들의 디자인과 홍보를 열심히 해준 덕택에 사업이 본궤도에 오르면서, 그는 관심영역을 넓혀 '새 시대의 모습을 고민하는 저널'이란 부제를 단 비영리 잡지 *Generation Times*를 발행하기도 했다. 이 잡지는 유엔 및 세계식량계획과 손잡고 세계빈국의 문제를 비롯한 국제문제를 많이 다룬다.

그는 비영리 시민강좌인 시부야 대학도 운영해 지난 2년간 8천 명이 등록했는데, 빈곤퇴치 등 다양한 주제를 여기서 다룬다. 앞으로도 20대가 더 나은 세상을 만들도록 돕는 것이 그의 꿈이다.

일본의 신문기자인 후쿠오카 켄세이는 과도한 소비사회가 낳은 환경위기 속에서 사람다운 사람이 되기 위해 일부러 즐거운 불편을 감수했다. 즉 자전거 통근, 자판기 음료수 불매, 외식근절, 제철 채소와 과일 먹기, 목욕물 손으로 세탁기에 퍼 담기, 설거지할 때 온수 사용 안하기, 전기청소기 사용 안하기, 티슈 안 쓰기, 다리미 안 쓰기, 음식쓰레기 퇴비화를 몸소 실천에 옮겼다. 그는 자전거로 출근하다가 교통사고를 당해 한동안 입원했지만, 퇴원 이후에도 자전거 통근을 고집한다. 여기서 우리는 소비사회를 넘어서기 위해 일부러 즐거운 불편을 수용하는 한 인간의 자발적 실천기록을 발견한다.

변화관리 전문가 구본형은 그의 책 [일상의 황홀]에서 "하루하루의 삶 속에 사람다운 사람이 살고 있었던 그 하루는 황홀한 일상이다. 그것처럼 훌륭한 자기 경영은 없다"라고 말한다. 위의 사례의 주인공들은 돈과 권력 등 통상의 세속적 기준에선 멀지만 자신의 주체적 소신이 진리임을 확신하며, 1+1=3 혹은 2-1=3의 가치를 실천한 사람다운 사람이자 자신의 책무를 다한 시민다운 시민이다.

평범한 우리들도 내 삶 속에 사람다운 사람이 살고 있는 날들을 삶의 일기장에 더 많이 기록하기 위해, 개인적으론 다소 불편하지만 장기적으론 큰 사회적 힘을 만들어낼 수 있는 1+1=3, 2-1=3의 삶을 실천해야 한다. 그러면 우리 모두가 세속적 평가기준에서 벗어나 의미 있는 개인적 삶을 추구하는 성숙한 시민으로 재탄생할 수 있고, 나아가 사회의 동력과 자발적 도움체계로 가득 찬 멋진 시민사회를 만들어낼 수 있을 것이다.

19. 대안경제로서의 사회적 경제와
생활협동조합의 활성화

1. 대안경제로서의 제3부문과 사회적 경제의 가치

제3부문이 신자유주의의 파고를 넘어 하나의 대안경제 영역으로 자리잡고 있다. 헤이즐 헨더슨(H. Henderson)은 현 세계화의 문제는 국가와 시장 간의 마찰보다는 호혜, 나눔, 자급, 돌봄노동을 특징으로 하는 호혜경제를 화폐경제 영역으로 끌어들여 상품화한 데 있다고 보며, 인간행위가 화폐로 평가되기 보다는 대안경제의 작동원리인 호혜, 공유, 자급, 나눔 등 신뢰의 가치로 평가되어야 한다고 주장한다.[247] 칼 폴라니(K. Polanyi)도 역사적으로 호혜 영역, 국가의 재분배, 시장의 교환이라는 3가지 경제제도가 존재해 왔는데, 오랫동안 전통사회에선 호혜관계를 통한 자원의 나눔이 기본이어서 서로 주고받는 기쁨을 향유해온 반면, 시장의 교환은 근대에 들어와 이뤄진 예외적 현상이라고 지적하면서, 자본제적 시장을 인류역사의 보편적 제도처럼 여기는 주류 경제학의 관점을 강하게 비판한다. 그러면서 그는 호혜경제의 강화를 통한 국가-시장의 균형회복을 지향했다.[248]

일본의 문예비평가 가라타니 고진(柄谷行人)은 폴라니의 생각을 받아들여 과거 공동체사회의 폐쇄적 호혜를 넘어 열린 호혜 시스템인 어소시에이션을 논의한다. 그는 1990년대 말 새로운 결사체 운동(New Associationist Movement)이라는 결사체에 기반을 둔 생산자/소비자협동조합 운동을 시작했다.[249] 이 운동은 지역화폐(Local Exchange Trading System)를 활용한 새로운 교환양식으로 작동하는데, 그는 이를 통해 노동자와 소비자가 연대하는, 자본주의 밖의 새로운 생활지평을 만들려고 했다. 미국의 사상가이자 저술가인 제러미 리프킨(J. Rifkin)도 21세기엔 시장과 공공부문의 역할이 감소하고 제3부문이 그 권력공백을 메울 것으로 진단하면서, 시장의 세계화와 정부역할의 감소에 따른 미래의 불확실성은 공동체의 형성을 필요로 한다고 본다. 그래서 그는 국가와 시장의 많은 부분을 제3부문으로 이전시켜 지역공동체의 결속력과 지역적 네트워크를 강화해야 할 필요성을 제기한다.[250]

제3부문은 시장경제에 의해 황폐화되고 국가에 의해 제도로써 보호받지 못하자 시민사회나 지역공동체가 사회적 연대 정신에 의거해 만들어낸 자생적 경제활동 부문으로서,[251] 북미에선 제3부문이라 불리지만, 유럽에선 이를 사회적 경제(social economy)라고 부른다.

사회적 경제가 역사상 처음 등장한 것은 산업화가 시작되며 발생한 문제들에 대한 노동자들의 상호부조적 공동 대처활동이었다. 노동자들은 공동으로 점포를 열어 먹을거리를 함께 구입하고, 질병과 실업에 대비해 부금을 갹출하는 등 조직적 대처를 했는데, 이런 활동은 소비자협동조합, 상호공제조합의 결성으로 나타났다. 19세기 후반 이후의 사회적 경제는 초기의 공제조합에서부터 시작해 농업협동조합, 신용협동조합, 소비자협동조합, 노동자협동조합까지 그 영향력을 확대해 갔다. 그러나 20세기에 들어와 사회적 경제의 영역은 국가의 사회보험제도로 통합되거나 시장경제와의 경쟁에서 뒤쳐지면서 시장에 포섭되었고 그 영향력도 위축되었다. 그러나 1970년대 후반 이후 만성실업이 확산되고 사회적 배제가 대두하지만 공공복지가 이에 적절히 대응하지 못하면서, 사회적 경제조직들이 정부가 대처하지 못한 영역에서 사회서비스를 발굴, 제공하고, 지역시민사회 차원의 다양한 활동으로 지역을 변모시키며 일자리를 제공하는 등 새로운 경제를 대두시켰다. 상기한 역사적 배경 속에 축적된 제3부문 혹은 사회적 경제의 가치를 자세히 살펴보면 다음과 같다.[252]

첫째, 사회서비스의 공급 등 대안적 복지시스템으로 기능할 수 있다. 간병, 보육, 육아 등 사회서비스는 삶의 질 향상을 위해 사회적으로 제공되는 서비스로서 성격상 제도적으로 표준화가 곤란하고 또 수익이 보장되지 않아 기업들이 공급하기 어렵다. 최근 실업률 증가와 여성의 사회진출로 인한 돌봄 서비스의 필요성, 고령화 등 인구구조 변화에 따른 새로운 사회적 위험에 사회보장제도가 제대로 대처하지 못하는 데 비해, 지역사회에 기반을 두고 자발성을 특징으로 한 제3부문이 이들 서비스의 공급에 효과적인 것으로 판단되면서 사회서비스의 공급주체로 대두하는 등 사회적 경제가 복지시스템의 일부로 작용한다.

둘째, 사회적 일자리의 제공 등 대안적 일터로서의 고용창출이다. 제3부문은 기업에 고용될 가능성이 적은 사회적 약자들에게 대안적 일터로 작용할 수 있다. 특히 노동집약적 사회서비스는 이들의 고용창출에 기여한다. 한국고용정보원에 의하면, 10억 원 가치의 상품을 만들기 위해 필요한 취업자 수가 건설업은 28.5명인데 비해, 교육서비스업은 56.1명, 사회복지사업은 90.5명이나 되어 사회서비스업의 고용창출 효과는 매우 크다.

셋째, 사회적 연대 및 민주주의의 훈련장이다. 제3부문은 독립적 운영과 민주적 의사결정과정을 강조하며, 소득분배에서도 자본보다 사람을 우선한다. 여기서 우리는 사회적 연대와 민주주의의 훈련장이라는 또 하나의 제3부문적 가치를 도출할 수 있다. 예컨대 1980년대 중반부터 시작된 한살림 생협운동은 농산물을 개인적으로 소비하던 주부들이 공동구입을 통해 구매력을 결집하고 유기농 생산자와 연대하는 등 사적 소비의 공공화를 도모했다. 또 먹을거리라는 사적 영역을 도-농 직거래로 공공화, 사회의제화하는 과정에서, 주부들은 자율, 자치의 민주주의 훈련과 사회적 연대를 학습하며 2류 시민에서 사회적 주부로 성장했고, 협동, 연대, 호혜의 지역사회를 창조할 수 있었다.

2. 사회적 경제영역으로서 생활협동조합의 의의와 가치정향

제3부문 혹은 사회적 경제는 연대의식과 대중참여에 의거한 사회 서비스 공급과 고용창출을 기본활동으로 하는데, 이는 협동조합이나 상호결사체들이 수행하는 다양한 프로젝트를 통해 달성되어 왔다. 특히 협동조합은 공통욕구의 실현을 위해 자발적으로 뭉친 사람들의 자율적 결사체로서, 위에서 살펴본 것처럼 유럽식 사회적 경제의 조직적 출발점이자 사회적 경제의 법적 위상을 가진 대표모델이다. 1970년대 이래 유럽과 북미를 중심으로 한 협동조합의 괄목할만한 성장은 자본주의의 부정의와 사회주의의 비효율에 실망한 사람들에게 이상적 대안으로 여겨졌다. 협동조합은 공동소유와 민주적 관리

를 통해 사람들로 하여금 외부의 간섭으로부터 경제적으로 자립하게 해주고, 고용창출 등 지역주민들에게 실질적 힘을 부여했기 때문이다. 성공적인 협동조합은 경제민주주의 확립과 지역사회의 긍정적 변환에 기여할 수 있어, 글로벌 자본주의체제의 대안체제로 개발할 필요가 있다.[253] 현재 전 세계적으로 협동조합원 수는 8억 명 이상이고, 시장자본주의 사회인 미국에도 4만7천 개의 협동조합이 1억 명의 조합원에게 서비스를 제공한다.

우리나라의 경우엔 농협, 수협, 신협, 중소기협 등 많은 협동조합이 정부의 정치적 필요에 의해 강제로 설립되어진 관제(官製)형 조합 성격이 강해, 이것들을 노동자들이 시장경제에 맞서 자구책으로 조직한 19세기 유럽의 협동조합과 동일시하긴 어렵다. 그간 농협, 수협 등은 정부의 관리를 받으며 자생력과 민주적 체계성을 잃어버렸고, 금융기관들과의 경쟁체제에 편승해 영리화의 길을 걸어 왔다. 또 전통적으로 협동조합은 조합원 이익을 추구하는 내부자 조직으로 비춰져, 협동조합이 사회공동체의 보편이익을 추구하는 공익적 가치를 가질 수 있느냐는 본질적 의문도 제기될 수 있다.[254] 그러나 최근 기후변화와 에너지 위기, 먹을거리와 고용불안 등 주변 생활환경의 악화와 삶의 질 저하를 지켜보면서, 종래의 소비자협동조합들이 단순한 소비문제에서 벗어나 생산과 유통, 생활양식 전반의 문제에 고민하기 시작하면서, 이런 문제들을 생활자치의 관점에서 해결하기 위한 생활협동조합으로 변신하고 있다.[255] 생활협동조합(이하 생협)은 가장 기본인 먹을거리부터 교육, 가정, 환경, 경제에 이르기까지 생활상의 여러 문제를 조합원들이 서로 협동해 주체적, 자치적으로 해결함으로써 생활의 질을 향상시키는 생활운동조직이므로, 자연−인간의 공존, 상호협동하는 세상, 삶의 자치적 해결이 그 주된 활동방향이다.[256] 현재

312

생협의 활동내용은 소비, 식품안전, 육아, 교육, 의료, 주택, 유기농 등 생활영역 전반과 밀접히 연관된 분야들로 특성화되어 있다.

하버마스(J. Habermas)는 생활세계의 식민지화라는 문제제기를 통해, 자본과 권력이 일상적 삶의 구석까지 파고들고 있음을 전제한 뒤, 이를 극복하기 위해 공론의 장(public sphere) 형성을 강조하는 데, 생협은 국가와 시장의 주도에서 벗어나 생활세계의 자율성과 독립성을 높여가며 주체적 시민을 키워가는 것을 강조하는 점에서, 기존의 관제형 조합과는 달리 제3부문의 다양한 가치를 내재하며 국가-시장의 완충공간으로 기능할 수 있는 잠재역량을 갖는다. 실제로 생협의 의사결정과정과 소모임은 일상생활에서 민주주의를 연습하는 공간들을 제공하고 회원들의 자발적 참여를 고무시킨다. 특히 지역사회에선 먹을거리만이 아니라 일거리를 갖고 다양한 실험이 진행될 수 있다. 즉 공동육아, 복지시설, 방과후 학교, 돌봄 서비스 등 생협의 각종 활동은 고용효과를 창출해 실업극복의 대안으로 작용하며, 인간의 얼굴을 한 사회서비스의 공급을 통해 따뜻한 지역공동체를 만들기도 한다.[257]

국제협동조합연맹(International Co-operative Alliance)의 100주년 기념총회에서 채택된 협동조합 원칙에 따르면, 협동조합은 지역공동체에의 관심, 가입의 자유와 공동소유, 독립적 설립과 운영, 1인1표 의결권 등 민주적 관리와 통제, 조합원의 교육훈련 촉진, 조합간 협력을 그 기본원칙으로 한다. 이런 원칙들을 중심으로, 생협 활동에 내재해 있는 제3부문적 가치들을 구체적으로 도출해 보자.

먼저 지역 내 생활문제 해결에의 공동체적 관심에서 출발해 주민들이 적극 출자하며 생협에 자유롭게 가입해 정부와 시장으로부터 독립적인 지역생활문제 해결조직을 설립, 운영하려는 원칙은 '사회서

비스의 대안적 공급주체'라는 생협의 첫번째 가치의 실현을 반영한
다. 한편 민주적 관리와 민주적 통제, 그리고 이를 촉진시키기 위한
조합 내부의 교육학습 및 지역현안을 해결하기 위한 조합간 협력은
'사회적 연대 및 민주주의 훈련장'이라는 생협의 두번째 가치를 반영
한 것이다. '고용창출을 위한 일터형성'이란 생협의 세번째 가치는 고
용문제 해결을 위한 지역구성원의 관심을 전제로 조합원들에게 기술
교육을 시켜 고용을 창출하고 그 과정에서 조합 간의 협력을 도모할
것을 요구한다.

<표 3> 협동조합의 원칙에서 도출해본 생협의 제3부문적 가치들

협동조합의 기본 원칙들	생협의 제3부문적 가치
지역문제해결에의 공동체적 관심, 정부, 시장으로부터 독립적 설립, 운영	사회서비스의 공급주체
생활서비스의 공급을 위한 조합원의 적극적 출자, 가입의 자유	
1인1표식의 민주적 의사결정 등 민주적 관리와 통제	사회적 연대 및 민주주의의 훈련장
조합의 민주적 운영을 위한 교육학습	
지역현안을 해결하기 위한 조합 간 연대, 협조	
지역내 고용문제에의 적극적 관심	고용창출 등 대안적 일터의 형성
생산활동을 위한 조합원 대상의 기술교육	
이를 위한 조합 간 협력	

3. 사회적 경제의 주체가 되기 위한 생활협동조합의 촉진전략

한국의 생협은 1999년의 생활협동조합법 제정을 계기로 조직기반
이 단단해지고 급속한 성장세를 보여 왔다. 먹을거리의 안전성 확보

가 주요과제인 지역생협이 가장 많지만, 공동육아생협, 의료생협, 대학생협, 교육생협도 꾸준한 성장세를 보여 왔다.[258] 특히 2012년 말 협동조합기본법이 제정되면서 많은 협동조합이 결성되고 있다.

아직은 우리 생협이 풀어야 할 숙제가 많다.[259] 조합출자의 의지는 있지만 조합원수 확보와 출자금 규모에서 개선의 여지를 많이 남기고 있다. 소수의 조합원만 활동적이어서, 대중참여와 조합출자 부족 등 활력증진의 숙제도 안고 있다. 외형적 규모가 커지면서 직접민주주의가 곤란해지자, 대의제의 한계도 일부에서 제기된다. 정부로부터의 독립적 운영 측면에서 본 재정 건전성의 문제도 크다. 기업적 경험이나 지역과의 직접적 연계도 부족해 공공자금에의 의존도가 높은데, 사회적 경제가 국가제도에 의존하면 자율적 운영이 어렵다.

지역정서 및 지역수요의 사업내역 반영과 시장경쟁 간의 딜레마도 해결해야 한다. 생협이 지역수요에 적극 부응하려는 사회적 목적을 가져도, 자신의 존속을 위해선 대기업과의 경쟁에서 이겨야 하는데, 1990년대에 들어 양적으로 팽창하면서 생협 간 경쟁도 날로 심해지고 있다. 인적, 물적 자원 등 내부역량 미흡과 고용창출을 위한 기술교육도 부족하다. 생협의 활성화를 위해선 정부, 기업과의 체계적 협력도 필요한데, 사업 파트너로서의 협력체계는 물론 인건비 등 약간의 지원을 빼면 이들의 활발한 도움활동도 아직 찾아보기 어렵다. 그렇다면 이들 문제를 치유하고 생협을 활성화하기 위한 구체적 전략은 무엇인가?

첫째, 지역문제 해결에의 주체적 관심과 조직결속을 위한 신뢰 분위기의 조성이 필요하다. 사회서비스 공급주체로서의 생협의 활력과 조합원 참여를 촉진시키기 위해선, 생협 자체의 존재이유에서 비롯되는 조합원 주권과 자주적 관리방식을 강화함으로써, 조합원의 자긍심과 주인의식을 제고시키는 방법이 필요하다. 이런 점에서 협동조합 본래의 원칙으로 돌아가 조합원의 공동소유, 공동의사결정에 의거함으로써, 생협이 조합원들의 욕구에 적극 부응할 수 있는 생활 대응적 조직이 되도록 해야 한다.

최근 일부 생협의 경우 외형적 규모가 커지면서 직접민주주의보다는 대의제 주의의 한계를 드러내는데, 이는 조합원의 주체적 참여와 결속에 큰 걸림돌이 될 수 있다. 공동의사결정이 가능해야만 조합원의 주체적 참여의식이 높아지고 조합원들의 역량발휘도 가능하다. 따라서 가급적 많은 사람들을 생협의 이사 자격으로 조합운영에 관여시켜, 조합 가입, 출자, 자원봉사 등 시민 스스로가 주체적 도움장치를 자율적으로 형성하게 할 필요도 있다. 조합원을 결속시키려면, 무엇보다 조합－조합원 간 신뢰가 전제되어야 한다. 이를 위해선 조합 내의 대화와 소통이 긴요하며, 상호갈등을 생활 속에서 풀어나가는 마당 만들기가 필요하다. 즉 먹을거리 나누기, 동네 자전거길 만들기 등 조합원 중심으로 다양한 공동생활마당을 만들며 기쁨을 나누고 상호신뢰를 구축하는 전략이 필요하다.

둘째, 자율적 운영을 위한 출자금 확충 등 재정 건전성 확보가 중요하다. 현재 생협의 재정 건전성은 낮다. 조합원의 출자에 크게 의존하고, 생협 중 정부의 사회적 기업 인증을 받는 경우엔 인건비 등 지원을 받아 국가에의 재정 의존성을 드러낸다. 조합의 재정자립을 위해선 조합원 수의 적극적 확대에 따른 출자금 증대는 물론, 무의결 우선주, 이용고 배당의 회전출자, 자산 재평가, 가치 상승액 일부를 조합원 계정에 배분하기 등 다양한 조합원 자본형성 기법을 사용해 출자금을 추가 조성할 필요가 있다.

셋째, 지역수요 맞춤형 사업콘텐츠 개발을 통한 시장경쟁력 회복

316

이 관건이다. 생협은 기업과 달리 대규모 자본을 투여하지 못하고 뛰어난 전문인력 확보도 곤란하다. 따라서 해당지역과의 협력 관계가 매우 중요하다. 이를 위해선 생협 활동이 지역문제 해결에 크게 기여할 수 있음을 지역주민들에게 널리 주지시켜야 한다. 특히 생협이 보육, 먹을거리, 주거환경, 교육 등 일상적 지역문제에 공동체적 해결방법을 찾아내는 것은 물론 대안경제에 대한 문제의식을 바탕으로 지역현안에 대한 문제제기를 적극적으로 하는 집단으로 자리매김함으로써, 지역 내 활동의 정당성을 확보해야 한다. 예컨대 의료생협의 경우는 지역사회 내 유휴시설과 자원을 이양 받아 주민의 건강한 생활을 도모하는 프로그램을 적극 개발해, 고비용－저효율이란 정부의 실패와 영리 추구형 민간의료의 한계인 시장실패의 대안적 역할을 확실하게 해야 한다. 즉 조합원 주치의 서비스, 정기 방문간호, 데이케어 서비스, 가두검진, 보건예방학교, 건강마을 만들기, 당뇨병과 고혈압 환자교육 등 다양한 사업콘텐츠 개발을 통해 시장경쟁력을 회복해야 한다.

넷째, 내부역량 강화와 고용창출을 위한 기술개발과 교육 강화도 필요하다. 협동조합이 성공하기 위해선 핵심 실무자가 명확한 지향과 가치헌신을 가져야 한다. 예컨대 현 의료생협의 경우는 의료인 수급이 큰 걸림돌인데, 현재는 인도주의실천의사협의회, 기독교청년의료회 소속의사의 참여에 의존한다. 향후에도 청년의료인 양성은 더욱 필요해, 의료인의 한일교류를 추진하고 네팔, 방글라데시에 공동의료봉사를 나가 의료인의 길을 고민케 함으로써, 의료인력을 지속적으로 확보하는 통로 마련이 시급하다. 생산자 생협인 워커즈 컬렉티브의 경우는 높은 수준의 품질이 안정적으로 확보되어야 시장에서의 경쟁과 지속가능한 고용창출이 이루어지므로, 조합원의 전문지식과 기술개발을 위한 동기부여 등 기술향상 프로그램이 필요하다. 이를 위해선 직원의 자율적 업무역량과 업무전문성 강화가 필요하고, 사회적 기업가 아카데미, 마이크로 크레딧 전문과정 교육, 직무교육, 협동조합 교육 등 많은 교육기회의 제공이 요구된다.

다섯째, 제도적 지원을 위한 거버넌스적 협력체계도 요구된다. 생협이 고용창출을 위한 일터 형성에 기여하기 위해선, 사회적 기업으로 인증받는 방법이 있다. 이럴 경우 정부는 사회적 기업의 경영능력을 강화하기 위한 지원에 나서야 한다. 즉 일반시장보다 경쟁력이 약한 취약계층이 생산한 재화와 서비스가 판매되도록 '보호된 시장의 창출'에 노력해야 한다. 종래의 인건비 지원은 사회적 기업의 미래에 별 도움이 안 되므로, 장기적 도움장치로서 기금을 조성해 사업공모에 따른 제도적 지원책을 마련하고, 공공성을 중시하는 조직에 인센티브를 더 주어 사회적 기업에 유리한 환경을 조성해야 한다.

단 정부의 과도한 통제와 하향식 개발방식이 협동조합의 이념에 상처를 줄 수 있으므로, 정부는 신중히 접근하고 자조(自助)를 전제로 진보적 지원을 할 필요가 있다. 특히 지나치게 예산을 관련시키는 정부의 실적중심 평가방식은 큰 문제이다. 그러니 정부의 인증을 받기 위해 사회적 기업들이 정부지침의 문자와 어구 맞추기에 시간을 많이 뺏기고, 사업 계획서에 없는 장비는 필요해도 살 수 없다. 일본의 총괄예산제도를 도입해 총액만 규제하고 사용방식과 시기는 자율 조절하게 할 때, 워커즈 컬렉티브 등 더 많은 생산자 생협과 사회적 기업이 만들어지고 활성화될 수 있다. 생협의 사회적 기업 전환 시엔 재정, 기술, 판로, 경영방식 면에서 취약하므로, 경험이 많은 기업들이 사회적 기업지원을 정책 이벤트로만 보지 말고 진지하게 그 운영 인프라를 구축해 줘야 한다. 즉 1회성 기부보다는 워커즈 컬렉티브에 경영 노하우를 적극 전수한다는 마인드를 갖고 기술과 조직운영방식을 전수해주고 당분간은 거기서 만들어진 제품도 적극적으로 사주어야 한다.[260]

4. 인질경제화된 의료시장,
그 대안으로서 의료생협의 활성화

여기서는 의료생협의 필요성을 진지하게 느껴본 필자의 개인적 경험을 통해 좀더 피부에 와 닿는 생협의 활성화 방안을 제안해 보고자 한다. 몇 년 전 필자의 아버지가 지병으로 근 1달 이상 병원에 누워 계셨어야 했던 적이 있었다. 당시 80대 중반의 노인이시다 보니 몸의 이곳저곳이 편치 않으셔서 정형외과, 피부과 등 여러 진료과에서의 치료가 불가피했다. 그래서 큰 수술을 2번이나 주도한 정형외과를 컨트롤 타워로 해 관련된 여러 진료과들이 서로 연락하고 크로스 체크하며 환자를 치료하는 협진 시스템이 필요했다. 1달 동안 간호 차 병원을 드나들며 개인적으로 안타깝고 아쉬웠던 점은 첨단 의료장비를 갖춘 수십 개의 수술방, 전망 좋고 깨끗한 입원실, 여러 진료과들로 구성된 협진 시스템 등 하드웨어의 외양적 화려함에 못 미치는 병원 관계자들의 소프트웨어적 측면이었다.

먼저 들 수 있는 문제점은 의사들의 검사 만능주의이다. 아버지가 입원해계신 1달 동안 환자와 보호자들이 자발적으로 수용할 수 있는 수준을 훨씬 넘어 각종 검사들을 해댔다. 옛날의 명의들은 오랜 임상 경험과 꾸준한 공부로 환자의 얼굴과 목소리만으로도 환자의 병색을 알았다고 한다. 굳이 전문적 의학공부를 하지 않은 우리 일반인들도 건강에 대한 평소의 관심과 개인적 체험, 주위에서 들은 얘기만으로도 어느 정도 특정 병세의 증상을 웬만치 알고 있고, 병을 치유하기 위한 기초검사의 필요성 여부도 판단할 수 있다. 그런데 현대의학의 전문성을 자랑하는 대형 종합병원들은 종합적 문진과 순차적 검사절차를 제대로 거치지 않고 무조건 고가의 검사부터 해댄다. 어느 경우엔 일반인의 상식으론 불필요한 검사인데도 환자나 보호자의 동의도 확실히 구하지 않고 보험적용도 안 되는 수십만 원짜리 검사를 슬쩍 하고는 일언반구 추후설명도 없었다. 물론 그것이 불가피한 검사라면 환자와 보호자들은 그 검사비용을 감수한다. 사랑하는 가족의 병을 고치기 위해 불가피하다니까! 그러나 쉽게 납득이 안가며 보험적용도 안 되는 고가의 검사를 정확한 동의절차를 밟지도 않고 해 버린 뒤 일언반구 설명도 없이 병원 계산서를 들이미니 괘씸하다는 생각이 든다.

병원의 도덕적 해이를 하나 더 지적해보면, 장기 입원환자의 경우 1주일에 한 번씩 내야 되는 중간 입원비의 계산서 내역의 문제점을 들 수 있다. 이것도 일반상식에 잘 안 맞는 것이 입원시점부터 발생한 누적 금액들이 항목마다 적혀 있고 제일 끝부분에 금주에 내야할 금액만 덜렁 표기되어 있는 점이다. 이런 식으로 중간 계산비가 청구되다 보니, 지난 1주일 동안 병원에서 어떤 검사와 치료를 추가로 했고 그래서 1주일 동안 발생한 금액이 정확하게 어떻게 산출되었는지를 일반인이 알기가 참 어렵다. 이쯤 되면 종합병원이 환자를 치료하는 곳이기도 하지만, 환자를 인질로 삼는 또 하나의 인질경제 영역이 되어버리는 것 같아 마음이 불편해진다.

협진 시스템도 속빈 수수강정 같았다. 수술을 한 진료과가 컨트롤 타워 역할을 조금 하긴 했지만, 협진 시스템 속 의사들은 아직 공부하는 단계의 전공의들인지 내과 의사 1명을 빼곤 신뢰성 있는 전문 소견을 치료과정에서 제시해 주지 못하거나 보호자의 상담요청에 속 시원하게 응해주지도 않았다. 몇몇 간호사나 원무과 직원들의 매너리즘과 관료주의화도 심했다. 협진 시스템 속의 여러 의사를 다 만나기가 쉽지 않아 이전의 각종 진료내역이나 추후의 치료과정들을 알고 싶고 의문시되는 입원비 내역을 확인하고 싶어도, 서로 다른 쪽으로 책임을 떠넘기며 어느 누구도 환자나 보호자들의 궁금증을 속 시원하게 해소해 주지 못했다. 게다가 입원 진료비를 대행 수납하는 병원 내 은행직원의 불친절까지 겹치니, 입원비 내러 간 보호자들마저 스트레스를 받아 병을 얻을 뻔했다.

화려한 병원건물 외양과 첨단 의료장비, 남보다 공부를 잘해 좋은 의대를 나온 의사들 뒤엔, 검사 만능주의, 매너리즘, 관료주의적 책임 회피 등 많은 소프트웨어적 문제점이 겹겹이 도사리고 있었다. 몸이 아파 병원에 몸을 의탁한 환자와 보호자들을 인질로 삼아 동의도 확실히 구하지 않은 채 게다가 보험도 안 되는 불필요한 고액 검사를 한 뒤 엄청난 병원비를 청구하는 종합병원을 보면서, 가장 공공성이 강한 영역이어야 할 의료분야가 급속하게 시장화되고 있음을 확인하지 않을 수 없었다. 그리고 몸이 아파 치료를 전제로 시행된 적지 않은 검사들이 보험으로 완벽하게 커버되지 않는 제도상의 모순을 보면서, 우리가 제도적 신뢰를 보내고 몸이 아플 때 가장 먼저 기대어야 할 의료보험제도마저 중병에 걸려 있음을 느끼게 되었다.

그렇다면 대안은 무엇인가? 민영화를 전제로 한 병원들 간의 서비스 경쟁, 그런 차원에서의 의료시장 개방을 잠시 생각해본다. 그런데 이런 방법을 통해선 사회경제적 약자들의 병원문턱 통과가 더욱 어려워질 것이란 생각에 얼른 고개를 흔들게 된다. 고물가 사회를 살면서 이미 우리들 중 대다수는 헬스 푸어(health poor)가 되고 말았다. 병원의 민영화, 의료시장의 개방은 고달프게 살다보니 몸이 고장난 많은 사람의 병원출입 문턱을 더 높게 할 것이다. 그렇다고 아파서 고통스러워하는 부모님이나 자식들을 집에서 통증 속에 갇혀 있게 할 순 없다.

이럴수록 의료생협의 활성화와 적정 규모화를 생각해 본다. 우리가 의료를 시장의 영역으로만 보고 있으니 돈 없는 사람들의 병원문턱 넘기가 자꾸 난망해진다. 막대한 병원비를 카드로 결제한 뒤 늘어난 카드비 만큼 줄어든 다음 달 월급을 아껴 쓰며 겨우 병원비를 감내하는 직장인들도 현 의료시장 체계 하에선 인질경제의 포로에서 쉽게 못 벗어난다.

치료보다 예방, 돈보다 사람의 병 고침을 우선하는 의료생협의 정신 아래, 돈은 좀 없어도 많이 아픈 사람들을 병원 밖으로 내치지 않는 그런 '인간의 얼굴'을 한 병원들을 우리가 사는 가까운 곳에 마련할 필요가 있겠다. 우리의 경험상 동네병원은 큰 종합병원보다 훨씬 친절하다. 문제는 의료생협 체계로 운영되는 동네병원들에서도 우리가 장기간 입원하고 수술도 성공적으로 받을 수 있으려면 의료생협이 더 체계화되고 규모도 더 커져야 하며, 그것을 위해선 우리 모두가 의료생협 조합비를 조금 더 내야 한다는 점이다.

이미 숨가쁘게 세금을 내고 있는데, 무슨 조합비인가?라는 의문을 가질 수 있다. 그러나 자본주의 국가의 정부들은 친 자본적 정책이해에서 자유롭지 못해 의료의 시장화, 병원의 민영화를 계속 도모한다. 이런 점에서 우리 몸의 치료를 안이한 생각에 갇힌 정부 의료보험 영역이나 인질경제 영역으로 치닫는 시장부문에만 맡길 수는 없다. 그러면 인질경제의 포로가 되고 점점 병원문턱만 높아진다.

어렵지만 십시일반(十匙一飯)의 고통을 통해 의료생협의 체계화와 적정 규모화를 통해 집 가까운 곳에서 좀더 친절한 얼굴과 마음에서 우러나오는 따뜻한 치료를 받을 수 있는 길을 만들 필요가 있다. 십시일반의 손길이 계속될 때 동네병원에도 첨단 의료장비가 적정규모로 점차 비치될 수 있고, 돈만 밝히지 않고 인술을 베푸는 의사 선생님도 우리 앞에 등장할 수 있다. 우리가 눈 한번 질끈 갖고 출자액과 조합비를 당분간 감당하다보면 대형 종합병원이란 공룡의 관료제가 부과하는 천정부지의 치료비를 덜 걱정해도 되고, 매너리즘에 빠진 병원 관계자들에 의해 멸시 당하지 않는 길이 더 열릴 것이다. 인질경제에서 빠져 나오기 위해 의료생협의 활성화 방안을 열심히 모색하는 우공이산(愚公移山)의 우직함이 우리에게 요구되고 있다.

20. 아나키즘의 재해석과 신중한 응용

1. 정부의 과잉 제도화를 극복하기 위한
아나키즘의 재해석

사회운영에 한계를 보이는 국가와 돈만 밝히는 시장의 대안조직으로서 사회적 경제를 앞에서 다루어 보았는데, 여기서는 내친 김에 국가의 과잉제도화에 따른 문제점을 근본적으로 해결하기 위해 요구되는 시민영역의 자기 혁신 필요성을 탈(脫) 제도화와 사회의 자주적 관리를 지향하는 아나키즘적 함의를 중심으로 살펴보자.

현대국가는 체제효율을 위해 전문화되지만 도구적 이성의 철창에 갇히면서 시민을 국가제도에 가두고 획일적인 통제대상으로 취급한다. 정부의 조직, 정책, 법률 등 시민의 정치사회 생활을 구성하며 사회적 필요에 부응하기 위해 창안된 많은 국가제도들이 과잉 성장하면서 시민의 불신을 받고 사회악을 존속시키는 경우가 적지 않다. 이는 국가제도가 정부의 엄격함과 권위적 서열을 중시하고, 복종과 굴종을 국민의 덕목으로 삼기 때문이다.

생활세계가 이처럼 관료제에 의해 통제되고 각종 국가제도에 갇히면서 시민들은 국가로부터 대상화된다. 더욱이 신자유주의는 시민의 대상화와 사회적 배제를 더욱 심화시켰다. 현재는 일부 중산층까지 서발턴화하고 있다. 한나 아렌트(H. Arendt)는 타인들로부터의 응답 가능성을 상실한 삶을 '버려짐'이라 불렀는데, 특히 공공공간에서 추방된 자들은 존재의의를 스스로 의심하며 자신을 잉여인간으로 생각한다.

여기서 아나키즘의 현대적 의의가 재조명될 필요가 있는데, 그 이유는 아나키즘이 현대정부의 지나친 제도화에 반대되는 입장에서 탈제도화와 자율적 통치를 추구하기 때문이다. 아나키즘은 사람들이 상호이익을 위해 자발적으로 결집하는 성향이 있음을 토대로 해, 보통의 인간들이 자기 운명을 스스로 결정하며 자기 미래를 개척할 수 있는 탈 제도화의 정치철학을 모색한다. 아나키(anarchy)는 그리스 어에선 '키잡이 없는 혹은 지도자가 없는' 등 무질서와 혼란의 동의어처럼 쓰이며 종종 경멸의 의미로 비춰진다. 그러나 아나키즘의 대표 논객인 푸르동(Pierre-Joseph Proudhon)에 의하면, 사회혼란 조성의 책임은 오히려 모든 강압방식을 동원해 과도한 규제제도를 만들고 규제를 위해 인위적 개편을 일삼는 권위적 통치기구에 있다. 반면 강압적 통치기구가 없는 사회는 구성원의 자발적, 주체적 노력을 통해 자연스런 질서와 사회조화를 회복한다.

자율성을 강조하는 아나키즘은 거대한 혼란인 것 같지만 자유와 연대성에 기초한 새롭고 안정적인 합리적 질서를 표상한다. 아나키스트들은 자연(自然)이라는 아이디어에 강박관념을 지녀, 스스로 그러한(self-so)이란 개념이 아나키즘 이론가들의 저작에서 핵심을 이룬다. 즉 권위의 거부, 강권(强權)적인 정부 혐오, 상호부조, 분산화, 정치에의 직접참여를 강조한다. 따라서 아나키즘은 교조적인 인위적 혁명조직과 전략전술에 대해서도 본능적 거부감을 보인다.[261]

아나키즘은 인간의 법제도에 의해 구속되지 않는 자유에 기초한 새로운 사회질서를 창출하는 철학으로서, 권위 자체를 부정하기 보다는 그것을 무조건적으로 수용하지 않고 그것과 항상 긴장관계를 유지하려 한다. 따라서 중앙집권, 위계질서, 자본주의에 반대하되, 혼란과 무질서가 아니라 집중이 없는 그래서 언제든 통제 가능한 작은 권력, 즉 자발적 결사체, 풀뿌리 단체의 활발한 네트워크, 기능적으로 특화된 조직 등 탈 조직화를 지향한다.262) 우리는 이처럼 아나키즘이 사회의 자율적 운영을 지향하는 점에서 이를 무정부주의보다는 '사회의 자주적 관리'로 해석하는 것이 옳다. 따라서 현대정부의 지나친 관료화와 시장원리 침투의 도구성이 낳은 제반 문제해결을 위해 탈 제도화, 반 강권주의, 자주적 관리를 추구하는 아나키즘의 순기능을 시민사회의 자강(自强) 노력에 응용할 여지는 적지 않다.

2. 아나키즘 조직론과 그 대안적 메시지

탈 제도화를 위해 아나키즘의 생물학적 기초를 응용해 구성된 아나키즘 조직론의 기본원칙은 자발적 질서, 복잡하지만 조화를 지향하는 네트워크 정치구조, 우두머리 없는 동맹(topless federations) 등이다. 그것에 담겨진 탈 제도화의 가치, 즉 공생, 자립, 자치, 상호부조 등은 과잉 제도화된 채 시민을 타자화하고 경쟁과 성과효율 등 시장원리에 지나치게 경도된 현대 정부의 문제들을 치유하는 데 새로운 시사점을 줄 수 있다. 아나키즘 조직론의 기본원칙을 하나하나 자세히 살펴보자.

첫째, 자발적 질서이다. 사람들에겐 조직을 만드는 재능이 있어, 자발적 질서 이론이 가능하다. 즉 사람들은 공동의 필요가 있을 경우 시행착오를 거치며 즉석에서 혹은 실험을 통해 특정상황에 맞는 자기만의 새로운 질서를 만들어낸다. 즉 어떤 사회가 자발적으로 자신을 표현할 수 있는 적절한 환경에 놓이면 자구책을 찾아내고 강권적 리더십이 흉내낼 수 없는 방식으로 행동의 화합을 이루어낸다. 따라서 아무도 명령을 내리지 않아도 나름의 질서와 규율을 갖는 '자기 자신만의 정부' 건설이 가능해진다. 반면 현대국가선 특정집단이 의사결정과 선택을 제한하고, 대다수는 그 통제에 따르면서 선택범위 안에서만 행동한다. 정부는 질서와 안정이란 미명 하에 현대 과학기술이 제공하는 모든 강압적 방법을 동원해 통제제도와 규제책을 만들어내지만, 그에 따른 강압적 문제가 많아 중앙집권체제 하에선 인위적 조직개편이 끊이지 않는다. 그러나 아나키즘의 자발적 질서 이론에 따르면, 자율적 조직에선 인위적 개편이 적고 직원들에게 책임과 더불어 권한을 줘 분위기도 활기차다. 강압적 권력의 부재상황에선 인간적 유대감만으로도 사회통합이 되며 모든 것이 평상시보다 잘 굴러간다.

둘째, 복잡하지만 조화로운 결과를 가져오는 네트워크 정치구조이다. 중앙집권적 통치모델은 위로부터의 통합과 합병을 통해 문제를 인위적, 강제적으로 해결하려고 한다. 그래서 자연스런 소통통로를 막아 종종 문제를 악화시킨다. 반면 아나키즘은 통일성이 아닌 다양성, 하나로의 뭉침이 아닌 다름의 공존을 더 지향한다. 즉 중앙을 통한 전체적 연결이 아니라 네트워크를 통해 상호 연결하게 되므로 복잡하지만 조화로운 결과를 만들어낼 수 있다. 즉 중심이 없는 정치구조로서, 부분의 대립을 통해 느슨하게 연결되는 네트워크 정치구조는 복잡성, 안정성, 융통성을 그 특징으로 하며, 하부구조가 강해 중앙의 개입이 없어도 체제를 유지한다.

셋째, 우두머리 없는 동맹(topless federations)이다. 이는 바로 위에서 살펴본 조화를 지향하는 네트워크 정치구조 원리를 전제로 해 가능해진다. 즉 중앙이 조종하는 컨베이어 벨트에 갇히는 것이 아니라 수많은 사람들이 격의 없이 네트워크에 접촉하며 자기 필요에 따라 자치하고 공생하자는 것이다. 이 원리가 실현되는 모임은 능동적이고 활기가 가득하며, 주로 아래로부터의 의사결정이 이루어진다. 원래 조직은 중앙에서부터 경화(硬化)되기 시작한다. 중앙통제 모임은 움직임이 둔하고 성원들은 모임과의 접촉을 잃고 냉담해진다. 필요한 것은 컨베이어 벨트조직이 아니라 많은 사람이 만나 집단을 만들고 격의 없이 접촉하는 것이다. 따라서 중심 없이 네트워크로 연결돼야 하고 모임이 성장하면 새 세포로 갈라져야 하므로, 인간의 제 활동은 지역사회로부터 이루어져야 한다. 즉 지역사회 자치, 지역사회 책임, 지역사회 필요를 충족시키는 방향으로 조직이 아래로부터 재편되어야 한다.263)

상기한 아나키즘 조직론의 대안적 메시지는 다음과 같다. 정부당국의 과도한 개입이 낳은 과잉 제도화는 자유사회에 큰 위협이 된다. 특히 정부는 신자유주의 시대와 재난자본주의에서 보듯이 시장원리 침투의 도구로 작용하기 쉬워, 사회의 지속가능성 위기를 낳고 사회적 배제를 방치할 우려가 있다. 그래서 종래의 관료적 접근으로만은 사회경제적 문제를 치유하기 어렵다. 관료들은 그들의 중립적, 기술관료적 전문가 이미지를 위협할 수 있는 탈 제도화 전략에 마지못해 대응할 뿐이다. 따라서 좀더 유연하고 적응력 있는 조직설계가 필요한데, 여기서 자기 조직화 혹은 자율성 개념이 도입될 여지가 발생한다.264) 우리는 이런 점에서 탈 제도화와 사회의 자주적 관리를 지향하는 아나키즘의 대안적 메시지를 이해할 필요가 있다.

자율주의론자인 네그리와 하트(Antonio Negri & Michael Hart)에 의하면, 국가는 근대성의 지배적 제도형태로서 지배계급에 의해 차용되며 자본주의의 발달과 함께 공유(common) 영역과 이를 기반으로 한 보통사람들의 삶의 형태를 파괴해 왔다. 이처럼 정치적인 것이 경제구조에 완전히 합입되면서, 현 공화제는 법의 지배뿐 아니라 소유의 지배를 특징으로 한다. 소유가 인간의 사고와 행동에 본질적이라는 생각이 입헌국가의 지배이념으로 기능하고 기본질서를 구성하면서, 개인은 존재가 아니라 소유로 정의된다. 결국 자본과 법이 결합해 소유 공화국을 형성하는데, 이것이 모든 국면에서 삶의 조건을 결정한다. 따라서 한편으론 사적 소유의 지배와 신자유주의에 대항하고, 다른 한편으론 공적 소유의 지배, 즉 국가의 통제에 대항할 필요가 있다. 시장과 국가가 우리에게 주어진 유일한 선택지가 아니라고 보면서, 자본과 공화국 내에 갇힌 다중(多衆), 즉 보통 사람들을 해방시키고 새로운 사회를 창조하는 변형과정이 되도록 개방적 접근, 민주적 결정과 자주적 관리를 시도해야 한다. 네그리와 하트는 이런 자치형식의 발명, 즉 다중이 자치의 기술을 배우고 영속적인 민주적 사회조직 형태를 발명하는 과정을 다중의 군주되기(becoming-prince)로 명명한다.265)

아나키즘은 보통 사람들이 자기 운명을 스스로 결정하고 통제하는 인간의 자주성을 근본원리로 삼으며 상호부조의 자유연합적 공동체 사회를 지향한다. 즉 상호부조의 가치론, 자유연합의 조직론, 직접행동의 실천론을 지주로 하여 개인의 자유와 사회적 해방을 추구하는데, 특히 직접행동은 자기 결정과 자주적 생활양식의 직접적

체현이다.266) 즉 사회운동과 대중집회는 사회적 연대 아래 새로운 자율적 반(反)권력을 형성하는데, 이는 위로부터의 부당한 권력행사에 대한 철저한 부정과 아래로부터의 민주적 사회관계 재구축을 지향한다. 이런 수평적 권력이 자본의 통제를 극복하고 민주화를 촉진시킨다.267)

아나키즘은 이처럼 사회적 배제 등 신자유주의 정부의 부당한 권력행사를 막고 시민의 자유와 수평적 연대를 위한 공공영역의 재발견을 강조한 점에서, 신자유주의의 대안적 인식틀로 이 책의 제1부에서 소개된 비판이론적 정향과 맥을 같이 한다. 우리는 여기서 정부의 강권을 줄이고 공론의 장을 통한 시민사회의 자주적 관리 가능성을 발견할 수 있다. 아나키즘은 정부주도 행정의 해체 및 탈 영역화를 지향하는 포스트 모더니즘의 반(反) 행정 맥락과도 유사하다. 사회의 자주적 관리로 불리는 아나키즘은 행정실무가 반강권적인 것이 되도록 구성, 집행되어야 할 필요성과, 정부행정이 모든 의사결정을 정치공동체에 개방하는 등 시민과의 권력 공유 필요성을 강조하기 때문이다.

결국 아나키즘은 신자유주의적 정부행정에 대한 비판적 성찰과 그것을 뛰어넘는 민주정부, 정의로운 정부의 대안 마련에 있어 새로운 인식론적 기초를 제공해 준다. 즉 과잉 제도화된 정부운영의 탈 영역화와 시민의 자율적 통치영역을 개척해주는 실천론적 측면 등 아나키즘을 응용할 여지는 적지 않다.

아나키즘의 현대적 응용이 시민-정부 간 우리-관계를 완전히 부정하는 것은 아니다. 대의제의 한계에 의해 종종 나라의 주인이 노예로 전락하고 국정 대행자들이 주인 행세를 하는 잘못된 질서에 경종을 울리고 양자의 관계를 재정립하기 위한 계기를 만들어 보자는 것이다.

시민인 우리가 나라의 주인이긴 하지만 생업에 쫓겨 모든 국정을 직접 챙길 수 없기에 정치인이나 공무원을 국정(國政) 대행자로 두긴 하지만, 내가 직간접적으로 고용한 정치행정 대리인들이 나를 위해 최선을 다할 것이란 무리한 가설 아래, 모든 것을 그들에게 위임하고 그들이 짜준 정책 답안을 그대로 받아들이기만 하면 그 결과는 나의 타자화일 뿐이다.

물론 우리들 한 사람 한 사람이 혼자 대의제가 야기한 이 거대한 부조리의 벽을 허물긴 쉽지 않다. 그러나 지레 겁먹고 문제제기를 포기할 때 대의제에 의한 타율적 삶의 폐해는 끝을 모르고 확산된다. 대리인에 의해 타자화, 대상화된 나는 그들에 의해 업신여겨지고, 궁극적으론 주인의식의 부재 속에 내가 나에게서 소외당한다.

힘들더라도 사안에 따라 우리의 일을 스스로 결정하고 자율적으로 관리하며 그 결과에 대해 스스로 책임지는 주체적 삶이 나의 타자화, 대상화를 막는 최후의 방패이다. 그럴 때 우리는 타자화의 함정에서 멀리 떨어져 서 있는 진정한 자유인이 된다. 그제서야 대리인들도 강해진 주인을 무서워하며 비로소 주인의 목소리에 귀 기울이기 시작한다.

시민사회의 자강만이 정부를 올바른 쪽으로 견인할 수 있다. 그렇다면 정부 종사자들은 아나키즘에 대해 어떤 마음가짐과 태도를 보여야 하는가? 여기서 잠시 헤겔(Georg Hegel)의 주인과 노예의 변증법을 상기해 보자. 주인은 노예들에 의해 주인으로 인정받고 싶지만, 노예의 주인 인정은 자발적이지 않다. 주인의 압도적 힘이 무서워 거짓으로 인정하고 허위로 존경을 표시할 뿐이다. 여기서 주인의 고독과 고뇌가 시작된다. 진정한 존경을 받고 싶은 마음이 있는 주인은 어떤 행동을 해야 하는가? 노예를 해방시킬 때, 즉 노예가 훈육의 질서에서 벗어나 진정한 자유인이 될 때 비로소 주인을 자발적으로 인정하게 되는 아이러니가 발생한다. 자유를 얻은 노예가 주인을 인정하지 않을 수도 있고 멀리 도망갈 수도 있다. 그러나 위험을 무릅쓰고 노예에게 자유와 인격을 부여해야만 주인이 진실한 인정을 받을 가능성이 열린다. 이처럼 서로가 서로를 인정할 때, 즉 나와 타자가 모두 주인이 되어 만날 때,[268] 시민−정부 간 우리−관계도 더 공고해질 수 있다. 비온 뒤 땅이 더 굳듯이 말이다.

3. 아나키즘의 현대적 응용방향: 사회의 자주적 관리, 공유경제, 우두머리 없는 동맹

사회의 자발성을 억제해온 국가제도와, 사회적 배제 등 공공성 부재위기를 부추겨온 시장의 권한축소 및 시민사회 내 제3부문의 자율성 강화를 위해서, 아나키즘에 내재한 자주적 관리 요소들을 다음과 같이 다차원적으로 응용해 볼 수 있다.

1) 국가제도의 축소를 위한 사회영역의 자주적 관리: 자율적 공유자원 관리제도

우리는 공기, 물, 자연, 지식 등 많은 것을 남들과 공유한다. 그런데 언제인가부터 우리는 이것들에 대해 배타적 소유권을 주장하기 시작했다. 그리고 이것들을 그냥 방치하면 공유지의 비극이 나타나 공멸의 길이 될 수 있음을 경계하는 목소리를 높여 왔다. 그렇다면 공유의 비극에 대처하기 위해 우리는 목초지에 울타리를 치며 사유재산권을 강변할 것인가? 아니면 정부의 공권력을 빌어 아무나 풀밭에 들어가지 못하도록 강압적 규제나 질서유지책만 일삼을 것인가? 과연 이 2가지 방식은 그 효과를 100% 일반화할 수 있는가? 정부의 영향력이 상실, 약화되면 문제가 커질까? 공유자원을 관리할 수 있는 다른 해결책은 없을까?

이 문제를 오래 연구해온 엘리노어 오스트롬(E. Ostrom)에 의하면, 외부적 문제해결기제인 정부나 시장조직에 의존하지 않고도 다양한 방식에 의거해 공유의 비극을 해결할 수 있는 제3의 장치도 가능하다. 그녀는 공유자원 관리 사례들에서 그 가능성을 탐색했다.

예컨대 터키의 알라니아 어장의 경우, 어부들은 가장 좋은 위치에서 고기잡이를 할 기회를 모두에게 동등하게 부여하는 규칙을 스스로 제정했고, 어장감시와 집행도 자율적으로 했다. 간혹 발생하는 소소한 위반행위는 어부 모임을 통해 자율적으로 통제했다. 이처럼 외부 권위체의 개입 없이 자체적으로 어장을 관리했는데도 불구하고, 이른바 공유의 비극, 즉 과잉조업의 징후는 나타나지 않았다. 이는 그곳에서 태어나 계속 살면서 축적된 방대한 시공간적 정보를 가진 어부들이 정교한 어장 구역도를 직접 작성한 뒤 구성원들 스스로가 공유자원 사용관리 규칙을 고안하고, 그 규칙의 감시와 집행 역할도 자율적으로 해낸 자치적 공유재 관리제도의 덕이었다.

공유 자원을 성공적으로 관리해 나간 여타 사례들에서도 공유자원 사용자들은 스스로 기본 실행규칙을 고안하고 공유자원 관리조직을 만들어냈다.[269] 시간이 흐르면서 공유자원 사용자들은 사용과 활동에 스스로 제약을 가하고 그것의 준수 의무화 규칙도 만들었다. 그러자 사람들은 규칙위반을 통해 큰 이익획득이 가능함에도 불구하고 높은 수준의 규칙준수를 보였고 그만큼 제재비용도 적게 들었다. 사람들은 미래에도 주변 사람들과 함께 하기 위해선 자신이 공동체의 믿을만한 구성원이라는 평판을 계속 유지해야함을 잘 안다. 이에 따라 공유자원 체계에서는 무엇이 서로가 갈등 없이 상호 의존하는 적절한 행동인지를 구체적으로 지정하는 수많은 행동규범이 진화해 왔다. 여기서 우리는 행위주체들이 자발적으로 조직해 나가는 집합행동과정을 통해 공유의 딜레마를 극복하기 위한 새로운 인간조직론을 만들 수 있다.

오스트롬(E. Ostrom)은 공유자원 체계를 장기간 지속 가능하게 하고 여러 세대에 걸쳐 사용자에게 규칙을 준수하게 만드는 근본조건을 견고한 공유자원 체계를 특징짓는 디자인 원리로 명명하면서, 다음과 같은 7가지 디자인 원리를 제시했다. i) 명확하게 정의된 경계, ii) 사용 및 제공 규칙의 현지 조건과의 부합성, iii) 실행규칙에 의해 영향받는 대부분의 사람들이 그 실행규칙의 수정과정에 참여할 수 있어야 함, iv) 공유자원 체계의 현황과 사용활동을 적극 감시하는 단속요원을 사용자들 중에서 선발할 것, v) 규칙위반 행위의 경중과 맥락에 따른 점증적 제재조치, vi) 지방 수준의 분쟁해결장치가 있고 분쟁 당사자들이 저렴한 비용으로 이를 이용할 수 있어야 함, vii) 최소한의 자치조직권 보장, 즉 스스로 제도를 디자인할 수 있는 사용자의 권리가 외부 권위체에 의해 도전받지 말아야 한다 등등이다.

어떤 국가기관도 그 지역의 특수여건에 맞춰 규칙을 수립하는 데 요구되는 광범한 시공간 정보를 충분히 갖지 못한다. 현지사정을 속속들이 아는 현지주민이 수세대에 걸쳐 전승해온 토착적 지식을 활용해 스스로 규칙을 수립하는 것이 옳다. 정부의 획일적 규제방안은 오히려 공동체적 자기규율 통제장치를 붕괴시킨다. 그럼에도 불구하고 서젠(R. Sugden)에 의하면, 현대 경제이론은 세상이 정부에 의해 관장된다고 강변하고, 사람들은 주로 정부의 눈을 통해서만 세상을 본다. 이에는 민간 개개인은 자율적 문제해결능력이 없거나 있어도 거의 미미한 수준의 능력을 갖는 것으로 잘못 간주한 측면이 있다.[270]

지금은 사회의 자주적 조직 원리를 파괴하는 국가의 폭력적 시각이 지배적 세계관이 되고 말았지만, 자주적 사회관리의 오랜 역사적 전통과 그 교훈적 메시지를 우리가 쉽게 버려선 안 된다. [인디언 마을 공화국]의 저자 여치헌은 "사회의 자주적 관리가 축적해온 오랜 역사 속에서 대부분의 국가는 자신이 통치하고자 하는 사회보다 젊다. 새파란 국가 속에 경륜이 깊은 사회가 버티고 있다. 국가보다 오래된 사회에서 배워야 한다."고 역설한다.

따라서 원래부터 우리가 공유해온 것, 혹은 협력해 같이 이뤄온 것들을 공유하고 같이 활용하는 새로운 자치적 양식이 필요하다. 이런 점에서 공유의 비극을 넘어설 수 있는 자치제도의 가능성, 즉 공유자원 사용자집단의 조직화와 제도적 장치의 디자인 원리를 정교하게 설계하는 것이 향후 국가제도의 축소를 위한 공유영역 내 자주적 관리의 핵심과제이다.

2) 국가제도의 축소를 위한 사회영역의 자주적 관리: 마을 만들기

사회의 국가화에 맞서 지역자치형 공동체 사회나 공유사회를 구성하는 데 있어 놓치면 안 되는 점은, 란다우어(G. Landauer)의 지적처럼, 국가는 행동양식이자 사회조건이므로 일거에 제거하기가 불가능하다는 점이다. 따라서 국가의 외부에 공동체를 구축할 것이 아니라 국가 내부에서 공동체 관계를 만들고 새로운 행동양식을 실행해 국가를 점차적으로 잠식해 들어가는 것이 중요하다. 즉 민주적, 자율적 삶의 확대를 위해선 국가체제의 연방주의적 재편과 더불어 지역사회의 자치가 가능하도록 풀뿌리 네트워크 정치구조를 만들 필요가 있다.

그런 점에서 마을 만들기 네트워크는 지역공동체를 시민 삶의 질 향상을 목표로 하는 공생 공동체로 구성하는 데 있어 딱 좋은 전략이다. 특히 신자유주의적 시장 세계화에의 대응물인 공동체적 세계화 방법으로서 마을 만들기에 주목하는 것은 이것이 이전의 부문중심 운동에서 지역중심 종합운동으로의 전환을 보여주기 때문이다. 즉 경제공동체－문화공동체－생태공동체－자치공동체[271] 등등 지역공동체 기반의 통합 네트워크로서의 질적 전환을 가능하게 한다.

위로부터 강제로 관리되지 않고 시민들이 스스로 해나가는 민주주의 습관은 힘들지만 매우 가치 있는 것인데, 1970년대 독일의 페터 디넬(P. Dienel) 교수가 고안한 시민 토론회는 이런 면에서 주목할 만하다. 시민 토론회는 행정으로부터 독립된 중립기관을 통한 시민참여 기법으로서, 25명의 시민이 한 그룹이 되어 4일에 걸쳐 주제토론과 현지조사를 단행한다. 이미 수만 명의 독일인이 시민 토론회에 참여해, 도시계획, 환경문제, 외국인과의 공생, 복지, 유전자기술, 유럽연합의 장래 등 주요주제에 대한 토론을 거쳐 자율적으로 해결방안을 제안했다. 그에 대해 행정은 그 처리결과를 1년 후 설명할 것을 의무화했다. 여기서 시민은 시정(市政)의 구경꾼, 이해관계자만이 아니라 사회문제에 대한 미래의 책임자로 발전한다.

사회와 관계를 맺지 못한 사람들일수록 개혁을 외치는 선동적 정치가의 선동에 잘 넘어간다. 즉 잠재적 불안 때문에 영웅에게 과도한 기대를 하지만, 개혁은 밑에서부터 차근차근 쌓아올리는 것이지 위에서 영웅이 외친다고 되는 것이 아니다. 일례로 인구 1만8천 명의 일본 야베 정(町)은 마을주민들이 서로 얼굴을 맞대고 서로 알아가며 함께 뭔가를 하는 것에 가치를 부여했다. 즉 1월엔 신년회, 2월엔 울력, 3월 춘분엔 공동식사와 공동기도, 7월엔 농수로의 풀베기, 8월엔 마을울력과 여름축제, 9월 추분엔 울력과 공동식사하며 공동기도 하기, 11월엔 수확제, 재정결산, 12월엔 결산 및 소방단 야경활동을 같이했다. 이외에도 마을사람들이 모여 살충제, 폐식용유, 비누, 미소된장 만들기를 계속했고 장례식도 공동 주관했다. 이에 따라 "국가 따위는 필요 없다. 스스로 독립해 이런 생활을 언제까지 지속하고 싶다"는 마을주민들의 자발적 질서구축과 자율통치 의식이 싹텄다.[272] 지금까지 살펴본 것처럼 우리는 공유영역의 자주적 관리와 지역 공동체 중심의 마을 만들기 네트워크를 통해, 과잉 제도화된 국가부문을 서서히 줄여 나가면서 사회 안의 자율적 통치영역을 점진적으로 넓혀 나갈 수 있다.

우리는 성미산 마을에서 자생적 마을 만들기의 한국적 성공사례도 발견할 수 있다. 성미산 마을은 마을사람들이 모여 교육 이야기, 생활 이야기를 하다가 누군가 해볼 만한 필요한 것을 이야기하면 그 사람이 책임자가 되어 일을 꾸리고 다른 사람들은 그를 도와주는 식으로 일이 진행되었다. 예컨대 공동육아로 처음 알게 된 사람들이 함께 살며 어려움을 이겨내면서, 마을에 대한 애정과 사람에 대한 신뢰에 입각해 지역공동체를 이웃과 함께 만들어간 것이다.

먼저 성미산마을은 공동육아 방식의 어린이집에서 출발해, 아이들이 크면서 다양한 생활협동조합(이하 생협)을 만들었다. 아이들이 초등학교에 진학하자 방과 후 학교를 설립해 공동 운영했고, 아이들을 키우며 친해진 부모들이 함께 할 수 있는 일거리를 찾다가 두레생협이라는 유기농산물을 공급하는 소비자 생협을 만들었다. 이후 '성미산지키기운동주민연대'를 통해 난개발의 위기에 놓인 뒷동산 성미산을 같이 지키면서 신뢰와 연대정신을 키운데 힘입어, 남자들은 카센터협동조합인 차병원을 만들고, 여자들은 협동조합형 반찬가게인 동네부엌을 만들었다. 이후 협동조합형 마을카페인 작은나무, 공방(工房)인 한땀두레, 재활용을 위한 되살림 가게 등 다양한 생협조직들을 만들었다. 대안학교인 성미산학교도 탄생했다.273) 대부분의 생협이 농산물이나 생활재를 공동구매, 소비하는 소비자조합에 머물지만, 성미산마을은 사람들이 스스로 하고 싶은 일, 잘하는 일을 서로 돕고 그것으로 수익도 창출하는 다양한 실험을 했고, 이를 통해 생태적으로 지탱 가능한 생활공동체를 만들며 자본주의를 넘어서는 마을의 큰 힘을 보여 준다.

[다시 마을이다]의 저자 조한혜정에 의하면, 지역주민들이 기존의 소모성 건전지에서 벗어나 적극적 생비자(prosumer)가 되어 마을의 생활자원을 한껏 동원하며 만들어낸 학교, 카페, 소극장, 반찬가게, 진료소 등등 창조적 공유지대로서의 안전한 마을 만들기가 후기 근대 주거의 핵심이다. 후기 근대엔 마을 없인 생존이 불가능하다. 따라서 자생적 근대화를 거친 서구에선 후기 근대에 들어와 도시 안에 근대적 마을을 만드는 풍조가 새롭게 조성되고 있다. 즉 생태적 감수성과 네트워크를 가진 주민들이 생태적으로 지속가능한 삶의 터전을 만들기 위해, 자신이 원하는 집, 학교, 공공시설을 스스로 만들며 마을 일을 기획하고, 마을의 역사를 스스로 기록, 해석해 나간다.

우리가 마을을 새삼 재발견해야 하는 이유는 무엇인가? 마을은 골목이 복원되고 사람들 간의 나눔과 베풂이 있는 그런 단골관계가 존재하는 곳으로서, 인간에게 생태적으로 가장 최적화된 삶이 가능한 곳이다. 따라서 지속가능한 삶과 경제로 복귀하기 위해선, 자연-인간의 공생관계를 정립하고 인간관계의 물질적 기반을 마련하기 위해 마을이 필요하다. 마을의 감수성이 공생(共生)의 최종적 단계이기 때문이다.274)

미국의 시인이자 농부인 웬델 베리(W. Berry)에 의하면, 마을은 생태적으로 책임 있는 일을 하기에 적당한 곳이다. 마을은 지금 여기서 잘해야 나중의 다른 일도 잘 할 수 있음을 아는 사람들로 구성되어 있기 때문이다. 즉 마을은 농사-자연-식량-건강 등 세상만사가 서로 연결되어 있음을 알고 이런 관계를 보존하고 싶어 하는 사람들로 구성된다. 이들은 문화와 환경에 대한 건전한 시각 위에서 지역경제와 공동체의 복원을 추진한다. 이미 부유국인 스위스, 독일, 프랑스엔 평온하면서도 생태적으로 강화된 마을체계가 진행 중이다. 일본의 경우도 1973년의 석유파동을 계기로 종래의 반대 일변도의 주민운동에서 벗어나 스스로 뭔가를 적극적으로 만드는 운동으로 전환할 필요성과, 당시 농어촌과 중소도시의 심각한 과소화(寡少化) 현상에 대한 자구책으로서 지역의 매력적 꾸미기, 즉 마을 만들기가 시작되었다.

[이런 마을에서 살고 싶다]의 저자 엔도 야스히로에 의하면, 일본은 1970년대 후반에 들어서면서 대도시의 내부 시가지 쇠퇴에 대응해 주민 스스로가 지역 내부로부터 환경을 바꿔 재생시키는 활동이 계획되기 시작해, 물리적 구조물 등 하드웨어적 환경뿐 아니라 주민 건강, 환경, 복지, 교육, 공동체 형성 등 소프트웨어적 생활영역에까지 마을 만들기가 확대되었다. 1980년대에 들어와서는 마을 만들기의 개성화가 강조되어, 각 지역의 고유한 분위기와 고유 가치를 살리는 마음 만들기가 마을 만들기의 중심주제가 되었다. 따라서 일본의 마을 만들기는 마을 부수기나 새 건물 짓기가 아니라 자기규율 만들

기, 마을의 건강함 회복하기가 된다. 그럴 때 마을 만들기는 종래와 같이 도시계획, 주택건설, 도로정비, 공원설비뿐 아니라 복지, 교육, 환경, 여가, 지역의료를 아우르는 일 공동체도 자주적으로 만들어 낼 수 있다.

지방정부는 이런 주민 주도적 마을 만들기의 조력자로서, 지역 내의 다양한 조직과 사람을 연계시켜 주민들의 자생적 마을 만들기에 활용되도록 적극 도와야 한다. 일본의 [마을 만들기 핸드북]엔 마을 만들기의 시중꾼으로서 행정직원들이 가져야 할 행동지침이 다음과 같이 잘 나타나 있다.[275] "자치단체는 주민협력을 얻어야지 혼자 힘으론 한계가 있다. 총합적 코디네이터로서 다양한 조직, 사람, 제도 활용의 지혜를 짜내라. 주민의 방향잡기를 옆에서 도우라. 마을의 소문은 주민의 평가, 걱정, 다양한 정보를 반영한 것이므로 이에 민감하라. 주민은 평생 한번뿐인 경험임을 잊지 말라. 자치단체의 형편과 체제에 맞는 마을 만들기를 시도하라."

3) 시장제도 축소를 위한 경제영역의 자주적 관리: 자급자족의 삶과 지역의 자율적 돌봄능력 확보

인간은 스스로 걷고 배우고 치유해 왔다. 그러나 이반 일리히(I. Illich)는 산업주의 시대의 속도효율과 과잉성장 논리가 시장적 가치관을 맹신하게 했고, 그 필연적 결과로서 교육, 치료, 교통 등 종래의 자율적 자급영역이 타율적 서비스 공급제도와 전문가의 지배영역으로 대체되었다고 비판한다. 공부는 학교에서, 치료는 병원에서, 웬만큼 걸을 수 있을만한 곳까지의 이동도 자동차에 의존하게 되었다. 자율의 영역에서 벗어나 학교화, 가속화, 의료화 등 타율화가 확대된 것이다.

스스로 배우고 치유할 수 있는 자율능력의 학습과 스스로 자급해 낼 수 있는 서비스와 물건조차 시장에서 돈을 내고 구입하게 되면서, 사용가치보다는 교환가치가 시장을 지배하게 되었고 이는 자연히 구 매력 여하에 따라 사람을 차별하는 사회 계급화를 초래했다. 그 연장 선상에서 자본주의 시장공급 논리는 제3세계 주민들의 전통적 자급 능력을 하찮은 것으로 폄하한 채 근대화, 개발이란 명목 하에 제3세 계 내 지역공동체의 자율영역을 타율적 시장영역으로 대체하게 했고, 이는 자연히 이들을 선진국의 시장과 제도에 종속하게 만드는 등 제 국주의적 지배를 강제했다.

일리히는 이제 걷기, 배우기, 치유하기 등 인간의 자율과 자급능력 을 회복해 제자리로 돌려놓는 것을 사람답게 살기 위해 우리가 해결 해야 할 필수과제로 제기한다. 한때 한눈 팔다가 상실한, 스스로 믿 고 알고 고칠 수 있는 고유의 능력을 회복해야 한다는 것이다. 그런 점에서 그는 "절제된 도구의 사용과 인간의 자율적 상호교환 중심의 조직화"를 강조한다. 필요 이상의 욕심과 과도한 소비 및 향유로 인 해 자초한 국가와 시장에의 과도한 의존성을 덜기 위해서, 즉 서비스 의 제도화에 따른 국가의 간섭과 구매력 여부에 의해 사람을 차별, 배제하는 시장의 논리에서 우리가 자유롭기 위해서이다. 자급자족의 소박한 자율적 삶을 실천하기 위해 모든 관념과 제도를 회의했던, 그 러기 위해 전체주의적 정치, 산업주의적 경제, 획일주의적 문화와 평 생 싸웠던 일리히의 소박한 자율적 삶[276]이 영혼 없이 타율적 소비 의 삶을 쫓는 우리를 꾸짖고 성찰하게 하며 우리로 하여금 경제영역 의 자주적 관리 필요성에 주목하게 한다.

여기선 제3부문의 하나인 협동조합의 자율적 결성과 실제 운영사례를 들어 경제영역의 자주적 관리 가능성을 타진해 본다. 경기도 안성시는 생산－교환 영역의 다양한 생협이 발달하진 못했지만, 전국 최초로 또 가장 큰 규모의 의료생협을 가진 곳이다. 안성의료복지 사회적협동조합(이하 안성의료생협)은 타 조합에 비해 조합원 수나 출자금 규모가 큰데, 이는 의료기관 설립을 위해 많은 지역자원이 필요하기 때문이다. 따라서 농촌 성향의 소도시인 안성에서 의료생협을 결성해 지역주민 참여를 유도하며 사회자원의 자발적 조직화에 성공한 점은 높이 평가할만하다. 또 소비자생협이면서도 사회적 기업으로 인증을 받아 의료사업을 통해 사회자원을 창출해 지역사회로 환원까지 한다. 이런 점에서 볼 때 안성은 다양한 유형의 생협이 발전하진 못했지만 의료생협을 중심으로 지역사회의 돌봄 능력을 자율적으로 만들어간 경제영역의 자주적 관리사례로서의 의미를 가진다.

첫째, 지역문제 해결에의 주체적 관심과 출자 의지를 들 수 있다. 한국 의료부문의 가장 큰 문제는 의료가 시장논리에 의해 움직여진다는 점이다. 따라서 병원 개설이 부자 지역에 집중되고, 국민건강을 위한 예방의료보다는 치료에만 의료의 중심이 주어진다. 공공부문이 절대 부족하지만 그것조차 시장원리에 의해 운영된다. 결국 의료는 공공성이 강한 영역이지만 현재 80%가 민간시장이고, 보건소와 정부의료원은 20%에 불과하다. 이런 점에서 의료생협은 일종의 사회서비스 개념에서 공공의료를 강화하기 위해 주민이 의료기관을 포함한 건강 관련시설을 협동조합 방식으로 설립, 운영한 것으로서, 그곳에서 일하는 의료인과 힘을 모아 건강문제를 해결하는 주민자치조직이자 주민참여형 대안적 의료모델이다.

안성의 경우 1987년 연세대생을 중심으로 한 고삼면 가유리의 주말진료소 활동에서 의료생협의 단초를 마련한 뒤, 의료혜택이 열악한 농촌에서 "양심적 의료기관, 내 병원을 갖자"는 주민의 적극적 의지와 지역공동체에의 관심이 모여, 1993년의 안성공동의원설립추진위원회 결성을 거쳐, 1994년에 전국 최초로 의료생협을 출범시켰다. 처음엔 281명의 조합원으로 출범했지만 2001년을 기점으로 1천 조합원 세대를 넘으며 생협치과, 우리생협의원을 추가 신설해, 2015년 현재 안성의료생협은 조합원수 5,103명에 출자금은 941,112,011원으로 크게 성장했고, 그 산하에 농민의원, 농민한의원, 우리생협의원, 생협치과, 가정간호사업소를 운영한다.

둘째, 주민 주도적 리더십도 의미가 크다. 농촌인 안성은 시민조직이 적어, 의료생협은 처음부터 주민과 함께 했다. 초기 준비과정에 참여한 이들은 의료인을 제외하곤 모두 주민이었다. 또 조직은 지역의 것이란 의식을 형성하는 데 주안점을 두어, 활동대상을 조합원이 아닌 지역 전체로 설정했고, 이에 대한 조합원의 동의수준도 높아 많은 주민들이 의료생협의 각종 활동에 적극 참여했다. 이런 점에서 안성의료생협은 설립 초기부터 조합원의 적극적 주인의식을 전제로 한 집단 리더십의 성격이 강했다고 볼 수 있다.

셋째, 지역정서 및 지역수요를 반영한 자주적 사업활동 역량을 들 수 있다. 안성은 지역 결속력이 강해 조금 비싸도 지역의 산물은 지역민이 구매해 줘야 한다는 등 독특한 지역정서를 갖고 있어, 이런 점이 지역 사회자원의 조직화를 필요로 하는 의료생협의 설립을 가능하게 했다. 안성의료생협은 창립 초기부터 1차 의료의 중요성을 강조해 주민이 쉽게 접근하게 하고, 포괄적, 지속적 의료를 제공해 아이부터 노인까지 개인건강을 전체적으로 도모할 수 있게 해준다. 안성의료생협은 이런 취지에서 치료중심의 일반병원과는 달리 건강한 생활습관을 통한 질병예방, 정기검진을 통한 병의 조기발견 및 적절한 치료에 집중하고, 건강생활 함께하기 차원에서 각종의 조합원 동호회 활동을 추진한다. 즉 택견, 요가, 탁구, 축구, 산행, 포크댄스, 좋은 부모 모임, 미술, 체조교실, 영화, 문화유산 답사회 등 다양한 소모임을 운영한다. 그러나 사업 다각화에 못지않게 본연의 역할인 종합 의료서비스의 질적 제고에도 소홀하지 않는다.

넷째, 운영방식의 민주성과 투명성이다. 안성의료생협은 이윤분배보다는 의료활동의 사회적 환원 등 조직의 공공사명을 우선시한다. 또 조합원에 의한 민주적 의사결정을 토대로 자립적으로 운영한다. 즉 출자, 이용, 운영주체가 모두 조합원들로서 1인1표제 방식을 택해, 의사와 환자 모두가 동등한 발언권을 행사한다. 조합원이 5백 명이 넘으면서 조합원 총회를 대의원 총회로 대체했지만 조합원 투표의 대의원 총회에서의 위임을 허용하지 않아, 정족수에 미달될 경우 번잡한 과정을 일부러 감수하면서까지 정족수를 다시 채워 대의원 총회를 개최한다. 따라서 총회 전 1-2 개월은 지역별로 이루어진 조합원 모임과 대의원 선출로 생협 전체가 분주하다. 편의성과 효율성을 기준으로 보면 이런 조직운영이 번잡하고 우둔하게 느껴지지만, 총회가 요식행위로 전락한 타 단체들과는 달리, 총회에서 실질적 논의가 오가며 안건도 안이하게 처리되지 않는다. 비록 지역이 작아 연계할 인적, 물적 자원도 부족하지만, 모든 이해관계자의 참여를 보장하며 조합을 민주적으로 투명하게 운영해, 조합원의 자긍심이 높고 연대와 협조도 잘되어 생협 내에 동호회가 많이 발달해 있다.

다섯째, 지역내 연대와 협력체계의 구축이다. 안성의료생협은 지역사회복지협의체나 살기 좋은 마을 만들기 등 각종 로컬 거버넌스에 참여해, 건강한 환경조성을 위한 쓰레기 소각장 반대운동, 쌀개방 반대운동을 전개했다. 지역사회에의 자발적 참여는 조합원 확대에도 기여해, 5천 명이 넘는 조합원 수는 의료생협이 지역 조직화 및 연대와 협력에 성공적임을 잘 보여준다. 이런 점에서 안성은 의료생협을 중심으로 지역사회의 자율적 돌봄능력을 새로 만들어가는 시장영역의 자주적 관리사례로 큰 의미를 가진다.[277]

4) 시장제도 축소를 위한 공유경제, 호혜경제의 자율적 확립

주변을 살펴보면 우리는 자신이 알게 모르게 누군가에게 연결되어 있고 나 자신이 가진 많은 것들이 남들의 영향을 받은 것임을 혹은 남과의 협력을 통해 이루어진 결과물임을 알게 된다. 즉 오늘의 내가 있기까지엔 나 자신의 고통과 각고의 노력이 작용했겠지만, 내가 본 책, 내가 배운 지식이 내 노력에 녹아들어 그것이 내 피와 살이 될 수 있었을 것이다. 우리가 인식하지 못해서 그렇지 우리는 참 많은 것을 남들과 공유한다. 공기, 물, 자연, 지식, 문화, 길 등등…….

일례로 미국의 전설적 포크 가수 밥 딜런(B. Dylan)은 그의 자서전에서 자기 음악의 부채(負債)지도를 그렸다. 자신의 음악이 우디 거스리, 로봇 존슨, 쿠르트 바일 등 수많은 익명의 발라드 가수들에게 빚진 것이었기 때문이다. 이처럼 예술가들은 일종의 문화 공유지 안에서 존재하고 작업한다. 즉 은연중에 선배 음악가들의 음악 위에서 자신의 음악을 갈고 닦아나가는 것이다. 그래서 밥 딜런은 말한다. "나는 타자다. 나는 다른 누군가이다."

그러나 언제인가부터 우리는 이것들에 대해 배타적 소유권을 주장하기 시작했다. 문제는 그것들에 배타적 소유권을 주장할수록 나도 남의 배타적 소유물을 이용하기 위해 과다 출혈을 하지 않을 수 없다는 점이다. 이제라도 원래부터 우리가 공유해온 것 혹은 협력해 같이 이뤄온 것들을 같이 나누고 같이 활용하는 새로운 삶의 양식이 필요하다.

미국의 기자이자 공유경제 운동가 제이 월재스퍼(J. Walljasper)가 엮은 [우리가 공유하는 모든 것]이라는 책은[278] 이처럼 우리가 원래 공유해 왔고 앞으로도 배타적 소유보다는 공유할 때 더 큰 가치를 발휘할 수 있는 것들을 찾아 그것들을 같이 나누고 공동 활용하는 공유자로서의 삶이 필요함을 여러 실례들을 들며 설득력 있게 보여주고 있다. 그러면서 우리가 더 이상 시장의 이윤에 지배당하지 않고 필요할 때면 항상 너무 멀리 떨어져 있는 정부당국에 더 이상 의존하지 않기 위해선, 공유경제(commoning)로 전환할 것을 우리에게 주문한다.

YOYO(You are on your own)에서 WITT(We are in this together)로 삶의 가치를 바꾸라는 것이다. 그렇다면 공유지 혁명을 일으킬 실천방법으로는 무엇이 있는가? 이 책에선 "마을 광장 만들기, 음식을 가져와 함께 식사하기, 공유지 일람표 작성 및 관리, 물물교환, 지역화폐 쓰기, 공정무역, 도서관 등 공공자산에 대한 예산삭감 반대운동 전개, 환경보전 활동 지원하기, 공유지 보호의 중요성을 정치가와 관료에게 주지시키기, 신문잡지의 편집장에게 공유지 보호를 위한 편지 쓰기, 모든 곳에서 배우기, 남이 버린 쓰레기 대신 줍기, 마을에서 방치한 땅에 게릴라식으로 공동체 정원이나 농산물 직판장 만들기, 자연 지역과 공터의 미화(美化) 작업, 에너지 절약, 지역 도서관 애용, 자신의 창조물에 자발적 공유표시 방식 부착, 지역사회를 위한 공공예술 프로젝트 실행, 공유의식을 나누고 키우는 토론클럽을 열어 희망을 확산하기" 등을 공유경제의 실천기법으로 제시하고 있다.

최근엔 지역사회를 교환의 관계망으로 재조직해 물품교환과 재능

나눔을 통해 사회적 자원의 순환을 촉진시키는 지역화폐(local exchange trading system) 운동도 활성화되고 있다. 호주의 브리즈번, 시드니, 말레니 레츠가 대표적이고, 우리나라의 경우는 한밭레츠, 성미산 레츠, 춘천녹색화폐 등이 호혜경제와 나눔 경제의 단초이다.

5) 무능한 지도자의 강권을 막기 위한 조직내 자주적 관리: 우두머리 없는 동맹 원리

위의 사례들은 아나키즘 조직이론인 자발적 질서구축과 네트워크 구조를 활용한 사회, 경제영역에서의 자주적 관리 사례들이다. 그렇다면 아나키즘 조직론의 나머지 요소인 우두머리 없는 동맹 원리는 어떻게 현실화될 수 있는가?

한국 사회는 사회 지도층과 조직 내 권력층의 벌거벗은 축재와 무능, 권력남용을 평민들이 우려해야 할 만큼 질서가 무너진 사회로 치달고 있다. 그래서 시인 장석주는 그의 책 [동물원과 유토피아]에서 우리 사회가 탐욕과 약육강식이 유일한 생존경쟁의 논리인 '동물원 사회'로 치달고 있다고 경고한다.

정치인류학자 피에르 클라스트르((P. Clastres)에 의하면, 대부분의 원시사회는 어떤 권력적 정치조직이나 권력기능도 없는 아나키적 역사단계를 밟았다. 북아메리카 원주민들은 강제적 폭력장치이자 권력위계에 따른 빈부격차를 조장하는 제도물인 국가를 만들지 않겠다는 의지가 강했다. "그들은 국가를 부정했고 파편화된 작은 사회를 유지하기 위해 노력했다. 그래서 부족 간에 전쟁을 해도 상대 부족을 전멸시키지 않았다. 주위의 부족들을 적으로 남겨두어야 사회가 커지지 않고, 그처럼 규모가 작게 유지되니까 정치권력이 사회로부터 분리되지 않아도 된다"279)는 점을 그들은 익히 알고 있었던 것이다.

브라질 등 남미 부족들의 경우도 정치기능의 미분화와 사회 계층화의 미비로 인해, 추장이라는 명목상의 권력자는 있었지만 추장의 권위는 거의 없었다. 사회 자체가 권력의 진정한 소재지이므로, 그런 사회로부터 분리되려 하는 초월적 권력의 출현을 거부했다. 폭력이 본질인 권력의 초월성이 사회집단에 치명적 위협을 가할 수 있음을, 즉 외재적이고 스스로 정당성을 창출하려는 권력의 출현이 사회문화에의 도전임을 일찍이 인지하고, 권력의 출현 즉시 그것을 억제하고 거부하는 세밀한 제도를 갖추었던 것이다. 또 권력독점을 막기 위한 세밀한 장치와 평등 철학을 내재했다. 그래서 원시사회엔 군사원정 같은 극히 예외를 제외하곤 사회성원 간에 강제적 명령-복종 관계가 없었다.

원시사회는 각인(刻印)의 사회였다. 사회는 구성원들의 신체 표면에 법의 텍스트를 새겨 넣었는데, 그 법의 내용은 "너는 그 누구보다 더 낫지도 못하지도 않다"는 것이다. 몸에 새겨진 이런 공동체 구성원으로서 지켜야 할 법은 사회의 통제를 벗어나려는 권력 출현의 위험성을 거부하는 것이었다. 구성원들이 권력욕망이나 복종욕망을 지니지 않도록 그들의 신체에 도저히 망각할 수 없는 '누구나 평등하다'는 기억을 새겨 넣었던 것이다.

그나마 명목상의 추장 역할은 평화의 중재자이자, 군사행위 시 집단조정자적 기능에 국한되었다. 추장도 먹기 살기 위해선 직접 경작, 사냥을 해야 했다. 특히 그에겐 자기 재화에 집착하는 것이 금해졌고 탐욕보다는 관대함을 요구받았다. 먹을 것이 없는 시기엔 구성원들이 추장의 집에 가서 숙식을 해결하기도 했는데, 추장은 구성원들의 버림을 받지 않기 위해서라도 그들의 요구에 관대해야 했다. 국가 없는 원시사회에서 권력자의 말하기는 권리보다는 하나의 의무였다. 그들의 말하기는 조상의 생활방식, 전례 등 전통적 생활규범을 칭송해 구성원을 위무(慰撫)하는 것이었고, 평화, 조화, 정직의 가치를 구성원들에게 장려하기 위한 지도층으로서의 의무사항이었다.[280]

힘은 서로 나누어 가질 때 더 커진다. 권한의 독점은 조직 내 힘과 권한의 양이 고정되어 있다는 잘못된 가설에서 나온 것이다. 조직의 힘은 한 쪽의 다른 쪽에 대한 지배개념인 제로섬 상황이 아니라 목적을 성취하기 위해 모두가 공유하는 힘이란 점에서, 모든 사람이 동시에 얻을 수 있고 그 힘의 확대도 가능하다. 권한의 나눔을 통해 조직구성원들은 흥이 나고 즐거워하며 흥미롭게 일을 즐길 수 있다.[281] 또 함께 일하고 싶다는 강한 생각도 유도해낼 수 있다. 그 실례를 들어보자.

조직 내 자주적 관리의 일례로서, 고어텍스 섬유사인 Gore & Associate을 들 수 있다. 이 회사의 CEO인 빌 고어는 관료주의 탈피와 수평적 조직화를 위해서 권한 계층제와 관리 조직도를 없앴다. 직원들이 스스로를 관리하는 소규모 팀으로 조직을 재구성해, 재미있게 일하며 돈을 버는 구조를 지향했다. 리더 역할은 회의 소집자가 맡는다.[282]

윗선의 지시와 무관하게 팀별, 개인별로 경영을 주도하는 우리나라의 중견여행사 여행박사도 그 좋은 예이다. 여행박사는 직원들이 TF 제도를 통해 회사경영에 직접 참여한다. 즉 복지, 재테크, 연봉 등 각자 관심 있는 팀에 가입해 회사의 정책을 함께 만들고 제안해서 실행하고 있다. 함께하는 경영을 실천하기 위해 팀장, 임원, 대표도 직원들이 직접 투표로 뽑고, 누구든지 공약을 내걸고 직원 과반수의 찬성을 얻으면 그 자리로 승진할 수 있다. 직원들도 투표제에 대해 비교적 만족하는 편이다. 누구나 욕심이 나면 리더 자리에 도전해볼 길이 열려 있다. 학력과 파벌보다 능력을 중시하는 분위기가 형성되어 있어 상사에게 잘 보이기 위한 아부도 적고, 리더들도 재신임 선거를 의식해서 늘 긴장하고 열심히 일할 수밖에 없다. 회사 내 직책이 직원들의 투표로 이루어지다 보니 직급정년도 없다.283)

청주의 우진교통은 노동자 자주관리기업의 대표적 실례이다. 경영주가 극심한 경영난에 회사를 떠나자 종업원들이 150억 원이 넘는 악성부채를 떠안고 회사를 인수해 십시일반으로 출자금을 투입해 협동조합식 자주관리 기업으로 재탄생시켰다. 민노총 지역본부 사무총장을 사장으로 영입해 노조위원장과 같은 월급을 받게 하며, 매월 경영설명회를 통해 경영상황을 공유하고 모든 수익을 공개하는 등 투명경영과 자치경영에 힘썼고 노동자에 대한 통제나 감시 없이 모두가 함께 뭉쳐 어려운 상황을 극복하였다. 그 결과 3년만에 악성부채를 갚고 수익을 직원복지에 쏟기 시작했다. 이 회사에선 조직 효율성과 직원 만족도가 모두 높게 나타났는데, 여기서 우리는 리더십보다는 직무만족에서 오는 직원 간 신뢰와 협동이 조직 효율성의 미시적 기초로 작용했음을 이해할 수 있다.284)

조직 구성원의 자기 결정능력이 확대될수록 조직내 권한배분이 광범해짐은 현 조직연구에서도 활발히 드러난다. 따라서 일반론적 조직규범인 과업에의 통제권, 정보 접근권뿐만 아니라, 아나키즘의 고유규범인 비위계적 통제, 집산적 관리, 자립(self-reliance) 규범, 절차적 비공식성, 전체론적 작업과정(whole work process)을 조직의 재설계 과정에서 적절히 도입할 필요가 있다.285) 이처럼 조직구조를 자발적으로 재생산하고 재정비할 때 조직은 우두머리 없는 동맹답게 자기 조직화 역량을 갖추며 하나의 통합된 네트워크 구조로서 보다 잘 운영될 수 있다.286)

6) 자주적 관리의 활성화 조건:
철학하는 데모스, 시민의 자발적 연대 정신

신자유주의의 모순을 극복하고 사회의 자주적 관리를 실현하기 위해선, 시민이 정치행정의 새 판을 짜는 당사자로 나설 것이 요구된다. 즉 시민이 대의제 하에서의 투표행위에 자족할 것이 아니라, 직접행동, 즉 정책과정의 참여를 통해 공동의사를 결정하고 공공사를 공동 집행하는 정치의 주체로 되돌아 와야 한다. 그렇다면 시민들이 새로운 실천양식을 만들기 위한 자각을 하는 데 지적 자극을 줄 수 있는 인식의 토대는 무엇인가?

사르트르(J. P. Sartre)는 인간은 내던져진 존재이지만, 오직 자유로운 선택과 자발적 결단에 의해 자신을 스스로 만들어가야 하는 존재로 본다. 즉 선택, 결단, 행동하는 존재이며, 자기 삶에 책임을 지는 자기 가치의 창조자라는 것이다.[287] 칸트(I. Kant)는 세계의 공중을 향해 문제제기를 하는 이성의 공적 사용을 강조했다. 특히 박식한 자가 아니라 감히 알려고 하고 따져 묻는 용기 있는 자를 계몽인이라고 불렀다. 대중이 스스로 강한 존재여야만 치자가 대중을 두려워하기 때문이다. [살아가겠다]의 저자 고병권은 이런 점에서 철학하는 왕이 아니라 철학하는 데모스가 필요하다고 본다. 더 나아가선 차별, 고립되지 않기 위해 함께 사는 것, 즉 대항배치의 코뮌 실험을 강조한다. 국가와 자본에 대한 의존을 줄이며 시민 모두가 함께 구축하는 공동체적 삶이 요구되는 것이다.

시민에겐 이런 자발적 연대성향이 잠재해 있다. 일례로 작가이자 인권운동가인 레베카 솔닛(R. Solnit)은 그의 책 [이 폐해를 응시하라]

에서, 근현대사 속의 주요 재난상황에서 재난으로 인해 고립된 자신보다 더 어려운 상황에 처한 사람들을 구조하기 위해 동분서주하며 생명부지의 사람들에게도 숙식을 제공하는 이타적 사람들을 발견해낸다. 재난사회학자 콰란텔리의 연구에 의하면, 재난 시엔 사람들의 이성적, 이타적 행동이 등장한다. 재난현장에서 자연발생적으로 나타나는 사랑의 공동체 속에서 사람들은 재난 후 정신적 외상이 아니라 외상 후 성장을 경험한다.

반면 정부당국은 질서파괴의 우려 속에 독립적 시민들을 의존적 존재로 만드는 피구호민화를 고집한다. 그러나 서류작업, 과정준수 등 관료주의 구조가 혁신을 요구하는 재난의 최악상황에선 유연한 대처를 가져오지 못한다. 권력자들은 자기 이익에 따라 대중을 정복, 통제하고 억압할 적으로까지 규정한다. 그래서 경찰이나 주 방위군을 동원해 재난현장의 질서를 유지할 것만 생각하고 재난현장에서 자연발생적으로 나타나는 사회적 유대는 파괴해 버리는 엘리트 패닉이 나타난다.

실제로 카트리나 이후 정부에 의해 버림받은 뉴 올리언즈 시 흑인 빈민들의 처절한 죽음과 대책 없는 연명상황이 이를 잘 말해준다. 안전에만 집착한 채 인명에는 무심했던 것이다. 재난에의 대처 및 복구 과정에서 이처럼 공적 제도가 실패하고 시민사회를 통한 재난대응 방식이 유토피아적 긍정을 낳는 현상 속에서, 레베카 솔닛은 인간에 대한 단정적 접근보다는 동정적 접근이 훨씬 더 나은 대안이라고 강조한다.

아나키즘은 누군가가 지도자가 되어 앞장서 나가며 무리하게 강권으로 이끌기 보다는 모두가 자율적으로 한걸음씩 함께 나아가 만들어내는 창조적 집단정신을 중시한다. 구성원들이 직접 개입해 서로

토의하다 보면 새로운 대안이 생성될 경우가 더 많다는 것이다.288)
그런 점에서 아나키즘은 정부존재의 완전 부정보다는 정부의 그릇된
권력남용을 견제하기 위한 사회영역의 자강과 시민의 함께 서기 역
량을 촉구하는 측면이 강하다. 따라서 강권적 리더의 부당한 권력행
사에 대응하기 위한 조직인들의 조직적 저항과 자주적 관리의식이
제고되어야 한다.289)

21. 민주시민의 육성터, 대학의 제자리 찾기와 공교육의 정상화

1. 민주시민의 육성터로서 대학의 제자리 찾기

덩치는 더 커지지만 정신적으론 자꾸 나약해지는 일부 청소년처럼, 한국의 대학들은 기초체력이 약하고 체질 또한 시원찮다. 물론 대학들이 건설업체들을 먹여 살리는 최대 발주처 중의 하나인 것처럼, 캠퍼스 내의 대학건물들은 키다리 경쟁에 올인하고 있다. 이처럼 체격은 한없이 커지는데, 체력과 체질이 형편없는 점에서 불구의 신세인 것이 오늘의 한국 대학 모습이다.

신자유주의 깃발 아래 많은 사익 집단이 앞 다투어 무자비한 경쟁 게임에 진입할 때, 그래서 경쟁의 결과 사회경제적 열패자들을 한없이 양산해 낼 때, 대학은 이런 냉혹한 경쟁의 논리를 체계적으로 제어할 수 있는 이론적 기반을 고안해내고, 경쟁의 부산물을 치유할 수 있는 연대와 협력의 가치기반을 만들어 사회에 제시해야 할 윤리적 존재여야 한다. 그리고 사회적 연대와 공생, 협력의 제도틀과 정책망을 고안해 사회에 적극 제안해야 할 시대적 책무가 대학에게 있다.

"교육도 산업"이라며 기업들이 당장 써먹을 기술자들을 내놓으라고 대학에 아우성칠 때, 역(逆)으로 "산업도 교육"이라며 기업들의 대학 기초인력 개발투자를 촉진시킬 수 있는 정당한 투자논리를 개발해내, 그 돈으로 잠재력 있는 인간자본 육성과 민주시민 양성에 알차게 올인해야 할 시대적 소명 또한 대학에 있다.

하루하루 복잡다단한 사건사고에 치여 사회가 늘 혼란을 겪을 때도, 대학은 그 혼란의 맥락을 이론적으로 교통 정리하여, 혼란의 원인을 근본적으로 치유할 수 있는 맞춤형 처방으로써 사회를 구해내야 하며, 나아가 사회가 추구해야 할 대안적 발전의 방향을 이론적으로 제시하는 사회의 선도(先導) 역할을 온몸으로 행해야 한다.

불행히도 대학의 이런 시대적 미션이 현실성을 갖지 못하는 지금, 대학들이 제 구실을 못하는 몇 가지 비근한 예를, 학점경쟁에 치여 자살하는 대학생들의 숱한 죽음에서, 높은 등록금에 비해 꽤나 미약한 대학생들의 지식 산출역량에서, 또 도저히 방도를 찾기 어려운 구조적인 고학력 취업난 등등 주변의 곳곳에서 얼마든지 찾아볼 수 있다.

상기한 모든 대학실패는 교수들에게 일차적 책임이 있다. 교수들이야말로 고등교육의 주체이자 책임 있는 대학 구성원이어야 하기 때문이다. 그들은 사회 최고의 교육자가 아닌가? 필자 자신도 대학에 몸담고 있는 교수로서 작금의 이런 아픈 결과를 초래한 데 책임을 통감하지 않을 수 없다. 과연 강의시간에 질 높은 강의를 했는지, 학생들이 미래를 설계하고 의미 있는 직업을 구하는 데 있어 얼마나 멘토링을 적극적으로 했는지, 그리고 교수사회의 일원으로서 대학당국과 교육당국에 건설적 의견제시와 책임 있는 비판을 지속적으로 해 왔는지 자문해 볼 때, 필자 또한 후한 점수를 받으리라고 반드시 자신할 수 없다.

대학의 핵심 구성원으로서 교수라는 직업의 존재이유에 대해 다시금 고민해 보아야 할 시간이 찾아왔다. 흔히 대학교수의 3가지 역할 정체성, 즉 교육, 연구, 봉사의 세 영역에서 자신의 존재이유를 다하기 위해 다져야 할 역할 정체성을 재음미해 보아야 한다는 것이다. 현실을 엄밀히 진단하고 이상과 현실의 갭을 메울 수 있는 살아있는 대안을 학생들에게 체계적으로 제시하는 교육, 또 이를 위해 과학과 철학의 기반 위에서 현실의 문제점을 이론적으로 규명하고 그 문제점을 해결하기 위한 적실성 높은 대안적 정책논리를 개빌해 나가는 실사구시형 연구, 그리고 학내외적으로 교수의 의미 있는 도움의 손길을 기다리는 곳이면 어디든 달려가 이론과 처방으로써 사회발전에 기여하는 봉사 자세를 다해 왔는지 철저히 따져 보아야 한다.

필자의 경우도 요 몇 년간은 의욕적으로 한 학기 강의를 시작하지만 학기를 마감할 시점이 되면 이상하게 쫓기는 마음이 들며 종강시간이 다가오길 은근히 기다리고 있는 자신을 발견하곤 한다. 그 이유가 무엇일까? 육체적 피로? 정신적 허기? 아니면 풍성한 방학기간을 어서 마음껏 요리하고픈 마음? 아니다. 강의하다 보면 가끔은 내가 한 말에 내가 먼저 식상하기도 한다. 그러면서 목소리 힘도 좀 빠진다. 혹시 내가 강의내용을 잘 안다고 독단하고 내 생각을 강변하는 것은 아닐까? 지난 몇 년간 진행해온 강의진행 방식에 너무 안주하는 것은 아닐까? 결국 내 자신이 강의의 쇄신을 기하지 못하고 그것에 힘겨워 지친 마음에서 종강 시점이 다가오길 서둘러 기다리는 것은 아닐까?

다음 학기부턴 강의내용도 새롭게 보강하고 강의주제를 보는 관점도 좀더 학생들의 시선으로 봐야 할 것 같다. 그들의 시선을 좀더 멀리 향하게 해주되 일단은 그들의 눈높이에서 정확하게 시작하고, 강의진행 방식도 새롭게 다듬어야 한다. 팀 프로젝트, 역할극, 블로그

사진을 이용한 수업방식, 사례분석, 문학작품이나 영화 속에서 강의 내용 파악하기 등 지금까지 새로운 교수법(teaching methods)을 열심히 찾아오지 않았던가?

[흑산]의 작가 김훈의 집필실 흑판에 써있다는 "必日新," 작고한 변화관리 사상가 구본형의 책 제목 [익숙한 것과의 결별]처럼, 오늘보다 나은 내일을 맞이하기 위해 자신을 바꾸는 담금질이 절실해진다.

대학교수들이 이처럼 자신의 역할 정체성을 제대로 인지하고 자기 본분에 올인할 때, 오늘의 대학은 사회발전에 조금이라도 도움이 되는 제도적 장치로서 그 명함을 내밀 수 있을 것이다. 안식을 모르는 교수들의 자기 분발, 열정적 강의와 연구실의 꺼지지 않는 오랜 불빛, 이런 것이 대학개혁의 선행변수가 될 때, 대학생들의 치열한 공부와 사회 일원의 지지와 협력이 매개변수가 되어, 우리의 대학들도 기초체력을 회복하고 체질을 개선해, 이미 커져 버린 큰 체격에 걸맞은 고등교육기관으로서 민주시민 육성터로서의 온전한 모습을 찾을 수 있겠다.

2. 대학은 공생, 협력과 연대의 가치를 배우고 익히는 곳: 나만을 위한 공부에서 벗어나 사람과 자연을 위한 큰 공부하기

학창시절 우리는 철학을 필로스 + 소피아, 즉 지혜의 사랑으로 배웠다. 그러나 무엇을 알고 깨닫기 위해 공부라는 것을 사랑해야 한다는 것은 행동으로 옮기기엔 그리 쉽지 않은 일이다. 그래서 지혜의 사랑이라는 철학 개념은 참 추상적이고 공허한 말로만 들린다.

거리의 철학자 강신주는 역시 대중 철학자답게 철학을 앎(지혜)의 사랑이 아닌, 오히려 그 반대의 뜻으로 해석한다. "뭔가를 사랑하면 그것에 대해 더 알려고 애쓴다." 그래서 "사랑하면 알게 된다." 우리가 누군가를 사랑하면 사랑하는 대상에 대해 더 잘해 주려고 우리 마음은 분주해진다. 그(녀)를 행복하게 해주기 위해 그(녀)가 필요로 하는 것을 알려고 백방으로 노력하고 또 그것을 충족시켜주는 방법을 알기 위해 또 다른 배움의 과정을 자청(自請)한다. 사랑하니까 알려고 하고 그 존재를 아는 만큼 그것을 지켜주기 위해 나를 던지는 것이다.

이제 사랑하면 알게 된다는 철학 개념의 새로운 해석에 따라 큰 공부를 설계해 보자. 개인적 출세나 성적향상 등 나(己)만을 위한 작은 공부보다는 사람(人)을 위한 큰 공부말이다. 동양고전독법이라는 부제가 달린 자신의 저서 [강의]에서 신영복은 사람 인(人) 자를 내가 힘들 때 누군가가 내 등받이가 되어주는 그런 관계론적 개념으로 풀이한다. 내가 힘들 때 내가 등을 기댈 수 있는 누군가가 내 곁에 있을 때 사람 人이라는 한자가 완성된다는 것이다. 따라서 사람을 위한 공부는 결국 나(己)라는 존재만 챙기고 그저 나만 잘 되길 바라는 편협된 이기적 공부가 아니라 우리가 서로가 힘들 때 서로 등받이가 되어주는 공생, 협력의 공부이다.

우리 사회에서 공(公)의 질서가 잘 구현되지 않는 이유는 가장 사(私)적인 사람들이 돈이나 힘으로 공의 높은 자리를 차지하며 공을 대표하기 때문이다. 즉 남을 사랑하거나 도와준 경험도 없이 돈이나 권력으로 최고의 자리에 올라 공적 자리를 대표하니 공이 성립되기 어렵다. 그러나 사람들이 서로를 사랑하고 지켜주려는 마음에서 사랑하는 대상인 부모님, 친구, 형제, 친지, 지인, 선후배들이 직면한 생활문제를 더 알려고 하고 서로를 행복하게 해주기 위해 해결방법을 궁구할 때, 그렇게 같이 서고 더불어 살려는(共) 마음가짐이 진정한 공공성을 만들어 낼 수 있다. 사람과 사람이 더불어 진정으로 사랑할 때, 즉 도와주고 보살피고 서로 베풀 때 공(共)이 공(公)으로 연결되는 것이다.

우리는 사랑하는 사람을 행복하게 해주기 위해 그 사람의 문제와 아픔을 공감하고 그것을 극복하기 위한 방법을 알아내려고 더 노력해야 한다. 그것이 나만을 위한 작은 공부가 아니라 나와 남이 같이 서는 사람을 위한 큰 공부이다. 즉 지혜의 사랑이라는 난해한 철학 개념이 아니라 사랑하면 알려 하고 결국 사랑하는 대상의 문제를 치유하기 위한 방법을 궁구(窮究)하는 진정한 철학 개념에 가까워지는 길이다.

나아가 힘센 자가 공을 대표하는 그런 강압적 공, 무소불위(無所不爲)의 공이 아니라 더불어 서고 함께 손잡고 나가는 공(共)을 통해 진정한 공(公)에 이르는 길, 즉 공공성이 사익을 앞서는 정의로운 사회로 나아가는 길이다. 그럴 때 갑과 을의 나라도 없어진다. 힘겨운 모두가 갑으로 존중받고 그렇기 위해 여유로운 사람들이 스스로 낮은 데로 임해 을의 책무를 다하는 노블리스 오브리쥬의 멋진 사회도 만들어진다.

큰 공부의 필요성은 우리가 사랑해야 할 대상을 자연에까지 확장하게 한다. 어차피 한 사람이 힘들어 다른 사람의 등에 기대다가 둘 다 힘들고 모두 지치면 마지막으로 기댈 곳은 자연뿐이다. 휴식할 때 휴(休)자가 바로 사람이 나무기둥에 기댄 자세 아닌가.

종합병원, 종합대학, 녹색 댐, 방음벽, 에너지 보물창고, 그린 SOC 등등 ……. 자연을 대표하는 숲은 참 다양한 혜택을 우리에게 듬뿍 준다. 마치 진자리 마른자리 가리지 않고 하해와 같은 넓은 가슴으로

우릴 품고 베푸시는 어머니 같은 존재이다. 그래서 어머니 지구라고 부른다. 그러나 우리는 때로 단기적 개발이익 때문에 어머니 지구를 괴롭히는 탕아가 된다. 영화 '자이언트'에서 텍사스의 황무지 땅을 개간하다가 땅에서 검은 원유(原油)가 분수처럼 솟아올라오자 블랙 샤워를 하며 부자가 되었음을 한껏 과시하는 주인공 제트 링크(제임스 딘 분)의 두팔 벌린 환희의 자세를 떠올려 보자.

인간의 욕망이 자본주의 물질문명을 잉태했지만 그 끝없는 욕망이 자연을 정복과 개발의 대상으로 저락시키는 탐욕구조를 만들어 버렸다. 여기엔 근대의 위대한 정치사상가 존 로크의 사유재산 정당화 논거가 뒷받침해준다. 그는 "사람이 미지의 땅에 자신의 흔적을 남기면 그 흔적이 남겨진 땅은 모두 그 사람의 소유가 될 수 있다"는 사적 소유의 논리적 토대를 만들어낸 장본인이다. 그의 사유재산 정당화 근거에 의거한 땅의 소유권과 그에 기반한 개발이익 추구는 지금 이 땅에서도 계속 자행된다. 우리는 미분양 아파트가 산더미처럼 쌓이지만 계속 아파트를 지어댄다. 생태주의 시각에서 한국사회를 진단하는 우석훈, 송기역 등은 "토건자본이 이미 강은 손을 봤고 일거리를 찾아 땅 속 터널을 파거나 다시 산으로, 또 섬으로 개발의 대상을 확장해 나갈 것"으로 우려한다.

영화 '남쪽으로 튀어'에서 보듯이 국가의 부당한 침해가 싫어 남쪽 섬으로 피해간 아나키스트 주인공 최해갑(김윤석 분)의 가족은 그곳마저 난개발의 대상이 되어 그들은 자본의 입김이 무자비하게 밀고 들어오는 슬픈 현실을 목도하게 된다. 인간의 부단한 탐욕과 실질적 자연파괴가 도를 넘어서자 더 이상 어머니 지구는 버티지 못한다. 어머니의 눈물이 홍수가 되고 그 앙상한 가슴엔 가뭄이 든다. 그 깊은 한숨이 엘리뇨 현상에 따른 슈퍼 태풍으로 밀려온다. 어머니의 육신이 다 닳으면 사막만이 남는다.

그럼에도 인간은 자연이 우리 자신을 괴롭혔다고 자연이 인간에게 대반격을 가하는 것에 못마땅해 한다. 그리고 자연을 여전히 두려움과 공포의 대상으로 폄하한다. 이는 정직하지 못하고 상당히 진실을 왜곡하는 짓이다. 왜냐하면 자연이 우리에게 해코지 하는 것이 아니라 우리를 보듬어 안아온 어머니 자연을 우리 스스로가 배신하고 괴롭혀서 어머니의 심신이 피폐해진 결과가 기후변화, 홍수, 가뭄, 사막화로 나타날 뿐이다. 우리가 던진 개발의 부메랑이 위험의 부메랑이 되어 우리에게 돌아온 자업자득의 결과이다.

이제 인간이 자연을 어떻게 대해야 하는가의 숙제만이 남는다. 여기서 생태주의적 사유가 요구된다. 우리 인간의 태생적 기반이 어디인지? 즉 우리는 어머니 뱃속에서 나왔지만 그 궁극은 자연임을, 또 세상만물은 하나로 연결되어 있음을 다시 한번 진지하게 느껴보는 것이다. 즉 "세상만물은 하나이고 서로 연결되어 있다"라는 생태적 전일(全一)성 속에서 인간의 태생적 기반, 즉 생태적 배태(胚胎)성을 찾아내는 것이다. 사람인 human과 흙인 humus의 어원이 같고, 인간의 본성(nature)이 자연(Nature)의 이치, 즉 스스로 그러함(self-so)에 일치해야 함을 이해하는 것이다. 그래서 인간의 절대적 존재가치 때문에 자연의 본래적 가치를 업신여기는 소아(self)에서 벗어나 인간-자연 간의 공존, 공생적 관계를 존중하고 자연을 함부로 다루지 않는 큰 Self, 즉 관계론적 자아가 되어 나가는 과정이 필요하다. 이러한 자연 사랑의 과정이 전제되면 우리는 낮은 데로 임할 수 있다. 즉 생태계의 보스 자리에서 스스로 내려와 생태계의 일원으로서 제 자리를 찾아가는 것이다. 특히 생태계 시민으로서의 권리에 상응하는 생태인이 지켜야 할 까다로운 책무에 대해서도 동의할 수 있게 된다.

즉 정현종 시인의 시구처럼 "짐승스런 편리보다는 사람다운 불편"을 기꺼이 감수하게 된다.

비록 지금은 인간이 자연에게 따뜻한 손길 한번 마음껏 뻗지 않은 채 그 고마움마저 느끼지 않고 흠집만 내려 하니 숲의 공익적 가치를 굳이 금전으로 수치화해서 알려주는 아픈 현실이다. 우리가 태생적 기반인 자연에 대한 생태학적 이해 속에서 자연에 대한 부정의 손길을 거두고 어머니 자연에 대해 사랑의 마음으로 다가갈 때 숲은 우리에게 더 많은 베풀음을 줄 것이다. 돌아온 탕자인 우리도 자연의 베풀음과 사랑 속에서 조금씩 철 들 수 있다.

허구한 날 땅에 머리를 박고 진종일 모이를 쪼아대는 새나 닭이 아니라, 배부르면 눈앞에 맛난 사냥거리가 아무리 어른 거려도 미동도 하지 않는 사자 같은 절제된 행동에 가까워질 수 있다. 그럴 때 섣부른 난개발보다는 꼭 필요한 개발만 하게 된다. 즉 진짜 목수들의 "측정 2번에 톱질 1번"이란 작업윤리를 일상의 삶에서 실천하게 된다. 더 나아가 원시상태의 자연을 있는 그대로 보전하거나 잘못된 파괴현장을 바로잡아 원상복구를 시키는 자연복원에도 발 벗고 나선다.

이제 긴 개발여행을 접고 새로운 여행길, 생태여행 기차를 탈 시점이다. 석유라는 블랙샤워 속에서 부자됨을 자랑하는 영화 '자이언트'의 주인공 제트 링크보다는 국가의 침해 속에 피신 온 남쪽 섬의 난개발에 온몸으로 저항하는 영화 '남쪽으로 튀어'의 주인공 최해갑이 되어야 한다. 생태주의적 사유 속에서 인간의 생태적 배태성을 인지할 때, 우리는 자연의 친구가 되어 누가 시키지 않아도 사랑의 대상인 자연의 아픔을 대변하고 치유하기 위해 생태적 대리인으로 발벗고 나설 수 있다. 물론 그런 도정에 이르는 긴 호흡의 공부가 우리가 해야 할 또하나의 큰 공부이다.

362

3. 대학은 자율과 자립의 가치를 익히고 실천하는 곳

핵가족화 되면서 집안에 자녀가 귀하다 보니, 자식들은 부모님 덕분에 부족한 것 없이 커간다. 공부만 열심히 하면 부모님이 일상의 불편함은 다 덜어준다. 그러다 보니 어려서부터 성년이 될 때까지 부모님이 설계하고 이끌어주는 방향대로 그냥 따라가기 쉽다. 못난 입시제도 때문에 어쩔 수 없이 학교 다닐 땐 학교 선생님이, 방과 후엔 학원 선생님이 주입시켜주는 공부를 받아먹기도 바쁘다.

어렵게 직장을 구해 사회생활을 시작해서는 직장이 또 직장상사가 시키는 대로 해야만 월급이 나오고 승진도 된다. 직장을 벗어나면 시민으로서 투표나 하고 세금만 착실히 내면 내가 개인적으로 나서서 굳이 뭘 도모할 필요가 없다. 국가가 다 알아서 해주리라 마음 편히 먹으면 그만이다.

삶의 주체는 나여야 하지만, 우리는 부모님과 직장 상사가 시키는 대로, 또 국가가 만든 형식적 민주주의의 제도적 매뉴얼대로 행동하는 데 금방 익숙해진다. 그렇게 하면 뭔가 어려운 결정을 내리기 위해 밤새 머리 싸매고 고민할 이유도 없고, 결정에 따른 개인적 책임에서도 일단은 자유롭다.

문제는 남이 써준 답안대로 사는 삶이, 남이 이끄는 방향대로 따라가는 그런 삶이 단기적으로는 내 인생을 편하게 해주지만, 자율적 책임이 부재한 삶은 궁극적으로 내가 타자화되는 문제를 낳는다는 점이다. 내가 나의 주인이 아니라 누가 시키는 대로, 누가 만들어낸 표준화된 매뉴얼대로 그냥 삶으로써, 나는 진정 내가 아니라 누군가의 혹은 나를 지배하는 조직의 대상으로 객체화, 표준화되어 버린다.

아직 미성년일 때는 부모의 손길과 조언이 어느 정도 필요하다. 직장에서도 전능한 상사가 책임의식을 갖고 조직이 나갈 방향을 잘 잡으면 그의 경륜에서 우러나온 판단력을 신뢰하며 어느 정도 그를 따르는 것도 무방하다. 하지만 그것이 너무 당연시되고 일상화되다 보면 자율적 판단능력이나 자기 관리의 마음가짐이 무뎌지고, 그만큼 자기 평가와 자기 책임에도 인색해진다.

힘들더라도 자기 삶의 주인이 되기 위한 각성이 필요하다. 내 일은 내가 스스로 결정하고 그 결과에 대해 자율적으로 책임지는 주체적 삶이 나의 타자화, 대상화를 막는 최후의 방패이다. 타인과의 연대, 협력을 위해 나의 자율성과 주체성을 내 스스로 제어해야 할 때도 있다. 자유의 사회성 확보 차원에서 나의 의사와 타인의 의사의 균형점을 찾는 것이 긴요할 때도 있겠다.

문제는 이런 대승적 차원보다는 일시적인 편리를 위한 소극적 자세에서 혹은 나 혼자 저항해도 세상은 바뀌지 않는다는 패배주의에서 누가 시키는 대로 따라 할 뿐, 내 스스로 사유하고 계획하고 스스로 책임지고 행동해야 할 당위성을 상실한다면 또 그런 노력에서 늘 회피한다면, 그것은 자유로부터의 도피이며 내 스스로가 타자화의 함정으로 뛰어드는 결과를 낳을 뿐이다.

물론 뭔가를 치밀하게 도모하고 애써 궁구(窮究)하며 살아가는 것은 그리 쉬운 일은 아니다. 군이 뭔가를 생각해 자신만의 결론에 도달하면 그것에 무한책임도 져야 한다. 그래서 SSKK, 즉 위에서 시키면 시키는 대로 까라면 까라는 대로 행동하는 것은 참 쉬운 처세술이다. 남이 하라는 대로 사니까 책임질 일도 없다.

허나 문제는 그 속에 '내가 없다'는 점이다. 사유해야 살 수 있다. 무사려(無思慮) 속의 SSKK는 책임져야 할 내가 서 있어야 할 곳에 내가 부재하니 일종의 죄이다. 사유의 결과 무엇에 어렵게나마 도달해 그 무엇을 책임지고 수행하려 할 때 그 속에 진정한 내가 있다. 최선을 다해 결정하고 그것의 실현에 올인한 뒤 결과를 겸허하게 수용하는 자율적 삶이 주체적 삶이요 자유로운 삶이다.

대학은 그런 자기 삶의 주인되기, 즉 자율과 자치를 배우고 자기 것으로 체화하는 곳이다. 자기 삶의 주인이 되기 위해선 먼저 지금까지의 사고방식과 주어진 가치기준에 대한 판단중지가 필요하다. 즉 고병권의 표현처럼 '철학하는 데모스'가 되어야 한다. 다음엔 자기를 점검하고 자기를 바로 세우는 치열한 수기(修己)의 시간이 필요하다. 여기선 공자로 가는 2가지 키워드, 즉 충(忠, 자기 바로세우기)과 서(恕, 남의 일을 자기 일처럼 여기기)의 의미를 잘 음미해야겠다.

나아가 자신이 지향하는 새로운 가치기준과 새로운 질서체계를 직접 설계해 보는, 즉 니체의 주장처럼 '가치의 입법자' 되기 훈련을 해야 한다. 그럴 때 자율주의자 네그리와 하트가 주문한, 자신의 삶을 자율 통제하고 책임지는 '다중(多衆)의 군주되기'가 조금씩 가능해진다. 비로소 국가의 부당한 강권(强權)에서 벗어나 사회가 자주적으로 관리되는 기틀도 마련될 수 있다. 여기서 강신주의 "민주주의는 아나키즘이다"라는 말도 현실성을 얻는다.

자기의 뜻이 단단할 땐, 남의 감언이설이나 폭력적 개입에 쉽게 흔들리지 않는다. 내 뜻이 약할 때 남의 말에 일희일비하고, 남의 얄팍한 힘조차 두려워 그에게 기대려는 등 스스로 타자화의 길을 걷게 된다. 타자화가 안 되려면 자기 뜻을 곧추세우고 여린 자기 마음을 열심히 담금질해야겠다. 자신이 당당할 때 어제의 나보다 더 나은 내일의 나를 지향하는 새 힘이 생긴다. 우리는 그 새 힘으로써 길에서 만난 암초들 슬기롭게 피하며 내 갈 길 내 뜻대로 뚜벅뚜벅 걸어갈 수 있다.

결국 대학은 자율적 인간이 되기 위해 어설픈 연금술 코스보다는 무쇠를 만드는 담금질 코스를 단련하는 배움의 장이 되어야 한다. 물론 그 코스는 힘든 고통의 길이다. 그래도 담금질의 고통이 삶을 단단하게 해준다. 그 고통의 기억이 내가 흔들릴 때마다 나를 바로잡아 주는 죽비로 다가온다. 담금질의 고통을 견뎌내는 용기가 진짜 용기이다. 그런 고통을 견뎌내는 용기만이 타자화되기 쉬운 나를 구해 자율과 자립의 길에 굳건히 서게 해준다.

4. 대학생은 남과 다른 대안을 가진 나만의 스토리의 주인공이 되자

몇 년 전 아내가 신문에서 좋은 글을 하나 발견했다고 소개해 준 칼럼 하나를 읽었다. 당시 취업을 앞둔 딸이 걱정이 되어 신문을 뒤적이다가 취직을 준비하는 젊은이들이 보면 좋은 글이 하나 있어 아내가 내게도 소개한 것 같다. 그 글은 광고회사 간부가 신입사원 면접과정에서 느낀 소회를 적고 나름대로 사회가 요구하는 인재상을 소개한 것이었다.

칼럼의 요지는 "자신은 신입사원 면접과정에서 지원자 이력서상의 스펙(spec)보다는 지원자에게 스토리(story)가 있는가?"를 먼저 본다는 것이다. 특히 지원자의 실패 스토리를 듣기를 중시하는데, 그 이유는 사람들은 실패를 극복하는 과정에서 새로운 생각과 다른 가치를 추구하게 되며, 따라서 실패의 극복에서 특유의 창의성이 나온다는 자신의 지론 때문이다. 대학에 적을 두고 있어 학생들의 취업을 지도해야 하고 자식들의 앞날을 걱정하는 부모의 한 사람으로서, 내가 평소에 갖고 있던 생각을 잘 대변해준 글인 것 같아 거기에 담긴 의미들을 더 곰곰이 따져보았다.

고용 없는 성장의 시대를 살다보니, 특히 모두가 희구하는 연봉 높은 직장에 모두가 들어가고 싶어 하니, 우리 사회는 대졸자들의 취업과 관련해 매우 높은 수준의 스펙들을 요구한다. 그래서 취업 희망자들은 학점, 토플점수, 인턴경력, 해외연수, 자격증 등 각종의 스펙 쌓기에 살인적 경쟁을 피할 수 없는 구조이다. 최근엔 스펙관리 대비용 스터디 그룹이나 관련 학원특강도 이루어지는가 보다.

문제는 모두가 이런 동일한 과정을 거치며 스펙들을 준비하다 보니, 취업 지원자들의 스펙이 엇비슷해져, 취업 면접 점수 매기기도 어렵지만 신입사원을 뽑아도 창의성 있는 인재를 발견하기가 더 어렵게 된다는 기업들의 걱정이다.

학창시절 내내 로드 매니저인 엄마들의 학원 스케줄 관리에 철저히 길들여진 적지 않은 젊은이들이 하루아침에 온실 같은 어머니 캥거루 뱃속에서 뛰쳐나와 창조적 실패의 경험을 쌓기 위해 삭풍이 몰아치는 광야로 달려 나가긴 꽤 어려울 것이다. 무척 실패가 두려울 것이다. 그러니 사회가 요구하는 터무니없는 표준화된 스펙의 옷에 자기 몸을 애써 맞추려는 출혈경쟁을 하고 있다.

표준화된 목표를 향해 모두가 달려가는데, 그러다보면 병목현상이 생기고, 그러면 좋든 싫든 그 병목을 헤쳐 나가기 위해 일렬로 줄 서기가 불가피하고, 그 힘 겨루기 과정에서 랭킹 매기기가 발생한다. 모두가 가고자 하는 길이라면 경쟁이 극심할텐데, 경쟁에서 진 사람들은 과연 어디로 가야 하는가?

[백가기행]이란 책을 쓴 조용헌은 "금기(禁忌)에 대한 도전에서 비

로소 이야기가 시작된다"고 말한다. "금기에 달려들면 스파크가 일어나는데, 그것이 곧 이야기거리가 된다"는 것이다. 로버트 프로스트의 시 구절처럼 "남이 안 가본 길도 가볼만한 것"은 아닐까? 남들과 똑같은 스펙만 쌓지 말고 남들과 다른 목표와 가치관, 색다른 도전과 체험, 남들과 다른 생활스타일과 동선(動線)을 추구해 보는 것이다.

물론 사람들 마음속엔 이 세상 최고가 되고 싶은 욕망이 있다. 가장 예쁜 사람이 되고 싶어 얼굴을 치장하느라 거울 앞을 떠나지 못하고, 가장 힘센 사람, 가장 돈 많은 사람이 되고 싶어 동분서주한다. 문제는 우리가 아무리 노력해도 어떤 분야의 최고가 되긴 쉽지 않다. 오직 한 사람만이 최고의 자리를 차지할 수 있기 때문이다. 최고를 지나치게 숭앙하는 사회는 승자독식 사회로 갈 수밖에 없다. 최고만이 모든 것을 독차지하는 승자독식 사회는 더욱 우리를 우울하고 비참하게 한다.

No.1 보다는 only one을 지향하는 사회가 우리의 살 길이다. 내가 꿈꾸고 내가 좋아하는 것에 가깝게 가기 위해 나만의 개성과 나만의 열정을 다할 때, 그 누구도 흉내 낼 수 없는, 감히 넘볼 수 없는 나만의 것을 온전히 이루어낼 수 있다. 세상 사람들이 No.1보다는 only one으로써 그 차이와 다양성을 인정받는 시간이 앞당겨지면 좋겠다.

물론 only one의 길도 그리 쉽지는 않다. 남이 가보지 않은 길이라 이정표도 없다. 그래서 적지 않은 시행착오가 걱정된다. 그러나 시행착오를 많이 겪더라도, 그런 곳이 오히려 더 창조적 기회를 많이 주진 않을까? 무에서 유를 창조해내는 창조적 고통을 전제로 한다면, 그 길이 지금 여기에서 직면한 문제들을 헤쳐 나가는 새로운 한줄기 빛도 될 수 있지 않을까?

어차피 막힌 길을 뚫는 방법은 막힌 그 자리에서 계속 파들어 가는 방법도 있지만, 오히려 그 반대편에서 파들어 올 때 더 빨리 뚫릴 수도 있는 법! 그래서 우리는 대세, 주류, 유행 등의 말에만 안주하거나 편승할 일만은 아니다. 안전한 목표로 가기 위해 표준화된 길만을 걸을 필요는 없다. 때로는 대안, 비주류, 비인기 종목 등의 말에서 한 줄기 창조적 빛을 더 빨리 발견할 수도 있다.

같은 길을 서로 빨리 가려 경쟁하지만 그것은 어쩌면 서로가 서로를 닮아가는 길일뿐이다. 닮은 사람이 많아져 모두가 생각이 같아진다면, 꽉 막힌 길을 뚫는 방법도 하나만 생각날 뿐이다. 길을 가는 여러 가지 방법을 상정하고 그것을 모두 존중하며 여러가지 방법으로 길을 달려볼 때, 그것이 숱한 창조적 대안이 되어 막힌 길을 쉽게 뚫는 창조적 지혜로 다가올 수도 있을 것이다.

젊은이들이 남이 안 가본 길이라고 주저하지 말고 자신만의 길을 만들기 위해 금기에 도전해 많은 창조적 실패를 경험할 때, 금기라 생각한 것들은 더 이상 금기가 아니다. 특히 그 창조적 실패를 자기 것으로 소중히 소화해 낼 때, 자기만의 스토리가 만들어진다. 그럴 때 이 풍진 세상, 고용 없는 성장 시대의 무서운 파고도 좀더 쉽게 넘을 수 있겠다.

5. 공교육이라는 콩나물시루 튼실하게 만들기

날로 복잡다기해져 고3 수험생과 학부모를 눈물겹게 만드는 현 대학입시 과정을 지켜보면서 우리의 교육현장이 학생, 부모, 학교, 교육 당국 모두가 공범으로 작용하는 착취와 모순의 비인간적 공간임을 확인하게 된다. 또 그런 제도상의 모순을 키우는 데 직간접적으로 작용한 우리 모두가 반성하지 않을 수 없다.

흔히 교육은 "콩나물시루에 물을 주어 콩나물을 키우는 것과 같다"고들 말한다. 콩나물시루에 물을 부으면 바로 밑구멍으로 빠져 나가기 쉽지만 그래도 부은 물이 단번에 밑으로 새어나가지 않고 가능한 한 콩나물시루에 고여 있게 하는 것이 교육의 핵심이다. 그러기 위해선 교육 수요자인 콩나물 싹의 기대와 기호에 맞게 학교라는 콩나물시루와 선생님이라는 물이 제대로 된 콘텐츠를 갖고 제때에 공급되어야 한다. 그러나 대학입시를 앞둔 우리 자식들의 6년간의 중등교육 과정을 지켜보면서 이런 이상론적 교육관은 너무 쉽게 붕괴된다.

불행히도 콩나물이 자라는 시루와 물은 실질적으로 사교육 시장을 통해 고가의 희생을 치르며 제공된다. 이 과정에서 부모들은 사교육 시장경제의 인질이 되어, 그저 자식이 대학 입학 가능성이 높은 콩나물로 자라게만 해주면 어떤 희생도 치르겠다는 맹목성을 유감없이 드러낸다. 그 과정에서 모든 학생들의 교육수요를 골고루 충족시켜 줄 수 있는 공공의 콩나물시루는 끝내 만들어지지 못한 채, 소규모의 비싼 시루와 물만이 그것을 지불할 능력이 있는 부모 인질들의 자녀에게만 제공된다. 우리가 사는 이곳은 부모의 경쟁력이 자식의 경쟁력이 되어, 부와 기회의 세습이 찬란히 이루어지는 가장 불량한 사회로 진입하고 있다. 교육은 사람을 참되게 살아 있게 하고 제대로 살 수 있게 만들어 주는 그런 삶의 도우미 과정인데, 우리 사회는 철저하게 역으로 나가고 있는 것이다.

인간의 생애단계별로 교육과정의 의미를 살펴보면 다음과 같다. 먼저 어린 나이엔 그들이 갖는 세상에 대한 의문과 지적 호기심을 재미있는 교수법을 통해 채워주는 세상배우기 과정이 되어야 할 것이다. 그러면서 한편으론 [행복한 기부]의 저자 토마스 람게의 제안처럼 1+1=3이 되게 하는 선의의 경쟁 및 공생, 협력의 정신과, 2-1=3이 되는 나눔과 기부의 정신을 배우는 참된 세상살이 교육도 병행되면 좋겠다.

청년기에 접어들면 어릴 때의 세상에 대한 호기심을 자신의 생을 다해 추구해야 할 목표로 키워나갈 수 있도록 지속가능한 직업세계를 만들어 주는 세상살이 실천과정이 뒤따라야 한다. 또한 멋진 생활인이자 민주시민으로서 자기를 둘러싼 세상의 변화맥락을 정확히 읽고 대응해 나가는 세상읽기 교육의 기회가 추가되면 좋겠다. 말년의 인생에선 인생 이모작 시기에 맞게 새로운 직업 배우기 및 세상살이 정리하기 공부가 필요하다.

우리의 현실은 이런 생애단계별 교육과는 거리가 먼 채 어린 학생들을 입시지옥으로 떨어뜨려 그들의 심신을 한껏 고갈시키는 고문의 과정, 죽임의 과정으로 교육이 변질되고 있어, 정말 자식을 둔 부모로서 고개를 저을 때가 한두 번이 아니다. 청년들은 지속가능한 직업세계에 연착륙하지 못한 채 기성세대가 만들어 놓은 말도 안 되는 높은 시장진입 장벽을 넘기 위해 오늘도 내일도 영어와 자격증 따기 등 허망한 스펙 짜기에 바쁘다. 일부 노인 분들은 인생 이모작의 지혜를 통해 여생을 아름답게 마무리하며 젊은이의 귀감이 되기보다는 돈의 감옥에서 헤어나지 못한다.

"바쁠수록 돌아가라"고 우리는 다시금 근본으로 돌아가 공공의 콩나물시루에 공공의 물이 오래 남아, 빈부에 따른 귀천 없이 우리의 모든 콩나물 싹들이 골고루 튼튼히 자라는 길을 찾아야 할 것이다. 이를 위해선 교육 수요자인 학생들부터 달라져야 한다. 진정한 교육의 고객이 되어 자신들이 원하는 색깔과 맛의 교육을 빨리 만들어 달라고 주장하고 그런 공부를 먼저 찾아서 해나가는 적극적 노력을 하는 데 힘을 모아야 한다. 물론 그 연대의 과정에서 벗어나 혼자의 살길을 도모하는 약삭빠른 친구들은 당분간은 좋은 대학에 갈 것이다. 그러나 많은 학생들이 조바심 내지 않고 함께 꾸는 꿈은 반드시 실현된다. 카뮈의 말처럼, 영어의 2 단어인 solitary(고독)와 solidary(연대)는 사실 큰 차이가 없다. 개인적으론 고독하고 힘도 없지만 함께 모여 연대하면 의미 있는 교육세상을 맛볼 연대의 틀을 금방 만들 수 있기 때문이다.

부모들 역시 어떤 희생을 치르더라도 내 자식만 성공하면 된다는 이기적 접근에서 벗어나, 자식들이 제대로 된 의미 있는 교육을 받을 수 있고 자신들 또한 사교육시장의 인질에서 해방되기 위해 공교육 정상화라는 공공재산 만들기에 적극 동참해야 한다. 학교발전을 위한 공공의 장에서 적극 발언하는 길도 있고, 교육세의 쓰임을 감시하는 시민운동에 참여하거나 공교육 정상화에 소요되는 기금 마련에 약간의 돈을 기부하는 방법도 있겠다.

학교도 학생들이 좋은 인생을 설계할 수 있도록 세상 배우기의 길을 정확히 제시해 주고 그들 모두를 지속가능한 직업의 세계로 안내하도록 노심초사하는 교육기관 본연의 자세를 보여주어야 한다. 정부도 공교육 정상화를 위한 모든 노력을 강구하면서 학력차별 없는 사회를 만들기 위해 교육제도와 더불어 고용구조와 취업구조의 동반 혁신을 병행해 나가야 할 것이다.

아이들이 제대로 된 세상 배우기를 하기 위해선 그들이 들여다보는 텍스트가 새로운 시각에서 써져야 할 것이다. 세상의 다양한 이치를 재미있고도 쉽게 깨우치게 하되 자본주의가 요구하는 경쟁력의 우열을 측정하기 위해 쓸데없는 변별력 확인 차원에서 과하게 부과되는 죽임의 문제풀이 과정은 정말 근절되어야 한다. 고사 위기에 처한 공교육의 대체재로서 거의 자리 잡은 학원산업은 철저한 규제 속에 보습(補習) 위주의 최소 보완재로서 작용하게 해야 할 것이다. 그 대신 좋은 선생님들을 공공 콩나물시루의 물 붓기 머슴으로 적극 채용하되 그분들의 역량이 최대한 발휘될 수 있도록 자율적 활동공간을 많이 제공해 드려야 한다.

가장 중요한 것은 우리 사회가 학력차별을 이기는 사회가 되는 일이다. 이를 위해선 어려운 여건 하에서도 학력을 이겨내 지속가능한 직업의 세계를 스스로 구축한 성공한 사람들의 사례들을 적극 발굴하고 공유해야 한다. 또 사회안전망과 평생학습체제 등 공공 교육자산을 같이 만들어내 우리 모두가 학벌철폐 사회로 가는 도정에서 한껏 속도를 내야겠다. 그럴 때 우리의 공공 콩나물시루는 콩나물의 생장에 적합한 물을 만나 그 안의 새싹들을 튼실한 생활인이자 건전한 민주시민으로 키워낼 수 있겠다.

22. 조직시민의 육성을 위한 직장의 민주화, 인간화와 리더의 덕목

1. 도덕적 싸움의 장, 직장의 민주화

직장은 성인 나이의 사람들이 하루에 가장 많은 시간을 보내는 곳이다. 그들이 식구들의 밥과 옷을 마련하기 위해 자신의 속을 드러내지 못하고 꾹꾹 참으며 하루의 일과를 소화해야 하기에 사람들 마음을 가장 아프게 하는 곳이 직장이기도 하다. 그래도 사람들은 묵묵히 참으며 열심히 일해 왔고, 한때는 직장도 온정주의 시각에서 직장인들의 수고를 다독거려 주기도 했다. 그런데 최근의 직장 현실을 보면 온정주의적 시각이 많이 쇠하고, 어려운 경제상황을 빌미로 돈 냄새만 진동하는 비인간적 평가 잣대를 마구 들이대며 자꾸 순응적인 조직인으로 만들려는 억압적 분위기가 두드러져 걱정이다.

직장을 둘러싼 우리의 경제현실이 녹록치는 않다. 해고의 두려움에다가 취업이 어렵다 보니 "일자리가 곧 복지"라는 복지제도 초기의 저급한 인식이 마치 최고의 해법인 것처럼 운운되기도 한다. 고용불안을 낳는 구조적 요인들을 쉽게 떨쳐버릴 수 없는 현실에서, 그래도 일자리를 주는 직장에 감지덕지해야 한다는 것이다. 그렇다 해도 최근의 직장현실을 보면 사람 냄새는 사라지고 돈 냄새만 진동하는 가축우리 비슷한 것이 되어가는 것 같아 마음이 아프다.

20세기 초만 해도 직장은 온정적 시각이 반영된 가축우리로 인식되었다. 마치 외양간을 청결하게 해주고 조도(照度)를 밝혀주면 젖소들이 우유를 많이 생산하듯이 종업원들의 작업환경과 작업조건을 배려해 주면 노동생산성을 높일 수 있다는 것이었다. 사람들은 이를 젖소 사회학(cow sociology)이라 불렀다. 지난 세기 중반부터는 생산성, 능률성 위주의 수단적 가치를 강화하려다 보니 파괴된 조직의 인도주의적 가치를 옹호하기 위해, 협의적 리더십 스타일로의 변화와 배려 지향적 근무제도 등 조직 인도주의(organizational humanism)의 여러 가지 진화 형태가 표출되기도 했다. 20세기 후반엔 작업장 민주주의나 조직 민주주의(organizational democracy)의 시각에서 하층 구성원들의 집합적 목소리(collective voice) 내기의 정당성이 논의되고 그것을 조직 현장에서 실험해보는 실례들도 있었다.

그런데 21세기 신자유주의 시대의 직장은 카우보이 자본주의(cowboy capitalism) 세상이다. 무한경쟁 원리를 토대로 한 상호약탈식 성과급 제도와 그것을 유일신으로 받드는 데 악용되는 획일적 평가잣대, 노동 유연화라는 미사여구 아래 끊임없이 고용불안을 조장하는 파견직, 계약직 등 비인간적 고용제도의 범람, 청년을 대상으로 한 열정 페이의 강요 등 사람들을 순응적 조직인으로 만들기 위한 자본의 계급이해와 직장 상층부의 직원 통제전략이 날로 강해지고 있다. 이에 조금이라도 저항하면 마치 카우보이들이 방목을 위해 울타리에서 소들을 쫓아내듯이 직장이란 울타리에서 사람들을 내치는 카우보이 자본주의 세상이 되고만 것이다.

불행히도 비인간적이고 부당한 직장의 처사에 대해 직장인이 택할 수 있는 대응책은 그리 많지 않다. 허쉬만(A. Hirshman)의 지적처럼 홧김에 사직서(exit)를 내던질 수도 없고, "나 하나 대든다고 해서 세상이 변하겠냐"라는 소극적 생각에 조직의 명령에 그저 묵종(loyalty)하는 것도 최종 해법은 아니다. 가장 바람직한 방법은 직장의 부당한 처사에 공동으로 직면한 사람들이 집합적 목소리를 내는 것이다. 공동의 문제에 공동 치유자가 되는 것이 궁극의 해법이다.

문제는 우리의 직장 현실에선 여러 이유로 인해 이런 공동대처가 점점 쉽지 않아진다는 점이다. 원론적으론 신자유주의 시대의 지배적 행동규범인 무한경쟁과 각자도생의 폐해에 공동대처하기 위해 직장인들은 한 목소리를 내야 한다. 그러나 각자가 처한 직장 내 위치가 다르다 보니 비인간적인 조직현실에 대해 직장인들이 불만을 느끼는 정도가 각자 다르고, 직장에서의 자기 운명에 대해 한치 앞도 내다보기 어려운 단기적 시간관(觀) 때문에 한 목소리 내기는 점점 어려워진다. 그러다 보니 각자도생의 트랙에서 도토리 키재기 식 경쟁의 희생양이 되는 것이다.

이 틈을 타고 직장인들을 무한경쟁을 시켜 분열, 통제하려는 조직 상층부의 조직관리 전략은 교묘해지고 이런 비인간적 통제전략이 경제현실을 빌미로 멀쩡한 제도로서 자리잡고 있는 것이 우리의 현실이다. 그러니 노동자들의 어렵게 취해진 정당한 집합적 행동에 대해서조차 무서운 탄압이 가해지기도 한다. 부당한 직장의 처사에 소수의 직장인들이 뜻을 모아 일일이 대응하기엔 직장이란 곳이 너무 높은 난공불락의 성 같이 느껴지고, 그 과정에서 정신적 고통과 에너지의 소모가 이만저만이 아니다. 때로는 그 부당함을 알리기 위해 집단 자살이라는 극한적 방법이 동원되는 아픈 현실이다.

라디오 PD 정혜윤이 쓴 [그들의 슬픔과 기쁨]이란 책이 이러한 노동현실의 아픔을 극명하게 보여준다. 이 책에서 쌍용자동차 해고 노동자들이 각고의 슬픈 현실에서도 서로 연대의 기쁨을 맛보듯이, 직장인들은 정말 어렵지만 직장생활의 고통에 내재된 공통분모를 서로 공유하며 공동 치유자로서의 합법적 제도 투쟁을 지속해야 한다. 그것이 단순히 노무의 대가만 바라며 주어진 일만 하는 소시민적 직업인이 아니라 조직의 발전을 위해 주인의식을 갖고 건설적 제안을 회피하지 않는 조직시민(organizational citizen)이 되는 길이다.

한편으론 자본의 이해와 조직 상층부의 통제전략에 주눅 든 채 뒤에서 불만만 토로하지 말고 그것에 의연하게 맞서기 위해, 조직의 상층부를 정신적으로 도덕적으로 이기기 위한 최소한의 공동 마인드 전선 유지도 필요하다. 그런 점에서 한국 불교의 현실이 걱정되어 종단에 비판적이었던 젊은 날의 법륜 스님에게 넌지시 근본적 해법을 제시한 스승스님과 선배 스님들의 아래와 같은 말씀을 음미해 볼 필요가 있다.

"이보게. 어떤 사람이 논두렁에 앉아 마음을 청정히 하면 그가 바로 중이고 그곳이 바로 절이네. 그게 바로 한국불교이고"라는 답을 준 선배스님의 말씀과, "탑 앞의 소나무가 되거라"는 스승스님의 말씀이 바로 그것이다.

전자의 말씀은 남의 탓이라고 비판만 하지 말고 자신의 존재이유를 다하는 과정에서 스스로 문제해결의 주체가 되라는 취지로서, 또 후자의 말씀은 불만을 자아내는 억압의 대상에 일희일비하지 말고 그것보다 더 큰 존재가 되어 존재의 무게감으로써 자신을 괴롭히는 대상을 정신적으로 압도하라는 의미의 말씀으로 해석된다.

직장인들을 현대판 노예처럼 대하는 조직 상층부의 안이한 시각을 교정하기 위해선, 어렵지만 직장인들이 도덕적으로 자신을 무장해 쉽게 무시당할 수 없는 존재감으로써 자신의 존재가치를 입증해내는 직업철학의 정립과 그것을 위한 도덕적 싸움도 게을리할 수 없겠다.

2. 직원 채용과정에서도 인간에 대한 최소한의 예의는 필요하다

어려운 실물경제 탓에 고용의 문을 꼭꼭 닫고 있는 기업의 현실은 참 애처롭다. 그렇다고 해서 일자리 제공에 너무 소극적인 기업의 수비경영이나 안이한 채용절차에 대해선 쉽게 동의하기 어렵다. 특히 채용과정에서 노정된, 사회적 상식에 크게 어긋난 기업들의 야비한 처사를 언론에서 보거나 주변에서 듣거나 실제로 경험하게 되면 공분하지 않을 수 없다.

예컨대 어느 대기업은 강력한 출퇴근 규정을 앞세워 인턴들을 몇 달씩이나 붙잡아 놓고 다른 곳으로의 취업준비를 물리적으로 어렵게 한 채 인턴과정을 이수하면 거의 다 채용해줄 것 같은 장밋빛 청사진을 남발했다. 그러나 결국엔 인턴실무 결과를 발표하는 프리젠테이션 과정에서 인턴들의 싱싱한 아이디어를 얻어낸 뒤 내년도 경제전망이 어둡다는 핑계 하에 애초의 언질과는 달리 그들을 적극적으로 뽑아주지 않고 삭풍이 몰아치는 광야로 내치는 비윤리적, 비상식적 만행을 서슴없이 저질렀다고 한다.

이 사회의 슈퍼 을인 인턴들의 인권은 완전히 짓밟히고 그들의 소중한 꿈이 담긴 아이디어는 인턴들 수고비라는 몇푼 안 되는 헐값에 강탈당하는 어처구니없는 현실이 실제로 일어난 것이다. 그 결과 낙

378

방한 취업준비생(이하 취준생)들의 꽃다운 얼굴엔 깊은 그림자가 드리워지고, 다시 내년 채용시즌을 막막히 기다려야 하는 절망 속에 그들의 얼굴에 온기는 어느덧 사라진다.

애당초 다수를 채용할 확고한 인력계획이 없었다면 솔직히 인턴 채용과정에서 극소수만 선발할 것이지 강력한 출퇴근 규정을 앞세워 다른 곳으로의 취업준비는 원천봉쇄해 놓고 신선한 아이디어만 뺏은 뒤 토사구팽하면 이는 사회적 약자를 향한 강도행위 짓과 크게 다를 것이 없다. 그리고 그 과정에서 직간접적으로 관여한 기업의 관계자들은 결과적으로 모두 자신이 집단 사기꾼으로 작용한 것을 부정할 수 없게 된다. 물론 그들이 그런 결과를 꼭 의도하진 않았겠지만 자신이 한 말에 최소한의 책임의식은 갖는 반성의 시간은 꼭 필요하다는 생각을 지울 수 없다.

취업의 문이 좁다고 모든 취준생이 창업에 뛰어들기도 어려운 현실이다. 우리 사회엔 어떤 이유에서건 한번 낙오하면 만회할 길이 쉽게 보이지 않는 패자 부활전이 없는 사회이다. 그러니 이래저래 이러지도 못하고 저러지도 못한 채 좁디좁은 내년도의 채용관문 통과를 기다리는 취준생들의 뒷모습에서 슬픔의 흔적을 조금이라도 지어줄 사회의 손수건은 선뜻 눈에 들어오지 않는다. 취준생들의 슬픔의 눈물을 말끔히 닦아줄 사회라는 손수건은 도대체 어디 있는가?

3. 직장 내 인력관리의 방향: 생산성과 직장윤리의 조화

직장윤리의 시각에서 공공조직을 들여다보면, 조직인 중 불량한

5% 때문에 불량하지 않은 나머지 95%가 도매급으로 비판을 받거나 개혁의 대상으로 전락하는 경우가 적지 않다. 조직에 누(累)가 되는 5%에 대해선 무거운 페널티나 따끔한 스틱이 가해져야 하는데, 그에 대한 처벌이 솜방망이다 보니 5%의 불량인들이 잘 걸러지지 않고 여전히 직장인 신분이 유지된다. 그러니 대다수인 95%가 불량한 5%를 단속하기 위한 수단으로 만들어진 여러가지 제도의 희생양이 되기 쉽다. 물론 우리 공직사회에 미만한 우정형, 조직이익형 윤리기풍도 문제이다. 웬만한 잘못은 서로 봐주고 묵인, 방조하는 경향이 이런 문제를 더 증폭시킨다.

생산성의 각도에서 조직을 들여다보면, 조직은 20 대 80의 사회이다. 모든 조직의 현실을 다 일반화할 수는 없지만 대략적으로 보면 뛰어난 20%가 범용한 나머지 80%을 이끌고 간다. 물론 이런 패턴에 현미경을 들이대면 좀더 세부적인 이야기 거리를 도출해 낼 수 있다. 먼저 조직에 실질적으로 기여하는 20%도 나누어보면 정말 탁월한 인재 5%와 그보다 머리는 좀 못하지만 마음으로 자기 일에 최선을 다하는 나머지 인재 15%로 나뉜다. 범용한 80%도 둘로 나뉘는데, 평범한 역량이지만 법적 문제를 안 일으켜 조직의 누가 되지는 않는 75%와 위에서 얘기한 불량인 5%로 나뉜다.

물론 모든 사람에게 동일한 역량수준을 요구할 수 없다. 사람의 머리에는 차이가 있다. 그것이 역량 차이로 나타난다. 그러니 탁월한 인재와 그보다는 못하지만 비교적 준수한 머리에 걸맞은 일을 부여하고 그에 대응하는 인사처우가 필요하다. 그러나 직장인에 대한 강한 윤리 잣대는 공통적으로 요구된다. 머리는 썩 좋지 않아도 조직에 대한 마음 씀의 평균율은 필요하다. 그래서 어느 정도의 직장윤리의 기준점을 제시하고 그것에 이르도록 동기부여와 처벌 전략을 현명하게 활용할 필요가 있다.

좋기로는 머리와 마음이 모두 출중한 사람의 비율을 5%에서 20%로 확대하는 인센티브 전략과 체계적 인력관리가 긴요하다. 또 나머지 하위의 75%가 상위의 20% 쪽으로 진화해 넘어오도록 교육훈련, 직무배치 전환, 보수의 현실화 등 적극적 인력관리도 요구된다. 조직의 누가 되는 최하의 5%에겐 삼진 아웃제를 전제로 만회의 기회를 주되 전혀 개선의 기미를 보이지 않을 땐 나머지 95%를 위해 조직을 떠나게 하는 고육책도 필요하다. 그래야 나머지 95%가 5%를 잡기 위해 만들어진 불필요한 제도의 희생양이 더 이상 되지 않는다.

최상층 5%의 자존감을 지켜주는 인사제도도 필요하다. 이들에게 섣불리 성과급 몇 푼 더얹어 주며 어설픈 경쟁체제에 하냥 가두기보다는 이들을 믿고 스스로가 자기를 평가, 연마하게 하는 자율적 관리 전략으로써 이들의 자존감을 높여주는 것이 필요하다. 이들 중에서도 머리는 타의 추종을 불허하지만 마음에 크나큰 비윤리적인 병이든 자들을 경계하고 미리 색출해내는 윤리 장치도 필요하다. 머리는 최상의 수준인데 마음의 자율적 속박이 약한 사람들이 저지르는 행동에 대해선 더 강한 스틱이 필요하다. 이들이 사고를 치면 그야말로 대형사고일 것이 뻔하다.

조직의 생산성이란 각도에서만 조직인의 역량을 획일적 잣대로 평가하고 그 결과에 따라 직장인들을 한 줄로 세우고 사탕과 채찍의 방법으로 관리하는 논의는 자칫 조직 내 인간화 목표와 충돌할 수 있다. 그러나 냉철하게 조직의 현실을 들여다보고 현 조직인의 윤리와 역량 수준을 잘 구분해 거기에 맞는 인력관리의 방향을 가져가는 것이 조직시민답게 주인의식을 가진 직장인으로서의 도리와 조직의 생산성 제고 모든 면에서 국민이나 고객의 손가락질을 받지 않는 길임을 부정할 수 없겠다.

4. 리더의 덕목에 대하여

지금 우리는 수많은 리더들을 본다. 위로는 대통령부터 저 끝으론 말단의 과장님까지 수많은 리더들이 나와 내가 몸담고 있는 직장을 이끄는 위치에 있다. 그들의 생각과 판단, 일상의 일거수일투족이 우리의 일자리와 월급을 위태롭게 만들고 내가 낸 세금을 허망하게 낭비하며 하루에 가장 중요한 일과시간을 우울하게 만드는 주요 요인이 될 수도 있다는 점에서, 그들의 지위권력(position power)을 우리가 무시하고 부정할 수 없는 안타까운 현실 또한 크게 다가온다. 우리의 삶에 지대한 영향을 미치는 리더의 영향력을 무시할 수 없어, 그들이 필히 갖춰야할 리더의 덕목을 다음과 같이 3가지로 정리해보고자 한다.

첫째, 가이드(guide) 능력이다. 조직이 나아가야 할 비전제시 혹은 일종의 방향잡기인데, 리더의 어원인 리드(lead)가 바람직한 방향으로 조직 구성원들을 이끈다는 의미인 점에서, 가이드 능력은 리더의 가장 기본적 덕목이라고 생각된다.

둘째, 치어링(cheering) 능력이다. 아무리 좋은 방향으로 이끌어도 하위자들을 강압으로 다스리는 파쇼 체제 하에선 조직이 건설적 방향으로 나아갈 수 없다. "고래도 칭찬하면 춤을 춘다"라고 하지 않는가. 열성을 다하는 하위자들을 다독이고 격려하며 그들에게 자기발전의 기회를 한껏 배려하는 리더십이 필요하다.

셋째, 관리(management) 기술이다. 리더가 아무리 방향을 잘 잡고 하위자들 등 두드려 주고 술 사준다고 해서 하위자들이 리더의 뜻대로 항상 움직이는 것은 아니다. 그들의 작업목표와 행동반경을 정기 점검하고 잘못이 있으면 필히 수정해줘야 한다. 그리고 조직이 움직이려면 많은 인적, 물적 자원이 소요되기에 그것들을 합리적으로 동원, 배분해 조직의 누수를 막고 조직을 살찌우는 관리자의 역량도 요구된다.

오늘도 많은 사람들이 자신의 부와 권력, 명예를 위해 리더가 되고자 하며 리더로서의 자신의 스펙을 갖추기 위해 애써 준비하고 부지런히 사람들을 만나고 다닌다. 그러나 그들 모두가 위에서 제시한 3가지 덕목을 갖추는데 얼마나 노력하는지 의문이 든다. 행여나 그들에게 무엇이 하나 있으면 다른 것은 아예 없거나 혹은 반대의 방향으로 많이 나가 있음을 보고, 때론 분개하고 때론 한숨을 쉬곤 한다.

물론 이 시대가 요구하는 리더의 덕목이 이 3가지로 꼭 압축되는 것은 아니다. 다른 덕목들도 있을 것이다. 그러나 달리 제시될 덕목들도 이런 범주에서 크게 빗나간 것은 아니라는 생각이 든다. 바람직한 비전 등 방향제시, 그쪽으로 구성원들을 이끄는 칭찬과 신명의 리더십, 그리고 직원들 뒤에서 조직의 누수를 막고 밑으로부터 조직을 살찌우는 매니지먼트 역량은 리더가 갖추어야 할 기본 덕목이기 때문이다.

리더의 덕목을 더 입체적으로 이해하기 위해 직장 내 승진의 개인적 의미와 조직적 의미와 연관시켜 살펴보자. 직장에서 승진해 리더가 되면 월급이 오르고 권한이 커지며 자기 명함에 한줄 더 진하게 직함을 추가할 기회가 생긴다. 그리고 전용 승용차, 카펫이 깔린 사무실, 비서 등 지위상징(position symbol)도 더불어 굴러들어온다.

이런 것들이 직장에서 막 승진하거나 승진하고픈 직장인 개개인이 갖는 승진의 개인적 의미라면, 승진의 조직적 의미는 그야말로 조직의 입장에서 본 승진의 개념이다. 승진은 직장이 리더로서의 잠재역량을 골고루 갖춘 사람을 골라내 그에게 어려운 일을 맡기는 조직의 일꾼을 뽑는 과정이며, 방향제시, 치어링, 매니지먼트의 삼위일체를 갖춘 사람만이 승진해 리더가 된다는 점을 하위자들에게 주지시키고 또 그를 벤치마킹의 대상으로 삼아 열심히 실력과 인품을 키우라고 하위자들에게 본보기의 모델을 제시하는 순간이 될 것이다.

그런 점에서 승진의 개인적 의미와 조직적 의미는 2:8 정도의 가치와 비중을 갖고 운영되는 것이 가장 바람직할 것이다. 즉 조직의 발전을 위해 승진의 조직적 의미가 4/5 정도 제대로 반영되고, 또 인간인 이상 승진한 리더들의 개인적 보람도 1/5 정도는 맛보게 하는 것이, 조직과 개인 모두에게 괜찮은 결과를 가져오는 양합적 게임 (positive-sum)이 될 것이다.

이 시대의 리더가 되고 싶어 열심히 스펙을 짜며 미래를 준비하는 분들은 이런 승진의 개인적 의미와 승진의 조직적 의미를 되새기며 리더로서의 소양과 덕목을 골고루 갖춰 나갔으면 한다. 왜냐하면 리더가 된 당신들의 일순간의 판단과 하찮은 행동 하나하나가 당신들로 인해 영향을 받을 운명에 놓인 수많은 하위자들의 얼굴에 그늘이 지게 하고 그들에게서 일자리를 뺏고 끝내 그들의 하루하루를 저 삭풍이 몰아치는 광야 속처럼 만들 수 있기 때문이다. 지금도 리더로서의 스펙 짜기에 열심인 많은 분들이 더 겸손하게 리더의 덕목 갖추기에 다가가길 진심으로 기대해 본다.

나가며

시민 속의 정부만이 사람을 위한 정책을 만든다. 그러기 위해 시민사회의 자강이 필요하다

행정 효율과 경제 합리성에 대한 현대 정부의 맹신이 시민 민주주의와 충돌하고 있다. 테크노크라트들은 기술 전문성과 행정 효율을 앞세워 체제의 외형적 신장은 크게 도모했지만 자신에게 익숙한 경제적 계산논리와 거리가 먼 대중적 정서를 읽는 능력은 많이 떨어져, 민주주의의 구현을 위한 정치적 과제들을 미해결의 상태로 남긴다. 그 결과 사회정의는 경시되고 사회 양극화가 야기되기 쉽다.

푸코(M. Foucault)의 지적처럼, 정부는 종종 규율권력을 내세우며 시민들로 하여금 규율과 복종의 질서를 내면화하도록 훈육해 권력이 다루기 좋은 균질적, 복종적 인간을 만드는 반 민주성을 드러내기도 한다. 시민들은 존중 받을만한 고유성을 지닌 존재가 아니라 체계가 규정한 관례적 절차에 갇힌 채 수혜자격 요건의 일개 대상이 되거나, 금지행위를 규정한 수많은 법규 아래서 획일적으로 관리되는 인격 없는 객체 혹은 익명의 사례로 취급된다. 따라서 시민들이 국가정책 과정에서 관료들에 의해 타자화, 대상화되면서, 사회계약의 주체인 시민과 사회계약의 산물인 정부 간 관계가 우리−관계에서 그들−관계로 전락할 우려가 크다.

거대 정부의 문제점을 치유하기 위해 자유롭고 효율적인 경제의 구축을 표방하며 등장한 신자유주의 역시 세계 도처에서 빈부격차, 복지축소, 재정위기 등 경제 난국과 시민의 곤경을 초래하며 그들−관계를 더욱 고착화시킨다. 신자유주의는 경쟁과 효율을 앞세워 사람들을 무한경쟁 시킨 뒤 그들을 비인간적 잣대로 함부로 재단해 단기적 성과 순으로 줄 세운다. 사람들을 자본주의 체제에 길들여 자본의 이익에 꼼짝 못하도록 순종적 인간으로 만드는 것이다.

규율과 질서, 경쟁과 효율이라는 미명 하에 시민들의 생각과 행동을 획일적으로 표준화하고 체제의 가치에 맞게 길들이고 훈육하는 권력의 횡포와 돈의 위력은 참으로 대단하다. 그렇지만 신자유주의 이념의 강세 속에서 체제의 정당성 위기에 대한 언급은 매우 부족한 현실이다. 따라서 시민들을 체제에 맞게 길들이고 훈육하는 대의제 시스템과 자본주의 체제의 정당성에 대한 비판적 성찰과 더불어 사람이 사람답게 살 수 있는 사회를 만들기 위한 대안 마련이 시급하다.

신자유주의 이후의 정부개혁은 이런 점에서 더 이상 도구적 이성과 성과효율적 관리기법을 도입하는 것을 뛰어넘어, 신자유주의와 신개발주의의 이념적 모순을 비판적으로 성찰, 폭로하고, 그것들이 야기한 각종 폐해를 근본적으로 치유하기 위한 차원에서 민주적 정부, 정의로운 정부, 생태 친화적 정부, 생활문화형 정부, 안전 지킴이 정부를 필히 지향해 나가야 할 것이다.

특히 신자유주의식 정부개혁을 맹종해 공공성 부재의 위기를 자초한 일부 고위관료들에게만 국가운영을 맡길 것이 아니라 해방적 관심에 의거한 시민 주도적 사회변화를 촉진해야 한다. 시민들이 나라의 주인답게 정치행정의 새 틀을 짜는 주체로 다시 나서게 하는 제도적 공간도 필요하다. 즉 대의제 하에서의 단순 투표자가 아니라 정책과정에의 적극적 참여와 숙의를 통해 공공사를 공동으로 결정하고 집행하는 정치의 주체로 되돌아오게 해야 한다.

관료들도 대표시민이라는 자기 직업의 태생적 뿌리와 시민-정부 간 관계가 기본적으로 우리-관계라는 인식에 터해, 공적 자아로서의 역할 정체성을 되새길 필요가 있다. 나아가 동료시민들이 정책과정에서 대상화되는 것을 막고 시민의 아픔을 자신의 아픔처럼 느끼는 역지감지를 통해 시민의 문제를 자기 문제처럼 해결하기 위해 적극 나서야 한다.

시민과의 관계를 우리-관계라고 생각할 때, 정부의 업무는 소관과 관할을 따지는 핑퐁행정이 아니라 시민의 아픔을 치유해주고 필히 돌봐주어야 할 사랑의 행위가 된다. 그럴 때 정부는 사랑의 대상인 시민의 목소리에 귀 기울이고 시민과 머리를 맞대며 숙의하고 토의를 거쳐 사람이 사람답게 살 수 있는 세상을 만들기 위한 의미 있는 정책설계에 올인한다.

시민-정부 간 관계가 공무원들의 각성과 숙의 민주주의의 제도화를 통해 우리-관계로 회귀할 때 정부행정의 민주적 질서가 회복될 수 있고, 타자로 취급된 채 정부관료들에 의해 무시당해온 시민들이 나라의 주인으로서의 존재가치를 다시금 인정받을 수 있다.

정부가 이처럼 시민들 곁으로 더 다가가려고 노력하고, 나아가 시민의 일반이익과 완전 합체되기 위해 시민들 마음속으로 깊숙이 파고들며 국정 대행자답게 나라살림에 최선을 다할 때 시민 속의 정부, 우리들의 정부가 될 수 있다. 그런 시민 속의 정부만이 주요 사회문제들을 해결하기 위해 사람을 위한 정책들을 입안할 수 있다.

　그렇다면 사람을 위한 정책의 진면목은 무엇일까? 신자유주의의 폐해를 치유하고 시민 삶의 질을 제고하는 데 핵심요소인 사회 양극화 해소와 공정사회 구현을 위한 복지정책, 생활문화의 활성화와, 신개발주의의 한계를 극복하기 위한 생태계 보전과 복원, 안전사회의 구축 등이 그것이다. 즉 시민 삶의 질적 제고를 위해 우리가 어디에서 어떤 태도로 의미 있게 살 것인가에 대한 방법론을 복지사회 속의 생태도시 – 문화도시 – 안전도시 개념을 중심으로 재구성해 보는 것이다. 이런 사람을 위한 정책들의 활성화를 통해, 시민 – 정부 간 우리 – 관계는 더욱 촉진될 수 있다.

　시민 속의 정부로 확고히 자리매김해 사람을 위한 정책들을 꽃피우기 위해선, 시민 – 정부 간 우리 – 관계 형성의 두 주체인 정부와 시민사회 모두의 자기 혁신이 필요하다. 먼저 그들 – 관계를 조장해온 정부의 결자해지식 자기 혁신이 필요하다. 우리의 현실은 종종 공무원들의 무능력과 도덕적 해이로 인해 그들을 위한 근무여건 조성이 사치로 여겨지는 경우가 적지 않다. 시민과 언론의 감시가 약해지면 공무원들이 일에 덜 몰두하는 노력회피 성향이 드러난다. 그러니 공무원 연금에 대한 사회의 시선이 그리 곱지 않고 연금개혁의 목소리만 드높다. 시민과의 거리감을 극복하고 시민의 생활문제와 생활이익에 대한 이해도를 좀더 높이기 위해선, 시민의 옆으로 늘 다가가 시민의 입장에서 생각하려는 공무원들의 역지사지 자세가 긴요하다. 더 나아가선 시민의 고통스런 마음을 역지감지하기 위한 시민과의 기본적 관계성 회복이 절실하며 그런 기본적 관계성에 의거해 공무를 수행하고자 전력을 다하는 공무원다운 사람들을 발굴해 공직에 끌어들이는 과정이 우선되어야 할 것이다. 이를 위해 공적 자아가 강

388

한 사람들을 공무원으로 채용하고 공직에 계속 유지시키기 위한 정부 인사행정의 근본적 혁신이 전제되어야 한다.

시민에 대한 그들 관점에 빠져 시민의 일반이익에 반대되는 방향으로 나가기 쉬운 정부를 견제해 우리－관계라는 제자리로 돌리기 위해선, 또 때로는 과잉 제도화의 한계를 보이는 정부부문에 덜 의존하며 사회를 자주적으로 관리해 나가기 위해선, 시민사회의 자기 혁신과 시민 간 함께 서기를 하기 위한 역할공간도 필요하다. 따라서 열정적 공중인 시민들의 함께 서기의 방편으로 협동조합운동과 특히 아나키즘의 현대적 응용방향을 심도 있게 살펴보아야 한다.

사회의 자주적 관리로 불리는 아나키즘은 정부행정이 반(反) 강권적인 것이 되도록 구성되어야 할 필요성과 정부의 의사결정을 정치공동체에 개방하는 등 시민과의 권력 공유 필요성을 강조하므로, 신자유주의적 정부행정에 대한 비판적 성찰과 민주정부, 정의로운 정부의 대안 마련에 있어 새로운 인식론적 기초를 제공해 준다. 아나키즘의 현대적 응용이 시민－정부 간 우리－관계를 완전히 부정하는 것은 아니다. 대의제의 한계에 의해 종종 나라의 주인이 노예로 전락하고 국정 대행자들이 주인 행세를 하는 그간의 잘못된 질서에 경종을 울리고 양자의 관계를 올바르게 재정립하기 위한 새로운 계기를 만들어 보자는 것이다. 그래야 대리인들도 강해진 주인을 무서워하며 비로소 주인의 목소리에 귀 기울이기 시작한다.

정부부문에 예속되지 않고 대등한 관계에서 사회의 자주적 관리를 도모하기 위해선, 시민영역의 보다 적극적인 자강(自强)이 필요하다. 그런 점에서 시민의식을 기르고 사회의 참된 인력을 키우는 대학의 변신은 매우 중요하다. 이제 대학은 개인적 출세나 취업에 유리한 성적향상 등 나만을 위한 작은 공부보다는 자기 삶의 진정한 주인이 되기 위해 자율과 자립의 가치를 익히고 실천하는 곳이 되어야 한다. 특히 사람과 자연을 위한 큰 공부를 하기 위해 공생과 협력, 연대의 가치를 익히는 민주시민 육성터가 되어야 한다. 나만 잘 되길 바라는 편협한 이기적 공부가 아니라 우리 모두가 서로가 힘들 때 서로 등받이가 되어주는 공생, 협력, 연대 가치의 공부의 장이 되어야 한다. 그렇게 같이 서고 더불어 살려는(共) 마음가짐으로부터 진정한 공(公)의 질서를 만들어 낼 수 있다. 그럴 때 갑과 을의 나라도 없어진다. 힘겨운 모두가 갑으로 존중받고 그러기 위해서 여유로운 사람들이 스스로 낮은 데로 임해 을의 책무를 다하는 노블리스 오브리쥬의 멋진 사회도 만들어진다.

우리가 대부분의 일과를 보내는 직장의 민주화, 인간화 문제도 조직시민의 육성 차원에서 생활 민주주의의 함의가 매우 큰 미시정치 영역이다. 각고의 현실 속에서도 직장인들은 직장생활의 고통에 내재된 공통분모를 서로 공유하며 공동 치유자로서의 합법적 제도 투쟁을 지속해야 한다. 그것이 단순히 노무의 대가만 바라며 주어진 일만 하는 소시민적 직업인이 아니라 직장의 발전을 위해 주인의식을 갖고 건설적 제안을 회피하지 않는 조직시민이 되는 길이다.

우리의 직장 현실을 들여다보면 권력자나 자본가는 아득하게 먼 밀실에서, 저 높고 높은 상석에 앉아 자신의 대리인인 관리자층을 시켜 권력과 자본의 힘으로 완벽하게 조직을 통제하고 직장인들을 길들이고 있다. 때로는 아무 사려 분별없이 권력자와 자본가의 명령대로 비민주적인 잣대를 들이대며 SSKK(시키면 시키는 대로 까라면 까라는 대로)하고, 그 결과물로 밥 한술, 힘 한 자락 더 얻으려 하는 세속적 인간들이 종종 우리의 관리자층으로 전면 배치되기도 한다. 그들이 선량한 많은 직장인들의 소중한 삶을 훼손하는 것이 참 못마땅하다. 그러나 그들이 조직도에서 우리 위에 존재하는 한 이 명령복종의 사회에선 우리가 부자유스러울 뿐이다.

그들은 자기처럼 돈 한 푼이나 힘 한 자락을 더 얻기 위해 자기 앞에 똑같이 머리를 숙이는 약자들은 우습게 본다. 그러나 자기들과는 전혀 다른 가치 아래 다른 삶을 기획하며 그들의 알량한 힘과 돈을 짐짓 무시하는 사람들은 조금씩 경계한다. 나아가 조직의 민주화, 인간화를 위해 건설적 제안을 하며 그들 행동거지의 허구성을 정당하게 지적하면 많이 놀랄 것이다. 그래서 직장인들은 그들과는 다른 가치체계와 행동양식을 정립하려는 정신적 싸움을 시도해야 한다. 이윽고 '탑 앞의 소나무'가 되어 소나무의 당당한 존재감으로써 관리자층의 부당한 명령을 정신적으로 압도해 그들의 잘못된 SSKK 관행을 뿌리 뽑아야 한다.

직장인들을 현대판 노예처럼 대하는 조직 상층부의 안이한 시각을 교정하기 위해선, 이처럼 어렵지만 직장인들이 정신적으로 자신을 재무장해 쉽게 무시당할 수 없는 존재감으로써 자신의 주인의식을 입증해내는 직업철학의 정립과 그것을 위한 생활정치의 장에서의 도덕적 싸움도 게을리할 수 없겠다.

미시적 생활영역에서의 민주시민 되기, 조직시민 되기 등 자기 삶의 주인이 되기 위한 정치적 노력이 쌓이고 그런 생활 민주주의의 경험이 축적될 때, 그런 시민사회의 자강이 자칫 시민의 일반이익에서 멀어지기 쉬운 정부의 정책이해를 올바른 방향으로 견인하며 시민-정부 간에 우리-관계를 촉진시킴으로써, 결국 우리들의 정부를 만드는 밑거름으로 작용할 것이다.

주(註)

들어가며

1) 우리-관계와 그들-관계 개념에 대한 문헌으로는 Schutz, A. 1967. *The Phenomenology of the Social World*. by Walsh & Lehnert(trans.). Northwestern University Press, 또 이 개념을 시민-정부 관계에 적용한 문헌으론 Hummel, R. 1982. *The Bureaucratic Experience, 2nd ed*. St. Martin's Press; King, C. & Stivers, C. 1998. *Government Is Us: Public Administration in an Anti-government Era*. London: Sage Pub. 등이 있음.

2) 매일신문, 2011.9.26자.

01. 시민-정부 간 그들-관계의 대두

3) 이도형. 2013. [행정학의 샘물(제3판)]. 선학사, 66-67쪽.

4) 송호근은 이런 맥락에서 정치인은 4-5년 세입자로, 관료들은 그 틈을 비집고 은근과 끈기로 영토를 확장해 규제의 거미줄을 친 30년 집주인으로 비유한다. 송호근. 2015. [나는 시민인가]. 문학동네, 313-314쪽.

5) Caiden, G. E. 1992. *Public Administration, 2nd ed*. Pacific Palisades, Calif.: Palisades Pub., p.256.

6) 고든 털럭 외(김정완 역). 2005. [공공선택론: 정부실패]. 대영문화사.

7) Ronge, V. 1984. "The Politicization of Administration in Advanced Capitalist Societies." *Political Studies*. vol.XXXV, pp.87-88.

8) Etzioni-Halevy, E. 1983. *Bureaucracy and Democracy: A Political Dilemma*. London: Routledge & Kegan Paul, pp.54-61.

9) Parkin, J. 1994. *Public Management: Technology, Democracy and Organization Reform*. Aldershot: Avebury, pp.112-113.

10) Stivers, C. 2008. *Governance in Dark Times: Practical Philosophy for Public Service*. Washington, D. C.: Georgetown University Press.

11) Hummel, R. 1982. *The Bureaucratic Experience, 2nd ed*. St. Martin's Press, pp.34-36.

12) Waugh, W. Jr. 1998. "Phenomenology." In Lynch & Dicker(eds). *Handbook of Organization Theory & Management: The Philosophical Approach*. N. Y.: Marcel Dekker Inc..

13) Goodsell, C. 1994. *The Case for Bureaucracy: A Public Administration Polemic, 2nd ed.* Chatham House Pub., pp.17-18.

14) Habermas, J. 1985. *Theory of Communicative Action 2 : Life World and System.* Beacon; Habermas, J. 1996. *Facts and Norms.* Cambridge: MIT Press.

15) Kelly, T. 2004. "Unlocking the Iron Cage: Public Administration in the Deliberative Democratic Theory of Jurgen Habermas." *Administration & Society*, 36(1), pp.40-45.

16) King, C. & Stivers, C. 1998. *Government Is Us: Public Administration in an Anti-government Era.* London: Sage Pub., p.xiii.

17) 고병권. 2012. [점거, 새로운 거버먼트: 월스트리트 점거운동 르포르타쥐]. 그린비, 204-209쪽.

18) 이도형. 2012. "행정의 민주화: 시민 – 관료 간 우리 – 관계 회복을 중심으로." [정부학연구], 18(3), 103-108쪽.

02. 신자유주의 정부개혁의 본질과 한계

19) Self, P. 1985. *Political Theory of Modern Government: Its Role and Reform.* London: George Allen & Unwin.

20) Kaul, Mohan. 1997. "The New Public Administration: Management Innovations in Government." *Public Administration and Development*, vol.17, pp.13-14.

21) Bouckaert, Geert. 2001. "Pride and Performance in Public Service: Some Patterns of Analysis." *International Review of Administrative Sciences*, vol.67, pp.15-16.

22) 소영진. 2015. "신자유주의와 행정, 그 문제와 극복방안 : 하버마스의 사회이론을 중심으로." [현대사회와 행정], 25(1), 5-9쪽.

23) 윤성식. 1999. "새 천년 국가행정의 새로운 패러다임." [계간 정책포럼], 가을호, 106-110쪽.

24) Moe, Terry M. 1984. "The New Economics of Organization." *American Journal of Political Sciences*, 28, p.4; 이도형. 2004. [행정철학]. 대영문화사, 113-119쪽.

25) 이도형. 2013. "비판이론과 행정학: 비판행정학의 성찰과 현대적 재적용." [현대사회와 행정], 23(2), 182쪽.

26) Block, F. 1977. "The Ruling Class does not Rule: Notes on the Marxist Theory of the State." *Socialist Revolution*, vol.33.

27) 하워드 진(문강형준 역). 2008. [권력을 이긴 사람들]. 난장.

28) 네그리, 하트(정남영,윤영광 공역). 2014. [공통체]. 사월의 책, 205-206쪽.

29) 나오미 클라인(김소희 역). 2008. [쇼크 독트린]. 살림 Biz.

30) 우석훈. 2014. [내릴 수 없는 배]. 웅진지식하우스, 176-186쪽.

03. 그들 – 관계의 극복을 위한 대안적 인식틀

31) 고병권. 2011. [민주주의란 무엇인가?]. 그린비, 97-100쪽.

32) 이종원. 2009. "무엇이 뉴딜인가?" [인터넷 국민일보](http://www.kukinews.com).

33) 이 내용은 한국장애인유권자연맹 장애인뉴스 홈페이지(www.welvoter.co.kr)에서 참고했음.

34) 푸코(오생근 역). 2011. [광기의 역사]. 나남출판; 장정일. 2014. [독서일기]. 도서출판 마티, 100쪽.

35) Fay, B. 1987. *Critical Social Science: Liberation & Its Limits*. Polity Press, pp.31-32.

36) McCarthy, T. 1985. *The Critical Theory of Jurgen Habermas*. Cambridge: MIT Press, p.333.

37) Farmer, D. J. 1995. *The Language of Public Administration: Bureaucracy, Modernity and Post-modernity*. Tuscaloosa, Al.: University of Alabama Press; 이도형. 2015. "신자유주의 행정학의 성찰과 대안모색: 아나키즘의 재해석과 현대적 응용." [정책연구], 제1권, 8-10쪽.

05. 대의제와 관료제적 행정이 낳은 민주정부의 실종

38) 야마와키 나오시(성현창 역). 2011. [공공철학이란 무엇인가]. 이학사.

39) Griffith, F. 1998. "John Locke's Influence on American Government and Public Administration." In T. D. Lynch & T.J. Dicker(eds.). *Handbook of Organization Theory and Management*. Marcell Dekker, Inc..

40) 문지영. 2011. [국가를 계약하라]. 김영사.

41) 이화용. 2011 "서양 중세의 대의사상." 서병훈 외. [왜 대의민주주의인가?]. 이학사, 158-161쪽.

42) 서병훈. 2011. "대의민주주의의 꿈과 포부, 과제." 서병훈 외, [왜 대의민주주의인가?]. 이학사, 15-21쪽.

43) 임혁백. 1999. "밀레니엄 시대의 민주주의 대안: 심의민주주의." [계간 사상], 겨울호, 165쪽.

44) Weber, M. 1947. *The Theory of Social and Economic Organization*. by A. M. Henderson & T. Parsons(trans.). Oxford: Oxford University Press.

45) 이문수. 2008. "막스 베버의 관료론: 기계부속품인가, 소명을 실현하는 존재인가?" [정부학연구], 14(2), 42-45쪽.

46) Thayer, F. 1984. *An End to Hierarchy and Competition, 2nd ed.* N. Y.: Franklin Watts; Hummel, R. 1982. *The Bureaucratic Experience, 2nd ed.* St. Martin's Press.

47) Goodsell, C. 1994. *The Case for Bureaucracy: A Public Administration Polemic, 2nd ed.* Chatham, N. J.: Chatham House Publishers.

48) 김영평. 1988. "관료제의 정책결정양식과 민주주의의 인식방법론: 관료제의 민주화를 위한 인식방법론적 시론." [한국행정학보], 22(2).

06. 시민-정부 간 우리-관계 회복의 불가피성

49) Nabatch, T. 2011. "Addressing the Citizenship and Democratic Deficits: The Potential of Deliberative Democracy for Public Administration." *The American Review of Public Administration*, 40(4), p.379.

50) 앤드류 커크(유강은 역). 2005. [세계를 뒤흔든 시민불복종]. 그린비, 53-54쪽.

51) Frederickson, H. 1997. *The Spirit of Public Administration*. Jossey-Bass, pp.209-210.

52) 우리-관계에선 대면접촉을 통해 쌍방향 의사소통을 위한 간주관적(inter-subjective) 의미공유가 가능하다.

53) Catron B. I. & Hammond, B. R. 1990. "Reflections on Practical Wisdom: Enacting Images and Developing Identity." In H. Kass & B. Catron(eds.). *Images and Identities in Public Administration*. London: Sage Pub..

54) Cooper, T. 1990. *The Responsible Administrator: An Approach to Ethics for the Administrative Role, 3rd ed*. San Francisco: Jossey-Bass.

55) Adams, B. et al. 1990. "Joining Purpose to Practice: A Democratic Identity for the Public Service." In H. Kass & B. Catron(eds.). *Images and Identities in Public Administration*. London: Sage Pub..

56) Denhardt, J. & Denhardt, R. 2007. *The New Public Service, expanded ed*. M. E. Shape, Inc., p.164; 이도형. 2012. "행정의 민주화: 시민-관료 간 우리-관계 회복을 중심으로." [정부학연구], 18(3), 96-103쪽.

57) 김정길. 1998. [공무원은 상전이 아니다]. 도서출판 베스트셀러.

58) 미국 시라큐스 대학교 맥스웰 스쿨에 새겨져 있는 이 선언에는 "우리는 끊임없이 공적 의무감을 소생시키며 이 도시를 돈이 덜 들고 더 위대하며 더 좋고 더 아름답게 전환시킬 것이다"라는 소중한 내용이 담겨져 있다.

59) Holzer, M. & Callahan, K. *Government At Work: Best Practice and Model Programs*. London: Sage Pub., 1998. p.2; 이도형. [행정학의 샘물(제3판)]. 선학사, 92-94쪽.

60) 스위프트(김비환 역). 2011. [정치의 생각]. 개마고원.

61) Rawls, J. 1971. *A Theory of Justice*. Harvard University Press, p.11.

62) 사회계약론의 내용 중 재응용할 만한 지적 자원에 대해선 1993년 한국 사회,윤리연구회에서 펴낸 [사회계약론 연구](철학과 현실사)에 수록된 윌 킴릭카(박정순 역). "사회계약론의 전통"과 정연교. "로크의 동의개념에 대한 소고." 또 이봉철. 2011. "사회계약 이론의 난제와 해결모색: 실종된 사회질서의 탐색, 복구를 통해서." *OUGHTOPIA: The Journal of Social Paradigm Studies*, 25(3), 78-81쪽 등을 참고할 만함.

63) 사이토 준이치(윤대석,류수연,윤미란 역). 2009. [민주적 공공성: 하버마스와 아렌트를 넘어서]. 이음, 17쪽.

64) Rawls, J. 1971. *A Theory of Justice*. Harvard University Press, p.11; 박정순. 1993. "현대윤리학의 사회계약론적 전환." 한국 사회,윤리연구회 편, [사회계약론 연구]. 철학과 현실사, 174쪽.

65) 곰베르트 외(한상익 역). 2012. [사회민주주의의 기초]. 한울 아카데미, 29-33쪽.

66) 스위프트(김비환 역). 2011. [정치의 생각]. 개마고원, 48-53쪽.

67) 박정순. 2009. "자유주의 정의론의 철학적 오디세이: 롤즈 정의론의 변모와 그 해석논쟁." 황경식,박정순 외, [롤즈의 정의론과 그 이후]. 철학과 현실사, 5-6쪽.

68) Corning(박병화 역). 2011. [공정사회란 무엇인가]. 에코 리브르.

69) Petring et. al.(조혜경 역). 2012. [복지국가와 사회민주주의]. 한울 아카데미. 28-35쪽; 이도형. "공정사회 구현을 위한 보편적 복지의 제도화: 정의원칙의 확대 재구성과 주요 복지제도에의 적용." [한국거버넌스학회보], 20(2), 28-33쪽.

70) 우리 사회에도 비정규직, 청년 실업자, 재개발지역의 빈민 등 버려진 자가 많다.

71) Arendt(이진우,박미애 역). 2006. [전체주의의 기원 I]. 한길사.

72) 능동적 행정가로의 마음습속 변화에 대해선 King, C. & Stivers, C. 1998. *Government Is Us: Public Administration in an Anti-government Era*. London: Sage Pub.; Cooper, T. 1990. *The Responsible Administrator: An Approach to Ethics for the Administrative Role, 3rd ed*. San Francisco: Jossey-Bass 등을 참고했음.

73) White, O. Jr. 1969. "Dialectical Organization: An Alternative to Bureaucracy." *Public Administration Review*, 29(1).

74) Frederckson, H. 1997. *The Spirit of Public Administration*. Jossey-Bass, p.42.

75) Kelly, T. 2004. "Unlocking the Iron Cage: Public Administration in the Deliberative Democratic Theory of Jurgen Habermas." *Administration & Society*, 36(1), pp.53-59; 이도형. 2012. 앞의 논문, 116쪽.

76) Nabatch, T. 2011. "Addressing the Citizenship and Democratic Deficits: Potential of Deliberative Democracy for Public Administration." *American Review of Public Administration*, 40(4), pp.385-392.

77) Shah, Anwar. 2008. "Demanding to be Served." In Jorrit De Jong & Gowher Rizvi(eds.). *The State of Access: Success & Failure of Democracies to Create Equal Opportunities*. Brookings Institution Press, p.223.

78) 아마와키 나오사(성현창 역). 2011. [공공철학이란 무엇인가]. 이학사, 130쪽; Ventriss, Curtis. 1998. "Radical Democratic Thought and Contemporary American Public Administration: A Substantive Perspective." *American Review of Public Administration*, 28(3), p.240.

79) Kliksberg, Bernado. 2000. "Rebuilding the State for Social Development: Towards Smart Government." *International Review of Administrative Sciences*, vol.66, pp.254-255; Kelly, T. 2004. "Unlocking the Iron Cage: Public Administration in the Deliberative Democratic Theory of Jurgen Habermas." *Administration & Society*, 36(1), pp.53-61.

80) Benington, John. & Geddes, Mike. 2001. "Introduction: Social Exclusion, Partnership and Local Governance: New Problems, New Policy Disclosures in the European Union." In Mike Geddes and John Benington(eds.). *Local Partnership and Social Exclusion in the European Union: New Forms of Local Social Governance?* London: Routledge, pp.5-6.

81) Hoggett, Paul and Thompson, Simon. 1998. "The Delivery of Welfare: the Associationist Vision." In John Carter(ed.). *Post-modernity and the Fragmentation of Welfare*. London: Routledge.

82) 임혁백. 1999. "밀레니엄 시대의 민주주의 대안: 심의 민주주의." [계간 사상], 겨울호, 175-181쪽.

83) 물론 소설 속 주인공은 광장만 있고 밀실은 없는 세상에 대해서도 비판적이지만, 여기서는 밀실에서의 의사결정을 비판적으로 성찰하기 위해 밀실만 있고 광장은 없는 세상에 대해서만 논의한다.

84) 신영복. 2015. [담론]. 돌베개, 17쪽.

85) 이 내용은 서울특별시청의 서울시 복지기준 마련을 위한 1000인 시민원탁회의 보도자료(http://welfare.seoul.go.kr)에서 참고했음.

86) 이도형. 2013. "민주 행정의 제도화: 사회계약론의 현대적 재구성과 심의 민주주의의 활성화를 중심으로." [한국교통대학교 논문집], 제48집, 412-415쪽.

08. 사회협약의 성공사례: 복지국가 이전에 민주국가인 스웨덴

87) The Swedish Institute. 1986. *Sweden in Brief.* The Swedish Institute, pp.79-80.

88) Therborn, Goran. 1989. "Pillarization and Popular Movements, Two Variants of Welfare State Capitalism : The Netherlands and Sweden." In F. Castles(ed.). *The Comparative History of Public Policy.* New York, N. Y. : Oxford University Press, pp.193-197.

89) 주성수. 1992. [사회민주주의와 경제민주주의]. 인간사랑, 495쪽.

90) 강수돌. 2015. [여유롭게 살 권리]. 도서출판 다시봄, 159쪽.

91) Hitchner, Dell G. & Levine, Caroll. 1981. *Comparative Government and Politics, 2nd ed..* N. Y. : Harper & Row, Pub., p.38.

92) 안병영. 1990. "사회민주주의의 변화와 미래조망." [계간 사상], 겨울호, 202-203쪽.

93) 스벤손(이연진 역). 2005. [스웨덴]. 휘슬러.

94) 프레데릭슨. 1994. "스웨덴 노조와 좌파정당." 그레빙 외 지음(정병기 역). [유럽 노동운동은 끝났는가?]. 노동자신문.

95) Wise, Charles R. Ämna, Erik & Sinclair, Thomas. 1994. "National Administrative Agencies in Transition: A Comparison of Sweden and the United States." *International Journal of Public Administration*, 17(10).

96) Peters, B. Guy. 2006. "참여형 정부의 구축: 스칸디나비아 및 복지국가의 교훈." 남궁근 외. [스칸디나비아 국가의 거버넌스와 개혁]. 한울.

97) 스웨덴의 민주적 코포라티즘 정책결정절차에 대해선, Wilensky, H. L. & Turner, L. 1987. *Democratic Corporatism and Policy Linkages.* Berkeley: University Press of California; Andrain, C. F. 1985. *Social Policy in Western Industrial Societies.* Berkeley: University Press of California; Katzenstein, P. J. 1985. *Small States in World Markets.* Cornell University Press를 참고했음.

98) 변광수 외. 1993. [복지의 나라 스웨덴]. 한국외국어대학교 출판부.

99) 최경구. 1991. "조합주의 복지국가의 모형." [한국사회학], 제25집(여름호), 93-111쪽; 이도형. 1993. "스웨덴 행정제도의 민주성과 그 정치적 함의." [한국행정학보], 27(1), 98쪽.

100) 윤홍근. 2006. "정책협의제의 변화: 스웨덴과 덴마크 사례비교." 남궁근 외. [스칸디나비아 국가의 거버넌스와 개혁]. 한울.

101) 정병기. 2004. "서유럽 코포라티즘의 성격과 전환." [한국정치학회보], 38(5), 333-343쪽.

102) Lindvall, Johannes and Sebring, Joakim. 2005. "Policy Reform and the Decline of Corporatism in Sweden." *West European Politics*, 28(5), pp.1057-1074.

103) 신광영. 2000. "스웨덴 계급타협의 형성과 위기." [한국사회학], 34(4); 윤홍근 앞의 논문에서 참조.

104) Lewin, Lief. 1994. "The Rise and Decline of Corporatism: The Case of Sweden." *European Journal of Political Research*, 26(1), pp.59-79.

105) 김인춘. 2002. "세계화 시대 북유럽 조합주의의 변화와 혁신: 스웨덴, 덴마크, 노르웨이 비교분

석." [경제와 사회], 53권(봄), 174-200쪽.

106) 주은선. 2006. "스웨덴 복지정치의 기반변화: 코포라티즘 폐기 혹은 변형?" [사회보장연구], 22(1), 241-264쪽.

107) 김인춘. 2004. "세계화, 유연성, 사민주의적 노동시장체제." [한국사회학], 38(5), 167-168쪽.

108) Lindvall, J. and Sebring, J. 2005. "Policy Reform and the Decline of Corporatism in Sweden." *West European Politics*, 28(5); 정병기. 앞의 논문에서 참조.

109) 스웨덴 사회협약의 향후 전망에 대해선 Geer, H., et al. 1987. *In the Wake of the Future : Swedish Perspectives on the Problems of Structural Change*. Aldershot: Gower Pub.; 신정완. 2000. "글로벌라이제이션 시대의 스웨덴 사민주의." [스칸디나비아 연구], 창간호; 조영철. 2007. [금융 세계화와 한국경제의 진로]. 후마니타스; Vartiainen, J. 2004. "Scandinavia Capitalism at the Turn of the Century." In J. Perraton & B. Clift(eds.). *Where are National Capitalism Now?* Palgrave Macmillan Ltd..; 박노영. 2006. "스웨덴 모델의 과거, 현재 그리고 미래." [사회과학연구], 제16권; 이주희. 2006. "스웨덴 금속노조의 부문별 계급타협 사례연구: 집단이기주의 혹은 합리적 선택?" [한국사회학], 40(4); 이도형. 2009. "스웨덴의 정치체제와 거버넌스." 김윤권 편, [스웨덴의 정치와 행정]. 법문사 등을 참고했음.

09. 직접 민주주의 요소의 일부 도입

110) Arendt(김선욱 역). 2006. [예루살렘의 아이히만]. 한길사.

111) 강신주. 2011. [철학이 필요한 시간]. 사계절.

112) Denhardt, Janet V. & Denhardt, Robert B. 2007. *The New Public Service, expanded ed.* N. Y.: M. E. Shape, Inc., p.60.

113) Schachter, H. 1997. *Reinventing Government or Reinventing Ourselves: The Role of Citizen Owners in Making a Better Government.* State University of New York Press, p.2.

114) 고병권. 2012. [점거, 새로운 거버먼트: 월스트리 점거운동 르포르타주]. 그린비, 208-209쪽.

115) 소준섭. 2011. [직접민주주의를 허하라]. 서해문집, 90-97쪽.

116) Donovan, T. & Bowler, S. 1998. "An Overview of Direct Democracy in the United States." In S. Bowler, T. Donovan & C. Tolbert(eds.). *Citizens as Legislators: Direct Democracy in the United States.* Ohio State University Press, pp.12-19.

117) 나중식. 2004. "브라질 알레그레 시의 주민참여예산제도: 성공요인과 한계." [한국행정논집], 16(3).

118) 이도형. 2012. "행정의 민주화: 시민-관료 간 우리-관계 회복을 중심으로." [정부학연구], 18(3), 119쪽.

10. 산업 도우미: 경제체질의 개선

119) 송병락. 1998. [경제는 시스템이다]. 김영사.

120) Johnson, C. 1981. *MITI and the Japanese Miracle.* Stanford University Press.

121) 이호철. 1996. [일본 관료사회의 실체]. 삼성경제연구소.

122) McCormack(한경구 외 역). 1996. [일본, 허울뿐인 풍요]. 창작과 비평사.

123) 이우광. 2011. [일본 재발견]. 삼성경제연구소.

124) 정진화 외. 2000. [지식기반경제의 인력정책]. 을유문화사, 62-65쪽.

125) 중앙일보, 2001.5.15자; 중앙경제, 2008.1.1자.

126) 이원덕. 2003. "좋은 일자리 많이 만드는 정부." [정책포럼], 봄호, 57-64쪽.

127) 류우익. 1996. "한반도의 경쟁력." 21세기문화연구회 편, [교수 10인이 풀어본 한국과 일본 방정식]. 삼성경제연구소, 209-215쪽.

128) "세계는 자원전쟁 중." 중앙일보, 2006.1.24-2.6자.

129) 이도형, 김정렬. 2015. [참발전 이야기]. 박영사, 239-247쪽.

11. 규제 청소부: 프로쿠르스테스적 행정인에서 벗어나기

130) 오희환. 1992. [지방행정 기능분석에 관한 연구(II)]. 한국지방행정연구원, 87쪽.

131) 박세정. 1995. [세계화 시대의 일류행정]. 가람기획, 313-314쪽.

132) 강형기. 1998. [관의 논리, 민의 논리]. 비봉출판사, 57-58쪽.

133) 권영걸. "공공디자인 클리닉 18." 중앙일보, 2010.2.18자.

134) 이도형. [행정학의 샘물(제3판)]. 선학사, 162-167쪽.

135) Goodsell. C. 1994. *The Case for Bureaucracy: A Public Administration Polemic, 2nd ed.* N. J.: Chatham House Publishers, pp.3-7.

12. 공적 돌봄자: 배분적 정의와 보편적 복지

136) 田中明彦(이웅현 역). 2000. [새로운 중세: 21세기의 세계시스템]. 도서출판 지정.

137) 삼성경제연구소 편. 1994. [21세기를 향한 한국의 국가경쟁력]. 삼성경제연구소.

138) 이한구. 1995. "한국경제의 선진화를 위한 경제,사회적 조건." [국가전략], 1(1), 160-161쪽.

139) 미국사회의 그늘에 대해선 레비(김병욱 역). 2006. [아메리칸 버티고]. 황금부엉이; 할스테드(이종욱 역). 2007. [미국 개조론]. 한울 아카데미; 애런라이크(전미영 역). 2011. [오! 당신들의 나라]. 부키; 조홍식. 2004. [미국이란 이름의 후진국]. 사회평론 등을 참고했음.

140) 생활빈국으로서의 일본에 대한 비판은 김영명. 1994. [일본의 빈곤]. 미래사, 김문환. 2006. [전환기 도쿄 이야기]. 삶과 꿈; 이우광. 2011. [일본 재발견]. 삼성경제연구소 등을 참고했음.

141) 홍승일. "경제교과서 노르웨이를 배우자." 중앙일보, 2009.12.18자.

142) 박노자. 2002. [좌우는 있어도 위아래는 없다]. 한겨레신문사.

143) 박노자 기획, 김건 외. 2013. [나는 복지국가에 산다]. 꾸리에.

144) 스위스에 대한 국내 저서로는 맹찬형. 2012. [따뜻한 경쟁: 패자부활의 나라 스위스 특파원 보고서]. 서해문집; 우석훈. 2008. [괴물의 탄생]. 개마고원; 안영환. 2007. [EU 리포트]. 청년정신 등을 참고할만함.

145) 장하준, 정승일, 이종태. 2012. [무엇을 선택할 것인가?]. 부키.

146) 이도형, 김정렬. [첨발전 이야기]. 박영사, 36-43; 121-127쪽.

147) 정원오. 2011. [복지국가]. 책세상, 95-100쪽.

148) Petring et. al.(조혜경 역). 2012. [복지국가와 사회민주주의]. 한울 아카데미, 18-23쪽.

149) Bok, D. 2010. *The Politics of Happiness*. Princeton University Press.

150) 구인회 외. 2010. [사회복지정책론]. 나남출판, 32쪽.

151) 조흥식. 2012. "한국 복지체제의 변천과 복지국가의 요건." 조흥식 엮음. [대한민국, 복지국가의 길을 묻다]. 이매진, 38-41쪽.

152) Frederickson, H. G. 1997. *The Spirit of Public Administration*. Jossey-Bass, p.138.

153) 박동석 외. 2003. [고령화 쇼크]. 굿 인포메이션, 409쪽.

154) 은수미. 2010. "노동시장과 고용정책의 현황과 과제." 이상이 편저. [역동적 복지국가의 논리와 전략]. 도서출판 밈, 107쪽.

155) 매일경제, 2013.1.13자.

156) 이상이. 2012. [복지국가가 내게 좋은 19가지]. 메디치, 189-195쪽.

157) 박형근. 2010. "국민건강 증진과 의료보장정책의 현황과 과제." 이상이 편저. [역동적 복지국가의 논리와 전략]. 도서출판 밈, 254쪽.

158) Corning(박병화 역). 2011. [공정사회란 무엇인가]. 에코 리브르, 319-324쪽.

159) 윤홍식. 2011. "보편적 복지는 무책임한 퍼주기일까?" 김연명 외. [대한민국 복지 7가지 거짓과 진실]. 두리 미디어, 187쪽.

160) 경향신문취재팀. 2011. [우리는 중산층까지 복지확대를 요구한다]. 도서출판 밈, 245쪽.

161) 김상균. "복지확장기, 3대 유혹주의보." 중앙일보, 2013.4.4자; 이도형. 2013. "공정사회 구현을 위한 보편적 복지의 제도화: 정의원칙의 확대 재구성과 주요 복지제도에의 적용." [한국거버넌스학회보], 20(2); 36-42쪽.

162) 사회안전망, 자유, 관용의식, 주관적 부패지수, 1인당 국민소득, 기대수명 등을 측정한 결과이다.

163) 오연호. 2014. [우리도 행복할 수 있을까?]. 오마이북.

164) 프리드먼(장경덕 역). 2009. [렉서스와 올리브 나무]. 21세기 북스.

165) Esping-Andersen. G. 1992. *The Three Worlds of Welfare Capitalism*. Princeton, N. J.: Princeton University Press, pp.62-65.

166) 중앙일보, 2004.3.22.자.

13. 문화일꾼: 생활문화의 활성화와 문화 향유의 민주화

167) 스페이드, 월제스퍼 지음(원재길 역). 2004. [틱낫한에서 촘스키까지: 더 실용적이고 창조적인 삶의 전망 61장]. 마음산책.

168) 김찬호, 오태민. 1995. [여백의 질서: 닫힌 지구, 그 열린 세계로]. 도서출판 장산.

169) 윤희윤. 2008. "공공도서관 위탁경영의 분석과 해법." [한국도서관,정보학회지], 39(3), 25쪽.

170) 도태현. 2006. "공공도서관 서비스개발을 위한 사례연구: 미국의 P 공공도서관을 중심으로." [한국도서관,정보학회지], 37(3), 132-134쪽.

171) 장우권. 2009. "공공도서관의 지역문화콘텐츠의 관리와 활용방안 연구: 전남지역 농어촌을 중심으로." [한국문헌정보학회지], 43(1), 272쪽.

172) 이도형, 김정렬. [참발전 이야기]. 박영사, 267-277쪽.

14. 생태 지킴이: 생태윤리의 수용과 생태 친화적 정책설계

173) 한국환경사회학회. 2004. [우리 눈으로 보는 환경사회학]. 창비, 43-44쪽.

174) 환경과 생태 개념의 구별에 대해선 구승회. 2001. [생태철학과 환경윤리]. 동국대학교 출판부; 이도원. 2004. [생태 에세이(상): 흐르는 강물 따라]. 사이언스 북스; 한면희. 2007. "생태주의 이념과 현황 그리고 전망." UNEP 한국위원회 엮음. [초록 눈으로 세상읽기: 환경의 학제적 이해]. 한울 아카데미 등을 참고했음.

175) 바른케(노송두 역). 1997. [정치적 풍경]. 도서출판 일빛.

176) 제리 맨더, 에드워드 골드스미스 편저. 2001. [위대한 전환: 다시 세계화에서 지역화로]. 동아일보사; 브라운(한국생태경제연구회 역). 2003. [에코 이코노미]. 도요새, 154쪽.

177) 생태적 관점에서 사람과 자연의 일치성을 보여주는 좋은 문헌으로는, 데자르뎅(김명식 역). 1999. [환경윤리]. 자작나무; 코핸(유규상 역). 2001. [우리는 너무 오래 숲을 떠나 있었다]. 도솔; 카르티에 & 카르티에(길잡이늑대 역). 2007. [농부철학자 피에르 라비]. 조화로운 삶 등이 있다.

178) 탁광일. 2005. "세계사 속의 숲의 박해." 탁광일, 전영우 외. [숲의 희망이다]. 책씨, 138-141쪽.

179) 최창조. 1999. "자생풍수에 담긴 선조들의 지혜." 김형국 편. [땅과 한국인의 삶]. 나남출판; 최창조. 2005. [닭이 봉황되다]. 모멘토.

180) Leopold, A. 1949. *A Sand County Almanac with Essays on Conservation from Round River*. Oxford University Press.

181) Callicott, J. B. 1999. *Beyond the Land Ethics: More Essays in Environmental Ethics*. N. Y.: State University of New York Press.

182) Eckersley, R. 2004. *Green State: Rethinking Democracy and Sovereignty*. MIT Press.

183) 이정석. 2012. "생태계 관리에 대한 공무원의 의사결정과 그 심리." [환경정책연구], 11(3), 5-9쪽.

184) 이도형. 2014. "생태윤리의 보편적 수용 필요성과 그 행정학적 함의." [정부학연구], 20(2), 3-6쪽.

185) 숲 속 식물의 존재방식과 그 생태적 가치 및 그것의 인간사회에의 현실적 응용과 관련해 참고하면 좋은 책으로는 최소영. 2006. [숲은 더 큰 학교입니다]. 랜덤하우스 중앙; 우종영. 2006. [나는 나무처럼 살고 싶다]. 랜덤하우스 중앙; 이성규. 2003. [백두산 툰드라지역 식물의 살아남기]. 대원사; 차윤정. 2004. [숲의 생활사]. 웅진닷컴; 톰킨스, 버드(황금용, 황정민 역). 2004. [식물의 정신세계]. 정신세계사 등이 있음.

186) 윤석철. 2005. [경영,경제,인생 강좌]. 위즈덤 하우스.

187) 이도형. 2007. "정부의 존재가치 구현을 위한 시론: 자연독법을 통한 숲의 존재방식 응용방향 예시를 중심으로." [행정논총], 45(4), 242-245쪽.

188) 구준모. 2009. "경제위기와 생태위기에 대한 오판과 단견." [사회운동], 1-2월호; 조명래. 2009. [지구화, 되돌아보기와 넘어서기: 공간환경의 모순과 극복]. 환경과 생명.

189) 윤순진. 2009. "이명박 정부 1년과 녹색의 변질." [창비주간논평](http://weekly.changbi.com).

190) 윤진호. 2009. "녹색뉴딜 사업은 고용위기를 구할 수 있을까?" [노동사회], no.2, 72-73쪽.

191) 생태친화적 정책의 부문별 응용에 대해선 박진희. 2007. "대안적 과학기술의 모습." UNEP 한국위원회 엮음. [초록눈으로 세상읽기: 환경의 학제적 이해]. 한울; 이병문. 2006. [핀란드 들여다보기]. 매일경제신문사; 이정전. 1999. "땅의 경제철학." 김형국 편. [땅과 한국인의 삶]. 나남출판; 바이츠제커(이필렬 역). 1999. [지구환경정치학]. 아르케; 브라운(한국생태경제연구회 역). 앞의책; 고르(임희근,정혜용 역). 2008. [에콜로지카]. 생각의 나무; 우석훈. 2011. [비버블링: 신빈곤시대의 정치경제학]. 개마고원; 이도형. 2012. [생태주의 행정철학: 생태관료 육성의 철학적 기반을 찾아서]. 이담북스 등을 참고했음.

192) 임성진. 2009. "제3차 산업혁명과 녹색사회." [다산포럼](http://www.edasan.org).

193) 이지훈. 2010. [미국의 국립공원에서 배운다]. 한울, 103쪽.

194) Barry, John. 1999. *Rethinking Green Politics: Nature, Virtue & Progress*. London: Sage Pub..

195) Perlman, D. L. & Milder, J. C. 2005. *Practical Ecology: For Planners, Developers & Citizens*. Washington, D. C.: Island Press, p.33.

196) 반 존스(함규진,유영희 역). 2009. [그린칼라 이코노미]. 페이퍼 로드.

197) 데자르뎅(김명식 역). 1999. [환경윤리]. 자작나무, 151쪽.

198) Leuenberger, D. Z. & Bartle, J. R. 2009. *Sustainable Development for Public Administration*. Armonk, N. Y.: M. E. Sharpe, p.15.

199) 오제키 슈지 외(김원식 역). 2007. [환경사상 키워드]. 알마, 127쪽.

200) 김태환. 2002. "레스터: 영국 최초의 환경도시." 국토연구원 엮음, [세계의 도시]. 한울.

201) 신영복. 2004. [강의]. 돌베개, 283쪽.

202) 문태훈. 1997. [환경정책론]. 형설출판사.

203) 이지훈. 2010. [미국의 국립공원에서 배운다]. 한울, 87쪽.

204) Barrry. *op. cit.*; 이도원. 2004. [생태에세이 (하): 흙에서 흙으로]. 사이언스 북스.

205) Swart, J., Windt, H. & Keulartz, J. 2001. "Valuation of Nature in Conservation and Restoration." *Restoration Ecology*, 9(2), p.230.

206) Ryn, Sim Van der & Cowan, Stuart. 1996. *Ecological Design*. Island Press.

207) 최병성. 2010. [강은 살아 있다: 4대강 사업의 진실과 거짓]. 황소걸음, 24쪽; 최병성. 2010. "4대강 사업의 미래를 보라." [녹색평론], 7-8월호, 184쪽.

208) 김소희. 1999. [생명시대: 지구 생태 이야기]. 학고재.

209) Taylor, P. 1986. *Respect for Nature*. Princeton University Press.

210) 이도형. 2011. "공무원 생태윤리 확립전략: 윤리범주화 및 전제조건." [정부학연구], 17(3), 13-18쪽.

211) Lorbiecki(작은 우주 역). 2004. [알도 레오폴드의 야생의 푸른 불꽃]. 달팽이.

212) 탁광일. 2005. "세계사 속의 숲의 박해." 탁광일, 전영우 외. [숲의 희망이다]. 책씨, 70-71쪽.

213) Cheng, Chung-ying. 1998. "The Trinity of Cosmology, Ecology & Ethics in the Confucian Personhood." In Mary Evelyn Tucker and John Berthrong(eds.). *Confucianism and Ecology: The Interrelation of Heaven, Earth and Humans*. Harvard University Press, p.228.

214) 신영복. 2005. [강의: 동양고전독법]. 돌베개, 274쪽.

215) 박태순. 2008. [나의 국토, 나의 산하 1,2,3]. 한길사.

402

216) 데이비드 스즈키, 홀리 드레슬(조응주 역). 2006. [나쁜 뉴스에 절망한 사람들을 위한 굿 뉴스]. 샨티.

217) 데렉 웰(조유진 역). 2013. [그린 레프트: 전세계 생태사회주의 운동의 모든 것]. 이학사.

15. 안전 파수꾼: 안전사회로 가기 위한 좁쌀영감식 접근

218) 장경섭 외. 1998. [한국인의 삶의 질: 신체, 심리적 안전]. 서울대학교 출판부, 266-277쪽.

219) 김태영. "안전공화국 싱가포르." 중앙일보, 2011.12.26자.

220) 이도형, 김정렬. 2015. [침발전 이야기]. 박영사, 287-291쪽.

16. 공적 자아로서의 공무원 직업 정체성과 시민 동의 절차의 강화

221) Young-Bruehl(서유경 역). 2011. [아렌트 읽기]. 산책자, 20-21쪽.

222) 이수태. 2013. [영원한 공작: 공직의 잃어버린 정체성을 찾아서]. 도서출판 바오, 222-231쪽.

223) 이문수. 2008. "막스베버의 관료론: 기계부속품인가, 소명을 실현하는 존재인가?" [정부학연구], 14(2), 45쪽.

224) Hummel. R. 1982. *The Bureaucratic Experience, 2nd ed.*. St. Martin's Press, p.38.

225) 조성수. 2010. "체험과 기억으로서의 공무원의 일상: 공무원의 권력관계에 대한 미시사적 접근." [한국행정학보], 44(4), 80쪽.

226) 김경희. 2009. "공공철학의 이해." 윤수재 외, [새 시대의 공공성 연구]. 법문사.

227) 桂木隆夫(성현창 역). 2011. [공공철학이란 무엇인가], 이학사, 11; 71쪽.

17. 정부 인사행정의 근본으로 돌아가기

228) 김용옥. 2009. [인간, 중용의 맛]. 통나무, 169쪽.

229) 이수태. 2013. [영원한 공작: 공직의 잃어버린 정체성을 찾아서]. 도서출판 바오, 117; 183쪽.

230) 오문환. 1996. "율곡의 군자관과 그 정치철학적 의미." [한국정치학회보], 30(2), 25-38쪽.

231) 최한기. 1980-82. [국역 인정(人政)]. 민족문화추진회 고전국역총서.

232) 위의 책, 序; 금장태. 2008. [한국실학사상연구]. 집문당, 376쪽.

233) 박성수. 2003. "한국형 인사고과제도에 관한 연구: 실학자 최한기의 인정을 중심으로." [인사관리연구], 27(3), 222-231쪽.

234) 박석무. 2005. [풀어쓰는 다산 이야기]. 민음사.

235) 이성원. 2008. [천년의 선비를 찾아서: 농암 17대 종손이 들려주는 종택 이야기]. 푸른 역사, 152쪽; 이도형. 2014. "인사행정의 근본으로 돌아가기: 공적 자아 찾기를 중심으로." [정부학연구], 20(3), 27-30쪽.

236) 성과급과 동기부여의 상관성 여부에 대한 실증연구로는 이수영. 2011. "미션 임파서블?: 공무원

성과급의 이상조건과 현실상황의 괴리분석." [한국인사행정학회보], 10(3), 75-102쪽; 전미선,이종수. 2014. "성과급은 내재적 동기에 어떤 영향을 미치는가?: 동기부여 혹은 동기구축(crowding-out) 효과와 경로분석." [한국인사행정학회보], 13(1) 등을 참고했음.

237) 이도형. 2016. "정부인력관리의 새 지향점: 자기 결정성과 자율적 관리를 중심으로." [정책연구], 2(1), 7쪽.

238) Barth, T. 1996. "Administering in the Public Interest : The Facilitative Role for Public Administrators." In G. Wamsley & J. Wolf(eds.). *Re-founding Democratic Public Administrations*. London: Sage Pub..

239) Cooper, Phillip J. et. al.. 1998. *Public Administration for the 21C*. Harcourt Brace College, Pub..

240) Hummel, R. 1990, "Circle managers and Pyramid Managers." In H. Kass & B. Catron(eds.). *Images and Identities in Public Administration*. London: Sage Pub..

241) Skelley, B. 1989. "Workplace Democracy and OD: Philosophical and Practical Connections." *Public Administration Quarterly*, 13(2); 이도형. 2012. "행정의 민주화: 시민-관료 간 우리-관계 회복을 중심으로." [정부학연구], 18(3), 115쪽.

18. 열정적 공중으로서 시민들의 함께 서기

242) 김용민. 1998. "국가와 시민." [철학과 현실], 봄호.

243) 서규환. 1990. "국가의미론: 비판시민사회의 이론화." [한국정치학회보], 제24집(특별호), 349쪽.

244) 정규호. 2002. "생태공동체운동." 이병철 외 지음. [녹색운동의 길찾기]. 환경과 생명, 70쪽.

245) 이시재. 1992. "90년대 한국사회와 사회운동의 방향." 한국정치학회, 사회학회 편. [한국의 국가와 시민사회]. 한울, 462-463쪽.

246) 이도형, 김정렬. 2015. [참발전 이야기]. 박영사, 299; 315-318쪽.

19. 대안경제로서의 사회적 경제와 생활협동조합의 활성화

247) Ekins, P. 1986. *The Living Economy*. Routledge & Kegan Paul Books Ltd..

248) Polanyi(홍기빈 역). 2009. [거대한 전환: 우리 시대의 정치,경제적 기원]. 도서출판 길.

249) 가라타니 고진(조영일 역). 2007. [세계공화국으로]. 도서출판 b.

250) Rifkin, J. 1995. *The End of Work*. Calif.: Jeremy Tarcher.

251) 장원봉. 2001. "협동조합운동과 대안적 사회경제활동에 관한 문제제기." [도시연구], 제7호, 10-12쪽.

252) 사회적 경제 등 제3부문의 가치에 대해선, 김정원. 2009. [사회적 기업이란 무엇인가]. 아르케; 한국고용정보원 홈페이지(http://www.hani.co.kr/popups); 윤정향. 2007. [사회적 일자리 창출사업 실태와 개선방안]. 한국고용정보원; 윤형근. 2008. "사회적 협동의 호혜경제와 생명민주주의의 주체 형성." 대화문화아카데미 편. [녹색 대안을 찾아서]. 아르케 등을 참고했음.

253) 다다 마헤시와란난다 지음(다다 칫따란잔아난다 역). 2008. [글로벌 자본주의 붕괴 이후 건강한 경제모델 프라우트가 온다]. 물병자리, 124-126쪽; 버철(장종익 역). 2003. [21세기의 대안, 협동

조합운동]. 들녘.

254) 한국 관제형 조합의 문제점에 대해선 구도완. 2009. [마을에서 세상을 바꾸는 사람들]. 창비; 윤형근. 2005. "사회적 협동경제와 대안적 기업의 모색." [환경과 생명], 통권 46호; 신명호. 2008. "한국의 '사회적 경제' 개념정립을 위한 시론. [도시와 빈곤], 통권 89호 등을 참고했음.

255) 한국과 일본에선 소비자조합이라는 표현이 소극적 느낌을 주어, 생활에 깊게 침투된 대자본의 횡포를 적극 극복하자는 차원에서 명칭에 '생활'을 추가했다. 유럽, 남북미 소비자조합도 시민생활에 필요한 모든 생활물자와 서비스를 취급해(http://www.icoop.or.kr), 소비자조합이 세계적으로 생활협동조합으로 성격이 전환되고 있다.

256) KYC(한국청년연합회), 시민의 신문 엮음. 2005. [도시 속 희망공동체 11곳]. 도서출판 시금치, 38쪽.

257) 하승우. 2007. "제3섹터의 원동력, 풀뿌리민주주의." [성대신문], 2007.4.9자.

258) 신명호. 2008. "한국의 '사회적 경제' 개념정립을 위한 시론. [도시와 빈곤], 통권 89호, 32쪽.

259) 한국 생협의 문제점에 대해선 김기현. 2007. [우리 시대의 커뮤빌더]. 이매진; 노대명. 2007. "한국 사회적 경제의 현황과 과제." [시민사회와 NGO], 5(2) 등을 참고했음.

260) 한국 생협의 촉진전략에 대해선 구도완. 2009. [마을에서 세상을 바꾸는 사람들]. 창비; 버챌(장종익 역). 2003. [21세기의 대안, 협동조합운동]. 들녘; 김정원. 2008. "사회적 일자리와 사회적 기업은 민의 대안이 될 수 있는가?" [도시와 빈곤] 89호; 유수현. 2002. "의료생협활동의 전개와 지역사회복지적 의미." [월간 복지동향], 제49호; 최봉섭. 2004. "의료생협운동의 현황과 과제." [도시와 빈곤], 제4호; 박원순. 2009. [마을에서 희망을 만나다]. 검둥소; 최혁진. 2008. "시민참가형 사회를 만들어가는 사회적기업: 원주의료생협." [월간 복지동향], 10월호; 이도형, 함요상. 2010. "제3부문의 가치 재발견과 활성화전략: 생협운동을 중심으로." [정부학연구], 16(1) 등을 참고했음.

20. 아나키즘의 재해석과 신중한 응용

261) 방영준. 2004. "아나키즘과 복잡계 이론의 상관성에 관한 연구." [국민윤리연구], 56호, 112-115쪽.

262) 하승우. 2004. "직접행동의 정치사상적 해석: 아나키즘과 니체를 중심으로." [시민사회와 NGO], 2(1), 152쪽.

263) 콜린 워드(김정아 역). 2004. [아나키즘, 대안적 상상력]. 돌베개.

264) Dobuzinskis, L. 1997. "Historical and Epistemological Trends in Public Administration." *Journal of Management History*, 3(4), pp.298-316.

265) 네그리, 하트(정남영,윤영광 공역). 2014. [공통체]. 사월의 책.

266) 김영범. 2012. "한국형 아나키즘과 아나키스트 사회이론: 사회학자 김성국의 아나키즘 택용과 재구성의 궤적." [사회와 이론], 제21-22집, 466; 483쪽.

267) Bryer, Alice. 2010. "Beyond Bureaucracies? The Struggle for Social Responsibility in the Argentine Workers' Cooperatives." *Critique of Anthropology*, 30(1), pp.41-61.

268) 강신주. 2010. [철학적 시 읽기의 즐거움]. 동녘, 387-389쪽.

269) 조선시대의 송계(松契)는 땔감을 나무에 의존했던 조상들이 산림의 지속적 이용을 위해 노동력과 기금을 자율 갹출해 산림을 지키고 자율규약에 따라 마을주변 소나무의 적정 벌채량과 산림 조

성량을 매년 할당해 산림자원의 고갈을 스스로 막았던 자치제도였다. 이에 대해선 전영우. 1999. [숲과 한국문화]. 수문출판사.

270) 오스트롬(윤홍근, 안도경 역). 2010. [공유의 비극을 넘어: 공유자원 관리를 위한 제도의 진화]. 랜덤 하우스

271) 자치센터 활동, 주민자치학교, 조례제정 등 지역과 삶의 문제에 대한 자기 결정권 확보가 그 활동 내용이다. 이에 대해선 김정훈. 2007. "민주화, 세계화 이후 생활세계 변화와 주민참여 대안." 신영복, 조희연 편. [민주화, 세계화 이후 한국 민주주의의 대안체제 모형을 찾아서]. 함께 읽는 책.

272) 데루오카 이츠코(조한소 역). 2014. [나는 사회인으로 산다: 연대와 공존으로 나아가는 유쾌한 삶의 방식]. 궁리.

273) 구도완. 2009. [마을에서 세상을 바꾸는 사람들]. 창비, 27-32쪽.

274) 우석훈. (2009). [생태 페다고지]. 개마고원.

275) 야스히로(김찬호 역). 1997. [이런 마을에서 살고 싶다]. 황금가지, 316-317쪽.

276) 박홍규. 2011. [이반 일리히의 소박한 자율적 삶]. 텍스트

277) 안성 의료생협에 대해 참고할 만한 자료로는 박봉희. 2009. [한국의료생협연대 자료집]; 최봉섭. 2004. "의료생협운동의 현황과 과제." [도시와 빈곤], 4호; 임종한. 2000. "의료생협운동의 현황과 전망." [월간 복지동향], 5월호; 박원순. 2009. [마을에서 희망을 만나다]. 검동소; 황인섭. 2004. "의료생협의 비영리 조직성과 특징에 관한 연구." [산업경제연구], 17(6); 김기현. 2007. [우리 시대의 커뮤빌더]. 이매진 등이 있음.

278) 제이 월재스퍼 엮음. 2013. [우리가 공유하는 모든 것]. 검동소.

279) 여치헌. 2013. [인디언 마을공화국: 북아메리카 인디언은 왜 국가를 만들지 않았을까?]. 휴머니스트

280) 피에르 클라스트르(홍성흡 역). 2005. [국가에 대항하는 사회]. 이학사.

281) 셔스터(최정민 역). 1998. [조직성과 극대화를 위한 사원중심 경영]. 한국능률협회.

282) 개리 허멜, 빌 브린(신희철 외 공역). 2009. [경영의 미래]. 세종서적.

283) 손민호. "사장도 불신임하는 파격, 여행박사 콘텐트의 힘." 중앙일보, 2013.11.8자.

284) 강수돌. 2015. [여유롭게 살 권리]. 다시봄, 149쪽.

285) Luhman, John Teta. 2006. "Theoretical Postulations on Organization Democracy." *Journal of Manangement Inquiry*, 15(2), pp.168-185.

286) Dobuzinskis, L. 1997. "Historical and Epistemological Trends in Public Administration." *Journal of Management History*, 3(4), pp.298-316.

287) 전경갑. 1997. [현대와 탈현대의 사회사상]. 한길사.

288) 하승우. 2004. "직접행동의 정치사상적 해석: 아나키즘과 니체를 중심으로." [시민사회와 NGO], 2(1), 159쪽.

289) 이도형. 2015. "신자유주의 행정학의 성찰과 대안모색: 아나키즘의 재해석과 현대적 응용." [정책연구], 제1권, 15-21쪽.

찾아보기

이도형

연세대학교에서 행정학 박사학위를 받고 현재 한국교통대학교에서 행정학을 가르치고 있다. 행정학 관련 여러 학회에서 편집위원과 연구위원으로 봉사했고, Florida State University와 University of Oregon에 방문교수로 다녀왔다. 그간 쓴 책으로는 『행정학의 샘물(제3판)』, 『지방자치의 하부구조』, 『행정철학』, 『비교발전행정론(제3판)』(2인공저), 『정부의 전략적 인적자원관리』, 『참발전 이야기』(2인공저), 『생태주의 행정철학』(2013년 대한민국학술원 우수학술도서)이 있다. 생태주의 철학, 대안적 발전 패러다임, 공유경제, 공적 자아로서의 공무원 육성과 관련된 자료를 모으고 공부 중이며, "숲길 따라: 사진을 통한 세상 속 자연, 문화, 철학적 메시지 읽기"라는 제목 하의 포토 에세이 블로그(http://blog.daum.net/ledoh)를 운영하고 있다.

e-mail: ledoh@ut.ac.kr

우리들의 정부

시민 속의 정부만이
사람을 위한
정책을 만든다

초판인쇄 2016년 2월 22일
초판발행 2016년 2월 27일

지은이 이도형
펴낸이 채종준
펴낸곳 한국학술정보㈜
주소 경기도 파주시 회동길 230(문발동)
전화 031) 908-3181(대표)
팩스 031) 908-3189
홈페이지 http://ebook.kstudy.com
전자우편 출판사업부 publish@kstudy.com
등록 제일산-115호(2000. 6. 19)

ISBN 978-89-268-7186-7 93350